プーチンの10年戦争

Putin's 10-Year War

池上彰　佐藤優

Ikegami Akira　Sato Masaru

東京堂出版

はじめに

ジャーナリスト　池上　彰

「ロシアは一人でヨーロッパの救い手にならなくてはいけないのです。皇帝陛下は自らの気高い使命をわきまえ、それを裏切ることはないでしょう。私が信じているのはそれだけですわ。御心優しい、素晴らしい私たちの皇帝陛下には、この世で一番大きな役割が控えておりますが、陛下はあれほどまで徳の高いご立派なお方ですから、きっと神様の御加護を得て、革命の怪物《ヒュドラ》を、今やあの殺人鬼、悪党の姿を借りて、ますます恐ろしい存在となったあの怪物を打ち滅ぼすという、御自身の使命を果たされることでしょう」（『戦争と平和1』トルストイ、望月哲男訳、光文社古典新訳文庫）

フランスのナポレオンによる侵略を受けた帝政ロシアを舞台にした一大叙事詩の中に登場する、宮廷の女官アンナ・パーヴロヴナのセリフです。

時代こそ異なりますが、「皇帝陛下」とはウラジーミル・プーチン大統領のことで、「悪党」

とは、ウクライナの背後に控えるアメリカとNATOのこと。ロシアの庶民の多くは、この比喩に同意するのではないでしょうか。

プーチン大統領は、ウクライナに住むロシアの同胞を助けようと孤軍奮闘しているのに、米英やNATO諸国は経済制裁で私たちの生活を破壊している。まさに悪魔の仕業だ。そんな中で、我が皇帝は、もはや単独でヨーロッパを守ろうとしている……。

こういう思いを持っているロシアの国民が多いからこそ、欧米諸国の期待に反して、プーチン大統領の支持率は高いのです。

二〇二二年二月にロシアがウクライナへ軍事侵攻して以降にモスクワで開かれた大集会での演説で、プーチン大統領は、『新約聖書』の言葉を引用しました。

「友のために自分の命を捨てること、これ以上に大きな愛はない」（「マタイによる福音書」）

ウクライナに投入した多くのロシア兵が死傷している現実を、プーチン大統領は「聖戦」と見ていることがわかります。

実は「マタイによる福音書」の言葉には前段があります。それは、イエスが人々に互いに愛を持って接するように求めているのですが、その文脈でこの言葉が出てくるのですが、プーチン大統領は聖戦の文脈にすり替えてしまっています。

こうなると、今回のプーチン大統領による「特別軍事作戦」は、「悪魔と戦う聖戦」という価値観戦争になってしまっています。単に領土をめぐる戦いであれば、適当なところで手打ちという停戦の選択肢がありますが、「価値をめぐる戦争」には、終わりがありません。この戦争は長引く。これが、本書の書名を『プーチンの10年戦争』と名づけた理由です。

戦場から届く悲惨な情報。逃げ惑う人々。国境を越えて逃げる子どもたち。家族と切り離され、祖国に留まって戦うことを義務づけられた男たち。

先日、日本に避難してきて日本で職を得たウクライナ人の女性にインタビューしました。その際、世話をしている日本人から「ウクライナへの思いは聞かないでくれ」と釘を刺されました。祖国のことを思っては涙に暮れている人たちを傷つけることになるから、ということでした。結局、聞けたのは日本での生活ぶりだけでした。

そんな思いをしている人たちを目の前にすると、一刻も早い停戦を願ってしまいます。でも、いまここで停戦すると、ウクライナの領土の二〇%近くがロシアに占領されたままになります。これはウクライナにとって敗北を意味します。ウクライナは到底受け入れることができないことでしょう。

ウクライナが受け入れることができる停戦条件とは、ロシア軍をウクライナの領土から駆逐すること。しかし、これではロシアは自国に編入したウクライナ四州を放棄することを意味します。ロシアは「自国の領土を失う」のです。これはロシアにとって呑めない条件でしょう。

これでは、いつまで経っても終わりが見えません。絶望的になってしまいます。

こんなとき、私たちがすべきこと、できることは何でしょうか。それは、プーチン大統領が、なぜこのような暴挙に至ったのかの内在的論理を知ることだと私は考えました。これはプーチン大統領の戦争犯罪を容認することではありません。許しがたいことを、「同胞」とするウクライナに攻め入り、ロシア自身にとっても大きな犠牲を強いられるようなことを、なぜ一国の大統領が始めたのか。まずはそこから知ることにしようという趣旨です。

ウクライナでの戦闘が長引くにつれ、そもそもこの戦争はなぜ始まったのかという基礎的な理解が疎かになりつつあります。そこで、プーチン大統領の演説や論文をじっくり読み解くことから始めようということになったのです。

ロシアについてのことなら第一人者の佐藤優氏に教えを請うこと。かくして本書が誕生しました。佐藤氏のアイデアで、演説や論文を巻末に多数掲載し、資料的価値のあるものに仕上げました。

体調の悪化で人工透析を受けながらも毎回、東京堂出版に足を運び、時間を割いてくださった佐藤氏に感謝です。

また本書の形になるまでには東京堂出版編集部の吉田知子さんとフリーランスライターの島田栄昭氏に大変お世話になりました。感謝しています。

二〇二三年四月

池上　彰

CONTENTS

プーチンの10年戦争

はじめに　池上　彰 …1

1章　蔑ろにされたプーチンからのシグナル …17

◆戦争は絶対に許されない …19
◆GHQによる日本統治の背景に、徹底的な日本分析あり …21
◆ロシアの「核」に怯える愚 …23
◆強引な「四州併合」の理由とは …26
◆日露関係は悪化していない …28
◆二〇年の思考の変遷を読む …30
◆「宣伝」のプーチン、「扇動」のゼレンスキー …33

2章

プーチンは何を語ってきたか

七本の論文・演説を読み解く …37

①「千年紀の狭間におけるロシア」(一九九九年一二月三〇日) …39
◆ロシアの「弱さ」を認識していた …39
◆激変に国家・国民は耐えられない …43
◆「国家イデオロギー」は適切ではない …46
◆あらゆる独裁、権威主義的制度は一過性のもの …49

②「ロシア人とウクライナ人の歴史的一体性について」(二〇二一年七月一二日) …53
◆ウクライナとの闘争は、反カトリックの戦いでもある …53
◆「ウクライナ人」とは辺境で軍務に服する人のこと …57

◆ロシア・ウクライナは「遺産」を共有している …59
◆ソヴィエト社会主義共和国には危険な「時限爆弾」が埋め込まれた …62
◆現代ウクライナはソヴィエト時代の産物である …65
◆「ホロドモール」をめぐる対立 …70
◆公用語の統一と権力は結びついている …73
◆ウクライナはナチスの生き残りの戦犯を讃えている …75
③大統領演説（二〇二二年二月二一日） …78
◆ウクライナはロシアの一部である …78
◆「反ロシア」によって誕生したウクライナ …82
◆ユーロマイダン革命は西側の陰謀だ …87
◆モスクワは「第三のローマ」である …91
◆ウクライナのパルチザン戦術 …96
◆ウクライナのNATO加盟は絶対に認めない …99
◆ドンバス地域への侵攻は集団的自衛権の行使である …105

④大統領演説（二〇二二年二月二四日）…110
◆アメリカは「嘘の帝国」…110
◆ウクライナ侵攻は国家存亡を賭けた戦いである…112
◆戦争の行方はアメリカ次第…115

⑤四州併合の調印式での演説（二〇二二年九月三〇日）…118
◆ウクライナの降伏が遅れるほど、停戦の条件が引き上がる…118
◆欧米エリートによる「新植民地主義」が世界を覆う…123
◆西側は民主主義の代わりに抑圧と搾取をもたらした…129
◆アメリカは同盟国を奴隷化している…134
◆ヨーロッパは食料不足・エネルギー不足の原因をロシアに押しつけようとしている…139
◆西側は悪魔崇拝に毒されている…142
◆国家と民族のアイデンティティを守るために…145

⑥ヴァルダイ会議での冒頭演説（二〇二三年一〇月二七日）…149
◆対ウクライナ戦争から、対西側の価値観戦争へ …149
◆西側の「キャンセル・カルチャー」は誰も幸福にしない …151
◆西側はドストエフスキーやチャイコフスキーまで排斥しはじめている …156
◆ロシアから発信されるものは、すべて「クレムリンの陰謀」か …159
◆ロシアは、他人の裏庭には干渉しない …162
◆西側一極集中から脱却し、人類文明のシンフォニーを構築しよう …166
◆トルコ・サウジアラビアとは信頼関係を構築 …169
⑦連邦議会に対する大統領年次教書演説（二〇二三年二月二一日）…174
◆ものを生産できる国に、経済制裁は効かない …174
◆ソ連型に回帰する教育制度改革 …179
◆今後五年間で一〇〇万人の熟練労働者を育成する …182
◆「新ＳＴＡＲＴ」停止はアメリカへのシグナル …185
◆「全ロシア人民戦線」による「革命」を志向 …189

3章

歴史から見るウクライナの深層 …193

◆ウクライナの意味は「田舎」…195
◆ウクライナの東西では、文化も言語も宗教も違う …202
◆大飢饉の元凶はウクライナの「核家族」にあり …204
◆プーチンがウクライナ政権を「ネオナチ」と非難する理由 …206
◆戦後の独立運動を支えたのはカナダの移民だった …210
◆東部の内戦の原因は「言語」にあり …212
◆ウクライナに「国家」は存在するのか？ …217
◆ゼレンスキーの支持率が急落した理由 …219
◆日本向けの演説は明らかに準備不足 …223

4章 クリミア半島から見える両国の相克 …227

◆ロシアによる併合を住民はどう受け止めたか …229
◆クリミア戦争の舞台として …232
◆軍事衝突は予見されていた …234
◆なぜフルシチョフはウクライナに譲渡したのか …236
◆ウクライナの学校教育は偏っていた …238
◆民族のアイデンティティより、「生存していくこと」を選択 …240
◆クリミア大橋爆破事件がもたらした、深刻な報復 …243

終章 戦争の行方と日本の取るべき道 …247
◆「ブチャの虐殺」は最初で最大のターニングポイントだった …249
◆西側連合は「一〇年戦争」に耐えられるか …252
◆ウクライナ戦争が浮き彫りにした日本の「ちぐはぐ」 …256
◆日本の出方を注視するロシア …260
◆岸田政権に停戦の仲介役は担えるか …264
◆脅威の隣国・ロシアと付き合い続けるために …268
◆公的権力の発信には注意が必要 …270
◆「ロシア専門家」の育成を急げ …273
◆ウクライナ戦争は台湾有事を誘発するのか …275

おわりに 佐藤 優 …279

参考文献 …286

附録 プーチン大統領論文・演説、ゼレンスキー大統領演説

①「千年紀の狭間におけるロシア」（一九九九年一二月三〇日）…291
②「ロシア人とウクライナ人の歴史的一体性について」（二〇二一年七月一二日）…308
③大統領演説（二〇二二年二月二一日）…330
④大統領演説（二〇二二年二月二四日）…353
⑤四州併合の調印式での演説（二〇二二年九月三〇日）…364
⑥ヴァルダイ会議での冒頭演説（二〇二二年一〇月二七日）…378
⑦連邦議会に対する大統領年次教書（二〇二三年二月二一日）…396
⑧ゼレンスキー大統領イギリス議会演説（二〇二二年三月八日）…432
⑨ゼレンスキー大統領アメリカ連邦議会演説（二〇二二年三月一六日）…436
⑩ゼレンスキー大統領日本国会演説（二〇二二年三月二三日）…442

索引…459

（※）本文中のウクライナの地名は、原則的にはウクライナ語に基づく表記とする。ただし、プーチン大統領による演説の引用部分およびそれに言及・関連する箇所については、ロシア語に基づく表記にしているところもある。

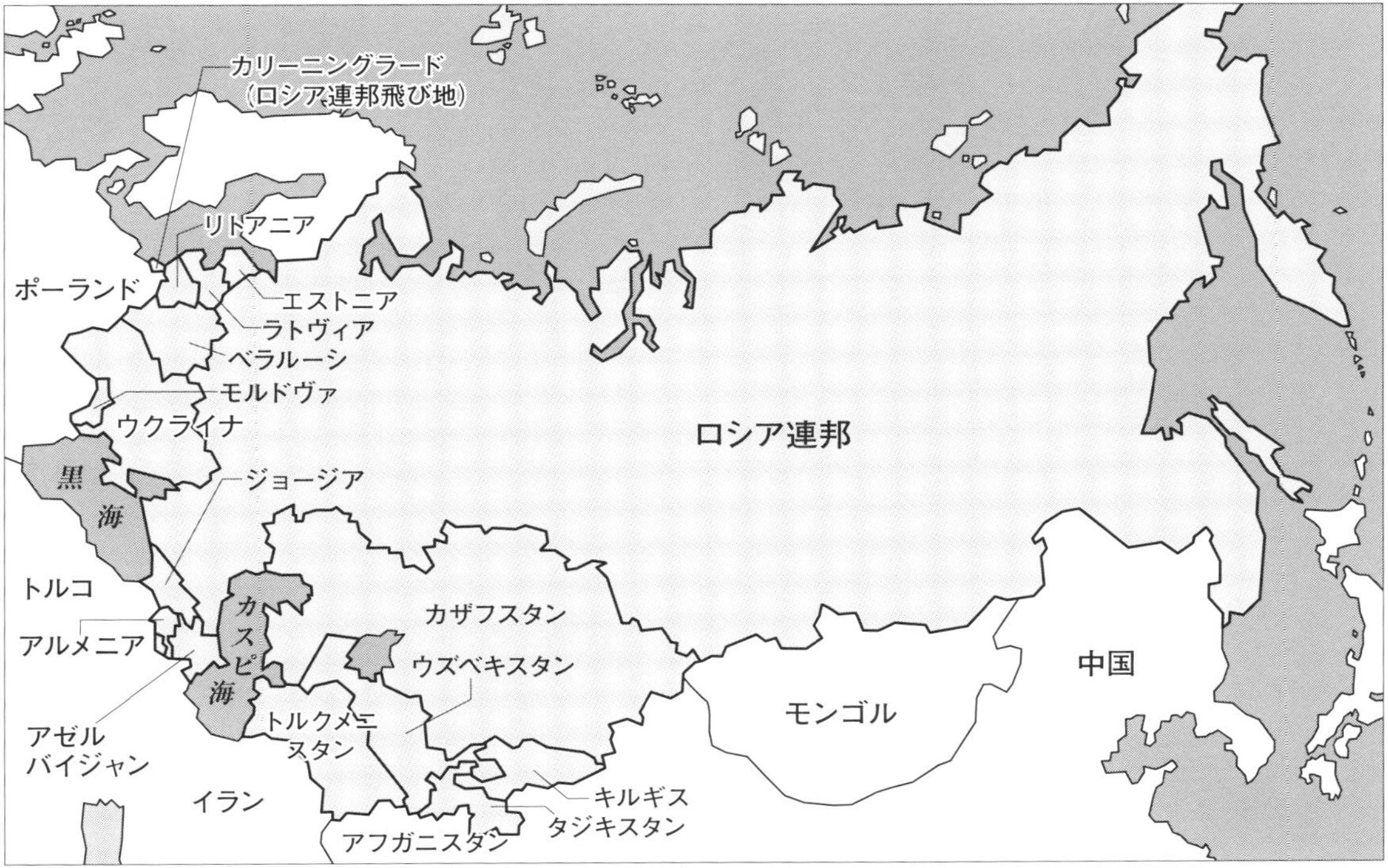
カリーニングラード
(ロシア連邦飛び地)
リトアニア
ポーランド
エストニア
ラトヴィア
ベラルーシ
モルドヴァ
ウクライナ
ロシア連邦
黒海
ジョージア
トルコ
カスピ海
カザフスタン
アルメニア
ウズベキスタン
中国
モンゴル
トルクメニスタン
アゼルバイジャン
キルギス
イラン
タジキスタン
アフガニスタン

ロシアと旧ソ連諸国

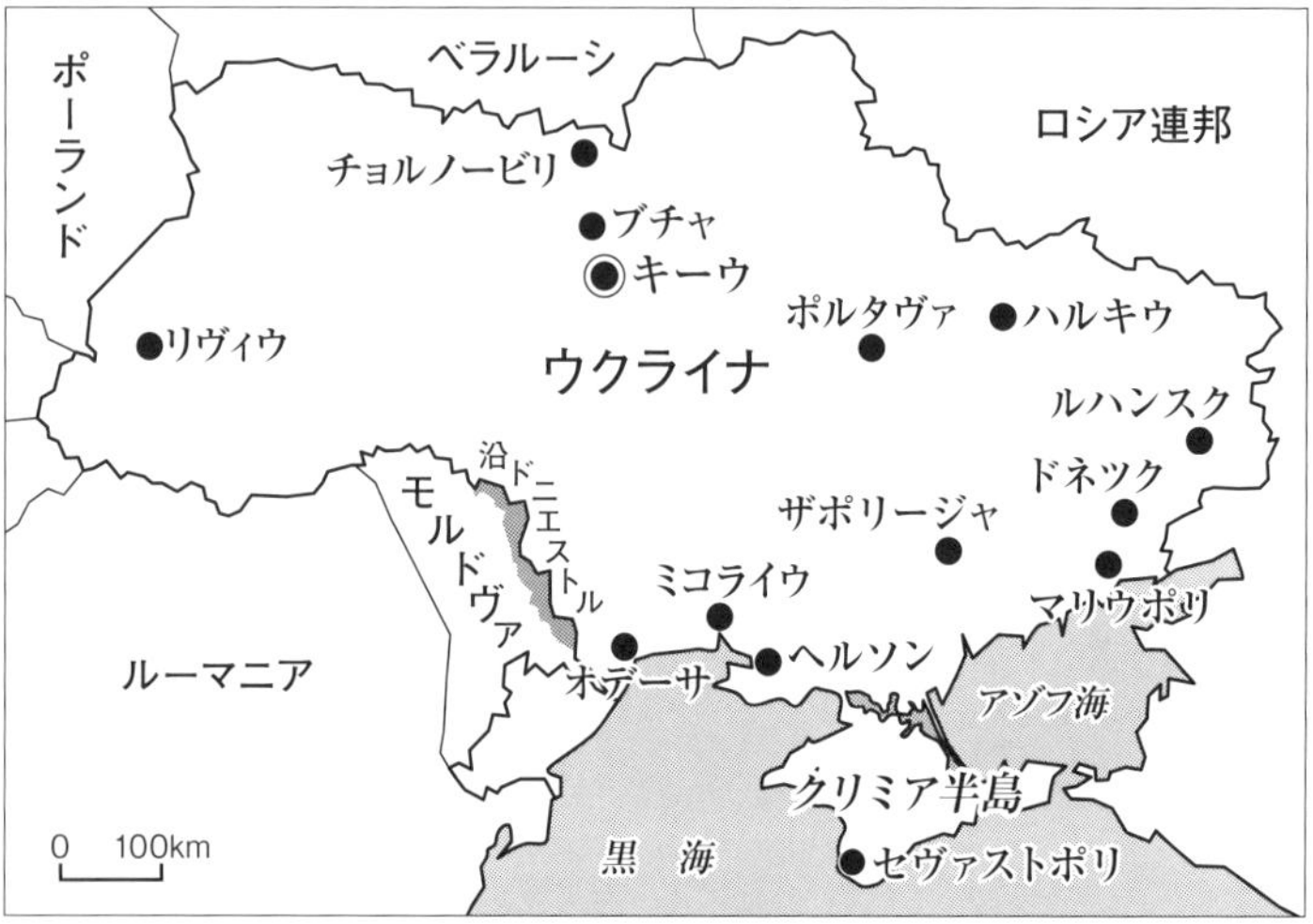
ポーランド
ベラルーシ
ロシア連邦
チョルノービリ
ブチャ
キーウ
リヴィウ
ウクライナ
ポルタヴァ
ハルキウ
ルハンスク
ドネツク
沿ドニエストル
モルドヴァ
ザポリージャ
ミコライウ
マリウポリ
オデーサ
ヘルソン
ルーマニア
アゾフ海
クリミア半島
黒　海
セヴァストポリ
0　100km

ウクライナ全図

1章

蔑ろにされた
プーチンからのシグナル

❖戦争は絶対に許されない

池上　二〇二二年二月二四日にロシアがウクライナの国境を越えて侵攻してから、もう一年以上が経ちました。この間、市民や兵士の犠牲は増え続けています。一日も早い終結を願うばかりです。

戦争が勃発して以来、テレビや新聞、雑誌や本など、さまざまな媒体でこの戦争について報じられ、論じられてきています。

佐藤　ウクライナ問題の報道を見ない日はないくらいですね。中にはロシアによるウクライナ侵攻を日本と中国の話に置き換え、日本周辺における核使用の危機を煽《あお》るような話まで出てきています。

池上　核戦争の脅威も、まことしやかにささやかれている。不安ばかりが高まっています。今大切なことは、この戦争によって世の中が落ち着かない中で、まずはできるだけ冷静に状況を分析し、そこからどうすべきかをそれぞれが自分の頭で考えることではないでしょうか。

佐藤　おっしゃるとおりです。無責任に危機を煽ったり、根拠のない情報に基づいて状況を判断したりするようになったら、非常に危ない。

だからこそ、私たちはもっと冷静に状況を分析する必要がある。とりあえず今、最も欠けているのはロシアが何を考えているかという視点だと思います。プーチンは自らの意図を隠していません。

池上　プーチンはことあるごとに論文を書いたり、演説を行ったりしている。その発言を丁寧に読み解いていけば、ロシア側の論理やウクライナ戦争の別の側面が見えてきますね。

佐藤　そうです。プーチンの言葉には現状を読み解くための多くのヒントがある。なのに、聞く耳を持たないのは西側のほうですよね。「ロシア憎し」が先行し、ロシアの論理を理解しようとしないから、事態がますますこじれているわけです。

いうまでもないことですが、ロシアが何を考えているか知ろうとすることは、決してその内容に賛同するという話ではない。池上さんも私も、ウクライナ侵攻は国際法違反で、間違っていると考えています。いかなる理由があっても、他国の国境を侵犯して、ましてや領土を併合することは許されません。それは既存の国際法に違反することで、国際社会のゲームのルールを著しく変えてしまう行為ですから。そこのところは明白にしておきましょう。

池上　そのとおりです。相手を知ろうとすることと、賛同することはまったくの別物です。

佐藤　とりわけ気をつけるべきは、一般によくある「プーチンが発狂した」という見立てです。狂気は治療の対象であり、分析の対象ではありません。「発狂」と言ってしまったとたん、それは分析を放棄したことになります。

池上　そうですね。とにかく戦争が絶対ダメということは大前提です。その上で、しかしそれぞれの内在的論理はきちんと見ていかなければいけない。なぜロシアが侵攻に踏み切ったのかを探らなければ、解決の糸口も見つからないという話ですから。

GHQによる日本統治の背景に、徹底的な日本分析あり

池上　相手を知ること、相手のことを詳細に調べることがいかに重要かは、日本もアメリカもよく知っているはずです。太平洋戦争のとき、日本は「鬼畜米英」を合言葉に、英語の使用さえ禁じた。とにかく敵国のことをまったく調べず、無謀な戦争に突入したわけです。

一方、アメリカは日本が敵国になることを想定して、徹底的な分析を行った。戦争情報局が文化人類学者ルース・ベネディクト（一八八七～一九四八）を起用したり、あるいは日本語要員を大量に養成したり。ちなみに、ベネディクトが当時の調査研究をもとに戦後に書いたのが、『菊と刀』（一九四六年。日本語版は一九四八年刊）ですね。

佐藤　そうです。日本は開戦前に同盟国のはずのドイツ、イタリアの分析すらまともにしていなかった。開戦後からようやく分析を始め、半年程度の研究で両国の敗北は明らかだと結論づ

けています。そこで秘密戦（インテリジェンス）に従事する陸軍中野学校は、カリキュラムをゲリラ戦に切り替えたんです。一九四六年ごろに米軍が房総沖から上陸するという想定でした。

一方、当時のアメリカは日本研究とはまったく別に、社会学者のチームに沖縄も調べさせていました。沖縄人は日本人とは別の民族であるという認識で、そのメンタリティーを研究しておけば戦争で使えると考えました。

池上　だからＧＨＱは、日本の戦後統治をうまくやるわけですよね。ところが、その後の朝鮮半島の統治はうまく行かなかった。まったく想定していなかったので。ソ連軍が突然朝鮮半島北部に入ってきたので、米軍はあわてて三八度線の南部に駐留・統治するわけです。問題はそのあとです。

アメリカは日本の研究には熱心でしたが、朝鮮民族に対する専門的な研究をしていませんでした。仕方なく日本の専門家を送り込みましたが、対症療法にもほどがある感じですよね。結局、しばらく韓国の政情は大混乱が続いたのです。

こういう歴史の経験から、私たちは学ぶべきでしょう。ロシアが問題を起こしたなら、単に非難するだけではなく、ロシアの人々やプーチンがどういう考えを持っているのか、多大な犠牲を払ってまで何を守ろうとしているのか、知っておくことは戦略的にも重要なのです。

ロシアの「核」に怯える愚

佐藤　日本もそうですが、西側の世論は「とにかくロシアが悪い」で思考停止に陥っています。ロシアからの情報をいっさい遮断して、読み解こうとしていない。あるいは日々の報道にしても、戦線のごく一部を取り上げて「ロシア軍が撤退」「ウクライナ軍が挽回」などと伝えるばかりです。昨年（二〇二二年）五月ごろには、「年内にロシア軍はウクライナから放逐される」などという見方を示す専門家すらいた。根拠はどこにあったのか。疑問です。

例えば二〇二二年九月、ゼレンスキー大統領が「ウクライナ東部と南部で六〇〇〇平方キロメートル以上の領土をロシア軍から奪還した」と発表したことを例に挙げても、そのことがわかります。ロシア側の発表では一五〇〇平方キロメートルですが、いずれにせよ戦線全体から見れば大した面積ではありません。ところが、メディアはそれを針小棒大に取り上げて、ウクライナ側の勝利が近いかのような印象を与えている。現実には、まったくそうなっていないわけです。

あるいはロシアによる核使用がまことしやかに取り沙汰されますが、核による攻撃を受けたか、あるいは通常兵器による攻撃で国家存亡の危機になったときに使う、というロシアの核ドクトリンは変わっていません。なので、戦線の一部で劣勢に立ったぐらいで使うはずがない。ところがそういう知見がないため、日本も核武装すべきとか、せめて核共有だといった議論が軽々と出てくる。実態からどんどんずれて、かえって危険な方向にシフトしているわけです。

池上　ロシアは二〇二二年九月にウクライナの東部と南部で「住民投票」を行い、四州（ヘルソン、ザポリージャ、ルハンスク、ドネツク）がロシア領になったと宣言しました。[※1]だからこの地域をウクライナ軍が攻撃すれば、それはロシアに対する攻撃と見なすと。だからロシアは自衛のため、報復として核兵器を使うかもしれないというのが、西側の考えたロジックですよね。

しかし、仮に四州にウクライナ軍が猛攻を仕掛けたとしても、それはロシアにとって「存亡の危機」にはなり得ません。「核ドクトリン」に照らせば、核兵器の使用はないと判断できます。

佐藤　そうです。もっとも、のちほど詳しく議論しますが、二〇二三年二月二一日に、プーチンは大統領年次教書演説において核について言及しています。核ドクトリンは変わっていなくても、プーチンがアメリカの脅威を実態よりもかなり肥大化させて認識していることがわかる。そのため、アメリカを中心とする西側連合に対して「核の恫喝《どうかつ》」を加えているのです。そのことには注意が必要です。

池上　米露間のコミュニケーション不足が、互いに相手への不信感を増大させ、脅威が膨らんでいっていることがよくわかりますね。非常に危険なことです。

佐藤　それから、ロシアの基本的な概念については、プーチンが何度も繰り返し表明しています。「ウクライナ人は同胞である」と。だから攻勢さえ保っていれば、将来の自国民を無理に殺害する必要はない。進軍が遅いのはそういうイデオロギー的制約があるためなんです。

池上　ところが、西側はその理屈をわかっていない。ロシア軍は兵器や弾薬が足りていないとか、最前線の軍隊の士気が低いとか、聞いて心地のいい理由づけに終始している感じですよね。

佐藤　状況を冷静に分析すれば、ロシア軍が決して劣勢ではないとわかります。例えば、四州にはもともと二〇一二年時点で、九五〇万人が暮らしていました。二〇一四年からの戦争でドネツク州とルハンスク州からはかなりの人が逃げ出しました。正確な統計はないのですが、現時点でロシアが実効支配する地域に五〇〇万人が残っていると仮定します。一方、二〇二二年九月二一日の時点で、この地域に駐留するロシア軍は推定で三五万人。その大半は戦闘に回るので、地域の治安維持を担うのはせいぜい五万人だと思います。

だとすれば、わずか五万人で五〇〇万人を統治できていることになる。これが何を意味するか、健全な常識を働かせればすぐにわかるでしょう。端的にいえば、統治ができている。ロシ

※１　二〇二二年九月三〇日、プーチン大統領は四州併合についての演説を行った。全文は本書３６４頁の巻末資料⑤参照。演説の読み解きは本書１１８頁。

アは住民に対して食料と医薬品と教育を提供できているわけです。

強引な「四州併合」の理由とは

池上　日本では、まったくそのようには報じられていません。逆に九月上旬、それまでロシア軍に占拠されていた北東部のハルキウ州をウクライナ軍が奪還したことは大々的に報じられましたが。

佐藤　それは逆説的な話なんですよね。もともとハルキウは親露感情が強いところで、多くの住民はロシア語を話すし、宗教もロシア正教です。だから大多数がロシア軍政に従って、人道支援物資を受け取りながら新しい生活を始めていました。ロシアとしては、もうここに多くの軍隊を置かなくてもいいと判断していたわけです。そこをウクライナ軍に突かれたという話です。

その後のハルキウでは、ウクライナ側が住民の調査を始めました。ロシア側に協力していた住民は、かなりひどい目に遭っているらしい。その様子を目の当たりにして震え上がったのが、ザポリージャやヘルソンに住む親露派の住民です。ここにもウクライナ軍が入ってきたら、今度は自分たちがとんでもない目に遭うと。

ロシア側としては、そういう住民たちを安心させる最適な手段は、そこをロシア領に認定すること。だから併合したわけです。自国民になれば、一〇〇パーセント守るのは当たり前ですからね。ロシアの論法からすればですけれど。

池上　ロシアの論理ではありますが。

佐藤　そしてもう一つ。ロシア側の情報によれば、西側からウクライナに武器が供与されていることは、けしからんが許容範囲です。衛星情報や航空機情報などの電子情報が提供されていることも織り込み済み。

ただ、どうしても許せないのは、英米から特殊部隊員が傭兵という形で戦闘に加わり、前線を突破したことです。これはロシアの許容範囲を超えていた。もはや英米による戦闘行為じゃないかと。ならばこちらも認識を改めるというのがプーチンの考えです。ハルキウの一件から四州併合への流れは、ロシア側から見るとこういうふうに見えるわけです。

繰り返しますが、私が述べているのは、ロシアから見ればこう見えるという話で、それを認めているわけではありません。

池上　日本でそういうストーリーが紹介されることは、あまりないのではないでしょうか。ハルキウのロシア軍は陽動作戦に乗せられて敗北し、窮地に陥ったプーチンはいきなり徴兵を始めて挽回を図っているとか。まるで映画『トップガン』の敵国のように、わかりやすい悪役として報じられるばかりです。

❖日露関係は悪化していない

佐藤　それから日露関係についても、少し整理しておく必要があります。日本は間違いなく西側連合の一員ですが、ロシアが日本に発しているシグナルは、対米や対欧州とはかなり違うんです。

アメリカに対しては、例えば先の傭兵の話でわかるように対決姿勢を強めています。しかし日本とは敵対せず、むしろ関係の安定化を目指しているように見えます。

そもそも侵攻後のロシアからの発信に、「日本」という言葉はほとんど出てきません。要するに日本を今回の事態のプレーヤーとは見ていないわけです。それは無視とか軽視とかではなく、日本の行動からそう判断しているのです。

岸田文雄首相は、言葉ではロシアをさんざん非難しています。しかし行動において、欧米のように積極的にウクライナを支援しているわけではない。ドイツのシンクタンクであるキール世界経済研究所が二〇二二年一一月に公表したデータによると、侵攻一ヵ月前の二〇二二年一月二四日から同年一一月二〇日までの時点で、世界各国が軍事・財政・人道面でウクライナに行った支援総額は一〇八〇億ユーロ（約一五兆三〇〇〇億円）。このうちアメリカが四七八億ユーロと半分弱を占めていますが、日本は六億ユーロ（約八四九億円）で全体の〇・五六パーセントに過ぎません。それに日本には防衛装備移転三原則[※2]があるので、軍事支援の範疇では防弾チョッキやヘルメットなどしか送っていないんです。

なお二〇二三年三月二一日、岸田首相はキーウを電撃訪問しました。その際、ゼレンスキー大統領に対し、殺傷能力のない装備品三〇〇〇万ドル（約四〇億円）を拠出することと、エネルギー分野などに四億七〇〇〇万ドル（約六二〇億円）の無償支援を行う方針を伝えました。二月にも五五億ドル（約七三七〇億円）の追加支援を約束しており、現在の支援総額は七六億ドルにのぼります（二〇二三年三月時点）。自衛隊が購入する戦闘機F35が一機約一五〇億円、高速道路の建設費が一キロメートルあたり約五〇億円であることを考えれば、日本の国力と比較してウクライナへ提供した装備品の額はきわめて少ないといえます。

池上　サハリン沖の資源開発プロジェクトであるサハリン1・サハリン2からも、紆余曲折ありましたが日本の総合商社各社は撤退していませんね。二〇二二年九月にトヨタとマツダが撤退を決めましたが、それも日露関係の悪化や侵攻への抗議が理由ではなく、部品の調達ができ

※2　一、（防衛装備の）移転を禁止する場合の明確化、二、移転を認め得る場合の限定並びに厳格審査及び情報公開、三、目的外使用及び第三国移転に係る適正管理の確保。外務省HPより。

なくなり業務が立ち行かなくなるので仕方なくというわけです。逆にいえば、それまで退いていなかったということです。

佐藤　単にビジネス上の理屈ですからね。マクドナルドやスターバックスが早々に引き揚げたのとは話が違います。それから日本はロシアの航空会社に対し、空域制限も行っていません。ヨーロッパは軒並み飛行禁止にしていますが。こうして見ると、日本の対応が欧米とまったく違うことがわかります。

❖二〇年の思考の変遷を読む

佐藤　ロシアが何を考えているのかを知るために、基礎となるのは、これまで何度も公開されてきたプーチンの論文や演説です。プーチンは一連の行動の意図を隠していません。本書では、以下の七本を取り上げてみます。

①**「千年紀の狭間《はざま》におけるロシア」**　一九九九年一二月三〇日

（プーチンがエリツィンの後継者に指名される直前に発表した「ミレニアム論文」。全文は本書291頁参照）

②「ロシア人とウクライナ人の歴史的一体性について」 二〇二一年七月一二日
（ウクライナとロシアが歴史上一体であったと主張。全文は本書３０８頁）

③大統領演説　二〇二二年二月二一日
（ドネツク人民共和国・ルガンスク人民共和国の独立承認時。全文は本書３３０頁）

④大統領演説　二〇二二年二月二四日
（ウクライナ侵攻開始直前。全文は本書３５３頁）

⑤四州併合の調印式での演説　二〇二二年九月三〇日
（西側を悪魔崇拝者と呼ぶ。全文は本書３６４頁）

⑥ヴァルダイ会議での冒頭演説　二〇二二年一〇月二七日
（プーチンの論理の集大成。冒頭の演説は本書３７８頁）

⑦連邦議会に対する大統領年次教書演説　二〇二三年二月二一日
（ウクライナ戦争一周年を総括。全文は本書３９６頁）

これらはいずれも決定的に重要でありながら、日本を含む西側の一般メディアではせいぜい部分的に取り上げられるくらいで、きちんとした分析はなされていません。時系列で追っていくことで、プーチンが何を考え、その思考がどのように変遷していったかがわかると思います。

池上　もし西側がプーチンの思いや狙いをその時々に的確に分析していれば、今回のような事態には至らなかったかもしれませんね。結果論ではありますが。これらを読み解くと、ロシアが突然ウクライナ侵攻に踏み切ったわけでも、ましてやプーチンが「発狂した」わけでもないことがわかる。

今からでも遅くはありません。詳しく読み解いてみると、西側が抱くイメージとは違うプーチン像が浮かび上がってくることでしょう。それがわかれば、その先にどういう可能性があるかも見えてくるはずです。

佐藤　そうですね。特に⑤の演説は、とうとう第三次世界大戦に向けて腹をくくったように読めます。その意味で、今は非常に危険な状態です。プーチンの真意を、西側は早急に理解して対処する必要があります。

それからもう一つ、①から⑦までの間に二〇年以上が経過しているわけですが、それは西側に対する融和的な姿勢から対立、対決姿勢へと変わる経緯として読むことができます。またその二〇年の変遷が、二〇二二年二月末の侵攻開始から⑤の演説までの七ヵ月間に一気に凝縮されたと見ることもできる。侵攻当初、プーチンは「ウクライナを占領するつもりはない」と明言していましたが、九月時点ではそれを反故《ほご》にして「ウクライナの降伏」を事実上の目標に据えていますからね。

だからロシアの目標は拡大してしまったし、もちろんウクライナも引き下がることはできない。この戦争はまだまだ続くでしょう。

「宣伝」のプーチン、「扇動」のゼレンスキー

池上　一方、ゼレンスキーもことあるごとにSNSに演説の動画を投稿していますね。特に開戦から半月から一ヵ月後の三月、イギリス、アメリカ、日本の議会に向けて行ったオンライン演説は話題になりました（全文は本書４３２〜４４７頁）。

佐藤　それを読むと、ゼレンスキーとプーチンが本質的に異なる政治家だということがわかります。

ゼレンスキーの目標は、「生き残ること」がすべてです。そのためには武器と、西側の政治的な支援と、お金が必要。それを満たすために、相手に合わせて必要な演説をしているわけです。

池上　アメリカ連邦議会での演説ではパールハーバー（真珠湾攻撃）に言及したことが話題になりました。原稿は広告代理店と一緒になって組み立てたそうですが、たしかにアメリカ人の琴線に触れるという意味では成功していたと思います。

佐藤　言い換えるなら、日本における発言とアメリカにおける発言の整合性については考えていない。それはゼレンスキーの立場を考えれば当然のことです。ただしそのぶん、脇が甘いというか、露見する嘘はつかないというインテリジェンスの大原則を外してしまった部分もあります。

その典型例が、黒海北西部、クリミア半島の西側にあるズメイヌィ島の攻防劇です。二月二四日の侵攻と同時にロシア海軍に占拠され、防衛していたウクライナ国境警備隊の一三人が玉砕したと伝えられました。ゼレンスキーは、その話もイギリス向けの演説の一部に組み込んでいます。

ところが、実は玉砕していなかった。全員生存してロシア軍の捕虜になっていたのです。それをゼレンスキーは知っていたはずですが、嘘をついた。しかも間が悪いことに、この三日後には事実が明るみに出てしまいました。これを短時間で情感に訴えて他国を味方につけるための巧みな話術と見るか、中長期的に信頼を失うという意味で政治リーダーとしての限界と見るか、意見が分かれるところだと思います。

池上　レーニンは著書『何をなすべきか』の中で、宣伝（プロパガンダ）と扇動（アジテーション）を分けていますよね。為政者を相手に活字によって理詰めの説得を行うのがプロパガンダ、大衆を相手に言葉で感情に訴えるのがアジテーションだと。

それによると、例えば社会民主主義者（共産主義者）は無神論者だから、宣伝の際に宗教や神の話を持ち出してはならないと。しかし扇動の際には、労働者の怒りをかき立てるために、我々こそが神聖な宗教であり神であると名乗ってもかまわないという言い方をしていますね。

佐藤　そういう分け方をした場合、プーチンのすべての演説は宣伝だと思います。対象にしているのは、国民というよりも国内のエリート層や、外国の為政者です。他方、ゼレンスキーの演説は扇動でしょう。広範な大衆の感情に訴えているわけです。

これはプーチンとゼレンスキーの違いであるとともに、ロシア人とウクライナ人の戦争観・権力観の違いであり、ひいてはロシアと西側的な価値観の違いだと思います。ゼレンスキーのルーツはウクライナにありますが、思考や方法論は西側に近い。だから西側での受けがいいわけですね。

ただし、ロシアの政治エリートにはほとんど影響を与えません。なぜならロシア人の腑に落ちるメッセージがないから。またロシアのエリートと大衆は完全に区別された存在であり、政治ゲームは戦争を含めてエリートが行うという共通認識がある。その点では、大衆は非常に受動的なんですね。だからプーチンの演説は、常にエリート向けに行われているわけです。

池上　私たちとしては、まず語りかける対象が違うということを認識しながら読み解く必要がありますね。ゼレンスキーの話はわかりやすいが、戦略的な視点がない。逆にプーチンの話は理屈っぽいが、それだけに一連の行動の真意を読み取れると。

このあたりのことを念頭に置きながら、次章でプーチンの論文と演説を読み解いていきましょう。

2章

プーチンは何を語ってきたか

七本の論文・演説を読み解く

①「千年紀の狭間におけるロシア」（一九九九年一二月三〇日）

ロシアの「弱さ」を認識していた

佐藤　ではまず、一九九九年一二月三〇日付の『独立新聞』に掲載されたプーチンの論文「千年紀の狭間《はざま》におけるロシア」、いわゆる「ミレニアム論文」から、ポイントをピックアップしてみます。

池上　最初に、この論文が発表された一九九九年末というのはロシアにとってどのような時期だったのか、つけ加えておく必要があるでしょう。当時はエリツィン大統領のもと、経済が低迷し、またチェチェン紛争も長引き、社会が混乱していました。一九九九年八月、エリツィンは当時FSB（ロシア連邦保安庁。前身はKGB第二総局）長官だったプーチンを首相に任命します。プーチンは豪腕をふるってチェチェン紛争を制圧し、社会不安を取り除くことで国民の人気を博しました。

一九九九年一二月三一日、エリツィン大統領は国民に向けての演説の中で辞意を表明し、後継者としてプーチンを指名するのです。この「ミレニアム論文」は、次期大統領がロシアをどのような国にするべきかについて語ったものです。

佐藤　冒頭では、二〇〇〇年を前にして「キリスト教の二千年を祝すことである」と述べています。最初に宗教の話をしていることに、まず注目すべきでしょう。

そこから、人類共通の普遍的な問題意識の話に入ります。

〈偶然なのか、あるいは必然なのか、ここ二〇〜三〇年のうちに世界で生じている大いなる転換という時間の流れに、ミレニアムの到来が重なった。私が言っているのは、人類のあらゆる生活様式において、深遠な変化が急速に進んでいるということだ。こうした変化は、一般的にポスト工業化社会と呼ばれているものの形成と関わっている。〉

社会は経済構造の変化に直面している、物質的な生産の比重が低下して第二次産業と第三次産業の比率が増大していると指摘し、この流れに乗らなければいけないと説いています。

池上　今とはずいぶん違いますね。今は小麦とか、天然ガスとか、物質的な生産こそが重要であるという言い方をしていますから。

佐藤　そう。たしかに西側はポスト工業化社会に邁進し、例えば武器弾薬の生産も減らした。だから今、ウクライナに提供できる弾が足りないわけです。一方、ロシアは弾切れになっていません。二〇年前と今とでは、プーチンの考え方は明らかに変わっています。

現在のプーチンの考え方は、イスラエルの歴史学者ユヴァル・ハラリが説いた「ホモ・デウス」の世界とも真っ向対立している。

池上　ハラリは人類が新しいテクノロジーを獲得することで、「飢餓」と「疫病」と「戦争」の三つを克服し、神（デウス）に近づくと予言していますね。

佐藤　ところが現実はどうか。人類は新型コロナで疫病の怖さをあらためて思い知り、ウクライナ戦争を目の当たりにし、コロナと戦争によって穀物不足に陥って飢餓の危機に直面している。「ホモ・デウス」のモデルは崩れてしまったわけです。

ついでにいえば、三次元仮想空間「メタバース」に期待する声もありますが、仮想世界ではドニプロ川[※1]は渡れませんからね。

それから現代社会が抱える大きな問題として、環境と国家間の経済格差を挙げているのも興

※1　ロシア語表記ではドニエプル川。ロシアを源流とし、ベラルーシ、ウクライナのキーウを流れて黒海に注ぎ込む。途中、クリミア半島とウクライナ南部のヘルソン州を隔てるように流れている。ウクライナ戦争初期にはロシア軍がクリミア半島側から渡河してヘルソン州の大部分を制圧。その後ウクライナ軍が同州の一部を奪還。

味深い現象です。

池上　それも今とはずいぶん違いますね。プーチンが環境問題を意識しているとは考えにくい。むしろ北極圏の氷が溶けてくれたほうが開発地域が広がっていい、ぐらいの発想になっているように見えます。あるいは格差問題にしても、非常にシニカルですよね。

佐藤　その上で、ロシアが非常に弱い国であるという認識を表明しています。

〈第一に、現代世界において経済的・社会的発展の最高水準を体現している国家の中に我々の国は含まれていない。第二に、我々の祖国は現在、非常に難しい経済的・社会的問題に直面している。〉

池上　今のプーチンは、ロシアは核大国であると強調していますから、やはり違いますね。

佐藤　それも具体的な数字をいくつも挙げて、弱さを訴えています。以下もその一部です。

〈設備投資が不足し、技術革新への目配りが足りないせいで、価格・品質比の点において、世界市場で競争力のある製品の生産高が急激に減少した。特に知識集約型民生品の市場では、外国の競争相手にロシアは相当押されている。この市場におけるロシア製品の割合は一パーセントを下回っている。比較のために挙げれば、同市場でのアメリカの割合は三六パーセント、日本の割合は三〇パーセントである。〉

裏を返せば、アメリカや日本と良好な関係を維持することなくしてロシアの発展はない、と認識していたわけです。しかも、停滞の原因はソ連時代にあるとも述べているんです。

〈現在の国の困難な経済的・社会的状況は、多くの点において、ソヴィエト式経済という遺産のつけである。〉

池上　今では過去の栄光を強調するようになっていますから、これも違いますね。

激変に国家・国民は耐えられない

佐藤　ではどうすべきかという部分で、プーチンは前提として以下のように述べています。

〈去りゆく世紀の四分の三近くの間、ロシアは共産主義ドクトリンの実践という旗印のもと

で生きてきた。その時代における疑う余地のない成果を見ることをせず、ましてや否定してしまうのは誤りであろう。〉

池上　ソ連時代にも肯定すべき要素があったということですね。

佐藤　そうです。今はこの肯定感がものすごく膨れ上がっている感じです。ただし説いているのは、徹底的な反共産主義革命思想です。

〈ロシアは、政治的、社会・経済的な激震、大変動、急進的な変革に対し、精一杯の力を出し尽くしてしまった。またしても革命を呼びかけることができるのは、狂信者、あるいはロシアとその国民に対してほとんど無関心で冷淡な政治勢力だけである。共産主義、民族主義的《ナショナリスティック》な愛国主義、はたまた急進的な自由主義など、どのようなスローガンをもってしても、どんな激変も、もう起こることはないだろう。激変が起これば、国家と国民は持ちこたえられないであろう。創造のためと同様、生き残りのためであっても、民族の忍耐と能力は限界を迎えている。社会はただもう崩壊するだけだろう。経済的にも、政治的にも、精神的にも、道徳的にもだ。〉

池上　今のプーチンに聞かせたいような……。こう考えるなら、戦争なんて仕掛けないはずですよね。最も激変をもたらすものですから。

佐藤　だからここも、この二〇年のうちに考えが変わったわけです。同時に、九〇年代を混乱の時代だったと捉えて、経済的に独自路線を歩むという姿勢を明確に打ち出しています。アメリカ的な新自由主義に対する決別宣言ですね。

〈九〇年代の経験がはっきりと示しているのは、外国の教科書から借用してきた抽象的なモデルやスキームを単純にロシアの土壌に移すようなやり方では、我が祖国は、過度な支出を伴うことなく、刷新を本当の意味で成功させることはできないということである。また、諸外国の経験を機械的に模倣することも成功には結びつかない。〉

池上　ソ連邦の崩壊後、ロシアはアメリカ式の資本主義、とりわけ市場至上主義ともいうべき新自由主義をあわてて導入しましたが、かえって混乱するだけでした。その経験を踏まえて、アメリカ的なシステムはロシア社会にはそぐわないと。

佐藤　そして改革の方向性を示す機関として、「戦略研究センター」を開設したという話が出てきます。

〈ロシア政府のイニシアチブならびに政府自体の積極的な関与のもと設立された戦略研究センターが、一二月末に活動を開始したのだ。〉

少し前までこの研究所の所長を務めていたのが、レシェトニコフです。ロシアのテレビ討論番組「グレートゲーム」の出演者で、プーチンの思想や政策の代弁者です。つまり今、プーチンのブレーンはどこにいるかといえば、この「戦略研究センター」に集まっていると考えられる。ここがプーチンの頭脳なのだと思います。

池上　「戦略研究センター」が提言などを打ち出したら、それがプーチンの意向だと考えられるわけですね。

❖「国家イデオロギー」は適切ではない

佐藤　そうです。それからあと一点、やはり今とは大きく矛盾した発言があります。

〈私には、他の政治家、評論家、学者らがその構築を呼びかけている「国家イデオロギー」という用語は適切なものではないと思えるのだ。（略）国家によって公に祝福され、支持されているようなものとして国家イデオロギーが存在するところ、そこには、厳密にいって、知的、精神的な自由、思想的多元主義、出版の自由のための場所は事実上残されていない。つまり、政治的自由のための場所もである。〉

池上　今のプーチンが主張しているのは、「国家イデオロギー」そのものですよね。思想的多元主義などを前提とした市民社会から、国家主義にシフトしているように見えます。

佐藤　それに続いて、ロシアの国家観について述べている部分があります。

〈大国性。ロシアは偉大な国であったし、今後もそうあり続ける。このことは、ロシアの地政学的、経済的、文化的な在りようという不可分の特性によって条件づけられたものである。

（略）

社会的連帯。ロシアにおいては事実、集団的な活動形態への志向が個人主義よりも常に優勢だった。〉

一九世紀のロシアにセルゲイ・ウヴァーロフ（一七八六～一八五五）という文部大臣がいました。彼は、ロシアを位置づけるものが三つあると説いた。専政と正教と国民性です。プーチンはそれを踏まえて、専政を大国性に、国民性を社会的連帯に置き換えたわけです。ところが「国家イデオロギー」を否定したので、正教の部分がありません。

しかし、今のプーチンは正教と一心同体ですね。正教を国家イデオロギーとすることで、旧ロシア帝国の空間を統合しようとしているわけです。そう考えると、ロシア正教会（モスクワ総主教庁）のキリル総主教が一貫してウクライナ侵攻を支持していることと整合性がありますよね。

池上 二〇一八年、ロシア正教会の管轄下だったウクライナ正教会が一方的に分離・独立を宣言しました。二〇一四年のロシアによるクリミア半島の併合や、その後のウクライナ東部における親ロシア派とウクライナ軍との内戦に嫌気がさしたためです。さらに二〇二二年のウクライナ侵攻に際しても、ロシア正教会に留まっていた一部のウクライナ正教会が分離しました。いずれもキリル総主教は激怒します。ウクライナ正教会の独立を認めたコンスタンチノープルの総主教と絶縁したほどです。プーチンと同様、ロシアとウクライナは同一と捉えていたからですね。

その結果、現在のウクライナの宗教界は大きく四つに分裂しています。今もロシア正教会の管轄下にあるウクライナ正教会、二〇一八年に独立したウクライナ正教会、二〇二二年のロシアによるウクライナ侵攻を機に離脱したウクライナ正教会、そしてカトリック教会（東方典礼カトリック教会。ユニエイト）ですね。

佐藤　ウクライナにおける教会分裂は、プーチン大統領やキリル総主教にしてみれば国家統合の破壊に見えるわけです。もっとも、ウクライナのロシア系住民や下級神父は自分の教会の幹部がモスクワ総主教庁を支持しているか否かに関心はありません。以前と変わらない信仰生活を送っています。

これについては、プーチンは二〇二二年二月二一日のドネツク人民共和国・ルガンスク人民共和国独立承認時の演説（全文は本書330頁）でも触れています。正教の問題は、プーチンの国家観にとって非常に重要だからです。

あらゆる独裁、権威主義的制度は一過性のもの

佐藤　論文の後半に入ると、強い国家をいかにつくるかという議論を展開します。

〈ロシアの再生と隆興の鍵は今日、国家政策の領域にある。ロシアは強力な国家権力を必要としており、それを有さなければならない。これは全体主義制度への呼びかけではない。あらゆる独裁、権威主義的制度は一過性のものであることを、歴史は説得力をもって証明して

いる。民主主義の制度だけが永続的なのである。そのあらゆる欠点にもかかわらず、それ以上よいものを人類は考えつかなかった。ロシアにおける強力な国家権力とは、民主的で、法に基づいた、能力のある連邦国家のことである。〉

池上　イギリスのチャーチル首相の有名な言葉、「民主主義は最悪の政治形態である。これまでに試されてきた民主主義以外のあらゆる政治形態を除けば」を意識しているわけですね。しかし独裁や権威主義的な制度を「一過性のもの」としていますが、それが二〇年以上も続いている。ここも大きく変化したところですね。最近のプーチンから独裁権威主義批判など聞いたことがないですし。

佐藤　そのあとで重要なメッセージが発せられます。

〈個人の権利と自由、そして民主主義全体にとって最も大きな危険は、行政権力〔行政機関〕から生じていることは世界の経験が示している。もちろん、立法権力も悪法を採択するし、応分の危険性をもたらす。しかしながら、最も大きいのはやはり行政権力である。行政権力は、行政手続きを用いることで、国の活動を組織立て、法律を適用し、これらの法律を客観的に、きわめて深刻に、しかも必ずしも意図的にではなく、歪めてしまうこともあり得るのだ。〉

行政権力がしばしば暴走することは、ロシアに限らずアメリカでも日本でもあり得ます。少なくとも一九九九年時点のプーチンは、その危険性を十分認識していた。だから西側の標準的な人とも対話が可能だったわけです。

池上　しかし今や、強力な行政権力こそがプーチン政権の特徴です。

佐藤　その点からすれば、プーチンはまったく異界の人になってしまったわけです。

それから経済については、国家主導で立て直すと宣言しています。

〈九〇年代の第二の重要な教訓は、経済ならびに社会分野に対する国家規制の完全なシステムを構築することがロシアには必要なのだという結論である。〉

ただこれは、国家があらゆる分野を統制するという意味ではなく、経済と社会の調整役に徹するのだとも述べています。

さらに面白いのはこのあとです。

〈国家による規制システムの規模とメカニズムを規定するにあたっては、我々は次の原則に従わなければならない――「国家は必要なところに、必要なだけ存在し、自由は必要なとこ

ろに、必要なだけ存在しなければならない」〉

つまり国家の領域が広がれば自由の領域は狭くなり、自由の領域が広がれば国家の領域は狭くなる。そういうゼロサムゲームな国家観を持っているわけです。この考え方だけは、当時も今も変わりません。今は国家の比重が高いので、自由が制限されるのは仕方がないと。この点でプーチンの発想は一貫しています。

②「ロシア人とウクライナ人の歴史的一体性について」（二〇二一年七月一二日）

ウクライナとの闘争は、反カトリックの戦いでもある

佐藤　次は二〇二一年七月に行った演説「ロシア人とウクライナ人の歴史的一体性について」を読み解きましょう。

二〇一四年以降のロシアとウクライナの対立を踏まえて論じているわけですが、要するに両国はずっと一体だったということを、歴史をはじめさまざまな角度から証明していく構成になっています。だから最初のほうで、「ロシア人、ウクライナ人、ベラルーシ人は、ヨーロッパ最大の国家であった古代ルーシを受け継ぐ人々である」とあるのが印象的です。

池上　ルーシといえば、九世紀から一三世紀に現在のロシア、ウクライナ、ベラルーシをまたいで存在した大国ですね。モンゴルの侵攻を受けて崩壊しますが、その後継について、ウクライナ側の歴史ではウクライナ西部のガリツィア地方にあったハーリチ（ガーリチ）・ヴォルィ

ニ公国とされ、ロシア側の歴史では現在のモスクワを拠点とするモスクワ公国ということになっています。モスクワ公国は、ウラジーミル大公国の一辺境の町に過ぎませんでしたが、周辺の国々を併合し、一四八〇年にはモンゴルの支配（タタールのくびき）から脱却してさらに影響力を拡大します。ウクライナの歴史については、本書3章で詳しく見ていきます。

佐藤　プーチンは、要するに歴史をめぐる戦いだと強調しているわけです。

その上で、問題にしているのは宗教の分裂です。

〈ルーシの西部の地でも東部の地でも同じ一つの言語が話されていたことを指摘しておくことは重要である。その信仰は正教であった。一五世紀の半ばまでは、統一の教会管轄が維持されていた。（略）

一五九六年のブレスト合同により、ルーシ西部の正教の聖職者階級の一部はローマ教皇に服した。ポーランド化とラテン化が進み、正教は排除された。〉

この言及からわかるのは、ウクライナ西部のガリツィアやザカルパチアを、ロシアの一部と見なしていない可能性があるということです。

池上　ブレスト合同とは、当時勢力を誇っていたカトリック教国のポーランドが、正教国だっ

ロシア史略年表

BC６世紀	スキタイ人、黒海北岸に国家を形成
AD５後～６世紀	スラヴ人、バルト海沿岸からドニエプル川流域に進出
862年	リューリク、ノヴゴロドに来る。リューリク朝の始まり
882年	オレグ、キエフを占領（キエフ・ルーシの始まり）
988年	キエフ・ルーシのウラジーミル公、ビザンツ帝国からキリスト教を受け入れる
1147年	『原初年代記』にモスクワの名称が初めて登場する
1157年	ウラジーミル・スーズダリ大公国成立
1199年	ハーリチ（ガーリチ）・ヴォルィニ大公国成立
1237年	モンゴル軍、リャザンを占拠。「タタールのくびき」の始まり
1474年～	モスクワ公国、ロストフ、ノヴゴロド、トヴェーリ等周辺公国を併合、支配領域を広げる
1480年	ウグラ河畔の対峙。「タタールのくびき」終焉
1589年	モスクワに総主教座
1613年	ロマノフ朝成立
1667年	アンドルソヴォ条約。ドニプロ川東岸・キーウがロシア領に
1709年	ポルダヴァの戦い。ピョートル大帝、ウクライナ・スウェーデン軍を破る
1762年	エカテリーナ二世即位。露土戦争などを経て領土拡大へ
1853年	クリミア戦争（～56年）
1914年	第一次世界大戦（～17年）
1917年	二月革命、ロマノフ朝終焉／十月革命、レーニン政権誕生
1922年	ソビエト社会主義共和国連邦成立
1939年	第二次世界大戦（～45年）。41年より独ソ戦開始
1956年	スターリン死去、フルシチョフ党第一書記に選出
1985年	ゴルバチョフ、書記長就任／米ソ首脳会議
1986年	チョルノービリ（チェルノブイリ）原発事故
1990年	東西ドイツ統一
1991年	ベロヴェーシ合意、ソ連邦消滅
1994年	チェチェン紛争が始まる
1999年	エリツィン大統領辞任、プーチンを後継者に指名
2000年	プーチン、大統領就任
2004年	オレンジ革命（ウクライナ）
2013年	ユーロマイダン革命（ウクライナ）
2014年	クリミアへ軍事侵攻／ミンスク合意
2015年	ミンスク２調印
2021年	ウクライナへ軍事侵攻（「特別軍事作戦」）

たウクライナをカトリックに改宗させようとした試みですね。貴族の一部がこれに乗って改宗し、それによって新たに生まれたのが東方典礼カトリック教会（ユニエイト教会）ですね。ウクライナの正教はこうして分裂したわけです。

佐藤　だから、よく「ロシアもウクライナも同じ正教国家なのに、なぜ対立するのか」みたいなことを言う人がいますが、プーチンの認識は違う。ルーシ西部はカトリックの影響下にあるユニエイト教会なので、かなり異質だと考えています。むしろロシア内部において腐食が進んだ部分だと思っているわけです。

そこでこの論文では、言葉を慎重に選びながらも、今のローマ教皇フランシスコを批判している。実際、ローマ教皇はウクライナを支持しています。

池上　そういえば二〇二二年五月、マリウポリの製鉄所に立てこもってロシア軍と戦っていたアゾフ連隊の司令官の奥さんが、バチカンで教皇フランシスコと面会して解放を嘆願したという報道がありました。

佐藤　あれは象徴的でしたよね。つまりロシアから見れば、一連のウクライナとの闘争は、長年の反カトリック闘争でもあるわけです。その原点がブレスト合同だと。我々はそこで何があったか忘れてないぞという話です。

「ウクライナ人」とは辺境で軍務に服する人のこと

佐藤　ウクライナはコサックの国というイメージもありますよね。そのコサックは正教徒であることを強調しています。

〈これに対して、一六～一七世紀に、ドニエプル地方では、正教徒住民の解放運動が盛り上がった。転機となったのは、ヘトマン〔ウクライナ・コサックの首領〕であるボグダン・フメリニツキー〔一六四八～五七年のコサックによる武装蜂起の指導者〕の時代の出来事である。その支持者らはポーランド・リトアニア共和国から自治を勝ち取ろうと試みた。〉

以下、コサックとポーランド・リトアニアとロシアの宗教をめぐる歴史を綴るわけですが、要するにコサックのアイデンティティは反ポーランド・リトアニアであり、ロシアと一体であると我々は解釈していると説きます。

その根拠としているのが、一六五四年一月のペレヤスラウ会議です。

池上　キーウ近郊のペレヤスラウで開かれた、コサックの全軍会議ですね。その場で、ポーランドと戦うためにロシアのツァーリの庇護を受けようという結論に達した。ロシアにしてみれば、このときからロシアとウクライナは再統合されたと解釈しているようですね。

佐藤　だから一九五四年、この会議の三〇〇周年を記念して、当時のソ連のフルシチョフ第一書記は、それまでロシア領だったクリミア半島をウクライナに移管した。両国が一体であるということを、象徴的に内外に示そうとしたわけです。

裏を返せば、これはウクライナという国家が存在しないという考え方でもありますね。一六六七年、ポーランド・リトアニア共和国とロシアとの間でアンドルソヴォ休戦条約が結ばれ、さらに一六八六年に永遠平和条約が締結されると、ドニプロ川の東側がロシアに編入されます（ウクライナの歴史については、本書3章参照）。

〈その住民たちは、ロシア正教の民の主要部と再統合されたのである。この地域そのものが「マーラヤ・ルーシ」（マロロシア）〔小さなロシアの意、小ロシア〕と呼ばれるようになった。

当時「ウクライナ」という名称は、すでに一二世紀からの文書に登場する古代ルーシの言葉「辺境《オクライナ》」という意味で、よく使われていた。それは、さまざまな国境地帯を指していた。そして、「ウクライナ人」という言葉は、同様に古文書から判断すれば、もともとは、外部との境を守るために国境で軍務に服する人々のことを意味していた。〉

それに対して今のウクライナの民族主義者は、「クライ」とは「国」、「ウクライナ」とは「国民」という意味だとして、「辺境」という意味はないと主張しています。「クライ」をどう解釈するかという論争になっているわけです。

池上　ベストセラーになった『物語 ウクライナの歴史――ヨーロッパ最後の大国』（黒川祐次著、中公新書）も、そのあたりを詳しく紹介しています。仮に「辺境」という意味に由来するとしても、それはモスクワから見てではなかったとか、ロシア帝国の時代にロシアはウクライナを「小ロシア」と呼んでいたとか。なお独立国家として「ウクライナ」を名乗るのは、ロシア革命が起きた一九一七年からですね。

ロシア・ウクライナは「遺産」を共有している

佐藤　それから、仲が悪いスウェーデンとの歴史にも触れています。

〈スウェーデンとの北方戦争の際、マロロシアの住民は、どちらに付くのか選択するまでもなかった。マゼッパ〔コサックの首領で、北方戦争時、途中からスウェーデン側に寝返った〕の反乱を支持したのは、コサックのごく一部だけだった。さまざまな階層の人々が、自分はロシア人であり、正教徒であると考えてい

た。〉

池上　北方戦争は、一八世紀初頭にロシアとスウェーデンがバルト海の権益をめぐって約二〇年も争った戦争ですね。ロシアはこの戦いに勝利して、大国への道を歩んでいくことになるわけです。

佐藤　面白いのが、役者時代のゼレンスキーが主役を務めたウクライナの大ヒットドラマ「国民の僕《しもべ》」の一場面です。そこでは、分裂しているウクライナの地に「スウェーデン」という国名が登場する。つまり、もし北方戦争でスウェーデン側が勝利して、そのアイデンティティが今日に残っていたらどうなったか、という架空の設定を描いているわけです。ロシアへの嫌味が込められていることは、いうまでもありません。

それはともかく、歴史への言及は続きます。

〈一八世紀後半、オスマン帝国との戦争を経て、クリミアと黒海沿岸の土地がロシアの構成下に入り、これらの土地は「ノヴォロシア」〔「新しいロシア」の意〕と呼ばれるようになった。そこには、ロシアのあらゆる県の出身者らが移住してきた。ポーランド・リトアニア共和国が分割されたのち、ロシア帝国は、ガリツィアとザカルパチアを除く古代ルーシの西側の土地を取り戻

した。この二つはオーストリア帝国、その後はオーストリア・ハンガリー帝国のもとにあった。〉

池上　一八世紀後半、ロシアの女帝エカテリーナ二世（一七二九～九六）はオスマン帝国との間で二度にわたって戦いを繰り広げました。これが、露土戦争です。その結果ロシアは黒海北岸地域を獲得しました。この地域が「ノヴォロシア」で、今のドンバス地域、ザポリージャ、そしてクリミアやオデーサなどに当たります。

佐藤　そうです。ノヴォロシアはロシアの領土だけれど、ガリツィアとザカルパチアは違う領域だという認識を示しています。おそらく、ロシアから離れてもかまわないと思っているのでしょう。

それからロシアとウクライナの複合アイデンティティを持っていた人物として、作家のニコライ・ゴーゴリ（一八〇九～五二）を挙げています。

〈ロシアの愛国者であり、ポルタヴァの出身であるニコライ・ゴーゴリの著書はロシア語で書かれており、マロロシアの民衆の表現、フォークロアのモチーフがふんだんに盛り込まれている。こうした遺産をどうやってロシアとウクライナの間で分けることができるのか？

そして、何のためにそんなことをするのか？

ロシア帝国の南西部の土地、マロロシア、ノヴォロシア、クリミアは、多様な民族、宗教から成り立っており、その多様性を有したまま発展していった。〉

池上　ノヴォロシア、クリミアといえば、まさにプーチンが併合しようとしている地域ですよね。それにマロロシアも加われば、キーウあたりまで視野に入れていることになる。そういえばゴーゴリの小説『隊長ブーリバ』のメインテーマは、反カトリック、反ポーランドでした。

❖ソヴィエト社会主義共和国には危険な「時限爆弾」が埋め込まれた

佐藤　それから以下のようにも述べています。

〈ロシア帝国においては、大ロシア人、小ロシア人、ベラルーシ人を統合する、ロシア民族という大きな枠組みの中で、小ロシアの文化的アイデンティティを発展させるプロセスが活発になっていたことは、客観的事実が物語っているのである。〉

要するにロシア帝国という傘があって、初めてウクライナ文化は存在できるのだと。ところが一部には、ロシアとウクライナを切り離そうという動きもあった。

〈これと並行して、ポーランドのエリートや小ロシアのインテリ層の一部では、ロシアの民とは切り離されたウクライナの民という考えが生まれ、強化されていった。ここには歴史的な根拠はなかったし、あり得るはずもなかったため、実にさまざまな虚構の上に結論が組み立てられていた。ウクライナ人はそもそもスラヴ人ではないとか、あるいは逆に、ウクライナ人こそが真のスラヴ人であり、ロシア人、「モスコヴィト」〔ロシア人の別称、ロシアの古名であるモスコヴィャの人という意〕はそうではないということまでいわれていた。こうした「仮説」がヨーロッパ諸国の間で競争の具として、政治的な目的のために利用されることがますます増えていった。〉

これがいわゆる「ガリツィア史観」と呼ばれるものです。今のロシアは、二〇一四年以降のウクライナの政権を、このガリツィア史観の虚構の上に成り立っていると見なしているわけです。

池上　ロシア革命のとき、ウクライナは「人民共和国」として独立を宣言するわけですが、長くは続かなかった。誕生したばかりのボリシェヴィキ政権の干渉を受け、結局はウクライナ・

ソヴィエト社会主義共和国というソ連邦の一角になる。ただそのとき、宗教や文化の違う西ウクライナはポーランドに割譲されるんですよね。

佐藤 そうです。プーチンはそのあたりをこう説明しています。

〈一九二〇年四月、S・ペトリューラ（現代のウクライナに押しつけられた「英雄の」一人）は、ウクライナ人民共和国の執政内閣（ディレクトリア）を代表して、秘密協定を締結した。この協定に基づき、軍事支援と引き換えに、ポーランドにガリツィアと西ヴォルィニの土地を引き渡した。〉

だからこの西ウクライナに基盤を持つ政権は、ポーランドとの関係が非常に深いということを言いたいわけですね。

そして一九二二年には、「対等の権利を有する諸共和国の連邦として、連合国家を形成するというレーニンの計画が実行」されるわけですが、これについて重要な指摘をしています。

〈ソヴィエト社会主義共和国から成る連邦を形成するという宣言文の中にも、その後、一九二四年のソヴィエト社会主義共和国連邦憲法にも、各共和国が連邦から自由に離脱する権利が盛り込まれた。こうして、我々の国家体制の基盤に、最も危険な「時限爆弾」が埋め込まれた。時限爆弾は、ソヴィエト連邦共産党の指導的役割という形の安全と防止のメカニズムが消滅した途端、爆発し、共産党自体も結果的に内部から崩壊した。〉

つまりレーニンが構想したのは、民族自決主義を標榜して正統性を得ながら、共産党がソ連全土を支配するシステムでした。ところがその安全装置が壊れたとたん、連邦自体が分解してしまった。そういう不自然な体制だったというのが、プーチンの認識ですね。

池上　非常にわかりやすい解釈ですね。

現代ウクライナはソヴィエト時代の産物である

佐藤　それから、一般的にはあまり注目されていませんが、地政学的に重要だと思う言及があります。

〈オーストリア・ハンガリー帝国の崩壊後はチェコスロヴァキア内にあったカルパチア・ルーシ〔ルテニア〕の運命について、別途述べておく。地元住民の大半はルシン人〔ウクライナ語の方言とされるルシン語を話す

〈スラヴ人の民族集団〉だった。今では思い出されることも少ないが、ソヴィエト軍によってザカルパチアが解放されたあと、この地方の正教住民による議会は、カルパチア・ルーシをロシア・ソヴィエト連邦社会主義共和国、もしくは、カルパチア・ルーシ共和国として直接ソヴィエト社会主義共和国連邦に組み入れることに賛成した。だが、人々のこの意見は無視された。そして、一九四五年夏、「プラウダ」紙が書いているように、ザカルパチア・ウクライナと、「そのいにしえの故郷であるウクライナとの」再統合という歴史的な布告が出された。〉

戦前のチェコスロヴァキアは、チェコとスロヴァキアとルテニア（ザカルパチア・ロシアともいう）という三地域で成り立っていました。なおこれらの地域は、地図にあるようにナチス・ドイツにより分割の運命をたどります。ルテニアの住民の多くはルシン人で、彼らはキエフ・ルーシの末裔という自己意識を持ち、宗教は東方典礼カトリック教会中心のユニエイト。それで反スロヴァキア、反ウクライナ、親チェコ、親ロシアでした。つまり隣人は嫌いで、その一つ先が好きだったわけです。

一方、当時のソ連はチェコスロヴァキアの国家体制自体に反対していました。歴史的に関係のない二国を人為的に結びつけた、反共の防波堤国家ではないかと。だから同国にはチェコ共産党とスロヴァキア共産党があり、それぞれ別々に行動していました。

チェコスロヴァキア併合の過程

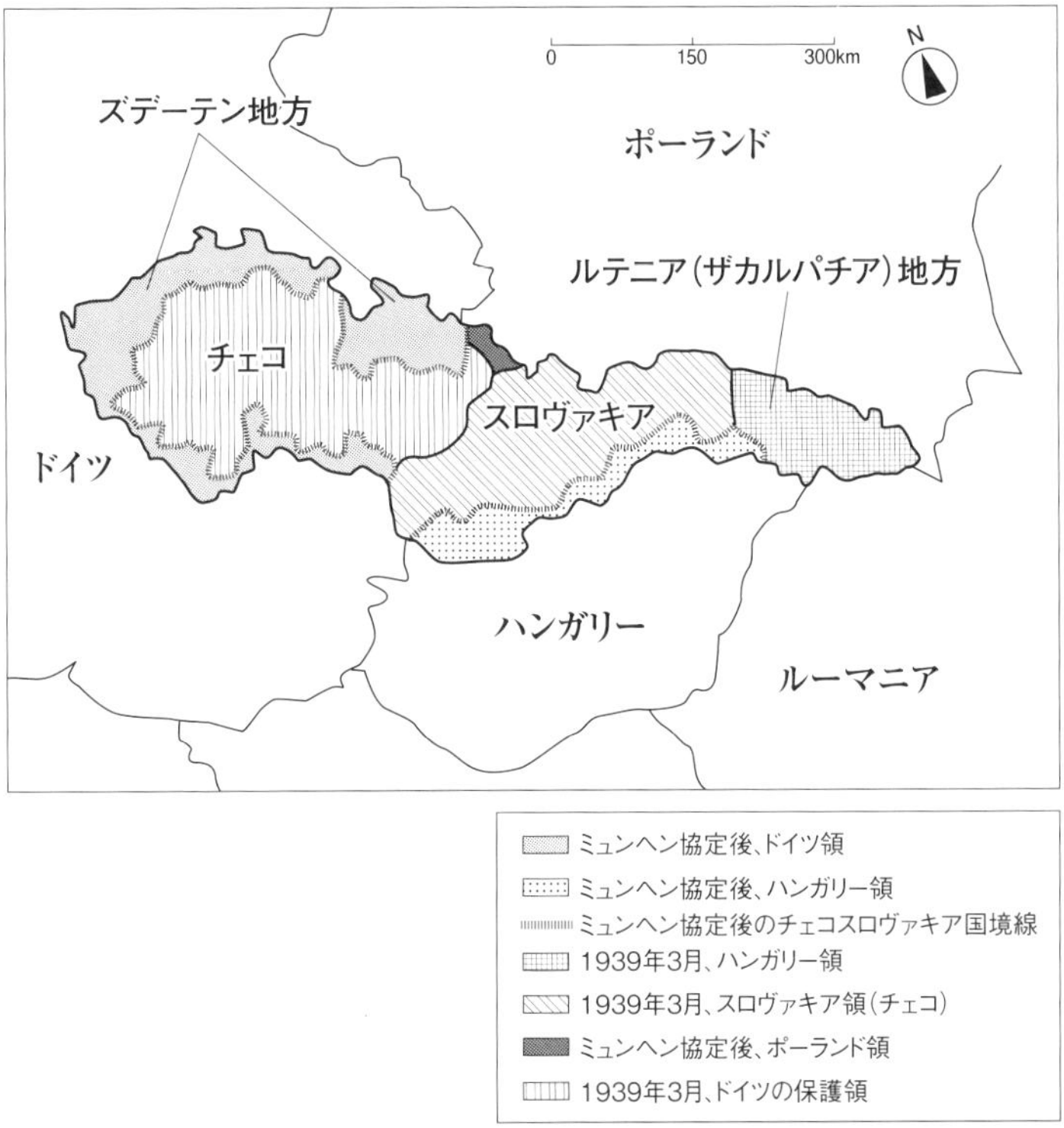

(『欧州の国際関係 1919-1946』
〈大井孝著、たちばな出版〉
517頁の図版などを参照のうえ作成)

池上　一九四四年には、それまでのナチス・ドイツの支配に抗議する形でスロヴァキアの民衆が蜂起する事件がありましたね。これにより、結果的にソ連軍の侵攻を招き、制圧されることになった。

佐藤　それで大戦後、スロヴァキア共産党の一部の人々がソ連への加盟を画策します。しかし当時のチェコスロヴァキアのベネシュ大統領としては、それをなんとか食い止めたい。そこで、ソ連が何を狙ってくるかを考えて、それはハンガリーだろうと思い至るわけです。

池上　ハンガリーは第一次世界大戦ではオーストリア・ハンガリー帝国として、第二次世界大戦ではハンガリー王国としてロシア・ソ連と対峙して、いずれも敗戦国になっています。そして戦後はソ連の影響下で共産主義政権が誕生し、東側共産圏の一角を形成しました。

佐藤　ただ終戦直後、ハンガリーとソ連は直接国境を接していなかった。ウクライナ西部とハンガリーとの間を、ちょうどチェコスロヴァキアのルテニアが隔てる形になっていたのです。そこでベネシュ大統領は、この地域を民族統合原則に基づいてウクライナに譲渡すれば、ソ連はウクライナを経由してハンガリーとの国境を持つことになると考えたわけです。そうすれば、チェコスロヴァキアに干渉してくることはないだろうと。

　結果的にルテニアは一九四六年にソ連（ウクライナ・ソヴィエト社会主義共和国）に併合されます。そして、一九五六年のハンガリー動乱のとき、ソ連軍はこのルートからブダペストに入るんですけどね。

それはともかく、ここでプーチンが言及しているのは、ウクライナのルシン人がかなり減ってしまったということです。ウクライナがルシン人の言語や、ルシン人であるとの自己意識を表明することを抑圧したからです。外国に住むルシン人は民族的自己意識を強く持っています。ただルテニアには少数ですがまだルシン人がいて、この人たちは親ロシアです。つまり、ウクライナ領内でありながら反ウクライナ傾向が最も強くなり得る地域なのです。だから、ここに目をつけているというわけです。

こうして歴史を振り返りながら、結論めいた言葉を述べます。


〈このように、現代ウクライナは、丸ごと、すべて、ソヴィエト時代の産物なのである。その大部分が、歴史的なロシアの犠牲のもとに形成されたことを我々は知っているし、覚えてもいる。どの土地が一七世紀にロシア国家と再統合され、そして、ウクライナ・ソヴィエト社会主義共和国が、どの土地とともに、ソ連の構成から抜け出たか、比べてみるだけで十分だろう。

ボリシェヴィキは、ロシアの民を、社会実験のための無尽蔵の材料として扱った。彼らは、その見解によれば、民族国家を完全に廃止する世界革命を夢見ていた。それゆえ、恣意的に

国境を切り刻み、領土という豪華な「贈り物」を配ったのだ。〉

要するに、民族も国境も過渡的なもので、最終的にはなくなるというのがボリシェヴィキの発想だった。その前提で連邦構成国に領土を与えたが、共産党の崩壊とともにバラバラになってしまったと。

池上　恣意的な国境といえば、一九二四年の中央アジアの民族的境界画定はまさにそれですよね。トルコ系の人々の地という意味のトルキスタンを、旧ソ連の五共和国（カザフスタン、トルクメニスタン、ウズベキスタン、タジキスタン、キルギス）に刻んだわけですから。

「ホロドモール」をめぐる対立

佐藤　それから中盤以降では、今のウクライナがいかに貧しい国かを強調しています。

〈まだ新型コロナウイルス感染症が流行する前、二〇一九年、ウクライナの一人あたりの国内総生産（GDP）の水準は四〇〇〇ドルを下回った。これは、アルバニア共和国、モルドヴァ共和国、そして未承認国家のコソヴォ〔ロシアは同国を承認していない国の一つ〕より低い。ウクライナは今や、

ヨーロッパで最も貧しい国なのである。〉

その責任はウクライナ国民ではなく、ひとえにウクライナ政権にあると糾弾します。それから両国間で最も論争になるのは、「ホロドモール」の解釈ですね。

池上　詳しくは本書3章「歴史から見るウクライナの深層」で見ていきますが、ホロドモールは、ロシア語で「飢餓による虐殺」。一九三二年から三三年にかけてウクライナで起きた大飢饉を指します。膨大な数の犠牲者が出たとされています。

これは、ソ連の最高指導者だったスターリンが意図的に仕組んだことなのかどうか、論争が続いているわけです。当時、スターリンは農業の生産性向上のため、全国的に農業集団化を進めました。一方で外貨獲得のために農産物を厳しく取り立て、折からの不作もあって、農民は自らの食料さえ確保できずにバタバタと倒れていきました。

とりわけ犠牲者が多かったのが、穀倉地帯のはずのウクライナ。この点を捉えて、特に二〇〇五年に親欧米派のユシチェンコ政権が誕生して以降、ウクライナ民族を抹殺するための一種の餓死作戦だったのではないかといわれるようになりました。

佐藤　プーチンは当然ながら否定しています。

〈事実上、ウクライナのエリートたちは、国境問題以外は、過去を否定することによって、自身の国の独立を根拠づけることにしたのである。彼らは、歴史を神話化し、書き換え、我々を一つに結びつけているすべてのことを歴史から抹消し、ロシア帝国ならびにソヴィエト社会主義共和国連邦の構成下にウクライナがあった時代を占領の時代として語るようになった。一九三〇年はじめの集団化と飢饉という我々にとって共通の悲劇を、ウクライナの民に対するジェノサイド（大虐殺）であると偽るようになった。〉

池上　集団化と飢饉はウクライナだけではなかった、ソ連全体がそうだった、とプーチンは言っているのですね。

佐藤　ホロドモール説を否定する根拠として最も説得力があるのは、フランスの人口学者エマニュエル・トッドの議論でしょう。ウクライナは核家族方式の農業が中心で、私有財産の意識が強かった。そこに、もともと集団労働に慣れたロシア的なシステムを無理やり当てはめようとしても、結果が違うのは当然だろうと。

しかし史実がどうであれ、ホロドモールが今のウクライナ政権を位置づける基本のイデオロギーの一つになっていることは間違いありません。

池上　失政だったのか虐殺だったのか。おそらく真相は永遠に闇の中ですが、この一件が「ソ連＝恐ろしい国」というイメージを世界に植えつけましたよね。

公用語の統一と権力は結びついている

佐藤　一方、二〇一四年以降のウクライナ政権も、ロシア系住民に対して、かなり厳しい文化統制を行おうとしました。プーチンの言葉を借りるなら、「国家の言語政策に関する法律を廃止しようと試みたことを思い出してほしい」と。

ウクライナ政権は、ウクライナ語を公用語にしようとしたのです。従来はウクライナ語とロシア語が併用されていましたが、公の場でロシア語を使ってはダメだということです。

これが影響するのは、職場においてです。公務員や国営企業の管理職は、話し言葉もさることながら、文書のやりとりをすべてウクライナ語で行う。つまりウクライナ語を読み書きできなければ、職を失うわけです。

そしてウクライナ語が得意なのは、西部に住む親ヨーロッパでユニエイトであるという、少数の人々です。経済や政治の中心である中部・東部のウクライナ人は、ロシア語は母語ですので自由に操ることができますが、ウクライナ語は必ずしも上手くありません。だとすれば、少数の西部の人々が、経済・政治の要職を中部・東部の人々から奪いかねないわけです。

だから政府がこの政策を打ち出したとたん、クリミア、ドネツク、ルハンスク、ハルキウなど各地で激しい反発が起きました。そのため、結局二、三日後には撤回されましたが、これによって政権は信用を大きく失ったと思います。どれほど多くの人が困るかという想像力が足りていない感じがします。

池上　スリランカでも同じような話がありましたね。一九七〇年代、多数を占めるシンハラ人に有利なように、シンハラ語を公用語にしたのです。その結果、タミル語を話す少数派のタミル人が公務員の職を失った。そこから、やがて二〇年以上も続くスリランカ内戦に発展するわけです。

シンハラ人は「獅子の子孫」といわれていたので、対抗するタミル人は「虎」を名乗った。それが「タミル・イーラム解放の虎（LTTE）」という過激組織です。「イーラム」とはタミル語で国のことです。日本は仲介に入ろうとしますが、間に合わず、結局タミルの武装勢力が壊滅して終結します。日本にいるとなかなかイメージしにくいですが、言語を統一しようとすると大きな反発を招くものなんですよね。

佐藤　沖縄で考えればわかりやすいでしょう。もしあるとき、沖縄が「琉球語を公用語にする。話せない者は公的機関で働いてはいけない」というルールを決めたらどうなるか。日本語しか話せない多くの職員は追い出され、琉球語を話せるごく一部の人が取って代わるわけです。

つまり、言語の問題は権力の問題と結びついている。権力者にとっては、基盤を固める絶好の手段なのです。プーチンも、「問題は、今日のウクライナでは、アイデンティティの強制的な変更のせいで、状況がまったく異なっていることなのだ」と批判しています。

ウクライナの住民にとっては、「ウクライナ人になるかロシア人になるか選べ」といわれているようなものだ、というわけです。沖縄に住む人が、ある日突然「琉球人になるか日本人になるか選べ」といわれたら困りますよね。

ウクライナはナチスの生き残りの戦犯を讃えている

佐藤　そして最後にもう一箇所、終盤でナチスに触れています。

〈公的機関の警護のもと、SS部隊〔ナチスの親衛隊の略称〕の生き残りの戦犯らを讃える行進や松明行列が行われるのだ。周りの全員を裏切ったマゼッパ、ポーランドからの庇護をウクライナの土地で買ったペトリューラ、ナチスと協力したバンデラ〔ウクライナ民族解放運動の指導者〕が、民族の英雄と位置づけられるのだ。〉

池上　バンデラについては4章で詳しく触れますが、簡単に説明しておきましょう。ステパン・バンデラ（一九〇九〜五九）は、現在のウクライナ西部（ガリツィア）出身。ウクライナにおいては独立のために戦った英雄で、ウクライナ・ナショナリストとされています。最初の戦いは一九三〇年代で、対ポーランド独立戦争でした。その後四〇年代、そして四四年に戦った相手はソ連でした。彼はソ連軍に抵抗するためナチス・ドイツと協力します。

佐藤　フランスの国際政治学者マルレーヌ・ラリュエルは著書の中で、バンデラは民族主義を提唱し、「ナチのジェノサイド政策に沿う強烈な反ユダヤ主義を体現して」いたが、新生ウクライナの歴史叙述では、こうした問題含みの伝記的要素はしばしば無視されるか、少なくとも最小化されてきた、と指摘しています。二〇〇九年には当時のユシチェンコ政権はバンデラの生誕一〇〇周年に彼を郵便切手のデザインに採用し、二〇一〇年には「ウクライナの英雄」という公式の肩書を与えたと。

池上　一連の名誉回復の流れは、二〇一四年のユーロマイダン革命（マイダン革命）以降加速したんですね。これがまた、ロシアを刺激した。

佐藤　要するに、ロシアから見るとナチス協力者で虐殺者でしかない人物を、ことごとく英雄にひっくり返して歴史をつくろうとしている、と批判しているわけです。特にプーチンが語気を強めて批判しているのがバンデラで、ロシア語ではいつも「ネオナチスティ・イ・バンデロフツィ（ネオナチとバンデラ主義者）」という言い方をしています。

ロシアにとっては、バンデラ主義者もナチスも、ともに特定の民族をターゲットにして徹底排除に動いたという意味では同列なのです。現代にナチズムがあるとすれば、それはロシア人ゆえに排除するという発想です。

ところが日本の多くのメディアや識者は、その「バンデロフツィ」の意味がわかっていない。だからプーチンが「ネオナチ」を非難しているというと、「ゼレンスキーはユダヤ人だからナンセンス」などと切り捨ててしまう。そういう根本的な理解が足りないので、議論も非常に荒っぽくなっている気がします。

③大統領演説（二〇二二年二月二一日）

ウクライナはロシアの一部である

佐藤　それから三本目は、ウクライナ侵攻の三日前に行われたテレビ演説です。最大のテーマは、ウクライナ東部のドネツク人民共和国・ルガンスク人民共和国の独立承認。冒頭では、前回の論文と同様、ロシアにとってのウクライナの位置づけについて訴えています。

〈あらためて強調しておくが、ウクライナは我々にとって単なる隣国ではない。我々自身の歴史、文化、精神世界とは分かつことができない一部なのである。彼らは、我々の同志、近しい人々であり、その中には、仲間、友人、かつての同僚のみならず、近親者、我々と血や家族の絆で結ばれている人々もいる。〉

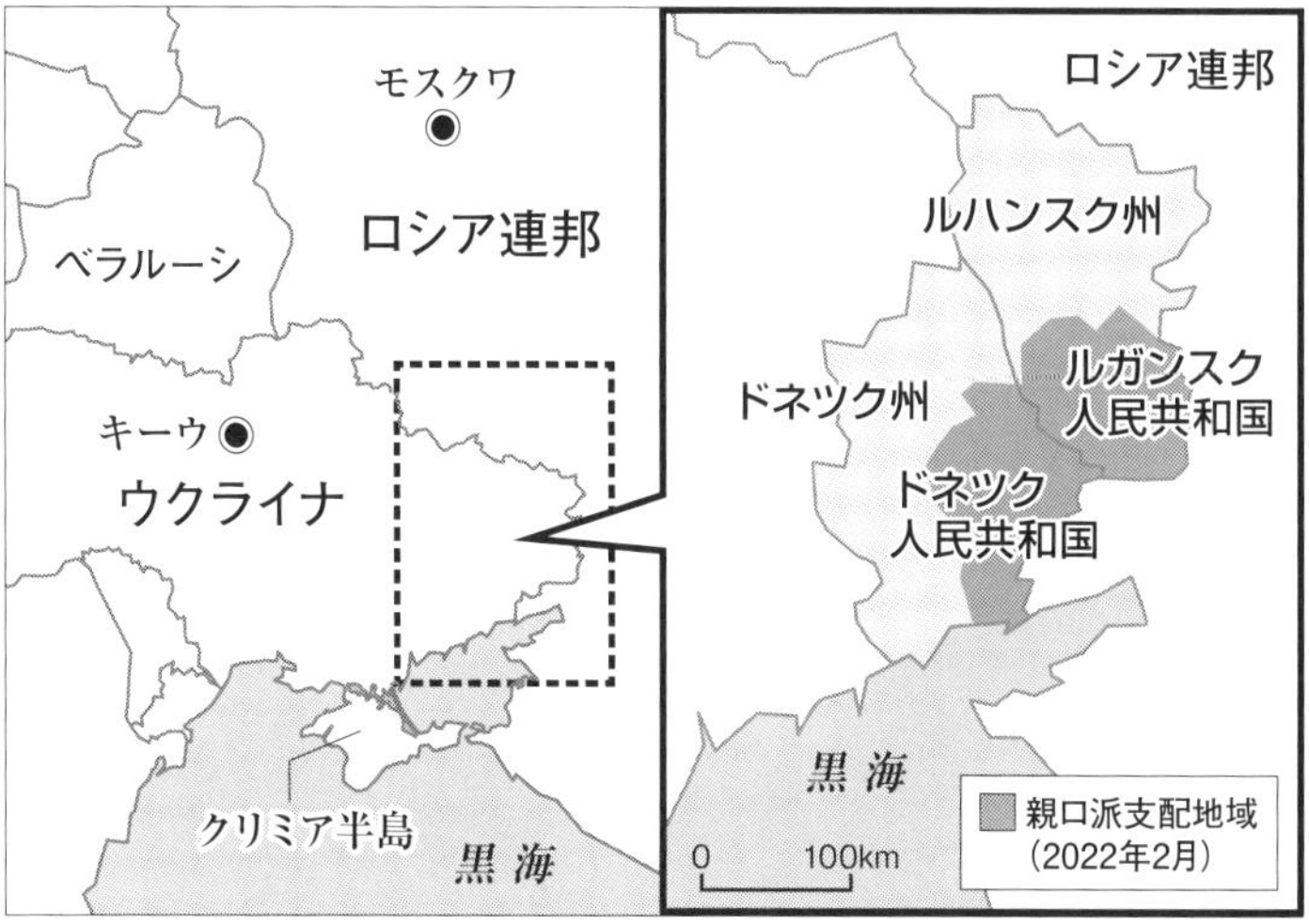

ドネツク人民共和国・ルガンスク人民共和国

池上　そんなに大事な人たちが住んでいる土地を攻撃するのか、と突っ込みを入れたくなりますが、繰り返すということは、それだけプーチンにとって重要なメッセージなんですね。ヨーロッパやアメリカはなぜ理解してくれないのか、という焦りや怒りもあるのかもしれません。

佐藤　そうなのでしょう。それからウクライナの一部はロシアであり、そこに住む人はロシア人であると続きます。

〈歴史的な古代ルーシの南西部の土地に暮らす人々は、昔から、自分たちのことをロシア人であり、正教徒であると称してきた。この領域の一部がロシア国家へ再統合された一七世紀より以前も、そして、それ以後

もである。〉

「古代ルーシの南西部」とは、ノヴォロシア（新ロシア）を指します。だから、ここを併合しなければならないと説くわけです。さらに続けて、ウクライナがボリシェヴィキによってつくられたという主張を展開します。

〈それではまず、現代のウクライナが、そのまま全部、ロシアによって、より正確にいえばボリシェヴィキによる共産主義のロシアによってつくられたということから始めよう。創作の過程は、一九一七年の革命のほぼ直後に始まった。ちなみに、レーニンとその仲間たちは、ロシアの歴史的領土の一部を、自身から分離、切断するという、ロシア自身に対してはなはだ乱暴な方法でこれを行った。そこに暮らしていた数百万の人々の意見について、誰も何も聞かなかったことはいうまでもない。〉

池上 ボリシェヴィキというのは、レーニンが主導したロシア社会民主労働党多数派のことですね。彼らは革命後のロシアで「ボリシェヴィキ独裁」を進め、やがて共産党に改称します。同時に「民族自決」の方針を打ち出したことで、それまでロシア帝国の支配下だったバルト三国やフィンランドが独立を果たす。その流れで、一九一七年にウクライナ人民共和国が誕生するわけです。

しかしその後、独立を認めないボリシェヴィキと、ドイツ、オーストリア、ポーランドの参入によって激しい内戦に発展し、わずか三年後の一九二〇年にウクライナ人民共和国は崩壊します。大部分はソ連邦に組み込まれ、西側の一部はポーランドに割譲されるんですよね。

佐藤　そこで問題は、なぜボリシェヴィキは支配地域を切り離すようなことをしたのか。つまり第一次世界大戦の終結に向け、ブレスト・リトフスク条約をドイツ、オーストリア・ハンガリーなど対戦国と締結してバルト三国などの利権を放棄するわけですが、それはなぜか。これについては以下のように述べています。

〈革命のあと、ボリシェヴィキにとっての最重要課題は、どんな代償を払ってでも権力に留まることであった。〉

このあたりのレーニンの心境は、二〇世紀のハンガリーの哲学者ルカーチ・ジェルジの著書『レーニン論』（こぶし書房）に書いてあります。レーニンはとにかく革命を現実的に捉え、生き残ることを目標に据えた。それについて天賦の才があったと評しています。プーチンは、おそらくこの本を読んでレーニンの行動を解釈したのでしょう。ただそれを非難するのではなく、国内状況が信じられないほど複雑で危機的だったと総括した上で、しつこくソヴィエト・ウクライナはロシアのものであると繰り返します。

〈すでに述べたとおり、他でもないボリシェヴィキの政策によって、ソヴィエト・ウクライナは誕生したのである。それは今日に至るも、完全な裏づけをもって、「ウラジーミル・イリイチ・レーニン名称ウクライナ」〔レーニンによって勝手につくられた国だと批判する気持ちも込めた表現〕と呼ぶことができる。レーニンは、ウクライナの作者であり、設計者である。このことに関しては、保管文書によって、すべて完全に確認できる。〉

池上　逆説的にいえば、ボリシェヴィキの姿勢が反共産主義のウクライナ人民共和国をつくったということですね。それがかえって混乱を招き、あっという間に消滅していくわけですが。

❖「反ロシア」によって誕生したウクライナ

佐藤　そうですね。それから面白いのが、ソ連邦解体の原因がどこにあったのかという言及です。ここで持ち出しているのが、一九八九年九月に開かれた民族問題に関するソ連共産党中央委員会総会です。プーチンは、そこで採択されたソ連共産党綱領の中から、以下の三つの条項を引用しています。

・連邦の各共和国は、主権を有する社会主義国家の地位に相応するすべての権利を有している。
・連邦構成共和国の最高代表権力機関は、自身の領土において、連邦政府の決定および命令の執行に異議を申し立て、これを停止することができる。
・それぞれの連邦構成共和国はそれ自身の市民権を有し、これはそのすべての住民に与えられるものである。

それまでソ連は単一国籍として運営することが可能だったが、こういう条項を入れたためにそれが不可能になった。「ただでさえ複雑な状況にあって、なぜ、そのようなやり方で国をさらに強く揺さぶる必要があったのか？　されど、事実は事実だ」と訴えます。その上で、「ソ連邦崩壊まではまだ二年あったが、その運命は事実上、もう決められてしまった」と説くわけです。

池上　つまりプーチンの頭の中では、ソ連の崩壊は一九九一年一二月ではなく一九八九年九月だったと。それもソ連の東欧革命に影響を受けたのではなく、権力の内側から崩れていったという考え方なんですね。そう認識していたというのは面白い。

佐藤　要するに政策に戦略性がなく、その場しのぎで首尾一貫していなかったと。これは当時ソ連をウォッチした私から見ても、非常に鋭い洞察だと思います。たしかにこの民族問題に関する中央委員会総会が一つの分水嶺でした。

池上　その混乱の中で、一九九一年にソ連は崩壊し、同時にウクライナは念願の独立を果たすのです。

佐藤　その新生ウクライナに対し、プーチンは当然ながら酷評しています。

〈ここで強調しておきたいのだが、ウクライナ政権は当初から、まさに最初の一歩から、我々を結びつけているあらゆることの否定の上に国家体制を築こうとしたし、ウクライナに暮らす何百万もの人々、全世代の意識と歴史的記憶を歪めようとした。ウクライナ社会が極端な民族主義の高まりに直面したことは驚くに当たらない。それはすぐに、攻撃的なロシア《ルソ》嫌悪《フォビア》とネオナチズムの形をとるようになった。北カフカスのテロリスト一味に、ウクライナの民族主義者とネオナチが関与し、ロシアに対し領土を要求する声がますます高まっている理由も、ここからきている。〉

これは、韓国の民族形成と似ている気がするんですよ。

池上　なるほど。たしかに韓国併合後の一九一九年、独立運動家の李承晩《イスンマン》は上海に大韓民国臨時政府を樹立しました。李自身はすぐに仲間から追放され、アメリカに行くのですが。もちろん「反日」を掲げていましたが、実はその政府に実体は何もなかった。そして戦後、権力を掌握したときも、やはり「反日」を旗印にして建国を進めるわけです。

佐藤　民族を形成するときは、いかに自分たちが偉大な民族かという積極的な概念を打ち出すより、敵のイメージをはっきりさせたほうがまとまりやすい。まさにウクライナはそうやって民族をつくろうとしたと、プーチンは見ているわけです。そうなると、ウクライナ民族というものが存在する限り、その本質は反ロシアであるということになります。

だから今後、もしウクライナを統合することになったとしたら、「ウクライナ」という名称を用いなくなる可能性がある。帝政ロシア時代はこの地域をウクライナとは呼ばず、「ノヴォロシア」「マロロシア」「ガリツィア」などと呼んでいましたからね。そういう名称を復活することになる可能性があると思います。

池上　二本目のプーチン大統領演説「ロシア人とウクライナ人の歴史的一体性について」でも触れましたが、「ノヴォロシア」とは、まさに今のウクライナ戦争で主戦場になっている東部のドンバス地域やクリミア半島あたりを指します。「新しいロシア」という意味ですね。中国に置き換えれば、「新疆ウイグル自治区」と似ていますね。「新疆」とは「新しい土地」という意味ですから。

それから「マロロシア」は「小ロシア」という意味で、帝政ロシア時代のウクライナの名称ですね。

佐藤　本来、「マロロシア」はロシアの中央という意味ですが、今は完全に「小ロシア」のイメージで使われています。混乱を避けるなら「キエフ・ルーシ」でもいいですよね。

それから西部の「ガリツィア」はもともとロシアではないので、「ウクライナ」を自称するかもしれません。そうすると、キエフ・ルーシとガリツィアの間に境界線が引かれるイメージでしょう。

ただし最西端にあるザカルパチア州は、ウクライナ人とは一線を画すスラヴ系の少数民族ルシン人が多く住んでいました。彼らに対してはウクライナ人への同化政策が進められ、その文化をほとんど消滅させている。ザカルパチアがソ連領ウクライナに併合されたあと、ウクライナでは「ルシン」という言葉を使うことすら禁止されていました。ルシン人のアイデンティティを持つ人は、周辺の東欧諸国や北米に散っている状態です。

そこでロシアとしては、ルシン人を徹底的に応援することで彼らの民族意識を高め、ウクライナ批判の急先鋒に仕立て上げていく可能性もあると思いますね。ルシン人には反ウクライナ感情があるので、火をつけることが可能です。

ユーロマイダン革命は西側の陰謀だ

佐藤　こういうウクライナ批判に続いて、西側に対する陰謀史観を展開します。

〈外国勢力もその一翼を担っており、非営利団体（ＮＰＯ）と諜報機関の広範なネットワークを使って、ウクライナで自身の顧客を開拓し、その代表者を権力機関へ送り込んだ。

ウクライナは、実質的に、自身の真の国家性に関する確固たる伝統を有したことはこれまで一度たりともないという点も理解しておくことが重要である。〉

つまりウクライナを主権国家として認めないどころか、ウクライナ自体が人為的につくられたと言っているわけです。また二〇一四年のユーロマイダン革命についても、諸外国が支援していたと訴えています。

〈入手したデータによれば、キエフの独立広場のいわゆる抗議キャンプに対するアメリカ大使館からの物的支援は一日一〇〇万ドルだった。さらに、相当多額の金が、誰はばかることもなく、野党指導者らの銀行口座に直接、振り込まれた。それは数千万ドルにのぼった。〉

それからこのとき、オデーサでは労働組合会館放火事件が起きていますね。立てこもった親露派が焼き討ちされ、四〇人以上が亡くなった。その首謀者も実行犯もわかっているはずなのに、新たに誕生したポロシェンコ政権は不問に付しました。これも日本ではあまり報じられませんでしたが、プーチンは激しく批判するわけです。

〈平和な抗議行動の参加者たちがむごたらしく殺され、労働組合会館で生きたまま焼かれたオデッサでの恐るべき悲劇を思い起こすとき、戦慄を覚えずにはいられない。この悪行をなした犯罪者たちは罰せられなかったし、彼らを探す者もいない。だが、我々は彼らの名前を知っているし、罰し、見つけ出し、裁判にかけるためあらゆることを行うつもりである。〉

池上　このあたりに、ロシアと西側の大きな認識のギャップがありますね。ユーロマイダン革命は親ロシア派だったヤヌコヴィチ大統領の政権を崩壊させました。多くのウクライナ国民にとって悲願だったＥＵ（欧州連合）加盟に一歩近づいたと、少なくとも西側では報じられるばかりでした。裏で西側が支援していたとか、親露派住民が犠牲になったという話はあまり伝わってきません。

佐藤　それから、革命後のウクライナの社会・経済が悲惨な状況になっているとも述べています。

〈国際機関の情報によれば、二〇一九年、六〇〇万人近くのウクライナ人が、これは、労働可能人口ではなく、まさに国の全人口のおよそ一五パーセントに相当することを強調しておくが、仕事を求めて外国に行くことを余儀なくされた。しかも、たいていが、基本的に日雇いの非熟練労働である。次の事実もまた特徴的だ――二〇二〇年以降、パンデミックの最中、六万人以上の医師や他の医療従事者が国を去ったのである。〉

池上　それだけ若い人が、ウクライナの未来に希望を持ちにくいということですね。ロシアから脱して西側に接近したことが、プラスになっていないと。

佐藤　むしろ非ロシア化によってそれまでの経済的な恩恵が消え、逆に西側の植民地のようになっているとプーチンは指摘しています。例えば司法にしても、最高司法機関である司法評議会と裁判官資格審査委員会のメンバーを選ぶ優先的な権利を、国際機関の代表者らに与えていると。

〈さらに、アメリカ大使館は、国家汚職防止庁、国家汚職防止局、汚職防止専門検察庁、最高汚職防止裁判所を直接コントロールしている。（略）

こうした管理手法について、ウクライナの人々自身はすべて知っているだろうか？　自分たちの国が、政治的、経済的な保護の下にあるだけでなく、傀儡《かいらい》政権を有した植民地のレベルにまで行き着いたことをわかっているだろうか？〉

要するにアメリカ大使館が、植民地に設置される高等弁務官のような権限を持っていると。ただこれは、以前のソ連大使館が東欧社会主義諸国で担ってきた役割を、今はアメリカ大使館が担っていると見ているわけです。そもそも大使や大使館に、大きな権限はありません。しかしソ連時代の東欧諸国に置かれたソ連大使館は別です。

池上　そういえば一九五六年のハンガリー動乱のときは、駐ハンガリー大使だったアンドロポフが本国に軍隊の派遣を要請して鎮圧しました。おかげでハンガリーでの評判は最悪でしたが、本国での評価は上がり、やがてブレジネフのあとを継いで書記長になりましたからね。

佐藤　そういう時代の強力な大使館の姿を、今のウクライナにおけるアメリカ大使館に投影しているわけです。あるいは、ベトナム戦争時代の南ベトナムと今のウクライナを同一視しているともいえるでしょう。南ベトナムにせよウクライナにせよ、いずれも大統領は存在するが、形だけで権力は持っていない。裏でアメリカの軍事顧問なり大使館なりが操っているに違いないと。

❖モスクワは「第三のローマ」である

佐藤　それから、ウクライナ政府の宗教政策に対しても怒り心頭に発しています。

〈キエフは、モスクワ総主教庁系ウクライナ正教会に対しても制裁を行う準備を進めている。これは感情的な評価などではなく、このことに関しては具体的な決定と文書が証明している。教会分裂の悲劇を、ウクライナ政権はシニカルに、国の政治の道具に変えたのである。この国の現指導部は、信者の権利を損なうような法律の廃止を求めるウクライナ市民からの要請に応じない。さらに、モスクワ総主教庁系ウクライナ正教会の聖職者や何百万人もの信徒に対する新たな法律が最高議会に登録された。〉

これは、一本目の論文の読み解きでも触れましたが、二〇一八年、それまでモスクワ総主教庁の管轄下だったウクライナ正教会がコンスタンチノープル総主教庁の管轄下に入ることでモスクワ総主教庁から独立したことを指しています。正教はプーチンにとって国家イデオロギーなので、その教会を分断することは、ロシア解体に等しいわけです。

池上　コンスタンチノープルは今のイスタンブールで、かつての東ローマ帝国（ビザンツ帝国）の首都。つまり東方正教会の発祥の地ですからね。ただ一五世紀にビザンツ帝国がイスラム系のオスマン帝国に滅ぼされて以降、正教の中心はロシアに移るわけです。

もともと東方正教会は、国ごとに独立して存在していました。ただしベラルーシとウクライナだけは特殊で、ロシア正教会の下に入っていた。つまりこの三つの正教会の総主教は、ロシアにしかいなかったんですよね。

ところがユーロマイダン革命のとき、ロシアがクリミア半島を併合したことに衝撃を受け、ウクライナの正教会の一部はロシア正教からの独立を画策します。その際に承認を求めたのが、ロシアの総主教ではなくコンスタンチノープル総主教。まったく根拠はないのですが、かつての権威に頼ったわけです。

コンスタンチノープル総主教がそれを認めたのが、二〇一八年。これによってウクライナ正教会に総主教が誕生します。ロシア側が怒るのも無理はないでしょう。以来、ロシアとコンスタンチノープルの正教会は断絶状態になっています。

佐藤　そもそもキリスト教は、ローマ帝国の時代に教会と信者を管理するため、五つの管区に分けられました。ローマの司教（教皇、正教会の立場から見れば総主教）を頂点に、コンスタンチノープル、エルサレム、アレクサンドリア（エジプト）、アンティオキア（現トルコのアンタキア）です。

ではなぜ、モスクワに総主教が生まれたのか。そこにあるのが、ロシア独特の「モスクワ＝第三のローマ説」と呼ばれる考え方です。それによれば、第一のローマは異端派のアリウス派が浸透したゲルマン民族と妥協したため、キリスト教の中心としての資格を失った。そこで台頭した第二のローマであるコンスタンチノープルは、イスラム教徒によって征服されて権力を奪われたために、その地位を失った。だから第三のローマとして、正教の中心はモスクワに移った、となります。

しかもこれがキリスト教の父・子・聖霊の三位一体に対応している。すなわち父がローマ、子がコンスタンチノープル、聖霊がモスクワになります。神は父・子・聖霊以外にないので、聖霊であるモスクワは永遠に滅びることがないという思想です。

この考え方は、一八世紀ごろからロシアで公式ドクトリンになっています。だから、その第三のローマを差し置いて独立を図るとは何事か、まして神聖な地位を失った〝廃墟〟のコンスタンチノープルに頼るとはけしからん、という理屈になるわけです。

ちなみに、「第三インターナショナル」という言い方がありますね。ロンドンで第一インターナショナル、パリで第二インターナショナルが発足・崩壊したことを受けて、モスクワでレーニンが立ち上げた国際的共産主義運動（コミンテルン）をこう呼びます。これも「第三のローマ」と対応していて、共産主義の最後の牙城という意味合いがありました。

池上 今のロシア正教はロシアの政権と一心同体ですよね。ウクライナ侵攻後も、キリル総主教はプーチンを全面的に支持しています。

佐藤 それからまったく余談ですが、ウクライナ正教会は一枚岩ではありません。ソ連の崩壊でウクライナが独立を果たしたころ、ウクライナ正教会にフィラレートという府主教がいました。彼は愛人が四人いて子どもが複数いるという典型的な腐敗幹部で、教会の鼻つまみ者でしたが、国家の独立を機に正教会としても勝手に独立を宣言します。

当然、ロシア正教会はウクライナ正教会の独立を認めません。この時点で、ウクライナ正教会はロシア正教の管轄下に留まる派とフィラレートに従う派とに分裂していたわけです。

池上 その後、ロシア正教の管轄下だったウクライナ正教も二〇一八年に分裂したわけですが、ロシア正教から離れたほうはフィラレートに合流した。ただそのとき、フィラレートは総主教の座を降りて「名誉総主教」になったんですよね。それから侵攻後にロシア正教から離れた一派もいる。つまり、今のウクライナ正教会は大きく三つに分かれていることになりますね。そしてもう一つ、ウクライナ西部にはカトリックでありながら見た目は正教とほとんど変わらないユニエイト教会があります。

佐藤　教会というと聖職のイメージがありますが、そうでもないんですよね。例えば私の知人に、ボローシンというロシア正教の元神父がいます。彼はモスクワ大学の哲学部にいたころにキリスト教に入信したのですが、のちにイスラム教に改宗して正教会から破門にされたという奇特な人物です。ロシア正教の数百年の歴史の中で、彼のような司祭は二人目らしい。

その彼によれば、ソ連時代の修道院の修道士や神学校の学生の三分の一はホモセクシャルだと。ロシア社会は伝統的に同性愛者に対する偏見が強く、場合によっては刑事犯罪にも問われかねません。だから宗教施設に逃げ込んでくるわけです。また、同じく修道士や神学校生徒の半数はKGBの協力者とのこと。ただしホモセクシャルなKGB協力者もいる。そうすると、真っ当な信仰心を持つ者は全体のせいぜい二～三割程度なのだそうです。

池上　そういえば世界各地のカトリック教会でも、神父による児童虐待がしばしば世間を騒がせますね。腐敗がかなり進んでいるようで。

佐藤　ボロージンに言わせると、共産党政権にとって教会はむしろ腐敗しているぐらいのほうがいいと。そういうイメージが定着すれば、教会の権威や権力を抑え込むことができますからね。レーニンも、「社会正義を追求する神父ほどタチの悪いものはない」ということを言っています。少年をたぶらかすような神父がいてくれたほうが、反宗教宣伝にとってプラスだからと。

ウクライナのパルチザン戦術

佐藤　話をプーチンの演説に戻します。中盤から、クリミア半島を併合したことの正当性を説くとともに、ウクライナ側が対抗措置としてテロを計画していると警告を発します。

〈二〇二一年三月、ウクライナは新たな軍事戦略を採択した。事実上、この文書は丸ごとロシアとの対決について書かれたものであり、我が国との紛争に諸外国を引き込むことを目的としている。戦略は、ロシアのクリミアとドンバスの領域に、実質的にテロの地下組織をつくることを提案している。〉

領土を奪われたウクライナにとって、各所でパルチザン闘争を行うのは当然でしょう。これにプーチンは「テロ」というレッテルを貼っているのです。

池上　ウクライナ侵攻後の話ですが、二〇二二年八月、ロシアの著名な思想家で新ユーラシア主義の提唱者アレクサンドル・ドゥーギンの娘が自動車の運転中に爆殺される事件がありましたね。ウクライナ側は関与を否定していますが、アメリカの情報当局はウクライナ政府が実行を承認したと見ているようです。

佐藤　今後、ロシアがウクライナを「テロ国家」に指定する可能性は十分にあります。さらに、ウクライナが核兵器を開発・製造する可能性についても言及しています。

〈ウクライナが自身の核兵器を製造する意向だとの声明がすでに出されたことも我々は知っている。これは空疎な虚勢などではない。ウクライナは実際、ソ連の核技術とその運搬手段をまだ保有している。ここには、航空機、やはりソ連の設計であり射程距離が一〇〇キロメートルを超える戦術ミサイル「トーチカ・U」が含まれる。だが、もっと多く造るだろうし、これは時間の問題に過ぎない。ソ連時代からの蓄積があるのだ。〉

ただここには、かなりの曲解が含まれています。この演説の直前に開かれた「ミュンヘン安全保障会議」で、出席したゼレンスキー大統領が「もしブダペスト覚書が機能しないのなら、一九九四年の包括的な決定の効力は疑われると信じる権利がある」と述べたことを指しているわけです。

池上　ミュンヘン安保会議というのは、毎年二月にドイツのミュンヘンで開かれる国際会議ですね。欧米をはじめ日本やロシアや中国などの閣僚級や、産業界や国際機関やＮＧＯの代表なども出席することから、「外交・安全保障分野のダボス会議」とも呼ばれています。一九六三年から始まっていて、二〇二二年は第五八回。ロシアがウクライナに侵攻する直前でしたね。

それから「ブダペスト覚書」は、一九九四年にアメリカ・イギリス・ロシアの間で調印されたものですね。ウクライナ、ベラルーシ、カザフスタンの三国が核不拡散条約の加盟国になることを条件に、米英露はこれら三国の安全を保障すると。

というのも、これら三国には旧ソ連時代の核兵器が配備されていて、特にウクライナは米露に次ぐ世界第三位の核保有国でした。それをすべて放棄させる代わりに、米英露の核大国はこの三国を攻撃しないと約束したわけです。

ゼレンスキーにしてみれば、二〇一四年にクリミア半島を奪われて以降、東部のドンバス地域でもロシアから軍事的圧力を受け続けてきたので、もう「ブダペスト覚書」が無効と考えるのは当然かもしれません。しかしその発言が、かえってプーチンを刺激したということですね。

佐藤　そういうことです。ちなみに「トーチカ・Ｕ」というのはかなり古いミサイルで、ロシアではもう博物館にしかないことになっています。しかし今、ドネツク州あたりの戦場では、これにクラスター爆弾を搭載したものが使われている。だからこれはウクライナ側の攻撃によるものだと、ロシアのメディアは連日訴えています。ウクライナはロシアによる攻撃だと言っています。この種の話の真実を現時点で判断することは不可能です。

ウクライナのNATO加盟は絶対に認めない

佐藤　プーチンの演説は続きます。批判の矛先をNATOとの接近に向けます。

〈ここ数年、ウクライナの領土には、演習の名目で、NATO加盟国の軍隊がほぼ常時、駐留してきた。ウクライナ軍の統制システムは、すでにNATOのそれに統合されている。このことが意味するのは、ウクライナ軍は個別の部隊や下部組織でさえ、その指揮は、NATO本部から直接行うことができるということである。〉

このように、プーチンはウクライナをもう実質的にNATO加盟国だと見ているわけです。

池上　二〇〇五年に親欧米派のユシチェンコ政権が誕生して以来、ウクライナはNATO加盟を目指すようになります。ただ国内の汚職や混乱、ロシアへの配慮もあって実現できていません。二〇二二年九月にはゼレンスキー大統領が正式にNATO加盟の申請を表明しましたが、ここへ来てアメリカをはじめNATO側は慎重なようですね。ただロシア側から見ると、ほとんど一心同体じゃないかと。

佐藤　そうです。プーチンがまさにそう指摘しています。しかし、それは絶対に認められないと力説するわけです。

〈ウクライナでは、NATO加盟国の演習・訓練のための派遣団が展開している。これはもはや実質的に外国の軍事基地でもある。単に派遣団の基地と称しただけだが、それでうまくいくだろうというわけだ。

キエフは以前にNATO加盟に向けた戦略的な方針を表明した。たしかに、どの国も自身の安全保障体制を選択し、軍事同盟を結ぶ権利を有していることはいうまでもない。一つの「しかし」がなければ、そのとおりなのだろう。国際文書には、対等かつ不可分の安全保障の原則がはっきりと記されている。そこには、周知のとおり、他国の安全を犠牲にして自国の安全を強化してはならないという義務が内包されている。ここでは、一九九九年にイスタンブールで採択された欧州安全保障協力機構（OSCE）の欧州安全保障憲章と、二〇一〇年のOSCEのアスタナ宣言を引用することもできる。〉

ロシアは決して国際法を無視しません。その代わり濫用するのです。こうして理屈をひねり出すわけですね。

池上　なるほど（苦笑）。ＯＳＣＥとは世界最大の地域安全保障機構ですね。加盟国は米欧やロシア、中央アジア各国の五七ヵ国。日本は加盟していませんが、「協力パートナー」として主要な会合や常設理事会などには参加しています。

「欧州安全保障憲章」や「アスタナ宣言」には、たしかに「他国の安全を犠牲にして自国の安全を強化してはならない」という文言があります。プーチンにとっては、ＮＡＴＯのほうがロシアの安全を脅かしているじゃないかと。

佐藤　そうですね。「ウクライナのＮＡＴＯへの加盟は、ロシアの安全保障にとって直接的な脅威」と明言した上で、アメリカへの批判に転じます。

〈早くも二〇〇八年四月には、北大西洋条約機構（NATO）のブカレスト・サミットで、ウクライナと、ちなみにグルジア（ジョージア）についてもだが、その将来のNATO加盟に関する決定をアメリカが強く後押ししたことを思い出してほしい。アメリカの欧州における同盟国の多くは当時すでに、このような見通しに関するあらゆるリスクについてよくわかっていたが、格上のパートナーの意思には従わざるを得なかった。アメリカ人は、明確に表明した反ロシ

ア政策を実施するため、彼らを単に利用したのだ。〉

このあたりは、アメリカの著名な政治学者ジョン・ミアシャイマーの見方と重なります。彼は、二〇〇八年にロシアがグルジア（ジョージア）へ侵攻したのも（グルジア戦争）、二〇一四年にクリミア半島を併合したのも、原因はNATOの東方拡大にあると言い続けてきました。だからロシアとしては、自国の安全保障のために軍事力を行使せざるを得なかった、という理屈です。それを欧米が深刻に受け止めてこなかったことが、今回のウクライナ戦争につながったと見ているわけです。

池上　一九九一年のソ連の崩壊以降、NATOは東欧諸国を取り込みながら東方へ拡大してきました。一九九九年にはポーランド、チェコ、ハンガリー。二〇〇四年にはバルト三国にブルガリア、ルーマニアなど。ここまでは、ロシアもぎりぎり許容範囲でした。しかしソ連の構成国だったグルジアやウクライナがNATOに加盟することは絶対に許さない。ここには明らかな一線がありますね。

佐藤　しかも、プーチンはNATOのやり方に不信感を募らせている。「平和志向でかつすぐれて防衛的な同盟であると、我々は何度も説得されてきた。ロシアにとって何の脅威もないというのだ」、しかし「こうした言葉の実際の価値を我々はよく知っている」と述べたあとで、こう続けます。

〈一九九〇年、ドイツの統一についての問題が議論されていたとき、NATOの管轄権あるいは軍事的プレゼンスは東方へは一インチも拡大することはないと、ソ連指導部はアメリカから約束されたのである。そして、ドイツ統一がNATOの軍事組織の東方への拡大をもたらすことはないとも。これは〔ロシアが言われたことの〕引用である。〉

この「約束」が本当にあったのかは、しばしば争点になるところです。当時のソ連邦の大統領だったゴルバチョフの回想録『我が人生――ミハイル・ゴルバチョフ自伝』(東京堂出版)によれば、なかった。それはある意味で当たり前で、この時点ではまだワルシャワ条約機構が存在していたから。NATOの東方拡大という議論自体があり得なかったのです。

ただし、旧東ドイツの領内にNATOの軍隊を一兵たりとも入れないという点は合意していて、これは今でも守られています。

池上　ワルシャワ条約機構は、冷戦期にNATOに対抗してつくられたソ連と東欧諸国の軍事同盟ですね。一九九〇年の東西ドイツ統一とともに意味を失い、翌九一年七月に正式に解散しました。

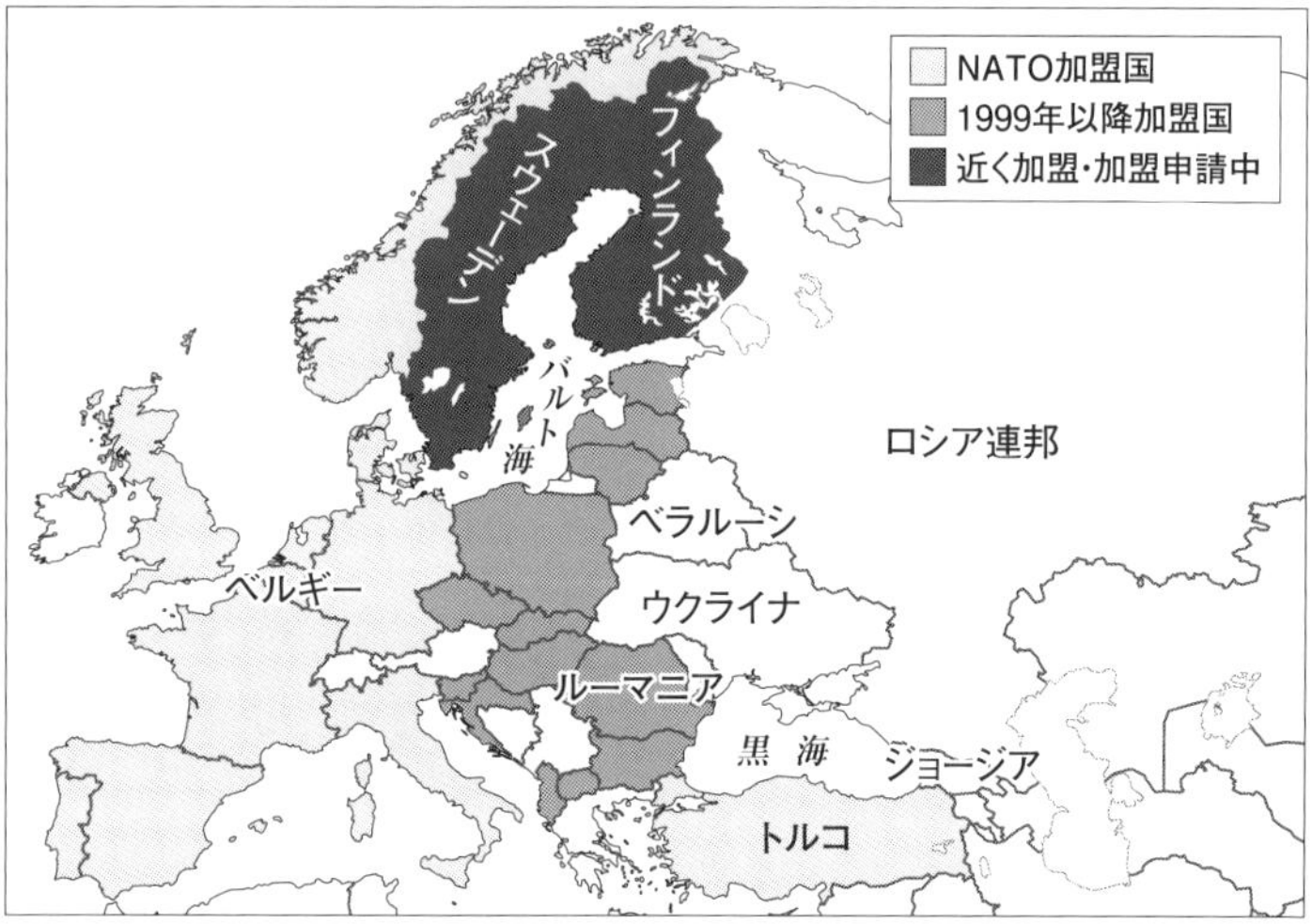

欧州のNATO加盟国（2023年4月現在）

一方で、ＮＡＴＯはここぞとばかり東方への拡大を続けた。これにロシアは脅威を感じているのです。

佐藤　その経緯は、「ヴェニスの商人」の話に近いですよね。ロシア側にしてみれば、ＮＡＴＯが旧東ドイツの領内に一歩も踏み込まないなら、自明の理として、他のワルシャワ条約機構の領域も侵さないだろうと考えた。ところがＮＡＴＯ側の言い分としては、たしかに肉を一ポンド切り取る約束はしたが、血を流していいとは言っていないと。つまり旧東ドイツの領内には一歩も踏み込まないが、他の東欧諸国にも踏み込まないという約束はしていないと言っているわけです。

そして実際に、東方への拡大を進めた。やはりＮＡＴＯ側の姿勢は不誠実な感じがしますよね。

❖ドンバス地域への侵攻は集団的自衛権の行使である

佐藤　そして終盤になると、欧米に対して捨て台詞のような啖呵《たんか》を切りはじめます。

〈答えはただ一つ。我々の政治体制が問題なのではなく、違うこと、ロシアのような独立した大国は、彼らには単に必要がないというだけのことなのだ。すべての問いに対する答えはここにある。これは、ロシアに対するアメリカの伝統的な政策の源泉でもある。安全保障分野における我々のあらゆる提案への対応もここからきているのだ。〉

地政学で考えると、そもそもアングロサクソンの海洋国家にとって、ロシアのような大陸国家は目障りなんだろうと。一九世紀から続いているグレートゲームの延長線上に今があるという認識なのです。だとすれば、この対立は永久に続きます。地政学的状況を変えることはできませんからね。

しかも、被害妄想的な世界にも入りつつあります。

〈アメリカとNATOにとっての主要な敵が誰なのかということも我々は知っている。ロシアである。NATOの文書では、我が国が欧州大西洋地域の安全保障にとって主要な脅威であると公的にはっきりと宣言されている。そして、こうした攻撃の前進基地となるのがウクライナなのである。（略）

ウクライナ領土にレーダー偵察機が配備されれば、NATOは、ウラルまでのロシアの領空をくまなく監視することが可能になる。〉

池上　だからウクライナを死守しなければならない。それはロシアにとって死活問題であるという理屈になるわけですね。

佐藤　そうです。そこでプーチンは、西側に対してアメリカやNATOに関する協定案を提示したと。それが以下の内容です。

〈第一に、NATOのさらなる拡大を許さないこと、第二に、同盟（NATO）は攻撃システムの対ロシア国境への配備を放棄すること、そして、最後に、欧州におけるブロック（同盟）の軍事力とインフラを、「ロシア・NATO基本議定書」が調印された一九九七年当時の状態まで戻すことである。〉

　これらをNATO側が簡単に呑めないことは、プーチンもわかっていると思います。特に三番目は無理です。それをあえて出すことで、せめて第一と第二を認めさせようとしたのでしょう。しかしいずれも無視され、ロシアを敵に仕立てあげて制裁を科してくると批判する。だからロシアとしては、「自国の安全を確保するため対抗措置をとる完全な権利を有しているのだ。我々はまさにそう行動するつもりである」と主張します。

池上　ウクライナ侵攻の理由をはっきり述べているわけですね。決して侵略ではなく、アメリカやNATOに対する自衛手段であると。

佐藤　そうですね。口実ではなく、攻撃される前にやらないといけないと本気で思い込んでいるんです。

〈ドンバスの状況についていえば、紛争解決のための包括的なミンスク合意を履行するつもりはないこと、平和的な解決には関心がないことを、キエフの政権上層部は、常に、公に述べていることを我々は見てきている。それどころか、二〇一四年と二〇一五年にすでにそうしたように、ドンバスでまたもや電撃戦を行おうとしている。〉

池上　「ミンスク合意」とは、二〇一四年のユーロマイダン革命とロシアによるクリミア半島併合を受け、ウクライナ東部のドンバス地域（ドネツク州・ルハンスク州）で起きた親ロシア派住民とウクライナ政府軍との衝突を鎮めるために、ベラルーシのミンスクで結ばれた停戦協定ですね。同年九月にロシア、ウクライナ、ＯＳＣＥとの間で一度は合意したのですが機能せず、二〇一五年二月に今度はドイツ、フランスが間に入ってあらためて締結されました。これを「ミンスク２」といいます。

ただこれも機能せず、結局戦闘は続いた。プーチンにいわせれば、それはウクライナ側の協定違反であり、さらに大規模な戦闘を計画していると。だから対抗せざるを得ないという理屈ですね。

佐藤　それが、この長い演説の結論です。

〈だからこそ、とうの昔に行われるべきだった解決策、ドネツク人民共和国およびルガンスク人民共和国の独立と主権を速やかに承認する必要があると考える。

ロシア連邦議会に、この決定を支持し、そして、それぞれの共和国との友好・相互援助条約を批准することを求める。この二つの文書は、近々に作成され、署名される予定である。〉

実際、この演説の当日、二〇二二年二月二一日に、プーチンはドネツク人民共和国とルガンスクスク人民共和国の独立を承認する大統領令に署名しました。

そもそも国際法において、国家承認の要件は明文化されていません。そこで通常は、一定の住民がいる一定の領域を実効支配し、なおかつ国際法を遵守する意思を持っていることが、国家承認の要件になります。ロシア側の理屈に立てば、ドネツク・ルガンスクともにその要件を満たしていることになる。

また国家間の紛争を武力行使で解決することは国連憲章で禁止されていますが、集団安全保障と個別的および集団的自衛権の行使は、国連憲章第五一条で例外的に認められています。

その点、ドネツクもルガンスクもロシアとただちに友好相互援助条約を結んだため、同盟関係にある。つまり集団的自衛権の行使が可能になるというのがロシアの理屈です。それなりに筋をとおしているわけです。

池上　ドンバス地域への軍事侵攻はあくまでも集団的自衛権の行使であると。だから戦争でも侵略でもなく、「特別軍事作戦」と言い続けているわけですね。

佐藤　ところが周知のとおり、二〇二二年九月末にはこの地域で住民投票が行われ、ロシアへの併合が決まって両国は消滅しました。もはや集団的自衛権の枠組みも飛び越えてしまったということになります。

④大統領演説（二〇二二年二月二四日）

❖アメリカは「嘘の帝国」

佐藤　二〇二二年二月二四日にロシアはウクライナへの侵攻を開始するわけですが、その直前にプーチンは国民に向け、テレビ演説を行っています。

最初はやはり、アメリカとＮＡＴＯに対する批判から始まります。ロシアとしてはさんざん安全保障について合意点を探ろうとしたが、先方はまったく聞く耳を持たなかったと。それどころか、〝戦争マシン〟と化してロシア国境まで迫りつつあると。

そうした横柄な振る舞いは、ソ連の崩壊時から始まったと説いています。

〈ソ連崩壊後、事実上、世界の再分割が始まり、それまでに形成されてきた国際法の規範は――その中で重要で基本的なものは第二次世界大戦の結果、受け入れられ、また、多くの点

でその結果を確定したのであるが――自身を連戦の勝者と宣言した者にとっては邪魔になってきたのである。〉

池上　冷戦構造が終わるとともに、世界のパワーバランスは崩れました。ロシアの国際社会に対するプレゼンスも、大きく落ちました。西側がロシアに対して優越感を持ったことは間違いないですね。実際にＮＡＴＯも東方へ拡大したし。

佐藤　プーチンもそれを強調しています。かつてのコソヴォ紛争やイラク戦争などを例に挙げ、「西側がその秩序を確立しようとやってきた世界の多くの地域」には禍根が残ったと指摘して、ロシアも例外ではないと説いています。

〈その例には、ＮＡＴＯを一インチたりとも東方へは拡大しないという我が国への約束も含まれている。繰り返すが、騙し、俗な言い方をすれば、ただ投げ捨てたのである。〉

池上　ただ先ほど、ゴルバチョフの話がありましたね。旧東ドイツの地域に拡大しないという約束は、ＮＡＴＯは今も守っている。その他の東欧諸国に進出しないという約束はしていないと。

佐藤　そうですね。だからこの言い方には、史実に照らすと無理があります。それから、アメリカのことを「嘘の帝国」と形容しています。それはプーチン自身の見方ではなく、アメリカの政治家、政治学者、ジャーナリストたち自身がそう呼んでいると。

〈アメリカは何といってもやはり偉大な国であり、システムをつくり出す強国である。アメリカの衛星国はどこも、愚痴一つこぼさず、おとなしく、言いなりになるし、あらゆることに関してアメリカに同調するばかりか、その行動を模倣し、大喜びで、アメリカが提示するルールを受け入れる。それゆえ、アメリカが自身に似せて形成した、いわゆる西側陣営全体、その丸ごとが、「嘘の帝国」そのものなのだと、十分な根拠をもって断言することができる。〉

池上　プーチンから見ると、日本も間違いなく「嘘の帝国」の一員なんでしょうね。

ウクライナ侵攻は国家存亡を賭けた戦いである

佐藤　もっともプーチンからすれば、日本は「嘘の帝国」の中ではたいした役割を演じていないという認識ですからね。その上で、あらためて地政学に言及しています。

〈北大西洋条約機構の軍備のさらなる拡大、ウクライナの領土で始められた軍事開発は我々にとって受け入れられないものである。（略）我が国に接している領土に——我々の歴史的領土だと指摘しておくが——我々に敵対的な「反ロシア」が形成されていることが問題なのだ。この「反ロシア」は、外部からの完全な管理下に置かれ、NATO諸国の軍隊によってしっかり固められ、最新兵器が注ぎ込まれている。

アメリカとその同盟諸国にとって、これは、いわゆるロシア封じ込め政策であり、明らかな地政学的配当なのだ。一方、我が国にとっては、これは最終的には生きるか死ぬかの問題、民《たみ》としての我々の歴史的未来に関わる問題なのである。これは誇張ではなく、実際そのとおりなのだ。これは、単に我々の利益のみならず、我々の国家の存在自体、その主権に対する真の脅威なのである。これは、何度も語ってきたレッドラインそのものなのだ。彼らはそれを越えたのである。〉

池上　このあたりが、日本や西側の報道と一八〇度違うところですね。「ロシアは侵略国家だから、その横暴を許してはならない」というのが西側の一般的な見方です。一方、ロシアにとっては、西側の脅威がいよいよ限界を超えたから、国家存亡を賭けて戦うんだと。

佐藤　そういう決意表明をするわけですが、興味深いのは「我々の計画には、ウクライナの領土の占領は含まれていない」と述べていることです。そして次のように言います。

〈我々の政治の根底にあるのは、自由、すべての人にとっての自身の将来、自身の子どもたちの将来を自ら決めるという選択の自由である。そして、こうした権利、選択の権利を、今日のウクライナの領土で暮らすすべての民《たみ》、これを欲するすべての者が行使できるようにすることが重要なのだと我々は考える。〉

これを実現するには、併合するしかありません。つまり、占領は考えていないが併合は考えていると。開戦時点で、併合を視野に入れていたわけです。

池上　そういえば侵攻前の二〇二二年二月二一日、ロシアの安全保障会議が異例に公開で行われたとき、一つのやりとりが話題になりました。テーマはドネツク・ルガンスクの国家承認の是非で、たいていの参加メンバーはプーチンの意向に賛成する中、ナルイシキンＳＶＲ（ロシア対外諜報庁）長官だけが異を唱えるんですよね。「ミンスク合意の履行を西側に促して最後のチャンスを与えては？」と。

そこからプーチンの詰問が始まって、ナルイシキンはなぜか「ドネツク・ルガンスクのロシア併合を支持する」と答える。「そんなことは聞いていない」とプーチンは苛立つわけですが、プーチンに近いナルイシキンが適当なことを言うはずがない。むしろプーチンに忖度し過ぎて、すでに政権内部で固まっていた方針を吐露してしまったのでしょう。

佐藤　今の時点から振り返れば、すべて併合に向けたシナリオに従って進んでいたわけです。おそらく次に考えているのは、ゼレンスキー政権を降伏させてノヴォロシア全域を併合することでしょう。それを想定しているから、インフラをなかなか傷つけない。オデーサも攻撃や破壊をしていませんよね。それは征服後に使いたいから。マリウポリのようにはしたくないのです。

だから今でも、ウクライナには天然ガスを供給しています。これを止めれば簡単に勝敗は決するでしょうが、その後の統治のことを考えると得策ではない。国民生活を破壊することは大義名分に反するし、反ロ感情を高めてしまうことにもなりますからね。

ただし、天然ガスに色はつけられないので、ウクライナ側は民生用より軍事用に優先して使うでしょう。そうするとますます戦闘が激化・長期化することにもなる。

❖戦争の行方はアメリカ次第

池上　そこで問題なのが、アメリカやＮＡＴＯの出方です。当然、勝手な併合は認められません。では対抗措置として何ができるかというと、これがなかなか難しい。

二〇二二年秋のアメリカ中間選挙では与党民主党が辛勝しました。だから当面は今までどおり、ウクライナを支援するでしょう。しかし共和党のトランプ支持派を中心に、もうウクライナ戦争の処理はヨーロッパに任せてしまえばいいという意見も少なからずあります。ウクライナのために使えるお金があるなら、国内で国民のために使ってくれと。

今後、バイデン政権の支持率が落ちたり経済が低迷したりすれば、その声はより大きくなるはずです。そのとき、バイデン政権はどう動くか。あるいは二〇二四年の大統領選挙の結果しだいでは、いっさい手を引くという判断もあり得ます。

佐藤　息子のハンター・バイデンを調べたら、いろいろボロが出そうですしね（笑）。ウクライナにお金を注ぎ込むぐらいなら、メキシコとの国境に壁を建設したほうがいいじゃないかと。

仮にそうなったら、ウクライナはもう手を上げるしかありません。兵器や食料の提供がなくなった瞬間、打つ手がなくなる。

池上　一方、ロシア側は西側から経済制裁を受けていますが、やはり自給自足できる国は強いですよ。食料もエネルギーもあるので、外部から資本や物資が入ってこなくなってもなんとかなる。

佐藤　ロシアは、鉄や銅も豊富だから砲弾も造り続けられる。ウクライナやヨーロッパのほうが先に尽きるかもしれません。

池上　そうですね。ただ最先端の半導体は入ってこないので、最新鋭の兵器はこれから造れなくなります。しかし現状のような戦争なら続けられるんですよ。

その代わり誤爆は増えると思います。二〇二二年の六月にも、ウクライナのショッピングモールがロシア軍のミサイルの直撃を受けて多数の死傷者を出しました。当然ゼレンスキーは「テロ行為だ」と猛然と批判しましたが、ロシア側は「付近の工場を攻撃したところ、そこにあった弾薬庫が爆発して周辺に被害が及んだ」と説明しています。

この説明は怪しいですが、本当にショッピングモールを狙ったのかどうかもわからない。誤爆の可能性は十分にありますよね。

佐藤　ショッピングモールから工場までの距離は三〇〇メートル。兵器の性能が低ければ、誤爆のうちに入ります。またこれを誤爆と言い張れるなら、いくらでも攻撃を続けられるということでもあります。戦時国際法上、兵器の精度が悪くて誤爆した場合は、戦争犯罪になりませんからね。

むしろ、ショッピングモールの三〇〇メートル以内に弾薬庫を造るのも問題といえるかもしれない。いわゆる「人間の盾」作戦と同じですからね。

⑤四州併合の調印式での演説（二〇二二年九月三〇日）

ウクライナの降伏が遅れるほど、停戦の条件が引き上がる

池上　九月三〇日、プーチンはウクライナ東部のドネツク人民共和国、ルガンスク人民共和国、南部のザポロジエ（ザポリージャ）州、ヘルソン州をロシアに併合する条約に調印しました。その調印式の前にも演説を行っていますね。

佐藤　ポイントはやはり、併合の大義を説いたこと。ロシアの国家とロシア人のアイデンティティを維持することがロシアの使命であり、そのためには西側との戦いが不可欠であると強調しています。

ただ最初のほうでは、停戦条件も提示しているんです。

〈我々はキエフ政権に対し、砲撃を、あらゆる戦闘行為を、彼らが二〇一四年にはすでに始

めていた戦争を直ちに停止し、交渉のテーブルに戻ることを求める。我々にはその準備ができており、そのことについてはこれまで何度も言ってきた。ただし、ドネツク、ルガンスク、ザポロジエ、ヘルソンの人々の選択については、議論の対象にはならない。選択はなされたのであり、ロシアがそれを裏切ることはない。（拍手）そして、今日のキエフ政権は、この自由な意思表明に敬意をもって接するべきであり、そうするほかない。これが唯一の平和への道となり得るのである。

我々は、あらゆる力と手段を尽くして自分たちの土地を守り、国民の安全な暮らしを保障するべくあらゆることを行う。ここにこそ、我が人民の偉大なる解放の使命がある。〉

池上　要するに黙って四州をよこしなさいと。ゼレンスキー政権もアメリカもヨーロッパもとても呑めないですよね。プーチンもそれはわかっているはずです。あえてこう明言する狙いはどこにあるのでしょうか？

佐藤　これはプーチン独特の交渉術です。ある時点でロシア側が望む条件に相手国が同意すれば、それで妥結する。同意しない場合は、さらにハードルを上げるんです。

例えば二〇一五年の「ミンスク合意（ミンスク2）」では、ロシアが要求した領土はクリミア半島だけでした。ドネツク州とルガンスク（ルハンスク）州の親ロシア派武装勢力が実効支

ロシアが併合を宣言した四州

配する地域については、特別の統治体制（自治）を要求するだけで、ウクライナに属することを認めていたのです。しかしウクライナ側は、この履行をかたくなに拒否し続けました。

池上　だから侵攻したのだと、二月二一日の「ドネツク人民共和国」と「ルガンスク人民共和国」の独立承認時の演説でも、二月二四日の侵攻開始時の演説でも述べていましたね。この二国は今や主権国家だから、ウクライナ軍は撤退せよと。

佐藤　それがこの九月三〇日時点では、ドネツク人民共和国、ルガンスク人民共和国に加え、ザポロジエ州、ヘルソン州もロシアに併合すると。ウクライナが拒否し続けている間に、ロシアは妥協するどころかさらに強硬になってきたわけです。

池上　ウクライナも西側も、当然ますます認めないでしょう。ではそのとき、ロシアはどう出ますか？

佐藤　これまでの演説でも繰り返し言及していましたが、プーチンは「ノヴォロシア」という帝政ロシア時代の地域名にこだわっています。

〈何世代もの我々の祖先、すなわち古代ルーシから何世紀にもわたってロシアを築き守ってきた人々が〔戦い〕、勝利を収めてきたのだ。ここノヴォロシアでは、ルミャンツェフ、スヴォーロフ、ウシャコフが戦い、エカテリーナ二世とポチョムキンが新しい都市を築き上げた。我々の祖父や曾祖父は、大祖国戦争中、ここで死力を尽くして〔戦い〕踏みとどまったのである。（略）

今日、私は、特別軍事作戦に参加している兵士たちや将校たち、ドンバスとノヴォロシアの戦士たち、部分的動員令のあとに愛国的義務を果たすために軍隊に参加する人たちや、心の声に従って自ら徴兵事務所に来た人々に語りかけたい。〉

池上　繰り返しますが、ノヴォロシアとは「新しいロシア」という意味で、ウクライナ東部か

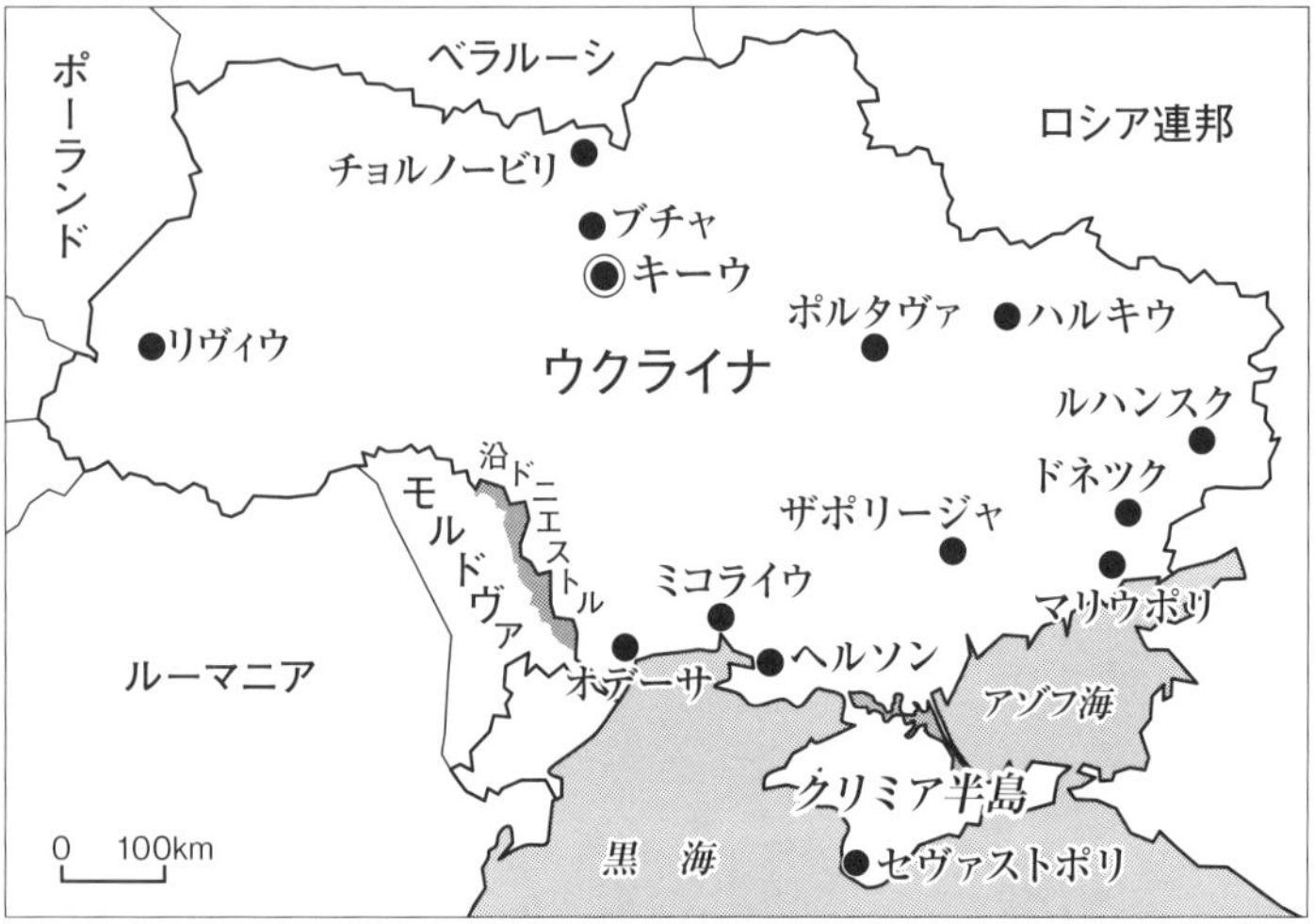

ウクライナ全図

ら南部の沿岸地域一帯を指します。帝政ロシア時代まで、ここは間違いなくロシアの領地でした。

佐藤　今回併合するとしているのはヘルソン州までですが、ノヴォロシアになぞらえるなら、さらに西側の黒海沿岸部であるミコライウ（ニコラエフ）州・オデーサ州まで制圧することを視野に入れるかもしれません。そうすれば、モルドヴァ共和国東部でロシア軍の平和維持部隊が駐留している沿ドニエストル地方とつながるし、ウクライナを内陸国家にすることにもなりますからね。

あるいはオデーサ市を迂回して、ザポロジエ州北部でウクライナ最大の軍事工場「ユージマシュ」があるドニプロペトロウスク（ドニプロペトロフスク）州からミコライウを経由して沿ドニエストルにつなげる選択もあり得ます。そうすると、ウクライナ本土と切り離されたオデーサ市が無血でロシアに併合される可能性が生まれます。

池上　ウクライナとしては、ますます応じられなくなる。いずれにせよ、この戦争は長引きますね。

欧米エリートによる「新植民地主義」が世界を覆う

佐藤　たしかにこの戦争は長引く可能性があります。この演説の特徴は、今までのようなウクライナに対するネオナチズム批判が後退し、代わりに欧米による新植民地主義への批判が前面に打ち出されるようになったことです。中国やインドをはじめ、東南アジア諸国、中東諸国、アフリカ諸国など植民地支配を経験した国家や、アメリカ資本により収奪されている中南米諸国に向けてナラティブ（物語）を提供し、ロシア側に引き寄せようとしているのでしょう。

例えば以下のような感じです。

〈西側は、新植民地体制を維持するためにはどんなことでもするつもりなのだ。この体制によって、西側は、ドルの力と技術の押しつけによって、世界に寄生し、実質的に世界を収奪し、人類から真の貢ぎ物を集め、不当な繁栄の主たる源泉、覇権による不労所得を得ることができるのである。この不労所得を維持することが、彼らの重要かつ本当の、そして完全に打算的な動機なのだ。だからこそ、完全に主権を奪うことが彼らの利益に適うのだ。独立国家に対する攻撃、伝統的な価値観や独自の文化に対する攻撃、自分たちが管理できない国際的な統合過程、新たな世界通貨や技術開発の中枢を弱体化させようとする試みもここからきている。西側にとっては、すべての国がアメリカのために主権を引き渡すことが決定的に重要なのである。〉

池上　かつて植民地支配といえば、軍事力や技術力、経済力の格差、それに文化的優位性などによって実現されていました。しかしプーチンの言う「新植民地主義」は、金融と技術力、それに政治的優位性を源泉としているようですね。

佐藤　だからロシアをドル経済圏から切り離すことが重要と。例えば特許料やサブスクリプションでアメリカ企業に資金が流出する仕組みを阻止しなければならないと。ロシアが主権を維持するには、西側と切り離された技術ネットワークを構築することが必要と認識しているわけです。

池上　たしかに「グローバリズム」とは、要するにアメリカを頂点とする資本主義陣営のルールですからね。そこに加わることは、必然的にアメリカに対して従属的な関係にならざるを得ません。しかし加わらないとすれば、経済面で不利益を被ることも間違いないでしょう。

佐藤　プーチンも、まさにそれを痛烈に批判しています。

〈支配層が自ら進んでそうすることに同意し、自発的に臣下となることに同意する国もあれば、支配層が買収や脅迫を受ける国もある。そして、うまくいかない場合は、国全体が破壊され、人道的災害、大惨事、廃墟、何百万もの滅茶苦茶にされた人間の運命、テロリストの「飛び地、社会的災害地帯、保護領、植民地、半植民地が残ることになる。西側は自分たちが利益を得るためなら、こういったことについて意に介さない。〉

また、それを主導しているのは西側のエリートたちだと。彼らは自らの利益のために恣意的に国家主権を行使し、国際法を濫用していると見ているようです。

〈西側のエリートは、国家主権だけでなく国際法も否定している。彼らの覇権は、明らかに全体主義的、専制的、アパルトヘイト的な性質を持っている。彼らは図々しくも、世界を、彼らの属国、いわゆる文明国と、今日の西洋の人種差別主義者の考えでは野蛮人や未開人のリストに加わるべきその他の人々とに分割しているのだ。「ならず者国家」「権威主義政権」といった誤ったレッテルはすでに用意され、国民や国家全体に烙印を押しているのであり、これは何も新しいことではない。西側のエリートは、かつてそうであったように、植民地主義者のままである。彼らは差別をし、人々を第一階級とそれ以外の階級に分けている。〉

池上　ロシアに対する「ならず者国家」「権威主義政権」という批判は、日本でもよく見聞きします。たしかに私たちも、西側のレッテル貼りをそのまま受け入れている部分があるかもしれません。またそういう事情をプーチンも認識しているわけですね。

佐藤　そういう西側に対抗しようと、国民と非西側諸国に呼びかけているわけです。かつてソ連は反植民地闘争の拠点だったと強調し、その後継国家であるロシアがあらためて盟主になるのだと。

〈一方、二〇世紀に反植民地運動を主導し、この運動が、世界の多くの人々に発展のための、貧困と不平等を減らし、飢えと病気を克服するための機会を与えたのが我が国であったことを我々は誇りに思っている。〉

池上　かつての冷戦構造への逆戻りを画策しているのか、西側への全面対決を宣言しているように読めますね。

佐藤　そうですね。アメリカの独裁は「拳骨の法則」、つまり世界各地に展開・拡大する軍事力に基づき、その覇権に挑戦する国はすべて「敵」に分類されると説いたあとで、以下のように述べています。

〈アメリカとNATOの軍事ドクトリンは、まさにこのような原則に基づいてつくられており、完全な支配を求めるものである。西側のエリートは、平和への要求さえ持って、一種の封じ込めを口にしながら、偽善的に新植民地計画を提示している。ある戦略から別の戦略へと、こうした狡猾な言葉で移っていくのだが、実際のところ、それはただ一つのこと、すなわち、どんな主権的な発展の中心も破壊することを意味している。

ロシア、中国、イランに対する封じ込めについては、すでに耳にしている。その次には、アジア、中南米、アフリカ、中東、そして現在のアメリカのパートナーや同盟国もそうなると思う。自分たちの意にそぐわないことがあると、アメリカは同盟国に対しても制裁を加えること、すなわち、あちらこちらの銀行や企業に制裁が行われることを我々は知っている。そういうやり方なのであり、もっと拡大していくだろう。我々の最も近い隣人であるCIS

諸国を含め、すべてを標的にしているのだ。〉

池上　ＣＩＳとは「独立国家共同体」のことで、ソ連邦を構成していた国家の連合体ですね。一九九一年一二月のソ連の消滅と同時に、構成国のうちバルト三国とグルジア（ジョージア）を除いた一一ヵ国で発足しました。

二年後にはグルジアも加わりますが、二〇〇八年に南オセチア紛争を機に脱退。また、もともと加盟国だったウクライナも、二〇一四年のロシアによるクリミア半島併合を受けて脱退を宣言します。しかしＣＩＳ側が認めていないため、現在も加盟国ということになっています。

佐藤　プーチンによれば、まさにその加盟国、つまりウクライナのみならずベラルーシ、モルドヴァ、アルメニア、アゼルバイジャン、トルクメニスタン、ウズベキスタン、タジキスタン、キルギス、カザフスタン、それにグルジアなどの旧ソ連邦構成国がアメリカの新植民地主義の標的になっているという認識なんですね。

だからロシアにとっては、安全保障上、これらの国への影響力を拡大することが欠かせないわけです。

西側は民主主義の代わりに抑圧と搾取をもたらした

池上　ではロシアとして、アメリカの新植民地主義にどう対抗するのか。安全保障を確立するためにも、そこが問われることになりますね。

佐藤　そこで演説の最初に戻りますが、ソ連邦の崩壊について振り返っています。

〈一九九一年、ベロヴェージの森で、一般市民の意思を聞くことなく、当時の党〔ソ連共産党〕エリート代表者たちがソ連を崩壊させることを決定し、人々は一夜にして祖国から切り離されてしまっていた。この出来事〔ベロヴェージ合意〕により、我々の民《たみ》の結束は生きたまま引き裂かれ、ばらばらになって、民族の大惨事となった。かつて革命のあと、連邦構成共和国の国境が裏取り引きで切り刻まれたように、一九九一年の国民投票で大多数の人が直接的に示した意思にもかかわらず、ソ連の最後の指導者たちは、我が偉大な国を引き裂き、その事実をただ単に国民に押しつけたのである。

　当事者たちは、自分が何をしているのか、それが否応なしにどんな結果を最終的にもたらすことになるのか、十分に理解さえしていなかったのだろう。それはもはやどうでもいいことだ。ソ連はなくなってしまい、過去を取り戻すことはできない。そして、今日のロシアはソ連を必要としていないし、我々はそれを目指してはいない。しかし、自身の文化、信仰、伝統、言語によって自分たちをロシアの一部と考え、何世紀にもわたって一つの国家の中で暮らしてきた祖先を持つ何百万もの人々の決意ほど強いものはない。こうした人々の、真に歴史的な故国に戻ろうという決意ほど強いものはないのである。〉

池上　なるほど。もうソ連の復活は不可能で、ロシアもそれを望んではいないと。ただし、歴史的・文化的にロシアを故郷と考える無数の人たちのために、ロシアを再統合しなければならないということですね。

佐藤　つまり大ロシア（現在のロシア）、ノヴォロシア（ウクライナの東部と南部）、小ロシア（キーウを含むウクライナの中央部）、白ロシア（ベラルーシ）を段階的にロシアに併合しようと考えているのでしょう。

ところがソ連崩壊後、西側は一貫してロシアの弱体化を戦略的に追求してきたと。

〈ソ連が崩壊したあと、西側は、永遠に彼らの命令に、世界が、我々皆が耐えなければならないと決めた。一九九一年当時、西側は、ロシアはこの激動から二度と立ち直ることができず、やがては自ら崩壊していくだろうと期待していた。たしかに、そうなりかけた——我々は九〇年代のことを覚えている。飢えと寒さと絶望に満ちた、恐ろしい九〇年代のことを。しかし、ロシアは持ちこたえ、復活し、強くなって、世界における正当な地位を取り戻した。
そして、西側は、我々を攻撃し、彼らが常に夢見てきたようにロシアを弱体化させ、崩壊させ、我々の国家を断片化し、我が国民を互いに対立させ、貧困と絶滅に追いやるための新たな機会をずっと探していたし、今も探し続けている。世界の中に、領土、自然の恵み、資源を有し、誰かの言いなりになって生きることなどできないし、決してそうはならない国民がいるということ、これほど偉大で広大な国があるということに、西側はただもう落ち着いてはいられないのである。〉

池上　たしかに西側は、ソ連崩壊後のロシアを資本主義に取り込もうとしました。あの豊富なエネルギー資源と食料資源は魅力ですから。ところが、改革を急ぎすぎて九〇年代にロシアは大混乱に陥りました。ただし、西側諸国はロシアを貧困と絶滅に追いやろうとまでは考えていなかったと思いますけどね。

佐藤　被害妄想に近い認識ですね。それも九〇年代のみならず、西側はロシアの混乱期に何度もつけ込んできたとも指摘しています。

〈ロシアへの介入は何度も計画され、一七世紀初頭の動乱《スムータ》の時代と一九一七年以降の激動の時期につけ入る試みもなされたが、いずれも失敗に終わったことが知られている。それでも、西側は国家が崩壊した二〇世紀末にロシアの富を手に入れることに成功した。当時、我々は友人やパートナーと呼ばれていたが、実際は植民地として扱われ、さまざまな枠組みによって何兆ドルもの金が国外へ吸い出された。我々全員がこのことをすべて覚えており、何も忘れていない。〉

池上 たしか一九九九年の「ミレニアム論文」（解説は本書39頁）の時点では、まだ西側と協調できる余地もありそうでした。実際、一九九八年からはG7（主要七ヵ国首脳会議）に参加してG8になり、二〇〇六年には初めてホスト国にもなっています。ただ二〇一四年のクリミア半島併合を機に追放されましたが。

佐藤 そのあたりからロシアと西側の対立は決定的になりました。この演説でも、西側の民主主義は見せかけであり、本質は抑圧と搾取と暴力であると繰り返しています。

〈西側諸国は何世紀にもわたって、自分たちは他国に自由と民主主義をもたらすと言い続けてきた。すべてが、正反対だ。民主主義の代わりに抑圧と搾取、自由の代わりに奴隷化と暴

力である。一極化の世界秩序そのものが本質的に反民主主義的で自由がなく、どこまでも嘘で偽善なのだ。〉

池上　まるでソ連時代のブルジョア民主主義批判を思わせるような言説ですね。

佐藤　では、そういう西側の謀略にどう対抗するか。プーチンは文化闘争が有効であると説いています。

〈もう一度強調しておきたい。「西側連合」がロシアに対して行っているハイブリッド戦争の本当の理由は、強欲、どんな制限も受けない権力を維持したいという意図にある。彼らは我々が自由になることを望んでおらず、ロシアを植民地と見なしたがっている。彼らが求めているのは、対等な協力ではなく、強奪だ。彼らは、我々を自由な社会ではなく、魂のない奴隷の集団と見なしたがっているのだ。

彼らにとって、我々の思想や哲学は自分たちに対する直接的な脅威であり、だからこそ我々の哲学者を攻撃しているのだ。我々の文化や芸術もまた彼らにとって危険であり、だから禁止しようとするのだ。我々の発展と繁栄は、彼らにとって脅威であり、競争は激化している。彼らにとってロシアはまったく必要ではない、ロシアを必要としているのは我々なの

である。（拍手）

世界征服への野心は、過去、我が国民の勇気と不屈さによって何度も粉砕されてきたことを思い起こしてほしい。ロシアはいつまでもロシアであり続ける。我々は、これからも自分たちの価値観と母国を守り続けていく。（略）

このような西側エリートたちが、何世紀にもわたってロシア嫌悪《ルソフォビア》に陥り、怒りを露わにしてきた理由の一つは、まさに植民地支配の際に、ロシアが自らを奪われることなく、ヨーロッパの人々に相互利益のための貿易を強いたからだということを強調しておきたい。これは、ロシアに強力な中央集権国家をつくり、正教、イスラム教、ユダヤ教、仏教の偉大な道徳的価値と、万人に開かれたロシアの文化とロシア語によって発展し、強化されていくことによって達成された。〉

池上　帝政ロシアもソ連も強国であり続けましたからね。その基盤が文化や宗教だから、これからも守り抜くぞと。

❖アメリカは同盟国を奴隷化している

佐藤　一方、アメリカおよび第二次世界大戦の敗戦国である日本とドイツについても言及しています。

〈アメリカは世界で唯一、核兵器を二回使用し、日本の都市、広島と長崎を壊滅させた国である。そうして前例をつくったのだ。

第二次世界大戦中、アメリカはイギリスとともに、ドレスデン、ハンブルク、ケルン、その他多くのドイツの都市を、何の軍事的必要性もないのに廃墟にしたことを思い出してほしい。それは、繰り返すが軍事的な必要性もなく、力を誇示するために行われたのだ。目的はただ一つ、日本への原爆投下と同じように、我が国〔ソ連〕と全世界を威嚇することだった。〉

池上　ここでプーチンが名を挙げているドレスデンは旧東ドイツ。プーチンがKGBドレスデン支局に配属されていたことがありますから、思いが強いのでしょう。たしかに、原爆がソ連を意識して投下されたことは間違いありません。終戦後のスターリンを黙らせるには、軍事力の差を見せつけるのが一番でした。

佐藤　そういう当時を振り返ることで、日本とドイツがいかにアメリカに蔑《ないがし》ろにされてきたかを思い起こさせ、両国をアメリカから切り離そうと目論んでいるのでしょう。

だからその後も、アメリカが日本を含む同盟国にどういう仕打ちをしてきたかについて批判しています。

〈ドイツ、日本、韓国などを未だに事実上占領し、同時にそれを対等な同盟国だと冷笑的に名づけているのだ。これはどういう同盟関係なのだろうか、興味深い。これらの国の指導者たちが監視され、指導者たちの事務所だけでなく住宅にも盗聴器が仕掛けられていることを全世界の人々が知っている。実に恥ずべきことだ。このようなことを行う者にとっても、奴隷のように黙ってこの厚かましい振る舞いに文句を言わずに従う者にとっても、これは恥辱である。

彼らは、自らの配下に対する命令や乱暴で侮辱的な叱咤を、ヨーロッパ太平洋の連帯と呼び、ウクライナなどでの生物兵器の開発や人体実験を、崇高な医療研究と称している。〉

池上　日本はアメリカの奴隷であると。日本はそれを恥と思わないのかと。的を射ているかどうかは別として、なかなか痛烈ですね。ただ、指導者たちが盗聴されていたことは、二〇二三年四月に流出が問題になったアメリカ国防総省の機密文書で明らかになっています。

佐藤　日本やドイツだけではありません。ヨーロッパ各国からも搾取を目論んでいると訴えています。

〈アメリカのエリートは、本質において、これらの人たちの悲劇を利用している。競争相手を弱体化させ、国民国家を破壊するためだ。これはヨーロッパについても当てはまることで、フランス、イタリア、スペインなど、何世紀もの歴史を持つ国々のアイデンティティに関わることである。

ワシントンは、ロシアに対するますます多くの新たな制裁を要求し、ヨーロッパの政治家の多くは従順にこれに従っている。アメリカが、EUに対し、ロシアのエネルギーやその他の資源を完全に拒絶するよう圧力をかけることで、実質的に欧州の産業を衰退させ、欧州市場を完全に手に入れるようになることは、ヨーロッパの政治家たちも明確に理解している。彼らは、これら欧州のエリートたちは、すべてを理解しているが、他国の利益のために仕えることを選んでいるのだ。これはもはや奴隷根性ですらなく、自らの国民に対する直接的な裏切りだ。しかし、まあ、勝手にすればいい、これは彼らの問題なのだ。〉

池上　これもソ連時代の階級闘争史観の主張を聞いているようです。

佐藤　要するに、アメリカとそれに従属するヨーロッパの政治エリートと、ヨーロッパの大衆とを対立させようとしているのでしょう。

それから、この演説の直前に起きたノルドストリームの事故についても言及しています。あれはアメリカの破壊工作だと。

〈とはいえ、アングロサクソンは制裁だけでは飽き足らず、バルト海の底を走る国際ガスパイプライン「ノルドストリーム」の爆発を計画して破壊工作に乗り出した。信じがたいことだが、これは事実である。事実上、ヨーロッパ全体のエネルギーインフラの破壊を始めているのだ。誰の利益になるかは誰の目にも明らかである。もちろん、利益になる国がそれを行ったのだ。〉

池上　たしかに二〇二二年九月下旬、「ノルドストリーム」が損傷する事故がありました。明らかに爆破によるものと報じられています。西側はロシア側の仕業だと見ていたようですが、一方で、事件に親ウクライナ派のグループが関わっているとの報道もありました。真相は藪の中ですが。

佐藤　ロシアが破壊する合理性がありません。ヨーロッパへのガスの供給を止めたいならば、ロシアは栓を締めればいいだけのことだからです。ロシアにとって死活的に重要なインフラを破壊する合理的動機が見当たりません。

ヨーロッパは食料不足・エネルギー不足の原因をロシアに押しつけようとしている

佐藤　ロシアは侵攻以降、黒海を封鎖してウクライナの穀物輸出を止めていましたが、二〇二二年七月に国連とトルコの仲介によって再開に合意しました。ウクライナの小麦に依存しているアフリカや中東を飢餓から救うため、という人道的観点からです。しかしプーチンは、これも西側に悪用されていると訴えています。

〈そして、今、ウクライナから穀物が輸出されている。「世界の最貧国の食料安全保障を確保する」という口実だが、どこに向かっているのか。どこへ行くのか？　すべて同じヨーロッパの国々に向かっているのだ。五パーセントしか世界の最貧国には行かなかった。またしても、いつものペテンとあからさまな欺瞞《ぎまん》である。〉

池上　実際に輸出は二〇二二年八月から再開されましたが、ロシアはこの演説の一ヵ月後にあたる一〇月末、一方的に合意の停止を宣言します。ロシア産の農産物の輸出は経済制裁の対象ではありませんが、海外銀行との取引、つまり決済が制裁の対象となっているため、実質的に輸出が困難になっている。これを緩和してほしいという条件を突きつけたといわれています。結局、このときはロシア側が妥協し、無条件で合意が延長されました。しかし今後も、揺さぶりをかけてくることは間違いないでしょう。

佐藤　またヨーロッパに対しては、やはり資源カードの強さを意識しているようです。

〈しかし、人々に印刷されたドルやユーロを食べさせることはできない。これらの紙切れを食べさせることはできないし、西側のソーシャルネットワークのバーチャルで膨張した資本では、彼らの家を暖めることはできないのだ。私が話していることはどれも重要なことだが、今、話したことも重要である。紙では誰も腹を満たすことができないので、食べ物が必要なのだ。また、これらの膨張した資本では誰も暖めることができないので、エネルギーが必要なのだ。

そのため、ヨーロッパの政治家たちは、食べる量を減らし、入浴の回数を減らし、家で暖かい服装をするように同胞を説得しなければならないのだ。そして、「そもそも、なぜ、そうなのか」という公正な問いを立てはじめる人たちに対しては、すぐさま敵、過激派、急進派であると宣言するのだ。ロシアを矢面に立たせ、お前たちのすべての不幸の原因はロシアだというのだ。また嘘をつくのである。
特に指摘したい、強調したいことがある。西側のエリートには、世界の食料危機やエネルギー危機に対して建設的な解決策を見出すつもりがないのだと考えるに足る十分な根拠がある。この危機は、彼らの責任で、ウクライナやドンバスでの特別軍事作戦のずっと以前から彼らが長年とってきた政策の結果であり、まさに彼らの責任であるということだ。彼らは、不公平や不平等の問題を解決するつもりがないのである。彼らが、ほかの使い慣れた処方箋を使う心づもりではないかという懸念がある。〉

プーチンとしては、やがてヨーロッパはエネルギー供給面でロシアに頼らざるを得なくなると踏んでいます。それを阻害し、ロシアを悪者に仕立てようとしているのは西側のエリートだと。やはり分断を試みているわけですね。

池上　この冬のヨーロッパはエネルギー不足が懸念されました。実際に電力料金やガソリン料金は大幅に上がりましたが、たまたま暖冬だったことやロシア以外からの調達を増やしたことで大混乱には至らなかった。

しかし戦争が長引くとすると、次の冬もまた同じ心配をする必要がありますね。

❖西側は悪魔崇拝に毒されている

佐藤　そして終盤では、あらためて歴史の話を繰り返します。二〇世紀以降、西側は戦争によって経済的利益を得てきたと。

〈そしてここで、西側が二〇世紀初頭の矛盾から第一次世界大戦を経て抜け出たことを思い起こす必要がある。第二次世界大戦の儲けによって、アメリカは世界恐慌の後遺症を完全に克服し、世界最大の経済大国となり、世界の基軸通貨としてドルの力を世界中に押しつけることができたのだ。そして、崩壊に向かい、最終的には崩壊してしまったソ連の遺産と資源を横領することで、西側は一九八〇年代の危機——前世紀の一九八〇年代にも危機は先鋭化した——をほぼ克服した。これが事実なのだ。

今、西側は、矛盾のもつれから抜け出すために、他国の富をさらに略奪し、それによって自身の欠損を塞ぎ、埋めるために、主権的発展の道を選ぶロシアやその他の国家を是が非でも打ち壊さなければならないのだ。もしそうならなければ、彼らはシステム全体を崩壊させようと試み、何もかもをそのせいにすることもあり得なくはない。よく知られている「戦争

がすべてを帳消しにする」という法則を使うことにするかもしれない。〉

池上　やはり、戦争を仕掛けてきているのは西側である、という主張は一貫していますね。だから我々としては防衛せざるを得ないと。

佐藤　こういう言い方は、レーニンの『帝国主義論』への回帰そのものです。さらに批判の矛先は、西側で主流になっているイデオロギーにまで及びます。

〈要するに、何十億もの人々、人類の大半の人々が持つ、自由と正義、自分たちの未来を自分で決めるという当然の権利に唾を吐きかけているのである。彼らは今や、道徳規範、宗教、家族を徹底的に否定する方向に踏み出してしまった。

実に簡単な質問に自分たち自身で答えてみよう。ここで、私はすでに話したことを繰り返したい。すべての国民に向けて、会場にいる同僚たちだけでなく、すべてのロシア国民に向けて問いかけたい――我々は、ここで、我々の国で、ロシアで、母親と父親の代わりに「第一号」、「第二号」、「第三号」の親を持つことを本当に望むのか。もはや完全に狂っているのではないか。我々は、小学校で低学年から、子どもたちに対し、堕落や絶滅につながる倒錯を押しつけることを望んでいるのか。男性と女性以外に何らかのジェンダーがあるかのように教え込み、性転換手術を受けることを勧めるために。これが我々の国や子どもたちのために望むことなのか。このようなことは、我々には受け入れられない。我々には、自分たちの別の未来があるのだ。

繰り返すが、西側エリートの独裁は、西側諸国自身の国民を含むすべての社会に向けられている。すべての人への挑戦状なのだ。このような人間の完全否定、信仰と伝統的価値の破壊、自由の抑圧は、「逆さまの宗教」、つまり、あからさまなサタニズム（悪魔崇拝）の特徴を帯びている。イエス・キリストは山上の垂訓で、偽預言者を糾弾し、「その実によって、あなたがたは彼らを知る」と言われた。そして、これらの毒の実は、我が国だけでなく、西側自身の多くの人も含め、すべての国の人々にとって、すでに明白なことなのである。〉

プーチンは以前から同性愛に否定的でしたが、その考えをさらに一歩進めています。父親と母親と子どもという伝統的家族観に反する価値観は、悪魔崇拝の特徴を帯びているとまで述べているわけです。

池上　このあたりはもう、価値観戦争の様相ですね。悪魔崇拝を行っている西側に対し、正しいキリスト教（正教）的価値観を持つロシアが戦っているのだと。

国家と民族のアイデンティティを守るために

佐藤　そして最後に、国家としてのロシアの使命について語ります。

〈今日、我々は、何よりもまず我々自身のために、ロシアのために、独裁、専制が永遠に過去のものとなるように、公正で自由な道を求めて戦っているのだ。誰であろうとその例外性や、他の文化や民族の抑圧に基づいた政策は本質的に犯罪であり、この恥ずべき頁をめくらなければならないことを各国や各国民が理解していると私は確信している。すでに始まっている西側覇権の崩壊は不可逆的だ。そして、あらためて繰り返すが、これまでと同じようにはもはやならないのである。

運命と歴史が我々を呼び出した戦場は、我が民、大いなる歴史的ロシアのための戦場なのだ。（拍手）偉大な歴史的ロシアのため、未来の世代のため、我々の子どもたち、孫たち、ひ孫たちのための戦場なのである。我々は、彼らを奴隷化から、彼らの心と魂を壊そうとする恐ろしい実験から守らなければならない。〉

要するに、ロシアの国家とロシア人のアイデンティティを維持するためには、西側との戦いが不可欠であるという認識をプーチンは示しています。これはとても危険な発想です。

池上　「運命と歴史が我々を呼び出した戦場」という表現が印象的ですね。我々は呼び出されたから戦っている、という認識なのでしょう。

佐藤　そしてもう一つ、ロシア語とロシア人のアイデンティティが不可分の関係にあることを強調して長い演説を終えています。

〈今日、我々は、ロシアを、我々の民を、我々の言語を、我々の文化を奪い、歴史から抹殺することができるなどと決して誰の頭にも浮かばないようにするため、戦っている。今日、我々は社会全体の統合を必要としており、そのような統合は主権、自由、創造、正義にのみ基づくものでなければならない。我々の価値観は、博愛、慈悲、思いやりである。

真の愛国者イワン・アレクサンドロヴィチ・イリインの言葉で締めくくりたい。「私がロシアを私の祖国と考えるならば、それは、私がロシアの心で愛し、熟考し、思い、ロシア語で歌い、話し、ロシア国民の精神的〔霊的〕な力を信じるということだ。その精神は私の精神だ。その運命は私の運命だ。その苦しみは私の悲しみだ。その繁栄は私の喜びなのだ」

この言葉の背景には、一〇〇〇年以上にわたるロシア国家の歴史の中で、我々の祖先が何世代にもわたって追い求めてきた大きな精神的選択がある。今日、我々はこの選択を行う。ドネツク人民共和国、ルガンスク人民共和国の市民とザポロジエ州、ヘルソン州の住民は、この選択を行った。彼らは自らの民族とともに、祖国とともに、その運命を生き、祖国とともに勝利することを選択したのである。

真実は我々の側にあり、ロシアは我々の側にある！〉

言語偏重はプーチンの民族観の特徴です。つまりロシア語で考え、語る者がロシア人のアイデンティティを持っているということです。

ところが、ロシア語を話してもロシア人とは異なるアイデンティティを持つ人々もいる。その典型が、ロシア語を常用するウクライナの住民です。彼らはロシア人とウクライナ人の複合アイデンティティか、もしくはロシア人かウクライナ人としてのアイデンティティを持っているわけです。

こういう人々をどう統合していくか。それが、ロシアの統合・復活を目指すプーチンにとって喫緊の課題だと思いますが、今のところ処方箋を持ち合わせてはいないようです。

これは日本に置き換えて考えればわかりやすいでしょう。沖縄人やアイヌ人は日本語を常用していますが、日本人のアイデンティティを持っているとは限りません。ところが多数派民族である日本人の多くは、こういう少数派の心情を皮膚感覚として理解できない。ロシア人も同様の問題を抱えていると思います。

⑥ヴァルダイ会議での冒頭演説（二〇二二年一〇月二七日）

❖対ウクライナ戦争から、対西側の価値観戦争へ

池上　ロシアには「ヴァルダイ」という国際討論クラブが存在します。二〇〇四年にモスクワの西側に位置するリゾート・ヴァルダイで設立されたことから、こう名づけられました。毎年一回、国内外の有識者を多数招いて会議を行うことが慣例で、二〇二二年もモスクワ郊外で一〇月二四～二七日の四日間にわたって行われています。最終日にはプーチンも出席して、約一時間の講演のあと、三時間も有識者と討論を繰り広げたんですよね。

佐藤　そうです。ウクライナ侵攻後、初の会議だったので、プーチンの発言に注目が集まりました。こういう時期だけに、掲げられた共通テーマは「覇権後の世界――万人のための正義と安全保障」でした。

プーチンは講演時にはときどき手元のメモに目線を落としていましたが、討論時にはメモを

見たり、補佐官から助言を得たりすることはいっさいありませんでした。いかに本人が内外の状況を正確に把握し、冷静に判断を下しているかがわかるでしょう。ちなみにこの都合四時間に及ぶ講演・討論の議事録は、すべてロシア大統領府のホームページに掲載されています。

池上　プーチンのことを「狂気」とか「独裁者」とか呼ぶ風潮がありますが、その姿を見たら考えを改めざるを得ませんね。それで、プーチンはどういうことを語りましたか。同年九月三〇日の演説では、西側を「悪魔崇拝」と批判していましたね。

佐藤　その延長線上です。つまり、それまではゼレンスキー政権を「ネオナチ」とか「バンデラ主義者」と呼んで批判し、打倒して「ドネツク人民共和国」と「ルガンスク人民共和国」の住民を保護することを戦争の目標に据えていました。

しかしこの時期から、目標を変えました。ゼレンスキー政権は傀儡《かいらい》に過ぎず、本当の敵はアメリカを中心とする西側連合であると。プーチンの心の中では、すでに第三次世界大戦が始まっているのです。

池上　フランスの人口学者エマニュエル・トッドも、最近の著書『第三次世界大戦はもう始まっている』（文春新書）の中で「ウクライナ戦争は西側諸国がウクライナの兵士を使って仕掛けた代理戦争だ」という言い方をしています。本国フランスでは「反ロシア」の世論が強く、なかなか受け入れられないそうですが。

佐藤　先日、私も訪日中のトッドと政治学者の片山杜秀《かたやまもりひで》さん（慶應義塾大学教授）と鼎談する機会がありました。話し合いは三時間半に及んだのですが、話題はほとんどこのヴァルダイ会議でのプーチンの発言に集中しました。

トッドによれば、一連の発言は国際情勢の現状分析と今後の予測にとって非常に重要とのこと。もちろんウクライナ侵攻自体は国家主権に対する侵害であり、国際法に違反していることは間違いありません。しかし、そういう道義的な問題とは切り離して考える必要があると。プーチンの発言によって言語化されたロシアの内在的論理をつかむことが、問題解決の糸口を探る上でも不可欠ということです。私も同意見です。

池上　たしかに私がトッドにインタビューしたとき、トッドは「ロシアを批判したいなら、まずロシアがどういう国かを冷静に知ることから始めるべきだ」とおっしゃっていました。この戦争はアメリカの自滅によってロシアが勝者になる可能性がある、とも。だとすれば、いよいよプーチンの発言に注目する必要がありますね。

❖西側の「キャンセル・カルチャー」は誰も幸福にしない

佐藤　だからプーチンは、対アメリカを念頭に置いてロシアの正義について説明しているわけです。要するに、唯一の超大国となったアメリカが、既存の国際法の無視もしくは歪曲によって、自国に都合のいいルールを世界に押しつけるようになったと。「グローバリゼーション」と呼ばれるものは普遍的価値観ではなく、アメリカにとって都合がいいゲームのルールに過ぎないと。それを冒頭で以下のように述べています。

〈どうやら、一つのルールを確立しようと試みられているだけのようである。これは、権力者たちが——今、権力について話されていたし、私はグローバルな権力について話しているのだが——なんのルールもなしに生活することができ、すべてが許されて、どんなことをやったとしても罰されることのない力を持つためのルールである。実際問題、いつも我々に語られている、民衆がいうところの繰り返し話されている、つまり、いつも話されているルール自体のことである。（略）

残念ながら、事態は今も、これまでの会合で一度や二度では終わらないほど話してきた否定的なシナリオどおりに進行している。さらに、こういった事態は、政治・軍事面だけでなく、経済・人道面でも大規模でシステム的な危機へと発展している。

いわゆる西側諸国は、もちろん条件つきで（西側と呼んでいるのであり）、そこには統一されたものなどはまったくなく、非常に複雑な複合体であることは明らかなのだが、それでも西側と呼んでおくが、ここ数年、特にここ数ヵ月、事態を悪化させる方向に多くの段階を踏んで進んでいるといっていいだろう。実のところ、彼らは常に事態を悪化させるようなゲームをしているので、ここには何ら目新しいことはない。ウクライナでの戦争の煽動、台湾をめぐる挑発行為、世界の食料・エネルギー市場の不安定化などである。もちろん、後者は意図的に行われたものではないことは明らかであり、私がすでに述べたような西側の権力によるシステム上の多くのミスによるものだ。そして、我々が今見ているように、ヨーロッパ全体のガスパイプラインの破壊（ノルドストリーム1、2の爆破）もこのゲームに含まれている。許される境界線を完全に超えているが、それにもかかわらず、我々はこのような悲しい出来事を目の当たりにしているのである。

世界に対する覇権は、まさにいわゆる西側がそのゲームで賭けてきたものだ。しかし、このゲームは、いうまでもなく危険で、血なまぐさい、そして、私にいわせれば汚いものなのだ。国や民族の主権、アイデンティティ、独自性を否定し、他の国家の利益のことなどまったく考えていない。こうした否定があからさまにいわれていない場合であっても、すべて、実際にはそのようなことがまさに人生の中で行われている。私が述べたまさにこのようなルールをつくる人たち以外は、誰も独自に発展していく権利を持っていない。残りの人々は皆、まさにこのルールのもとで「調髪」されなければいけないのである。〉

池上　まるでレーニンの『帝国主義論』ですね。我々は今こそ腐敗した資本主義に立ち向かわなければならないと。あるいはブレジネフ時代の公式ドクトリンも、ソ連を「アメリカを中心とする西側連合の新植民地主義に対抗する核」と位置づけていました。実際、そういう名目で中東やアフリカ諸国、ラテンアメリカ諸国に影響力を行使した。当時のロジックの再来のようです。

佐藤　プーチンはレニングラード国立大学（現サンクト・ペテルブルク国立大学）を卒業後、KGB（ソ連国家保安委員会）に入り、最初の数年間で徹底的な教育と訓練を受けています。そこで植えつけられた「思考の鋳型」はそう簡単には変わりません。ウクライナ戦争に直面している今、大学とKGBの教育機関で学んだソ連時代の知識から、現代に活かせる要素を取り出そうとしているのでしょう。

ただし、ブレジネフ時代とは違う面もあります。その一つはロシアの文化遺産を政治に活かそうとしていること。今回の講演では、まずソ連時代の反体制作家ソルジェニーツィンに言及しています。

〈アレクサンドル・イサエヴィチ・ソルジェニーツィン〔一九一八～二〇〇八。ノーベル文学賞作家〕によるハーバード大学での有名な講演から引用する。早くも一九七八年に、彼は、西洋においては「優越性の永続的な盲目性」が特徴であり、こうしたことはすべて今日に至るまで続いている。このことが「この惑星の広大な地域はすべて、現在の西洋のシステムにまで発展し、進化すべきであるという考えを支えている……」と。これは一九七八年のこと〔講演〕だったが、何も変わらなかった。

この半世紀近く、ソルジェニーツィンが語ったこの盲目性は、その特徴的な露骨な人種差別と新植民地主義的な盲目性は、もはや、ただただ醜悪な形態をとるようになった。いわゆる一極集中の世界が出現してからはとりわけそうである。このことに対して私が何を言いたいのか？　自身の無謬性を確信しているというのは、非常に危険な状態である。そこから、「無謬者」自身が、自分の気に入らない者を単に破壊したいという願望を抱くようになるまではあと一歩なのだ。彼らがいうところの「キャンセル」という、この言葉の意味について せめて考えてみよう。〉

このように、西側の夜郎自大が「キャンセル・カルチャー」をつくり出し、ロシア排斥につながっているとの見方を示しているわけです。

池上　ソルジェニーツィンといえば、戦後すぐにスターリンを批判して逮捕・投獄され、フルシチョフの時代に釈放されますが、獄中体験をもとにした『収容所群島』をフランスで刊行して一九七四年に国外追放となり、一九九四年にようやく帰国を果たすという、ソ連の体制に翻弄される生涯を送った作家です。ソ連崩壊後、エリツィンに対しては批判的でしたが、プーチンのことは「ロシアを復活させた」と讃えています。両者は二〇〇〇年に面談もしていますからね。

西側はドストエフスキーやチャイコフスキーまで排斥しはじめている

佐藤　わざわざソルジェニーツィンに言及したのは、ロシア文化をアピールする狙いもあったのでしょう。プーチンが懸念しているのは、西側によるロシア排斥が、政治や経済のみならず文化にまで及んでいることです。その点において、現状は東西冷戦期よりもっと悪いと認識しているようです。

〈冷戦の最盛期、体制、イデオロギー、軍拡競争という対立の真っ只中にあっても、敵対者の文化、芸術、科学の存在そのものを否定することは、誰にとっても思いもよらないことであった。誰も思いつかなかったのだ！　たしかに、教育、科学、文化、そして残念ながらスポーツ関係にも一定の制約が課せられていた。しかし、それでも、当時のソ連とアメリカの指導者たちは、少なくとも将来にわたって健全で実りある関係の基礎を維持するためには、競争相手を研究し尊重し、時には相手から何かを借用しながら、人道的な領域は繊細に扱うべきであることを十分に理解していたのである。〉

池上　これは肌感覚としてわかります。たしかに東西冷戦期、日本や欧米諸国にとってソ連は仮想敵でしたが、大学ではソ連の政治、経済、軍事の研究だけでなく、ロシア語やロシア文学の研究も行われていました。これは、敵を知ることが重要という考えがあったのでしょう。あるいは街中には「うたごえ喫茶」があり、ドストエフスキーやトルストイのようなロシア文学もあり、チャイコフスキーのバレエもあり、ソ連に親近感を覚えたりもしていました。政治的対立はあっても、文化に関しては別でしたよね。

佐藤　ロシア側もそうです。欧米や日本に対する研究は、昔も今も積極的に行っています。西側の文学、音楽、演劇を忌避する動きもありません。ところが欧米（特にヨーロッパ）では、ロシア文化に対する忌避反応を含む「ロシア嫌悪（ルソフォビア）」が深刻になっています。まさにドストエフスキーまで忌避されるようになっているとか。

そこでプーチンはこう指摘します。

〈一方、今は何が起きているのであろうか。ナチスは当時、焚書まで行ったが、今や西側の「自由主義と進歩の熱心な信奉者たち」はドストエフスキーやチャイコフスキーを禁止するまでに堕落したのだ。いわゆるキャンセル・カルチャーだが、実際問題――このことについては、すでに何度も話しているが――本格的なキャンセル・カルチャーは、あらゆる生命的なもの、創造的なものを滅ぼし、経済でも政治でも文化でも、どの分野でも自由な思想の発展を許さない。

リベラルなイデオロギーそのものが、今日では認識できないほど変化してしまっている。古典的なリベラリズム（自由主義）はもともと、人それぞれの自由を、言いたいことを言い、やりたいことをやる自由と理解されていたが、二〇世紀にはすでに、いわゆる開かれた社会には敵がいること――開かれた社会には敵がいるということがわかった――そうした敵の自由は制限され得るし、制限されるべきであり、あるいは取り消されるべきだとリベラリストたちは言いはじめた。今や、代替的な見解はどんなものでもすべて、破壊的なプロパガンダであり、民主主義への脅威であるとする不条理の極みにまで達しているのである。〉

西側のリベラリズムは、同質のアトム（原子）的個体によって構成されている単一の普遍的世界なので、そこでは単一のルールが適用されます。経済的には新自由主義的な市場万能思想であり、政治的には自由主義的な民主主義です。これと異なる原理を西側が理解しようとしないために、ロシアとの対立が生じているというのがプーチンの認識です。

ロシアから発信されるものは、すべて「クレムリンの陰謀」か

佐藤　さらに、西側のロシア観を以下のように批判しています。

〈ロシアから出てくるものは、すべて「クレムリンの陰謀」なのである。しかし、自分たちをよく見てほしい。我々は本当に全能なのだろうか。我々の反対者への批判はどんなものでも――どんなものでもだ！――「クレムリンの陰謀」「クレムリンの手先」と受け取られているのである。これはたわ言だ。どこまで〔彼らは〕堕してしまったのだろうか。せめて頭を使い、もっと何か面白いことを表現し、概念的に自分の見解を提示してほしい。すべてをクレムリンの陰謀・奸計のせいにすることはできないのだ。

ドストエフスキーは、すでに一九世紀にこのことを予言していた。彼の小説『悪霊』の登場人物の一人、ニヒリストのシガリョフは、彼の想像する明るい未来について次のように表現した。「限りない自由から出でて、限りない専制主義で締めくくる」。そして、これこそ西

側の我々の反対者たちがたどり着いたものなのだ。彼に同調して、小説のもう一人の登場人物ピョートル・ヴェルホヴェンスキーは、裏切り、密告、スパイはどこでも必要で、社会には才能や高い能力は必要ないと主張する。「キケロは舌を切られ、コペルニクスは目をくり貫かれ、シェークスピアは石で打たれる」のだ。西側の我々の反対者たちはここまで来てしまっているのである。これが、西洋のキャンセル・カルチャーでなくて何なのだろうか。

彼らは偉大な思想家だった。正直に言うが、引用したこれらの言葉を見つけてくれた私の補佐官たちに感謝している。〉

池上　非常にウィットに富むというか、西側が自分たちをどう見ているかを知り抜いた上での発言のようですね。最後に「補佐官たちに感謝している」と述べているのも、自分が『悪霊』を読み込んだわけではないと白状しているようで、余裕のユーモアを感じます。

佐藤　「限りない自由から出でて、限りない専制主義で締めくくる」という言葉が強烈ですよね。要するに一九世紀のドストエフスキーは、自由主義を掲げる西側が、金銭によって支配され、キリスト教的価値観が失われ、相互不信の疎外された社会になっているとして反西欧主義を掲げたわけです。それを引用すれば、二一世紀のロシア人の琴線に触れるとプーチンは考えたのでしょう。

続けて以下のように述べています。

〈こんなことに対して、何を語ることができるだろうか。歴史は、必ずすべてをその場に収め、取り消されるのは、誰もが認める世界文化の天才たちの最高傑作ではなく、こうした世界文化を自分の裁量で処理する権利があると、今、どういうわけか判断した人たちだろう。これらの活動家たちの自己過信は何というべきか際限がないのだが、数年後には誰も彼らの名前すら覚えていないだろう。一方、ドストエフスキーは生き続けるだろうし、チャイコフスキーやプーシキンもそうだろう。誰かがそれを望まなかったとしてもである。

西側のグローバリゼーションのモデルも、その本質は新植民地主義なのだが、規格化、金融と技術の独占、ありとあらゆる差異の消去の上に築かれたものである。その目標は明確であり、世界経済と政治における西側の無条件の支配を固め、そのために地球全体の天然資源、金融資源、知的、人的、経済的能力を自身のために役立させ、いわゆる新しい地球規模の相互依存のもとでそれを行うことであった。〉

池上　文化闘争ならロシアは西側に負けないぞと。ドストエフスキーのみならず、チャイコフスキーやプーシキンまで持ち出されると説得力があります。行き詰まった西側の近代文明を超克するのがロシアの使命だという発想は、たしかにロシア国民の魂を揺さぶるでしょう。

佐藤　実は一九三〇年代の日本でも、京都学派の田邊元《たなべはじめ》（一八八五～一九六二）、高山岩男《こうやまいわお》（一九〇五～九三）ら一部の知識人は西洋文明がつくり出した「近代」を超克することに日本国家の歴史的使命があると主張していました。プーチンの思想はそれに似ています。その意味では、プーチンは単なる政治家ではなく、思想家でもあるといえます。

ロシアは、他人の裏庭には干渉しない

佐藤　さらにプーチンは、西側の価値観が世界を席巻した時代は終焉期を迎えていると訴えます。少し長いですが、引用します。

〈多極化した世界における真の民主主義とは、まず、いかなる人々――このことを強調しておきたいのだが――いかなる社会、いかなる文明も、自分自身の道、自らの社会・政治システムを選択する可能性を有していることを前提にするものだと確信している。アメリカやEU諸国にこうした権利があるのなら、アジア諸国やイスラム諸国、ペルシャ湾岸の君主制国家、他の大陸の国々にもあることはいうまでもない。もちろん、我々の国、ロシアにもその

権利はあるし、我々がどのような社会をどのような原則に基づいて築かなければならないかを、誰も我々の国民に指示することは決してできないのだ。

西側の政治的、経済的、イデオロギー的独占に対する直接的な脅威は、より効果的で、このことを強調したいのだが、今日においてより効果的で、すでにあるものより鮮明で魅力的である代替的な社会モデルが、世界に出現する可能性があるということなのだ。そして、こうしたモデルが開発されるのは必然のことであり、避けられないことだ。ちなみに、アメリカの政治学者、専門家たち、彼らもそのことについて、はっきりと書いている。たしかに、彼らの政府はあまり耳を傾けてはいないが、政治雑誌の誌上や議論の場で表明されるこうした考え方を目にしないわけにはいかない。

発展は、精神的、道徳的な価値に基づいた文明の対話の中で行われなければならない。たしかに、さまざまな文明があり、人間やその本質に対する理解もさまざまなのだが、それは表面上の違いだけであることが多く、すべての文明が人間の至高の尊厳と精神的本質を認識している。そして、きわめて重要なことは共通の基盤なのであり、いうまでもなく、それを基に、我々は未来を築くことができ、また築かなければならないのである。

ここで特に強調したいことは何か。伝統的な価値観は、すべての人が守らなければならない公理を固めたものといったものではない。もちろん、そうではないのだ。それが、いわゆる新自由主義的な価値観と異なるのは、ある特定の社会の伝統、その文化、歴史的経験に由来するものであるため、毎回、繰り返しのきかない点である。だから、伝統的な価値観は誰にも押しつけることはできないのであり、ただ尊重し、それぞれの国民が何世紀にもわたって選択してきたものは大切に扱う必要があるのだ。

我々の理解する伝統的な価値観とはこのようなものであり、この考え方は人類の大多数に共有され、受け入れられている。東洋、ラテンアメリカ、アフリカ、ユーラシアの伝統的な社会こそが世界文明の基礎を形成しているのだから、これは当然のことである。

民族や文明の特殊性を尊重することは、すべての人の利益に適う。実際問題、いわゆる西側の利益でもあるのだ。西側は、優位性を失い、世界の舞台で急速に少数派になりつつある。そして、この少数派である西側の文化的独自性に対する権利は、もちろん強調しておきたいのだが、保障されるべきであり、敬意をもって扱われるべきである。だが、あくまで他のすべての社会の権利と同等でということを強調しておく。〉

池上　すでに世界は多極構造に変わりつつあると。西側による単一のルールではなく、それぞれの国家や民族が持つ伝統的な価値観や特殊性がもっと尊重されるべきだと。非常に立派な考えですが、では現実にロシアがウクナイナで行っていることは何なのかという疑問は残ります。

佐藤　たしかに、プーチンの主張には欺瞞《ぎまん》があります。ウクライナの主権を認めていませんかられ。

それからもう一つ、興味深いのは、西側の世界観を「普遍性に欠ける」と批判する一例として同性愛を挙げていることです。西側が同性愛を奨励することにロシアは干渉するつもりはないが、それをロシアを含む非西側世界に強要するなと主張しています。

〈西側のエリートが、何十種類ものジェンダーやゲイパレードのような、私から見れば奇妙で新しいトレンドを、その国民や社会の意識に植えつけることができると考えるなら、それはそれでいい。好きなようにさせてあげよう！　しかし、彼らには、他の社会に対して、自身と同じ方向についてくるよう要求する権利がないことはたしかである。

西側諸国において、複雑で、人口動態上の、そして政治的、社会的なプロセスが進んでいることを我々は見ている。もちろん、これは彼らの内輪の問題だ。ロシアはこれらの問題に干渉しないし、するつもりもない。西側と違って、我々は他人の裏庭には入り込まないのだ。とはいえ、プラグマティズムが勝り、ロシアと真の伝統的な西側との対話が、同等である他の発展の中心地との対話と同様に、多極化する世界秩序の構築に重要な貢献することを我々は期待している。〉

池上　ＬＧＢＴＱについては、日本でもさまざまな議論があります。人権をどこまで尊重するか、法律的に多様性をどこまで認めるか、何が差別になるかは微妙な問題です。ただそれは、国内の文化や習慣に則って自分たちで考えるべきことであり、海外から押しつけられることではありません。

私は先日、オーストラリアのシドニーを環境問題の取材で訪れたのですが、ちょうどＬＧＢＴＱの大きな祭典「ワールドプライド２０２３」の真っ最中でした。街中がたいへん盛り上がっていましたが、では日本のどこかで同じようなイベントが開催されたとして、同様に盛り上がるかどうかは別問題。まだ敬遠する人が多いような気がします。偏見が根強いですからね。

佐藤　いずれにせよ、アングロサクソンを中心とした文化帝国主義政策に乗る必要はありません。これはプーチンのみならず、ロシアの政治エリートに共通する考え方です。それを象徴するような同性愛の問題を取り上げることで、非西側世界、特に中国やイスラム諸国、アフリカ諸国の共感を得ようとしたのでしょう。

❖西側一極集中から脱却し、人類文明のシンフォニーを構築しよう

佐藤　そして講演の最後に、今が歴史の分岐点であるという認識を示し、西側一極集中から脱

却して新しい世界秩序を構築しなければならないと説きます。

〈ソ連の崩壊は、地政学的な力のバランスも破壊した。西側は己を勝者だと感じ、自分たちの意思、文化、利益のみが存在する権利を持った一極的な世界秩序を宣言した。

今や、世界情勢における西側の独占的な支配は終わりつつあり、一極化の世界は過去のものになろうとしている。我々は歴史の岐路に立っており、この先には、第二次世界大戦後、おそらく最も危険で予測不可能な、それと同時に最も重要な一〇年がある。西側は単独で人類を支配することはできないにもかかわらず、必死にそうしようとしており、世界の人々の大半はもはや、この状況を我慢する気はないのだ。ここに新たな時代の大きな矛盾がある。古典の言葉を借りれば、状況はある程度、革命的なものになっている。古典の言葉を借りれば、もはやこうした生活を上流階級は送ることができないし、下層階級はそんな生活を送りたくないのである〔レーニンの言葉をもじったものと思われる〕。

このような状態は、世界的な紛争、あるいは紛争の連鎖を伴い、西側自体を含む人類にとっての脅威である。この矛盾を建設的かつ創造的に解消することが、今日の主要な歴史的課題なのだ。

時代の変化は、痛みを伴うものではあるけれど、自然で必然的なプロセスである。未来の世界秩序が我々の目の前で形づくられている。そして、この世界秩序において、我々はすべての人の言うことに耳を傾け、あらゆる民《たみ》、あらゆる社会、文化、そして、あらゆる世界観、思想、宗教的概念の体系を考慮に入れ、誰にも単一の真実を押しつけることなく、この基盤の上にのみ、運命、すなわち人々、地球の運命を理解した上で、人類文明のシンフォニーを築かなければならないのである。〉

西側の資本主義国だけを見ても、今は格差が拡大しています。まさに「こうした生活を上流階級は送ることができないし、下層階級はそんな生活を送りたくない」という状況です。経済的な勝者はアメリカとドイツだけで、それ以外は軒並み衰退しつつあります。その意味でも、プーチンの「西側一極集中でいいのか」という問いかけは的を射ています。

特に日本の状況は深刻です。石油、天然ガスなどのエネルギーや食料、肥料は海外からの輸入に頼らざるを得ませんが、いずれも価格の高騰と円安が重なって国内にインフレをもたらしています。その一方で、大幅な賃上げは期待できません。つまり国民の暮らしは厳しくなるばかりということです。

またアメリカやイギリスは、金融と情報産業のプラットフォームを形成することで、一部の富裕層限定ながら巨万の富を手にしています。ただし、モノをつくり出す産業力はとうの昔に衰退したまま。その構造が、戦争を継続する上では明らかに不利に働くでしょう。

池上　その点、ロシアは強いですよね。今回のウクライナ戦争で明らかになったのは、GDP(国民総生産)では韓国程度の水準のロシアが、西側連合から本格的な経済制裁を受けても持ちこたえているという現実です。たしかに国内のエネルギー資源は豊富だし、穀物も生産できる。さらに兵器を含むモノの生産力もある。

これはロシアだけではなく中国にもいえることです。こういう国家の強靱さを過小評価してはいけません。

佐藤　注目すべきはイスラエルの動きです。アメリカと政治面、軍事面、経済面できわめて良好な関係にありますが、今回のロシアへの制裁には参加していません。ロシアの国力をイスラエル指導部が冷静に見きわめて判断しているからでしょう。

トルコ・サウジアラビアとは信頼関係を構築

池上　講演のあと、長時間の討論が行われたんですよね。どういう話題が出ましたか。

佐藤　テーマは多岐にわたりましたが、私が興味を持ったのはプーチンの中東に対する姿勢です。講演で述べた「多極化構想」において、特に中東を重視していることがよくわかりました。

例えば、トルコについては以下のようなやりとりがありました。

〈フョードル・ルキヤノフ〔ヴァルダイ・クラブ研究部長〕：二年前、あなた〔プーチン大統領〕は〔トルコの〕エルドアン大統領について、「彼は尻尾を振らない、本物の男だ」と非常に高く評価していた。この二年間には、いろいろなことが起こった。評価は変わっていないか。

プーチン：はい、彼は意志力が強く、強力な指導者で、主に、いや、もっぱらトルコ、トルコ国民、トルコ経済の利益によって導かれている。エネルギー問題、例えばトルコ・ストリームの建設に関する彼の立場も、これで大いに説明がつく。

今回、トルコ領内に欧州の消費者向けのガスハブを建設することを提案した。トルコ側は、もちろん、自国の利益を第一に考えて、これに同意した。観光にも、建設業にも、農業にも、多くの利害関係がある。互いの利益のベクトルが重なる部分が多いのだ。

エルドアン大統領は、第三国の利益に誘導され、自分の首を絞めることを決して許さない。しかし、もちろん彼は、我々との対話の中で、何よりも自分の利益を守る。その意味で、全体としてトルコとエルドアン大統領は単純な相手ではない。多くの決断は、長く困難な論争と交渉から生まれる。

しかし、双方ともこのような合意に達しようとする気持ちがあり、通常は合意に達することができるのだ。その意味で、エルドアン〔大統領〕はもちろん一貫して信頼できるパートナーだ。信頼できるパートナーであること、おそらくこれが最も大きな特徴だろう。

ルキヤノフ：〔エルドアン大統領は〕他者を利用しようとしないのか。例えば、あなたを利用しようとしていないか。

プーチン：トルコの大統領は簡単な相手ではないと申し上げたが、彼は常に自分の利益、つまり個人的な利益ではなく、国の利益を守っているのであって、私を利用しようとしていると言うべきではない。〉

池上　トルコはＮＡＴＯの加盟国ですよね。しかし報道によれば、プーチンは損傷したバルト海の天然ガスパイプライン「ノルドストリーム」の代替として、黒海経由でトルコに天然ガスを送ることを計画しているとか。トルコを欧州向け輸出の拠点にしようとしているそうです。

佐藤　だからロシアにとってトルコは重要なのです。エルドアン大統領は自国の利益を徹底的に追求するタフネゴシエーターであり、約束したことは守るので信用できるとプーチンは言う。「合意は拘束する」という国際関係の原則に基づいてゲームができる国家を、ロシアは大切にするという姿勢を示しているわけです。

それから、サウジアラビアについても言及しています。

〈ルキヤノフ：最近、欧米では「ビン・サルマン〔サウジアラビアのムハンマド皇太子〕はあなたのせいでアメリカ人に対する礼を失するようになった」という報道が多くなっているが。

プーチン：そんなことはない。

ビン・サルマンは若く、毅然とした性格の持ち主である、これらは明らかな事実だ。彼は無礼に振る舞う必要はなく、厳しい批判もない。それだけのことだ。皇太子もサウジアラビア自体も尊重しなければならない。無礼な対応をする人には、同様な対応をしているだけのことだ。

我々に関することは、まったく無意味な話だ。皇太子もサウジの指導部全体も、自分たちの国益に導かれているのだから。そして、もし〔石油の〕生産を減らすか増やすかという問題であれば、私は個人的に皇太子をよく知っているので、彼が何を指針としているかを理解している。もちろん、彼は国益とエネルギー市場のバランスをとるという利益を指針としている。

その意味で、彼の立場は――今、〔冗談抜きで言っているのだが――絶対的なバランスが取れている。エネルギー市場では、最終的な価格さえも重要ではなく、現在の経済的あるいは政治的な環境が重要であるため、生産者と消費者の双方の利益のバランスをとることを目的としている。国際的なエネルギー市場にとって、予測可能性、安定性、それが重要だ。皇太子殿下はそのために努力され、概ねご希望に沿う形で実現されている。

ルキヤノフ：では、彼を利用することはないのか。

プーチン：絶対にない。〉

池上　サウジアラビアもアメリカの友好国です。二〇二三年三月には中国の仲介でイランとも国交を回復しました。シリア問題ではロシアと立場を異にしています。ただしＯＰＥＣプラスで産油国としての利害は一致している。しかも、アメリカのバイデン政権がサウジアラビアの人権問題について批判的な立場をとるようになったことに、反発しています。

佐藤　特にウクライナ戦争後から、ロシアはトルコにもサウジアラビアにも外交攻勢をかけています。その成果が、これらの発言に表れていると見ていいと思います。つまり我々としては、中東におけるロシアの外交力を侮ってはいけないということです。

⑦連邦議会に対する大統領年次教書演説（二〇二三年二月二一日）

ものを生産できる国に、経済制裁は効かない

池上　二〇二三年二月、プーチンは連邦議会で年次教書演説を行っています。年に一度、大統領として内政・外交の施政方針を語る場で、特にウクライナに侵攻してからちょうど一年ということで注目が集まりました。「新ＳＴＡＲＴ（米ロによる核軍備管理条約）」の履行を停止すると表明したことが話題になりましたが、それだけではないはずです。

佐藤　そうですね。戦争を総括する意味を持っていたと思います。今までの演説と同様、まずウクライナ政権とその背後にいる西側、特にアメリカの手口を非難してロシアの正当性を主張します。それから兵士とその家族を労ったあと、ロシア経済の強さについて語っています。

池上　ウクライナ戦争の勃発から約一年を経て、意外なことが大きく二つありました。一つは軍事的にも財政的にも圧倒的に劣っているウクライナが持ちこたえていること。ただこれは、

西側からあれだけ支援を受ければなんとかなる、ということだと思います。
　そしてもう一つは、これまでも述べてきましたが、西側から経済制裁を受けているはずのロシアも持ちこたえていること。すぐに弾薬が尽きるとか、国民生活が立ち行かなくなるとかいろいろ言われましたが、その兆候すら感じさせません。これはやはり、自国でエネルギーも食料も調達できる国の強さでしょう。

佐藤　それがこの一般教書演説のテーマの一つでもありました。要するに、GDPだけでは国力は測れないということです。例えばアメリカのGDPはロシアの一〇倍以上、世界GDPの約四分の一を占めています。しかしその内訳には、訴訟費用や高額な医療費・薬品代なども含まれる。これが豊かな社会といえるかというと、別問題ですよね。
　一方、ロシアには食料や鉄鋼、小麦をはじめとした現物がある。結局、これが国家の原動力になっているわけです。演説でも、プーチンは具体的な数字を挙げながらそれを強調しています。

〈例えば、昨年、国民経済の多くの基本的な、強調しておくが、まさに民生部門がその生産高を減少させなかったばかりでなく、著しく増大させたのだ。住宅導入面積が、我が国の現代史において初めて一億平方メートルを超えた。

農業生産に関しても、昨年は二桁の伸びを示した。農業生産者に感謝して、敬意を表する。ロシアの農家では記録的な収穫を行った。一億トン以上の小麦を含む一億五〇〇〇万トン以上の穀物を収穫したのだ。農業年度末、つまり二〇二三年六月三〇日までに、穀物輸出の総量を五五億六〇〇〇万トン〔原文ママ。正しくは五五六〇万トンと思われる〕にすることができるだろう。（略）

我々は労働市場の落ち込みを許さず、それどころか、現在の状況下で失業率を下げることに成功した。今日、あらゆる面でこのような大きな困難な状況にある中で、ロシアの労働市場は以前より状態がよくなっている。パンデミック以前の失業率は四・七パーセントだったが、現在は三・七パーセントだと思う。ミハイル・ウラジーミロヴィチ〔ミシュスチン首相〕、どれだけだろうか――三・七パーセント？　三・七パーセントは歴史的な低水準だ。

繰り返しになるが、ロシア経済は、発生したリスクを克服した――克服したのである。そう、これらのリスクの多くは前もって計算することは不可能だった。問題が発生すると、文字どおりその場で対応せざるを得なかった。政府レベルでも企業レベルでも、可能な限り迅速に意思決定がなされた。ここでは、民間主導で、中小企業の役割が非常に大きかったことも指摘しておく。過度な行政規制や国家に比重が偏った経済を避けることができたのだ。〉

池上　数字が正確かどうかという問題はありますが、失業率三・七パーセントといえば、ほぼ完全雇用に近い状態ですね。「リスクの多くは事前に計算できなかった」と述べていますが、この現状もプーチンにとって意外だったかもしれません。誇りたい気持ちとともに、驚きの様子もうかがえます。

佐藤　西側からの輸入が途絶えた分、自分たちで働いてつくるしかありません。「民間主導で、中小企業の役割が非常に大きかった」と述べていることからも、それはわかります。その結果が、この失業率に表れているのでしょう。それだけ追い込まれているということでもありますが。

池上　ものづくりの素地がある国は強いですね。もしアメリカが同じ状況に追い込まれたら、こうはいかないでしょう。資源はある、お金もある、教育水準も高い、しかしものづくりのノウハウが残っていないので。

佐藤　ものを生産できる国に、経済制裁は効かない。それがウクライナ戦争を通じてはっきりわかったことです。

エマニュエル・トッドも、この戦争を「ものを生産できる国と消費する国の戦い」と看破して西側の苦戦を予測していました。それで面白いのは、二〇二二年一〇月に刊行されたトッドの『我々はどこから来て、今どこにいるのか？』（文藝春秋）です。原書は母国フランスで二〇一七年に刊行されましたが、日本語版を刊行するにあたり、ウクライナ戦争を受けて冒頭に新たな「まえがき」を書き下ろしています。

そこでは、GDPが「時代遅れの指標」であり、ウクライナ戦争が生産国と消費国の戦いであり、アメリカにとっては長く覇権の柱だったアングロサクソン型システムの危機に直面していると指摘しています。まさにそのとおりだと思います。

トッドは、これらの結論を人口学や家族人類学の見地から、統計ベースで導き出しています。もしかしたらプーチン自身も驚いているかもしれないロシアの現状は、トッドによって予見されていたともいえるでしょう。それほど両者の見立ては合致しています。

池上　ロシア経済に懸念があるとすれば、西側から最先端の技術が入らなくなること。例えば半導体の製造などは、当面遅れをとるかもしれません。

しかし、いずれ必要に迫られれば独自に開発を進めるでしょう。今、ちょうどアメリカが中国に対して半導体やソフトウェアの輸出を規制していますが、それならばと中国は必死になって国産化を進めています。現状ではまだ性能面で台湾のＴＳＭＣに遠く及びませんが、長期的には追いつくと思います。つまり、輸出規制がかえって自国生産能力向上の後押しをしているわけです。ロシアも同じ道をたどるでしょう。

これは、レアアースをめぐる日本の対応もそうでした。二〇一〇年、それまで日本が大半を依存していた中国が、突如として日本への輸出を規制します。レアアースは特に最先端の自動車の製造に欠かせない材料なので、日本経済にとって大打撃です。

しかこのとき、日本側はＷＴＯ（世界貿易機関）に提訴して勝訴を勝ち取るとともに、代替となる調達先を探し出し、あるいは代替品の開発製造を進め、大事に至らずに済みました。今の米中関係を考えれば、むしろ一〇年前に対処できてよかったともいえます。

佐藤　もともとロシアにはナノテクノロジーのベースがあるし、しかも軍産複合体の強さがある。必要となれば、独自にキャッチアップしていくでしょう。

ソ連型に回帰する教育制度改革

佐藤　それから、この演説でとりわけ印象的だったのが、終盤に教育改革の必要性を強調したことです。

池上　ロシアの教育制度はどういう感じだったのでしょうか？

佐藤　もともとソ連時代の教育は、職業と結びついていました。大学に進学できるのは、極端に成績が優秀な学生か、もしくは兵役や工場、集団農場での数年間の勤務をした経験のある者に限定されていました。本人の希望より教師による生徒・学生の能力と適性の評価が優先されて、社会主義社会建設のために最適な人材配分と、そのための専門教育が行われていたのです。

そのため、日本の学生が行うような就職活動は存在しませんでした。また教育システムも、大学は伝統的に五年制、その後の大学院は三年制で、修了すると西側のPh.D.に相当する「博士候補」の学位を得られるというものでした。

ところがソ連が崩壊してロシアに移行すると、その教育システムにアメリカをモデルにした西側型のシステムが導入されます。高校卒業後、ただちに大学に進学する学生が多数派となり、その大学も四年制のコースが増えてきました。その後の大学院では二年の修士課程、さらに三年の博士課程のコースもある。つまり旧ソ連型と欧米型の両方のシステムが併存し、傾向としては欧米型の基準に移行しつつある状況です。

池上　プーチンはそれを変えると？

佐藤　すべてソ連時代に近い姿に戻すと言っているわけです。演説では以下のように述べています。

〈第一に、高等教育を受けた専門家の基礎訓練を我が国の伝統的なものに戻すことである。修業年限は四～六年編成にできる。同じ一つの職業、一つの大学の中でも、特定の職業、産業分野、労働市場の要請に応じて、訓練期間の異なるプログラムの提供が可能である。

第二に、職業がさらなる訓練や特殊な専門性を必要とする場合、若者は修士課程（マギストラトゥーラ）や医局内研修（オルディナトゥーラ）で教育を続けることができる。

第三に、大学院（アスピラントゥーラ）は、専門教育の個別のレベルとして分離させ、その課題は、科学や教育活動に携わる人材を育成することとする。

新制度への移行は円滑に行わなければならないことを強調しておきたい。政府は、国会議員とともに、教育や労働市場などに関する法律を数多く改正する必要がある。このことについてはあらゆることを考え抜き、細部に至るまで詰めなければならない。若者たち、我々の市民は、質の高い教育、雇用、専門性を高めるための新たな機会を得るべきである。繰り返すが、機会〔が生まれるの〕であって、問題ではない。〉

要は、大学教育と職業を結びつけ、特に大学院に関しては実務経験を積んでから進学するシステムに変更しようということです。それによって産学軍の協力体制を強化しようとしているわけです。

池上　また就活がなくなるということですね。個人の可能性より、国家や社会の発展を第一に考えて人材を育成していくと。まさにソ連型への回帰ですね。

佐藤　ただし、現行の高等教育システムを受けている人が不利益にならないような配慮もしています。

〈そして、強調したいのは、現在学んでいる学生たちは、現行のプログラムのもとで教育を続けることができるということである。そして、現行のプログラムに基づいて学士課程（バカラブリアート）、専門修士課程（スペツァリテート）、修士課程（マギストラトゥーラ）をすでに修了した市民の教育レベルと高等教育修了証は、見直されることはない。彼らはその権利を失ってはならない。私は、全ロシア人民戦線が、高等教育の変更に関するすべての問題を、その特別な管理下に置くよう要請する。〉

不利益がないように「現行のプログラムのもとで教育を続けることができる」と強調しているのは、裏を返せば既存のプログラムを停止するという意味でもあります。しかしこの改革が行われたら、将来的にはロシアを支えるエリート層のキャリアも思想も変わります。ロシアは西側と切り離されて、もっと全体主義化していくでしょう。これは恐ろしいことですよ。

❖今後五年間で一〇〇万人の熟練労働者を育成する

佐藤　また中等教育（日本の中学高校レベル）の強化についても言及しています。

〈ここ数年、中等職業教育の名声と権威は著しく高まっている。専門学校と単科大学（カレッジ）の卒業生に対する需要はひとえに大きく、巨大なものである。おわかりだろうか、失業率が三・七パーセントという歴史的な水準まで下がったということは、つまりは、人々が働いており、新たな人手が必要だということなのだ。

教育と生産の拠点（クラスター）を構築し、訓練基盤を刷新し、企業や雇用主が専門学校や単科大学（カレッジ）と緊密に連絡を取り合いながら、経済のニーズに基づいた教育プログラムを形成するプロジェクト「プロフェッショナリズム」を大幅に拡大しなければならないと考えている。そして無論、実際の複雑な生産現場で経験を積んだ指導者がこの分野領域に来ることが非常に重要である。

課題は具体的である。今後五年間で、ロシアの安全保障、主権、競争力の鍵となるエレクトロニクス、ロボット産業、機械製造、冶金、製薬、農業・軍産複合体、建設、運輸、原子力などの産業向けに約一〇〇万人の高技能労働者を育成することである。〉

池上　中等教育を終えた生徒たちには、実務と結びついた職業訓練を十分に行うべきだと。これもソ連型への回帰ですね。今後五年間で一〇〇万人の高技能労働者を育成するというのがすごい。

佐藤　この転換はウクライナ戦争と無縁ではありません。これまで見てきたとおり、プーチンは西側との全面対決の覚悟を決めた。そのためには教育、とりわけ大学教育において西側的な価値観からの決別が不可欠と考えたことが一つ。

それとともに、長期戦・総力戦を見据えて若者を総動員する態勢を整えたいのだと思います。つまり大量の熟練労働者を育てるのは、ミサイルや戦車、戦闘機などを大量生産するためと考えたほうがいいでしょう。

池上　今、ロシアの若者が海外へ留学することは難しい情勢です。ヨーロッパやアメリカでは、ロシア人に対する留学ビザの発給を制限していますから。多くの若者の選択肢は非常に限られますね。

佐藤　逆に欧米や日本の学生も、ロシアには留学しにくくなります。要するに政治・経済のみならず、教育の世界でも西側とロシアの間でデカップリングが始まろうとしているわけです。

かつてレーニンは「すべての外交官はスパイである」と考えて、西側の人間にロシア語を習得する機会を与えないよう画策しました。ロシア語がわからなければ、スパイ行為もできませんからね。

プーチンが目指しているのは、まさにそこです。スクリーニングをかけた上で、とにかくイデオロギー的にしっかりしている人、間違いなくプーチン体制を支持する人しか受け入れなくなってくるでしょう。
だとすれば、日本を含めた西側も、対ロシアのあらゆる分野の研究体制を全面的に見直す必要があります。日本の場合、情報や交流が狭められる中、ロシア語教育を国内で完結しなければならないので、これは至難の業ですよ。

「新ＳＴＡＲＴ」停止はアメリカへのシグナル

池上　前回の「ヴァルタイ会議」での演説もそうでしたが、やはり今回の戦争の本当の敵はウクライナではなく、その背後にいる米欧だと見据えているようですね。
佐藤　そうです。演説の最終盤、歴史を振り返りながら、あらためてアメリカを批判しています。

〈ソ連崩壊後、第二次世界大戦の結果を見直し、一人の主人、一人の覇者しか存在しないアメリカ流の世界を築こうとしたのは、まさに彼らなのである。そのために、彼らは、ヤルタとポツダムの両方の遺産を消し去るべく、第二次世界大戦後に築かれた世界秩序の基盤をすべて乱暴に破壊しはじめた。形成された世界秩序を少しずつ修正しはじめ、安全保障と軍備

管理のシステムを解体し、世界中で一連の戦争を計画し、実行したのである。〉

池上 第二次世界大戦後に構築された国際秩序を一方的に変更し、世界の平和を乱しているのはアメリカのほうじゃないかと。

佐藤 もはや西側とロシアの価値観戦争に変容したということです。ロシアにとっては、真実のキリスト教（正教）vs.悪魔崇拝（サタニズム）の構図です。

さらに核兵器についても言及しています。悪魔崇拝者であるアメリカが、新たな「核カード」を切ろうとしていると警鐘を鳴らしているわけです。

池上 だから「新ＳＴＡＲＴ」を停止すると表明したわけですね。

佐藤 プーチンはこういう言い方をしています。

〈今日、ロシアは戦略兵器削減条約への参加を停止すると表明せざるを得ない。繰り返すが、参加を停止するのであって、条約から脱退するのではない。〉

これはアメリカを中心とする西側連合に対する「核の恫喝《どうかつ》」ですよね。ただし、「脱退」ではなく「停止」と念を押していることが重要です。プーチンとしては、西側にシグナルを送ったわけです。また「停止」の理由として、アメリカが新たに核実験に踏み込む可能性があるからだと述べています。

〈再びみんなに嘘をつき、平和とデタントの擁護者を装おうとする必要はない。アメリカの核弾頭は種類によっては戦闘に使える保証期限が切れていることも我々は知っている。このため、ワシントンの一部の人々が、アメリカが新しいタイプの核弾頭を開発していることなどを踏まえて、核兵器の発射実験の可能性についてすでに考えているという事実も正確に知っている。そのような情報をつかんでいるのだ。

　このような状況下では、ロシア国防省と「ロスアトム」〔ロシアの国営原子力企業〕は、ロシアの核兵器実験の準備を確実に行わなければならない。もちろん、我々が最初にやるわけではないが、アメリカが実験を行うなら、我々も行う。世界の戦略的均衡が破壊されるかもしれないという危険な幻想を、誰も抱いてはならない。〉

池上　たしかにアメリカは、二〇二一年に爆発を伴わない臨界前核実験を二度行っていたそうです。しかし核爆発を伴う核実験は一九九二年以来停止していて、今後もそう簡単にはやらないと思いますけどね。

佐藤　ロシアの核ドクトリンでは、核攻撃をされた場合、または通常兵器による攻撃でも国家が存亡の危機に瀕した場合に核兵器を使用するとしています。このドクトリン自体は変わっていません。

しかし問題は、実際にアメリカが新たな核実験をやるか否かではなく、プーチンが「アメリカはいよいよ一線を踏み越えるのではないか」と思いはじめたことです。つまり、アメリカの脅威を実態よりかなり肥大化させて認識している。これは疑心暗鬼、つまり心の内に起因しているので、かえって危険だと思います。

池上　アメリカの反応も早かった。この演説が行われた九日後、インドのニューデリーで開かれたG20で、アメリカのブリンケン国務長官がロシアのラブロフ外相と一〇分ほど直接対話する場面があったと報じられました。ブリンケンがラブロフに、「新ＳＴＡＲＴ」の停止を撤回するように求めたといわれています。ウクライナ戦争の開始後、両者が対面で話すのは初めてでした。それほどアメリカにとって急務だったということでしょう。

佐藤　プーチンのシグナルにアメリカが即座に反応したともいえます。もともと米ロ間のコミュニケーション不足がこのような危険な事態をもたらしているわけですから、両者ともそれを認識しているのだと思います。首脳レベルでの米ロ間の接触を回復して、イメージの肥大化による軍事的衝突を回避しようと。

池上　言い換えるなら、核に関しては米ロ間でコミュニケーションがとれることが実証されたわけです。これは一つの安心材料ではないでしょうか。

佐藤　外交官同士の対話が始まれば、なんとかなるんです。外交官には、どうしても物事をまとめ上げたいという習性がありますから。だから核管理に関する対話はできる、しかしウクライナ戦争に関する対話はできない。これが現在確認されているパワーゲームのルールということです。

❖「全ロシア人民戦線」による「革命」を志向

佐藤　それからもう一点、この演説では今のロシアを知る上で欠かせないキーワードが二度登場しています。「全ロシア人民戦線」です。

一度目は先の教育改革の話の最後。

〈私は、全ロシア人民戦線が、高等教育の変更に関するすべての問題を、その特別な管理下に置くよう要請する。〉

そして二度目はこの演説の最後に。

〈人民戦線だけでも、イニシアチブ「勝利のためにすべてを！」をとおして、五〇億ルーブル以上を集めている。こうした寄付は絶え間なく続いている。ここでは、それぞれの人の貢献が等しく重要なのだ。大企業も起業家もそうだが、とりわけ感動的で励まされるのは、収入の少ない人が貯蓄や賃金、年金の一部を送金してくれている状況である。このような団結は、我々の戦士、戦地の一般市民、難民を助けるためのこうした団結は価値があるのだ。〉

池上　全ロシア人民戦線は、二〇一一年にプーチン自身が設立した支持母体ですね。もともとプーチンは与党統一ロシアの党首でしたが、同党が汚職などで支持率を下げたため、新たに超党派の組織を立ち上げたわけです。

佐藤　プーチンを支持するという、ただそれだけで有志が集まった組織で、日本でいえば全共闘のようなものでした。それが今や強大な力を持ち、政界において大政翼賛会のような存在になっている。

池上　ソヴィエト（労働者や農民などが自発的に集結した評議会）の再来のようですね。

佐藤　そのとおりです。一九九一年にソ連邦は解体するわけですが、その契機となったのが前年のバルト三国（エストニア、ラトヴィア、リトアニア）の連邦離脱・独立宣言でした。そのバルト三国で独立運動の原動力となったのが、それぞれの国で組織された人民戦線です。

プーチンは、そういう人民戦線の強さをよく知っていた。だから自分の権力の基盤として立ち上げたわけです。ロシア政府内には、欧米型の改革路線を志向する官僚が数多くいます。彼らを抑え込むために、人民戦線の力を借りようとしているのでしょう。

池上　そういえば二〇二三年一月に開かれたオンラインの閣僚会議で、プーチンがマントゥロフ副首相兼産業商務相を厳しく叱責する場面が公開されましたね。航空機の調達が遅れているとのことで、「ふざけているのか」と。西側のメディアは「プーチンの責任転嫁」と報じましたが、違うかもしれませんね。マントゥロフはエリート中のエリートなので、ああいう姿を見せることで、人民戦線にアピールしたとも考えられます。

佐藤　プーチンは本気で政治ゲームのルールを変化させようとしているのでしょう。大統領である自分と人民が直接結びつくことで、中間にいる官僚たちのサボタージュを叩こうと。これは中国の文化大革命時の毛沢東と紅衛兵の関係とも似ています。あるいは明治から昭和初期を生きた農本主義の思想家・権藤成卿《ごんどうせいけい》（一八六八～一九三七）が唱えた「君民共治論」とも共通している。資本主義や官僚主導を批判し、君主（天皇）の下での農村共同体による自治こそ理想とするものです。プーチンの発想は、そのロシア版ともいえるでしょう。

だから先に述べたように、教育制度を根本からあらためてエリートの構造を変えようとしているわけです。高等教育を受けた人材が集まって国家を統治するのではなく、現場での労働や兵役などの要素も入れて新たなエリート像をつくっていこうと。そう考えると、教育改革がどれほど大きな意味を持っているかがわかると思います。

3章

歴史から見るウクライナの深層

ウクライナの意味は「田舎」

池上　ロシアによるウクライナ侵攻が始まって以来、「ウクライナ」という言葉を見聞きしない日はありません。戦況や地理的な位置関係、首都キーウの様子なども連日報道されています。しかし、ウクライナがどういう国なのか、ロシアとどういう関係にあるのか、知っている人はまだまだ少数でしょう。その歴史的・文化的背景がわかれば、今日起きていることをより深く理解できるし、先行きや解決策を考える第一歩にもなるはずです。

佐藤　一説として、「ウクライナ」の「ウ」は「傍ら」、「クライ」は「囲い」という意味。だから「ウクライナ」とは「囲いの傍ら」、要するに地方や田舎という意味になります。

外務省のＨＰによれば、現在の人口は四一五九万人。このうち約七八パーセントがウクライナ人で、約一七パーセントがロシア人、〇・六パーセントがベラルーシ人（ただし二〇〇一年国勢調査より）。他にモルドヴァ人、クリミア・タタール人、ユダヤ人など、およそ一〇〇の民族が住んでいます。

池上　主戦場になっている東部のドンバス地域は、中部とはまったく違う文化圏ですよね。

佐藤　そうです。東部の住民のほとんどはロシア語を話しています。ただし日常生活を送る上では、自分たちがウクライナ人かロシア人かなんて考えていなかったと思います。考える必要がなかったからです。

ところが、二〇一三年末ごろからいわゆるユーロマイダン革命が始まり、ウクライナとロシアの関係が緊張してきて以降、にわかにアイデンティティを問われることになるわけです。

池上 ウクライナとロシアがどういう関係にあるかは、歴史を一〇〇〇年以上前まで遡る必要があります。九世紀末、ここにはキエフ・ルーシ（キエフ大公国）という大国が存在していました。北欧から流入したノルマン人、いわゆるヴァイキングが建設した国で、今日のロシア、ウクライナ、ベラルーシの源流とされています。名前のとおり、首都はキエフ（キーウ）に置かれました。

佐藤 九八八年、そのキエフ・ルーシの大公だったウラジーミル一世が洗礼を受けます。実はこれが、大変な歴史の分岐点でした。

キエフ・ルーシの歴史を記した『原初年代記（過ぎし年月の物語）』によれば、ここにはちょっとしたエピソードがあります。ウラジーミル一世には、三つの選択肢がありました。ユダヤ教とイスラム教と正教です。当時、この周辺で最も強かったのはイスラム教ですが、お酒を飲めないと聞いて却下。またユダヤ教は国家が滅びてしまったと聞いて却下。そこで残った正教を選択したといわれています。もちろんこれは史実ではなくて伝説です。

ウクライナ史略年表

BC6世紀	スキタイ人、カスピ海東岸から黒海東北岸に出現。やがてクリミア半島から現在のウクライナの黒海沿岸、内陸部へと広がる
882年	オレグ、キエフを占領（キエフ・ルーシのはじまり）
988年	ウラジーミル大公、ビザンツ帝国からキリスト教を受け入れる
1199年	ハーリチ（ガーリチ）・ヴォルィニ大公国成立
1240年	モンゴル軍、キーウ攻略
1340年	ポーランド、東ガリツィア地方を占領
1362年	リトアニア、キーウ占領
1596年	ブレスト合同
1648年	フメリニツキーの蜂起、ポーランドからの独立戦争
1654年	ペレヤスラウ協定。ウクライナ、モスクワのツァーリの宗主権下に
1667年	アンドルソヴォ条約。ドニプロ川東岸・キーウがロシア領に
1686年	ロシア・ポーランド間で永遠の和平条約を締結
1709年	ポルタヴァの戦い。ウクライナ・スウェーデン軍、ロシアに大敗
1772年	第一次ポーランド分割。ドニプロ西岸がロシア領、ガリツィア地方はオーストリア領に
1783年	クリミア・ハン国、ロシアに併合。全クリミア半島がロシア領に
1853年	クリミア戦争（～56年）
1914年	第一次世界大戦（～17年）
1917年	ウクライナ人民共和国（中央ラーダ政権）成立
1922年	ソビエト社会主義共和国連邦成立
1932年	農業集団化による大飢饉（ホロドモール）
1939年	第二次世界大戦（～45年）
1941年	独ソ戦開始。ウクライナ、ドイツの支配下に
1954年	クリミア、ウクライナ領に編入
1986年	チョルノービリ（チェルノブイリ）原発事故
1991年	ソ連崩壊、ウクライナ独立
1994年	ブダペスト覚書
1996年	憲法制定、通貨フリヴニャ導入
2004年	オレンジ革命
2013年	ユーロマイダン革命
2014年	ロシア、クリミアへ軍事侵攻。クリミアがロシアに編入 第一次ミンスク停戦合意調印（ミンスク１）
2015年	ミンスク２調印
2019年	ゼレンスキー、大統領に就任
2021年	ロシア、ウクライナへ軍事侵攻（「特別軍事作戦」）

だから今日、ロシアもウクライナも正教の国なのです。ただ、それぞれの正教会には確執や分裂があることは、先に述べたとおりです。

池上　ところが一三世紀、キエフ・ルーシはモンゴル・タタールの侵攻を受けて消滅します。以来、この地は二世紀半にわたってモンゴル帝国（キプチャク・ハン国）の支配下に入りました。これがいわゆる「タタールのくびき」です。

その中で地方政権がいくつか台頭し、特に力をつけた一群がモスクワを拠点に定めて勢力の拡大を図る。それがモスクワ公国で、一四世紀末にはキプチャク・ハン国と戦って勝利し、一五世紀末には彼らを撤退に追い込んで完全な独立を果たします。これがロシアで語られるロシアの歴史の始まりですね。つまり我々こそキエフ・ルーシの正統な継承者であると。

佐藤　一方、現在のウクライナ政権はまったく別の歴史観を持っています。キエフ・ルーシの伝統は、ウクライナ西部のガリツィア地方のリヴィウ（リヴォフ）に誕生したハーリチ（ガーリチ）・ヴォルィニ公国に受け継がれ、これがウクライナという国の発祥であると。つまりキエフ・ルーシの正統な継承者はウクライナだという解釈なのです。言い換えるなら、モスクワ公国とキエフ・ルーシは関係ないということになる。およそ歴史の物語は、それぞれ自国に都合よくつくられます。これはその典型でしょう。

ただしこのハーリチ・ヴォルィニ公国は、一四世紀にポーランド王国に編入されます。また

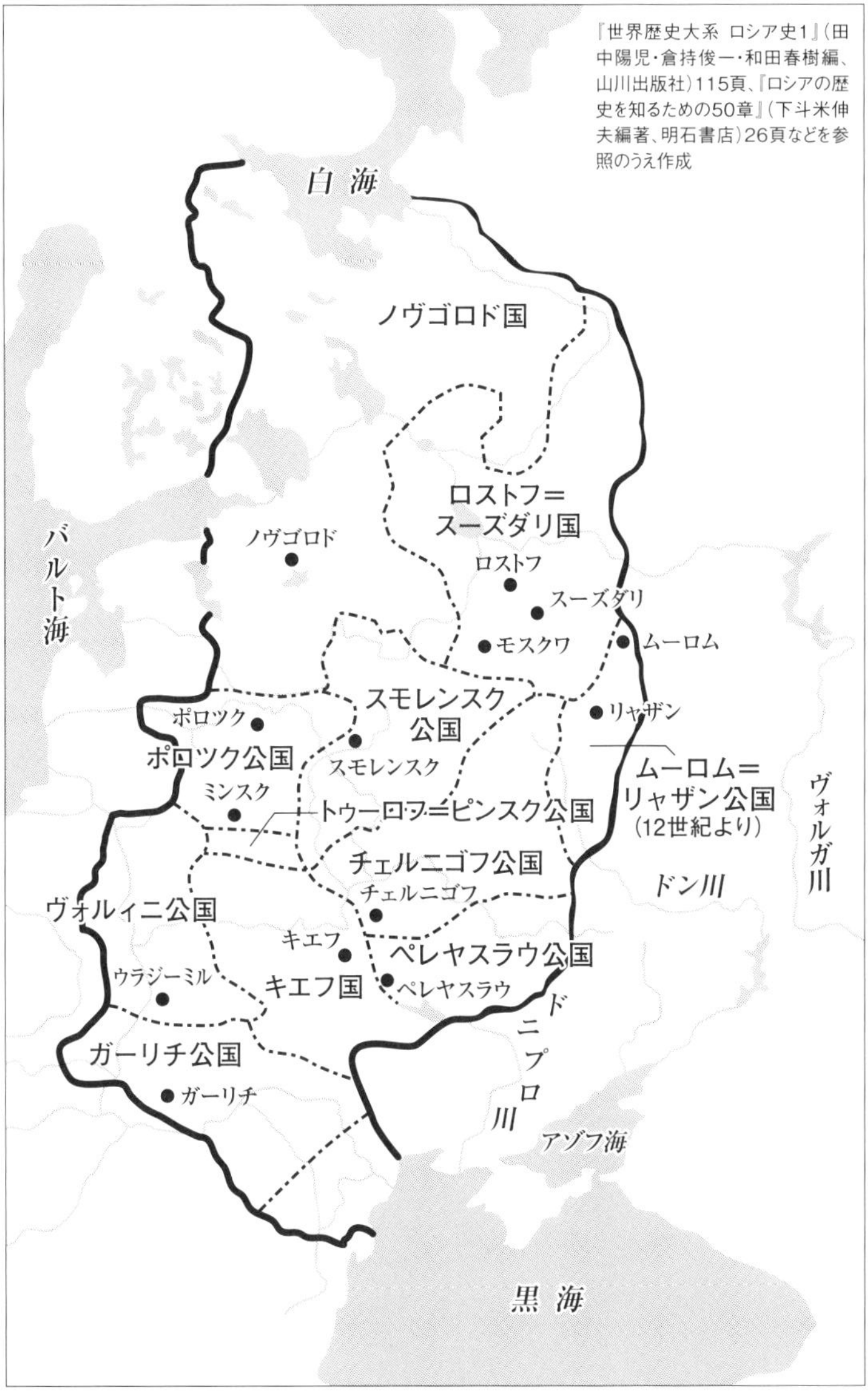

『世界歴史大系 ロシア史1』(田中陽児・倉持俊一・和田春樹編、山川出版社)115頁、『ロシアの歴史を知るための50章』(下斗米伸夫編著、明石書店)26頁などを参照のうえ作成

11〜13世紀ごろのルーシ

一八世紀後半以降はオーストリア・ハンガリー二重帝国の領土にされ、第一次世界大戦後に再びポーランドの一部になります。さらに第二次世界大戦後にソ連に組み込まれました。

つまり独立国家としてのウクライナは、一時期を除いてほとんど存在していなかったのです。しかし苦難の歴史の中でも、独自の民族を形成してきたというのが彼らの主張です。

池上 ウクライナにとっては、この歴史の物語がなければ、まさにロシアの単なる田舎ということになってしまいます。しかし物語を信じて語り続けることで、一〇〇〇年以上の歴史を持つ民族ということになる。この差は大きいですよね。

佐藤 ちなみにポーランドというと、第二次世界大戦でヒトラーとスターリンに蹂躙《じゅうりん》された悲劇の国、というイメージが強いと思います。しかし実際には、イタリアに次いで世界で二番目に誕生したファシスト国家でした。ナチス・ドイツよりも早かったのです。理由はソ連の存在を脅威に感じ、反共産主義の意識が非常に強かったから。その関係で、戦前の日本陸軍はポーランド陸軍情報部との関係を非常に重視していました。

そこで最初の話に戻りますが、ポーランドから見たウクライナは、自分たちの影響下にある辺境でしかなかった。

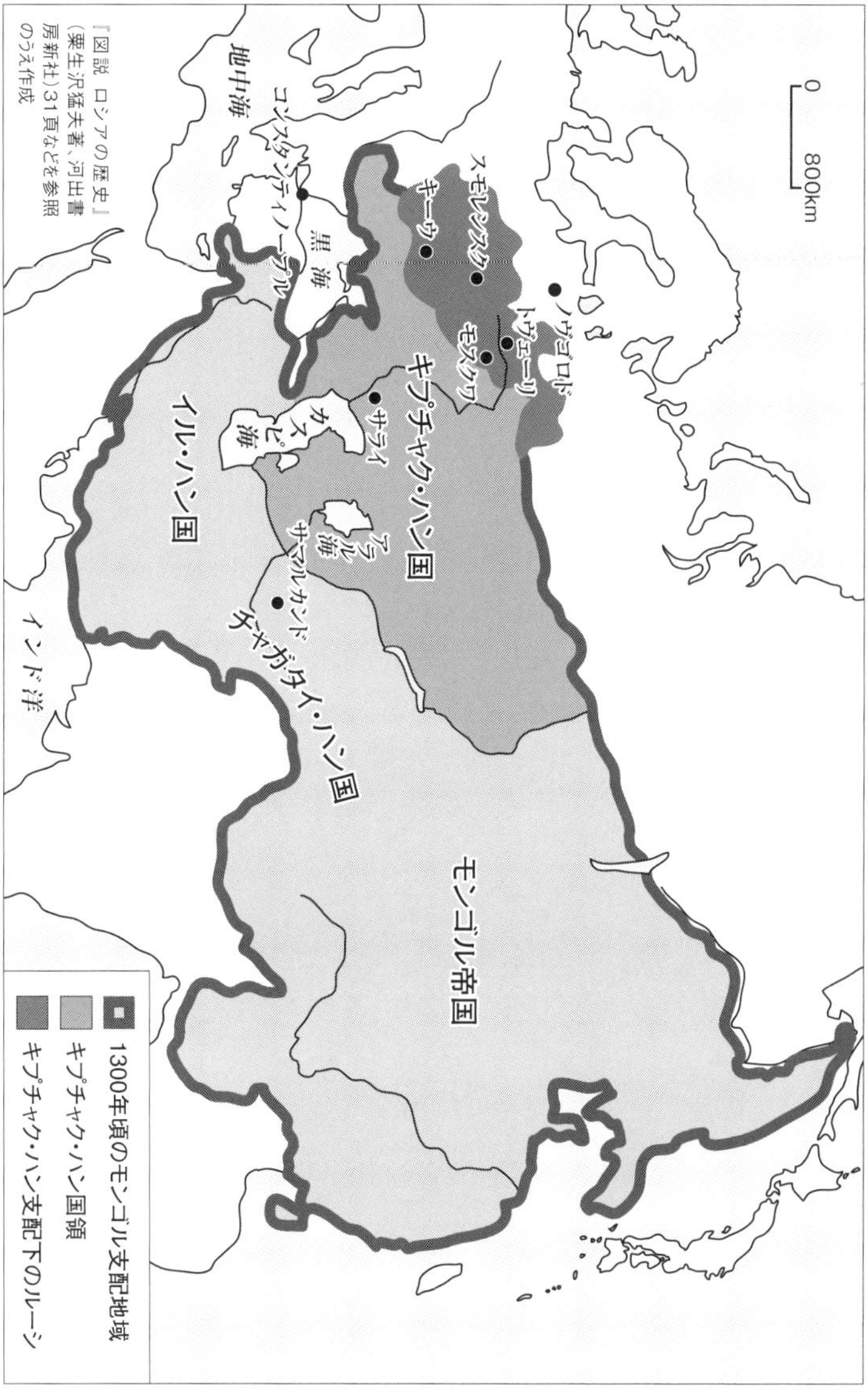
『図説 ロシアの歴史』（栗生沢猛夫著、河出書房新社）31頁などを参照のうえ作成
0
800km
地中海
コンスタンティノープル
黒海
キーウ
スモレンスク
ノヴゴロド
トヴェーリ
モスクワ
キプチャク・ハン国
サライ
カスピ海
アラル海
サマルカンド
イル・ハン国
チャガタイ・ハン国
インド洋
モンゴル帝国
1300年頃のモンゴル支配地域
キプチャク・ハン国領
キプチャク・ハン支配下のルーシ

モンゴル帝国の進出

❖ウクライナの東西では、文化も言語も宗教も違う

池上　ウクライナは文化的に、歴史の影響を大きく受けています。東側はロシアの影響を受け、ロシア語を話す正教徒が多く、西側はヨーロッパの影響を受け、ウクライナ語を話すカトリック教徒が多い。東西でまるで違う。

佐藤　実はロシアに組み込まれた東部も、もともとはウクライナ語を話していました。ところが一九世紀にロシア帝国がロシア化政策を進め、ウクライナ語の使用を禁止したのです。対象はウクライナだけではありません。帝国のすべての領域で、出版物も学校教育も初等教育からロシア語に限定したのです。つまり国家がナショナリズムを強制した。政治学者ベネディクト・アンダーソンが著書『想像の共同体』で言及した「公定ナショナリズム」ですね。

一見すると異民族の文化を否定する差別政策のようにも思えますが、そうでもありません。一八～一九世紀のロシアは近代化自体が中途半端で、民族という概念もまだ中途半端にしか形成されていませんでした。だからウクライナ人でもロシア語を完全に使えて正教徒であれば、上流階級ならロシアの貴族として認められるし、中産階級や下級階層でも官僚や聖職者としては相応の地位に就けた。ロシア人だから、ウクライナ人だからという差別はなかったのです。

だからウクライナ人も、特に抵抗しなかった。同化政策は大きなトラブルなく進められたわけです。

池上　むしろ東部の住民は、帝政ロシアの時代からウクライナ人であってもロシア人としてのアイデンティティを持っていた。別に強制されたわけでも抑圧されたわけでもなく。あまり報じられませんが、これが今日の戦争につながる大きなポイントですよね。

佐藤　一方、ウクライナ西部のガリツィア地方はオーストリア・ハンガリー帝国の版図の中に入りました。皇帝であるハプスブルク家はドイツ系ですが、ハンガリーと二重帝国を形成する際に、それぞれの文化的自治を重視することを基本方針としました。だからポーランド語もチェコ語もスロヴァキア語もスロヴェニア語もクロアチア語も、それぞれ自由に使うことができました。

ガリツィア地方も例外ではありません。中心都市のリヴィウには大学や出版社などもありましたが、日常会話はもちろん、出版物でもウクライナ語が使われました。

池上　たいていの人が日本語を使っている日本ではイメージしにくいかもしれませんが、ヨーロッパでは言語と民族と国境線が必ずしも一致しているわけではありません。それがさまざまな軋轢《あつれき》や紛争を生んできました。アイデンティティをめぐる問題には正解がないので、何世代にも、何世紀にもわたって引き継がれます。

❖大飢饉の元凶はウクライナの「核家族」にあり

佐藤　帝政ロシアの一角に組み込まれたウクライナ東部は、ソ連時代に悲惨な運命をたどります。

まず第一次世界大戦末期、一九一七年にロシア革命が勃発すると、その混乱に乗じて反共政権の「ウクライナ人民共和国」の樹立を宣言します。ウクライナ政治エリートの歴史観に照らせばキエフ・ルーシの滅亡以来約七〇〇年ぶりの国家の再興、ロシア側の歴史観ではノヴォロシアの分離・独立ということになります。

しかし、この国家は短命でした。ドイツやボリシェヴィキの干渉を受けて力を失い、一九一八年にボリシェヴィキの攻勢と懐柔に屈してソ連邦に加わります。以来、一九九一年にソ連邦が崩壊するまで、ウクライナの独立は叶いませんでした。

池上　とりわけ大きな悲劇といえば、「ホロドモール」、一九三二〜三三年にかけて大飢饉に見舞われたことでしょう。2章で解説したプーチンの演説「ロシア人とウクライナ人の歴史的一体性について」でも詳しくお話ししましたが、大事な歴史的テーマなのであらためて取り上げます。これは、明らかに天災ではなく人災でした。スターリンが社会主義化の一環として一九二〇年から農業の集団化を進めたためです。農民から私有の農地や農機具を没収し、国営農場や集団農場で働かせた。農民はモチベーションを失い、生産量が激減したわけです。

これにより、推定で四百万人、一説によれば一〇〇〇万人もの人が餓死したといわれています。いかに間違った政策だったかがわかりますね。

佐藤 たしかに悲劇の発端は、農業集団化の強制でした。しかし、「ウクライナ人だけを狙い撃ちにした民族抹殺政策だった」とする現在のウクライナ政府の公的解釈には説得力がありません。スターリンの農業集団化政策は特定の民族を標的としたものではなく、すべての農民に災いをもたらしました。

ロシアの村は「ミール」といいます。これはロシア語で「農村共同体」という意味と同時に、「世界」「平和」という意味もある。意味が三つあるというより、ロシアにおいては農村共同体が世界であり、平和なのです。だから土地は私有されず、農民全員のものでした。

ところが、ウクライナの農民にとって農地は私有地でした。それを無理やり農業集団化したため、農民たちのサボタージュが相次いだわけです。この社会文化の違いが、悲劇の元凶でした。

フランスの人口学者エマニュエル・トッドは、二〇二二年に刊行した『第三次世界大戦はもう始まっている』（文春新書）の中で、ロシアとウクライナの大きな違いを「共同体家族」と

「核家族」で説明しています。それになぞらえるなら、「共同体家族」のロシアは農業集団化に対応できましたが、「核家族」のウクライナでは受け入れられず、激しい反発を招いたということだと思います。

しかし、それを許すスターリンではありません。抵抗する者は徹底的に締め上げてやれという命令の下、農地や家畜を奪われて強制移住させられたり、飢餓状態になっても輸出のために小麦を徴発されたりする農民が続出しました。

ちなみに一九八〇年代末に刊行された『アガニョーク（ともしび）』という雑誌には、当時のウクライナの惨状を記録した写真が掲載されています。それを見ると、肉屋に人間の肉がぶら下がっています。飢えをしのぐため、人肉まで食べていたわけです。

プーチンがウクライナ政権を「ネオナチ」と非難する理由

池上　すっかりおなじみになったウクライナの国旗ですが、上半分の青は青空、下半分の黄色は小麦畑をイメージしています。それだけ豊かな穀倉地帯であり、ソ連時代は「欧州のパンかご」とも呼ばれました。

だからこそ周辺諸国から狙われやすく、歴史的に何度も悲劇が繰り返された。第二次世界大戦の初期には、スターリンとヒトラーが手を組んでポーランドを分割し、ポーランドの支配下だったウクライナ西部までソ連に併合されました。

しかしその後、ヒトラーがソ連を裏切って独ソ戦が始まると、ナチス・ドイツはウクライナに侵攻します。スターリンの圧政に苦しめられていたウクライナの人々の中には、ナチス・ドイツに協力する者が現れた。これも、今日のロシアとウクライナの間に禍根を残すことになります。

佐藤　ナチス・ドイツは最初、ウクライナ人にこう持ちかけました。

「お前たちはロシアに長年ひどい目に遭ってきただろう。いずれドイツは東方植民をして、ウクライナもロシアも支配する。しかしドイツ人は人数が足りないから、その際にはウクライナ人にウクライナの統治を任せる。民族独立を保証して、ウクライナ国家の建設に協力する。だからその前に、ウクライナ解放軍を組成してくれ」と。

この呼びかけに応じたウクライナ人は、およそ三〇万人。当時のウクライナの人口は約四〇〇〇万人とされているので、人口比でいえば一パーセント弱です。ちなみに日本は人口一億二〇〇〇万人で自衛隊員が二四万人なので、自衛隊よりは大きい組織ということになります。彼らはソ連に対するレジスタンス部隊だっただけではなく、ナチス・ドイツの尖兵としてユダヤ人虐殺にも積極的に関わっています。

ところが同時期、ナチス・ドイツの侵攻に対抗すべく、ソ連赤軍に馳せ参じたウクライナ人は二〇〇万人。つまり、同じ民族が三〇〇万人と二〇〇万人に分かれて殺し合うことになったわけです。

池上　ちなみに当時、同じような状況に直面したのがエストニア、ラトヴィア、リトアニアのバルト三国です。もともとロシア領でしたが、ロシア革命の際に独立を果たします。ところが第二次世界大戦の開始とともにソ連がヒトラーとの密約で侵攻し、全土を占領しました。

しかしその後、独ソ戦が始まると、ナチス・ドイツはここにも侵攻し、全土をソ連から奪います。このとき、三国の軍隊は独ソ両軍のいずれかに動員され、敵味方に分かれて戦うことになったのです。結局、終戦間近までナチス・ドイツの支配下に置かれたあと、ソ連の再侵攻を受けてソ連領に変わります。三国が独立を果たすのは、ソ連邦が崩壊する直前でした。

佐藤　ナチス・ドイツの戦略にはパターンがあります。支配した相手に甘い約束を提示して協力を求め、あとになって「約束はしたが、その約束を守るとは約束していない」という態度をとる。独立など最初から認める気はないのです。

その代わり、ウクライナやベラルーシでは「特別のステータスを提供する」と称して先々の住民をドイツ国内の炭鉱や工場などに大量に連行し、低劣な環境で重労働を課した。連行された人々のことを「オストアルバイター（東方労働者）」といいます。

当然、ウクライナではナチス・ドイツ憎しの感情が沸き起こります。だから戦争末期になると、ウクライナ解放軍は反ナチス、反ソ連の立場で独立運動を展開するようになりました。

この経緯は、ウクライナの歴史では「ナチス・ドイツからウクライナの独立を獲得するために活躍した」ということになります。しかしロシアの教科書を見ると、「ウクライナ解放軍はナチスの宣伝大臣ゲッベルスとともに東方政策に加担した」となる。

池上 ロシアがウクライナに侵攻したころ、プーチンはしきりに「ウクライナを非ナチ化する」「ネオナチのウクライナ政府から親ロシア派住民を守る」と強調していました。なぜウクライナとナチスが結びつくのか不思議に思った方も多いと思いますが、ここに原点があると。

先の独ソ戦で、ソ連は一説によると二六六〇万人もの犠牲者を出しました。これは参戦国の中で圧倒的に最多で、だからこそナチス・ドイツに対する憎悪も強い。むしろこれが、今日のロシア国民の統合の象徴でもある。プーチンはそれを認識した上で、「ナチ」を連呼したのでしょう。

佐藤 プーチンが言っていることも、あながち誇張ではありません。今も西部のガリツィア地方を中心に「スヴォボダ」という政党が活動しています。これはウクライナ語で「自由」という意味ですが、ナチス親衛隊によく似た旗を掲げ、血や民族や名誉をすごく大切にしています。夜中に太鼓を叩きながら、松明をかざして行進したりテレビ局を襲撃したりするという乱暴な政党なのですが、たしかにナチス・ドイツの伝統を継承している。もしくはナチス・ドイツを気取っている。

そして重要なのは、スヴォボダが決して泡沫政党ではなく、二〇一四年のユーロマイダン革命の際に重要な役割を担ったということです。現在、スヴォボダ自体は取るに足りない勢力ですが、これはむしろスヴォボダ的な価値観がウクライナの現政権の標準になっているからと私は見ています。

❖戦後の独立運動を支えたのはカナダの移民だった

池上　さて、ナチス・ドイツが敗北して第二次世界大戦が終結すると、ウクライナは全土があらためてソ連邦の一部になります。

それから一九九一年にソ連邦が崩壊してウクライナが独立を果たすまでの四六年間について、少なくとも日本であまり多く語られることはありません。実際には、独立・抵抗運動も行われていたんですよね。

佐藤　そうですね。旧ウクライナ解放軍の一部は、一九五〇年代の後半になっても、山ごもりして抵抗を続けていました。それからソ連支配を潔しとしないウクライナ人たちは、こぞって海外、特にカナダに亡命した。その数は少なく見積もっても四〇万人、多くて一四〇万人といわれています。

今でも、エドモントンというカナダで五番目に大きい都市には、ウクライナ人で構成された移民村があります。ちなみにカナダの公用語は英語とフランス語ですが、三番目に多く使われている言語はウクライナ語です。それだけこの地に根を張り、何世代にもわたって暮らしているということです。

そして、実は彼らこそが、のちの独立の大きな原動力になりました。戦後、ソ連の政権はガリツィア地方への外国人の出入りを厳しく制限し、またガリツィア地方の出身者の出国も禁止してきました。しかし一九八五年にゴルバチョフ書記長が登場すると、八〇年代末までに人の往来が自由になります。

これを機に、カナダに住むウクライナ人はこぞってガリツィア地方を訪れるようになりました。本人たちはウクライナに特に思い入れがなくても、祖父母や父母からウクライナについていろいろ聞かされて育ったわけです。ウクライナ人がいかに偉大な民族か。民族独立のために最初はナチスと手を組み、その後はナチスと戦い、さらに今はソ連と戦い続けている。我々は共産主義の下で暮らすぐらいなら名誉を選び、カナダへ亡命したのだと。

そう聞かされ続ければ、実際にどんなところなのか、見てみたいと思うのは当然でしょう。

また独立運動を応援しなければという気にもなるでしょう。

当時のソ連の経済はすでに破綻状態で、高校の先生の月給がだいたい五ドルといったレベルでした。そこで効力を発揮するのが、国外から流入するマネーです。カナダからの旅行者は、旅行費用として一〇〇〇～二〇〇〇ドルを持参し、その一部を独立運動に寄付する。一〇〇ドルだったとしても、一人の活動家を一年半は養えるほどの大金です。

おかげで独立運動の組織にはたいへんな資金が集まり、働かずに活動に専念できるようになりました。これが運動の輪を広げ、ソ連邦の崩壊とともに独立を果たすことにつながったわけです。

池上　『物語　ウクライナの歴史――ヨーロッパ最後の大国』（黒川祐次、中公新書）によれば、一九九一年一二月にウクライナで行われた完全独立の是非を問う国民投票の結果、九〇・二パーセントが賛成票を投じたそうです。また親ロシア派住民の多い東部の各州でも、賛成が軒並み八〇パーセント超、もともとロシア人の多いクリミアでも五四パーセントだったとのこと。この時点では、独立は国民の総意だったといえますね。

東部の内戦の原因は「言語」にあり

佐藤　しかし、独立後にあらためて問題になったのが言語です。新国家ウクライナは、公用語をウクライナ語と定めました。公教育も、一九九一年以降は国全体でウクライナ語をベースとして行われてきた。ただし親ロシア派住民の多い東部地域、南部地域、ロシア人の多いクリミアでは、例外的にロシア語で教育が行われていました。

それでも、人々の暮らしにさして支障はなかった。独立しても、東部のウクライナ人のアイデンティティはまだ決まっていません。自分がウクライナ人なのかロシア人なのか、依然として意識していなかったのです。

ところが、それでは済まなくなったのが二〇一四年二月に起きたユーロマイダン革命以降です。先にも紹介したスヴォボダを含むウクライナの自民族至上主義者が、武力クーデターによって権力を握ってしまった。ちょうどこのとき、ロシアではソチ五輪が開催されていたため、ロシア軍は介入できなかった。民族派はそれを読んで、あえてこの時期を狙ったわけです。

池上　ウクライナは独立後からヨーロッパへの接近を図り、一九九〇年代後半にはEU（欧州連合）やNATOへの加盟も検討しはじめます。

ところが二〇一三年、時の親ロシア派のヤヌコヴィチ大統領は、これらの交渉の凍結を宣言しました。背景にはプーチンからの圧力があったためと見られています。たしかに一連の演説でわかるように、プーチンにとってウクライナが西側に組み込まれることは言語道断だったはずです。
しかし、EUやNATOへの加盟を望んでいた人の怒りに火をつけます。そこに民族派の一群も結びつき、首都キーウでの反政府運動に発展する。それに対して政府の治安部隊が発砲し、多数の死傷者が出ました。これによって反政府運動・抗議運動は大規模な暴動に発展し、ついにヤヌコヴィチ大統領は二〇一四年二月にロシアに亡命。親欧米派、民族派が暫定政権を樹立するに至ります。これがユーロマイダン革命ですね。キーウ中心部の「独立広場（マイダン）」で運動の盛り上がったことから、こう呼ばれます。

佐藤　しかし、混乱はこれで収まらなかった。それが言語をめぐる問題です。権力を握った暫定政権は、ただちにロシア語を公用語から外し、ウクライナ語だけを公用語にすると宣言した。実はこの宣言は翌日には撤回されるのですが、このたった一言が東部地域の内戦の引き金となってしまったのです。

池上　それまで存在した「国家言語政策基本法」では、ウクライナ語を公用語と定めつつ、ロシア語を日常的に使う地域の住民は第二言語としてそれを認めることになっていました。
これが廃止されれば、ロシア語の使用が禁じられます。それは単にアイデンティティの問題だけではなく、特に東部でロシア語しか話せない公務員や国有企業の社員は全員解雇されてしまう。つまり生活に直結する問題だったわけです。

佐藤　これには経済問題も深く絡んでいます。ウクライナは西に行くほどヨーロッパに近いので豊かだろうと思われがちですが、実際は逆です。西方は山岳地帯なので、貧しいのです。一方、ロシアに近い東側は重点的にインフラが整備され、物資の供給も豊富。だからこの地域に住む親ロシア派の住民は比較的豊かで、政治的にもソ連・ロシアの体制に順応していました。もちろん、今まで大規模なデモや集会などの経験もほとんどありません。

しかし、西方の親ヨーロッパ派や民族派が政権を担い、ましてロシア語の使用を禁じて職まで奪いかねないとなれば、さすがに黙っているわけにはいかないでしょう。

池上　そこで彼らは武装し、市庁舎や警察署に立てこもって抵抗するんですよね。それに対し、発足したばかりの暫定政権は空爆や地上での攻撃などの暴力で排除する。親ロシア派の住民が攻撃を受ければ、ロシアとしても看過できませんね。そこで内戦が始まったと。

佐藤　この一件はいくつかポイントがあります。まず住民が理不尽な扱いを受けたり、不利益を被りそうだと感じたりしたら、最初に考えるのは政府に請願するか、もしくは自分たちの地域の議員を中央の議会に送り込むといったことだと思います。

しかし彼らは、これらの手法が通用する政権ではないということを認識していた。それはまったく正しい見立てですが、つまりこの時点で中央と距離を感じていたわけです。

一方、暫定政権の対応もおかしい。市民が武装して立てこもっているなら、まずは機動隊を派遣して解除させるのがふつうでしょう。ところが、彼らをテロリストと決めつけて空爆まで行った。完全に敵と見なしているということです。

これを機に、親ロシア派の住民は新政権を見限ることになる。自分たちの身は自分たちで守らないといけないと、いっそう武装していくわけです。

それでロシア側も、東部地域の住民はロシアの同胞であるという論理で支援を始めます。ただし、いきなり正規軍を送り込むと本当に戦争になってしまうので、あくまでも間接的であるように装いました。

例えば、ロシア軍が演習でウクライナの国境地帯に行ったとします。休暇を取る前日、部隊長が隊員にこう呼びかけるわけです。

「休暇の期間中、お前たちはロシア軍とは無関係だ。さて、俺は明日からドネツク州に行きボランティアで義勇兵として戦う。お前たちも自由意思で参加したければ連れて行ってやろう。行きたくない者は一歩前に出ろ」

こう言われて従わない部下はいません。こうして多くのロシア兵が、〝自発的〟にウクライナに行って戦闘に従事したわけです。

池上　今でこそドネツク州・ルハンスク（ルガンスク）州の名をニュースで聞かない日はありませんが、実は二〇一四年の時点でそれぞれ地元住民が「人民共和国」の樹立を宣言していた。

しかしウクライナ新政府がそれを認めず、ロシアの義勇兵も含めて戦闘状態に陥ったわけです。決してプーチンの肩を持つつもりはありませんが、ロシアにはロシアの論理があるということは、こうして事実関係を整理するだけでも見えてきますね。

ウクライナに「国家」は存在するのか？

佐藤　ここまで見てきたように、独立国家としてのウクライナの歴史は非常に浅いのです。ソ連邦の崩壊による独立から三二年、二〇一四年のユーロマイダン革命を起点とすれば、せいぜい九年です。

しかも経済は低迷してヨーロッパの最貧国に近く、汚職が横行し、優秀な人材ほど海外に流出し、まともな国家建設を行ってこなかった。だから国家の機能も国民のアイデンティティも弱いままです。国民は国家に頼ろうとせず、代わりに属人的なネットワークを築いて生活を成り立たせてきたのです。

ここにも、先に紹介したエマニュエル・トッドの指摘が当てはまります。「共同体家族」のロシアは結婚後も親と同居する大家族で、権威主義的。だから社会でもプーチンのような強力な政治リーダーを求め、ソ連崩壊から三〇年をかけて立ち直ることができた。

一方、「核家族」のウクライナは結婚したら独立するのが一般的で、個人主義的。だから国家建設にも非協力的で、トッドは「問題は、ウクライナに『国家』が存在しないこと」とまで述べています。民主主義を育てるには「強い国家」が必要ですが、それがないから「民主主義国」ではなく「無政府状態」になってしまったと。そこで無理やり国家をつくろうとしているわけですが、わずか八年や九年でできるはずがありません。

池上　私も先日、トッドとリモートですが対談しました。先に紹介した著書『第三次世界大戦はもう始まっている』でも再三述べていることですが、やはり今回の戦争の最大の責任者はアメリカであると。「ウクライナの中立化」というロシアの要請をアメリカやＮＡＴＯが受け入れていれば、容易に避けられたと言っていました。

ところが実際には、限定的な武器をウクライナに提供し、ロシア領土を攻撃させずに侵入してきたロシア軍にだけ抵抗できるようにしている。だから戦争はいつまでもダラダラと続くわけで、最大の被害者はウクライナの国民であるともいえますね。

佐藤　まったくそのとおりだと思います。

それからもう一つ、トッドの指摘で興味深いのは、ウクライナは西部と中部と東部の違いが著しいというものです。言い換えるなら、「単一のウクライナ」として存在したことは一度もないと。だから「国家」ではないという話にもなるわけですが、それはここまでお話ししてきた歴史からもわかるでしょう。

この延長線上で考えるなら、将来的にウクライナは三分割されるかもしれません。ゼレンスキーまたはその継承者の政権は西部に移動し、東部とクリミアなど南部はロシアに併合され、中部には中立国家が建設される。もちろんゼレンスキー政権は容認しないでしょうが、これが現段階ではあり得る究極的な落としどころのような気がします。

ゼレンスキーの支持率が急落した理由

池上　ところでゼレンスキーといえば、やはりニュースで見ない日はありません。元コメディアンだったことは有名ですが、佐藤さんはどう見ていますか。
佐藤　コメディアン時代から開けっぴろげな芸風で、よくいえば庶民にきわめて近い感じはします。
ゼレンスキーが一躍人気を博したのは、ウクライナの大ヒットテレビドラマ「国民の僕《しもべ》」に出演してからです。主役の彼が扮するのは、高校教師ゴロボロジコ。現職大統領の腐敗政治に憤慨する彼は、「ウクライナの政治はおかしい」と言っているうちに大統領選挙に立候補することになり当選する。しかし腐敗政治家や寡占資本家（オリガルヒ）などに揉まれて悪戦苦闘する。そんな物語です。ちなみにここに登場する腐敗政治家は、明らかに当時のポロシェンコ大統領をモデルにしています。

それからこのドラマには、なかなか印象的なシーンがあります。舞台は二〇四九年のウクライナ医科大学。学生と教師が以下のような会話を展開します。

「今はどういう生活ですか。生活水準はどうですか」

「正常です。悪くないです」

「経済の発展によって、我々は世界の中で最先端に立つようになりました。政治も経済も先進国です。しかし三〇年前はこんな状況ではありませんでした。教師の給与は足りない。光熱費さえ足りない時代でした。高齢者はものすごく貧乏な暮らしをしていて、古い車しか走っていない貧しい状態でした。当時と今を比較してみることが重要です。二〇一九年のウクライナ大統領は誰でしたか」

「クラフチュクです」

「それは二〇一九年じゃなくて、一九九一年の大統領でしょう。二〇一九年の大統領によって、ウクライナの世の中は変わったのです」

そこから三〇年前に戻って物語が始まる。この「二〇一九年の大統領」こそ、ゼレンスキーが扮する元高校教師ゴロボロジコなのです。ドラマの中の彼は、投獄されてもなお腐敗政治と闘い続けます。その高潔な人物が大統領として大きな変革を成し遂げたおかげで、三〇年後のウクライナは世界の最先進国に成長している、という筋立てになっているわけです。

池上　このドラマの人気を背景に、ゼレンスキーは本当に二〇一九年三月の大統領選挙に出馬し、四月の決選投票で現職のポロシェンコを破って当選する。得票率は七三パーセントを超えたといわれています。ドラマが現実になってしまったわけですね。

佐藤　ただそれは、多くの人が変革を求めたことの裏返しでもあります。先に述べたとおり、独立後のウクライナは汚職がはびこり、真っ当な政治が行われるような状況ではありませんでした。だからこそ、政治的には未知数のゼレンスキーに、ドラマのような活躍を期待したのだと思います。

池上　ところが、ゼレンスキーの支持率はあっという間に四〇パーセントまで下がる。特に二〇二一年一〇月、海外のタックスヘイブン（租税回避地）に資産を隠していたことが発覚したのが大きかったですね。「結局、ポロシェンコ大統領の時代と何も変わらないではないか」と。

佐藤　それから大統領選挙自体、きわめて次元の低い争いでした。ポロシェンコはゼレンスキーが麻薬常習者だと非難し、「こんな人間が大統領になっていいのか」と訴えたり。その腹いせとばかり、二〇二一年にはポロシェンコが国家反逆罪で告発されたりしています。こういうやりとりに、国民は嫌気が差していたのでしょう。

そこで支持率を挽回しようと目をつけたのが、ナショナリズムに訴えることでした。東部地区やクリミアから親ロシア派の武装勢力を追い出し、政権が実質的に支配する範囲を拡大しようと考えたのです。

実際に二〇二一年一〇月、ウクライナ軍は自爆型ドローン（無人攻撃機）「バイラクタルTB2」を使って親ロシア派武装勢力への攻撃を開始しました。しかしこれが無謀で危険な行為であることは明らかでしょう。当然ながらロシアが神経を尖らせるばかりか、ヨーロッパ各国も非難声明を相次いで出すに至りました。ドローン攻撃はピンポイントだけを狙えるとは限りません。場合によっては、民間人まで被害に巻き込まれるおそれがある。その危険性に警鐘を鳴らしたのです。

池上　結局、支持率はさらに下がり、ロシアがウクライナに侵攻するころには二〇パーセント台になっていました。穿《うが》った見方をすれば、ロシアへの徹底抗戦をアピールすることで、自らの支持率向上を目指していると考えられなくもありません。

日本向けの演説は明らかに準備不足

佐藤　基本的に、ゼレンスキーはポピュリストですからね。もともと大統領選挙に出たときは、現職のポロシェンコの反ロシア政策を改め、対話によって関係を改善すると訴えていました。東側の親ロシア派に与《くみ》するわけではなく、また西側のガリツィア地方のネオナチ的な勢力とも一線を画して、とにかく中庸を目指していたわけです。

池上　ところがドローン攻撃を仕掛けたり、侵攻されたのちに一八歳から六〇歳までの男性の出国を禁止にしたり。「市民よ銃を取れ」と。国のトップとして祖国防衛への思いは当然ですが、一方で釈然としないものも感じる。

それから、「ウクライナ軍の士気は高い、ロシア軍の士気は低い」とよく聞きますね。だがこれはどんなエビデンスがあるのだろうかと。徴兵ができるウクライナ軍は三〇万人です。一方で出国が自由なロシアの軍隊には一〇〇万人が集まっている。数字だけを比べれば、ロシア軍の士気が低いとはいえないように思うのです。もちろんロシアでは海外に逃げる人もいるでしょうが、逆に手を挙げる人がいるからこれだけの数を維持しているわけです。

佐藤　欧米の首脳がキーウを訪れて会談することも頻繁ですね。表向きは支援についての協議やEU加盟の段取りなどについて話しているのでしょうが、もう一つの大きな議題は停戦交渉だと思います。ゼレンスキーをプーチンとの交渉のテーブルに着かせようと。

停戦交渉の結果によっては、先に述べたロシアの戦争目的を達成させることになり、ウクライナにとっては敗北であり、またゼレンスキーにとっては退陣を意味するでしょう。しかし、もうその解決策を選択肢に入れる必要があることを、各国首脳ともわかっているはずです。

この戦争は、下手をすると一〇年でも続きます。戦っている二国だけでなく、支援している西側の国々がどこまで耐えられるか。支援国にもすでに疲れが見えはじめ、支援にも温度差が感じられてきています。中国からも和平案が出された。ブラジルやイスラエルの首脳も仲介について言及している。戦争をできるだけ早く終わらせたいというのが共通の願いでしょう。

池上　ゼレンスキーといえば、二〇二二年三月にヨーロッパ各国やアメリカ、日本向けに行ったオンライン演説が話題になりましたね。それぞれ各国の歴史や文化を取り入れつつ、支援を訴える内容でした。

私も日本向けの演説をちょっと期待して聞いていたのですが、予想された原爆や北方領土問題、あるいは第二次世界大戦の末期におけるソ連の侵攻などには触れることなく、東日本大震災に関連して「侵略の津波」という表現を使う程度でした。

佐藤　ゼレンスキーの演説はプーチンと対照的で、思想的な内容はあまりないんですよね。分析の対象になる事柄もほとんどありません。

ただイギリス・アメリカ向けの演説は、さすがに先方のことをよく研究して練られていたように思います。ところが日本向けは、またちょっと違う。相当安い広告代理店を使っているなと感じた。欧米と違ってもともと日本には馴染みがないし、時間もなかったので、仕方のない面もありますが。

当時はなんとなく、渦中の人物が直接語ってくれるという興奮があったために、日本国内でも絶賛されたのだと思います。しかし今、冷静に聞き返してみると、明らかに準備不足だなと気づきます。

4章

クリミア半島から見える両国の相克

ロシアによる併合を住民はどう受け止めたか

佐藤　池上さんは、二〇一四年にロシアに併合されたあとのクリミアに行かれているんですよね。日本人の記者はほとんど行っていませんが。

池上　はい。併合が二〇一四年で、私が訪ねたのは一五年。BS日テレのロケです。印象的だったのは、現地の人が併合を喜んでいたことです。ロシアになったおかげで生活がこんなによくなったと。

理由は二つあって、一つはウクライナ東部のドンバス地域から逃れてきた人が多かったこと。二〇一四年のユーロマイダン革命以来、この地域は「ドネツク人民共和国」「ルガンスク人民共和国」として独立を求める親ロシア派住民と、それを認めないウクライナ政府との間で武力紛争が繰り返されてきました。しかしクリミアに来れば、家族そろって平和で安全に暮らせますからね。

もう一つは年金支給額の大幅引き上げ。併合したロシアが、ウクライナとの差を見せつけるために大盤振る舞いしたのでしょう。ウクライナはたいへん貧しい国で、年金はわずかでしたから。そういうことで、満足度は非常に高いようでした。

ただし、タタール人だけは反応が違いました。私は学校へ行って子どもたちにも様子を尋ねたのですが、やはり多くは「ロシアは強い国だから守ってくれる」と喜んでいた。ところが、一人だけいたタタール人の子どもは、あまり多くを話そうとしませんでした。「悪くなった」とまでは言いませんが、基本的にノーコメントだったんです。

ちなみにこのとき、多くの子はロシア語を話していましたが、タタール人の子はウクライナ語でした。同行していただいたコーディネーター兼ロシア語の通訳の方に「わかりません」と言われて初めて気づいたのですが。

佐藤　タタール人とウクライナ人・ロシア人は仲が悪いですからね。もともとクリミアは、「クリミア・タタール」と呼ばれるタタール人が住んでいた地域でした。

一三世紀、モンゴル帝国は西方遠征によってキエフ・ルーシ（キエフ公国）を滅ぼし、南ロシア一帯にキプチャク・ハン国を築きます。これがいわゆる「タタールのくびき」です。しかしキプチャク・ハン国は一四世紀末に衰退して小国に分立し、このうちクリミア半島に生まれたのがクリム・ハン国です。このころからタタール人が住み始めたわけです。

一五世紀後半になると、クリム・ハン国は当時隆盛を誇っていたオスマン帝国の支配下に入ります。しかし一八世紀からロシアが南下政策を展開し、何度となくオスマン帝国と激突。その結果、クリム・ハン国は滅びてクリミア半島はロシアに併合されます。これを機にロシア人

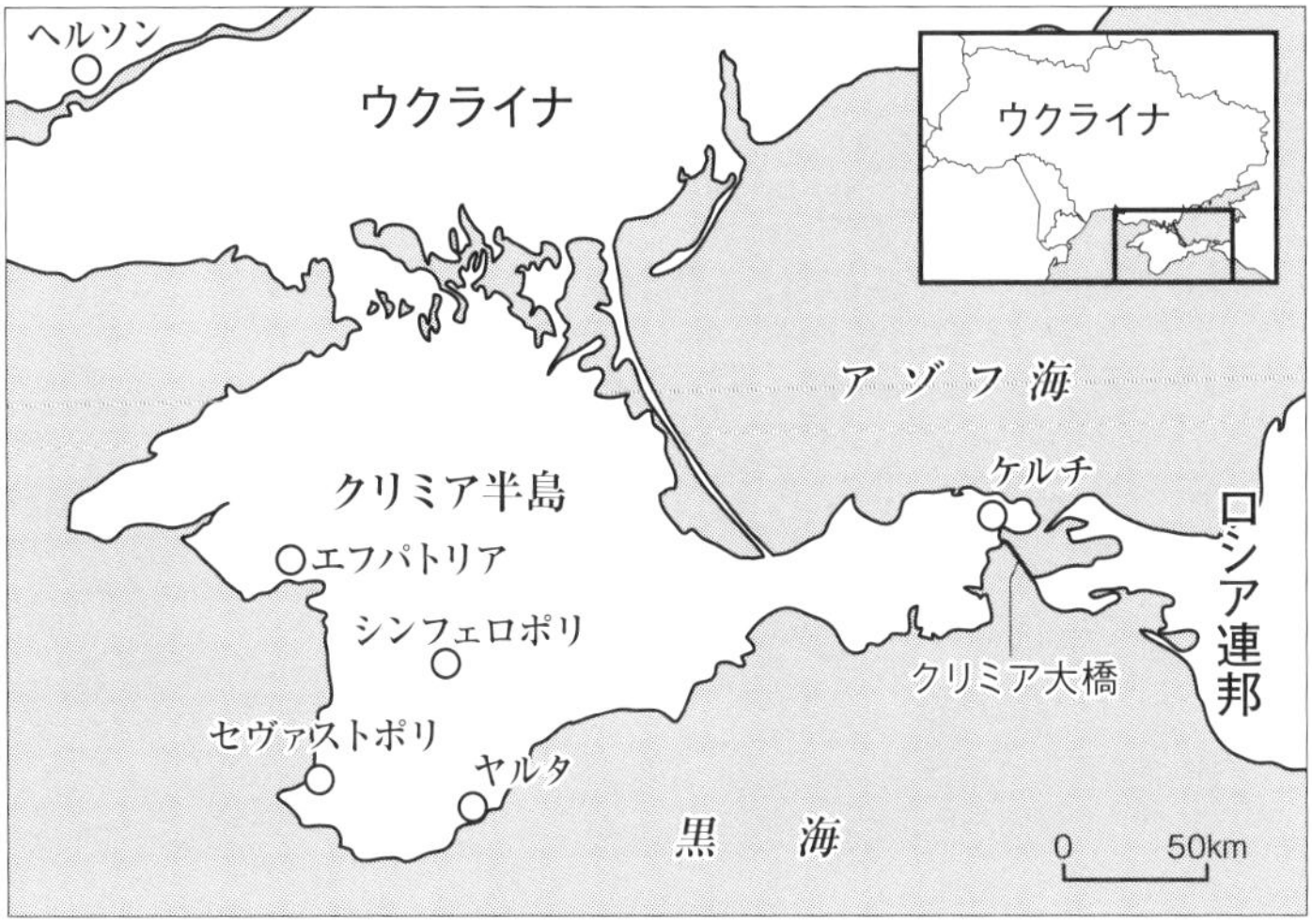

クリミア半島

が流入するようになり、追い出されるようにタタール人はオスマン帝国へ流出します。

さらに二〇世紀、第二次世界大戦の独ソ戦中に彼らはナチス・ドイツに協力したとされ、スターリンによって集団で中央アジアへ強制移住させられます。これは完全なでっち上げではなく、一部のクリミア・タタール人がナチス・ドイツに協力したことは歴史的な事実です。一九五三年にスターリンが亡くなって以降、帰還と名誉回復の運動を展開しますが、ようやく帰還が叶ったのは一九八〇年代の後半からでした。しかし、元の土地はロシア人とウクライナ人に奪われ、居場所を失っていました。だから彼らはウクライナ人・ロシア人を恨んでいるわけです。

❖クリミア戦争の舞台として

池上　クリミアといえば、一九世紀半ばのクリミア戦争の舞台でもありますね。オスマン帝国の弱体化に乗じ、ロシアが黒海からバルカン半島あたりまで権益を拡大しようとし、それを阻止したいイギリスやフランスなどがオスマン帝国側について始まった戦争です。この戦争に敗れたロシアは、南下政策を一旦あきらめ、東方への権益拡大に動き出すわけですね。

この戦争は、イギリス生まれのナイチンゲールが活躍したことでも知られます。「白衣の天使」というイメージがありますが、実は衛生管理のプロであり、統計学者でもありました。

佐藤　そうです。ナイチンゲールがイスタンブール近郊の病院に赴任して驚いたのは、兵士の死亡原因のほとんどが戦闘ではなく病気だったこと。あまりにも病院の環境が劣悪で、感染症が蔓延していたんですね。兵士の生命を救うための病院が、実はもっと地獄だった。特にナイチンゲールが勤めていた野戦病院はひどかった。その現実を目の当たりにして、人生の後半を公衆衛生に費やすわけです。

池上　当時はまだ、看護師という職業は確立していませんでした。しかし負傷兵の多さにイギリス政府も困っていたため、とにかく助けようと三八人の女性を引き連れて現地に入るわけで

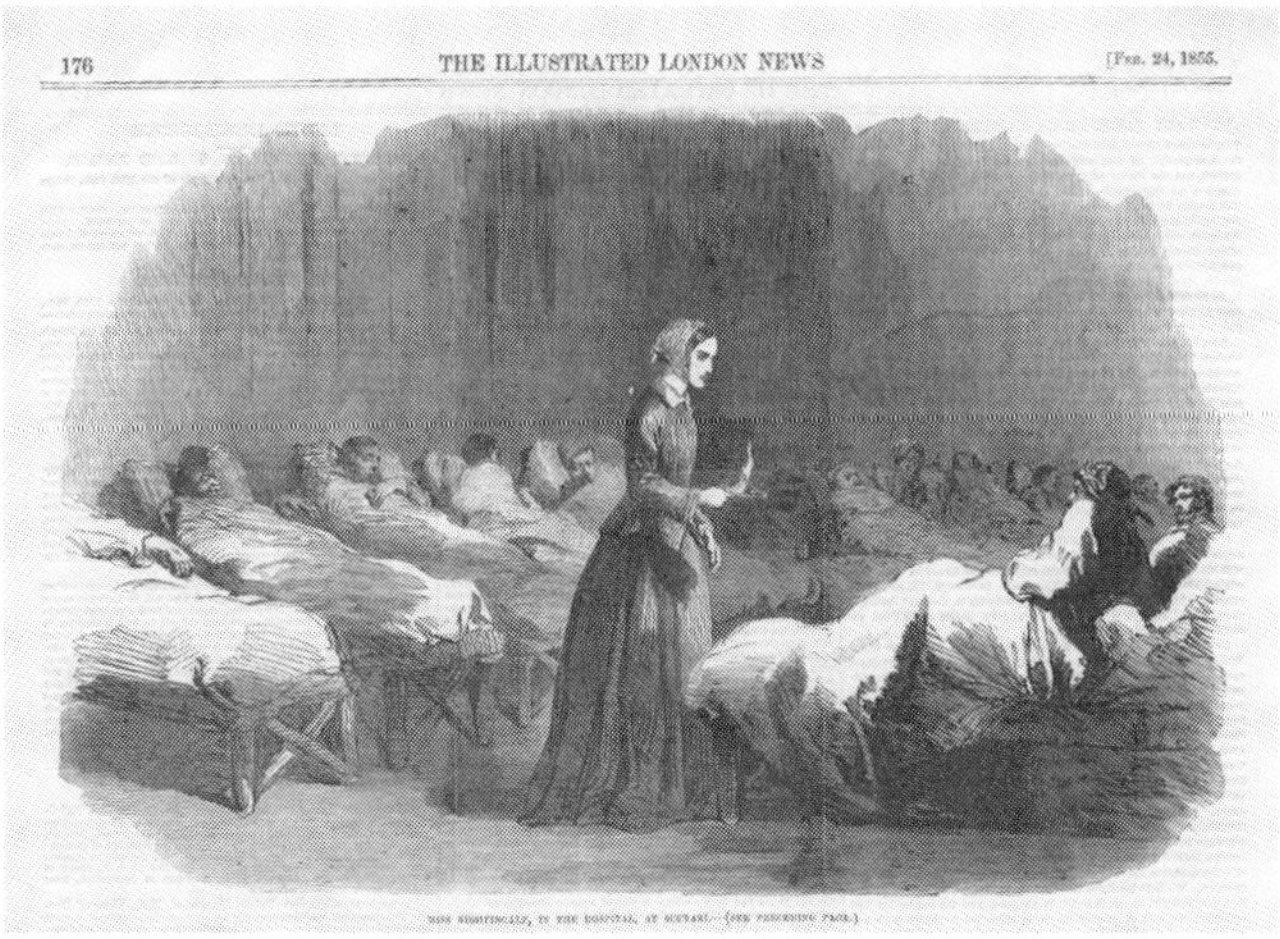

病院で患者を見舞うナイチンゲール。スクタリ（現トルコ・イスタンブールのユスキュダル地区）にて（The Illustrated London News, 24 February 1855, page 176）

す。ところが病院の男性医師たちは「ここは女の出る幕じゃない」と、何も仕事をさせようとしませんでした。

そこでナイチンゲールは、トイレ掃除から始めるんです。それから窓を開けて空気を入れ替えた。それまでは風邪を引くという理由で締め切っていたんです。さらに血と汗でドロドロになったまま使われていたシーツを毎日交換することにした。今日では当たり前ですが、要するに衛生管理を徹底するわけです。その結果、それまで四二パーセントだった負傷兵の死亡率が、三ヵ月程度で五パーセントにまで激減しました。

すごいのはここからですね。終戦後、一連の経緯を統計データとして報告書にまとめて政府に提出します。これが、その後の衛生管理の基礎となるわけです。また、看護師を専門的に養成する学校も造られました。単なる白衣の天使ではなく、看護の世界に革命をもたらした人物といえるでしょう。

❖軍事衝突は予見されていた

池上　私は二〇〇七年、ロシアに併合される前にもクリミア半島を訪れました。ウクライナの首都キーウから国内線の飛行機で向かったのですが、たまたま隣に座ったロシア人男性は、酒をグビグビ飲みながら「これからバカンスに行くんだ」と。いかにも夜の遊びを楽しみにしている様子が全身から滲み出ていた。ロシア人にとってクリミアというのはそういう場所でもあるんだなとよくわかりました。

佐藤　出会いの場なんですよね。ロシアの作家チェーホフの短編小説集『子犬を連れた貴婦人』は、クリミア半島のヤルタを舞台にした不倫の物語です。あるいはウクライナの作家ブルガーコフの『巨匠とマルガリータ』は、悪魔がモスクワの街に現れて大混乱に陥れる奇想天外な長編小説です。悪魔は大劇場を乗っ取って魔術を披露するわけですが、その最初に行ったのが、魔術を使って支配人をヤルタに瞬間移動させることでした。

池上　その南西端に、黒海に面した軍港都市セヴァストポリがあります。ここはロシア帝国の時代から海軍の要衝で、ソ連時代には黒海艦隊の基地でした。クリミア戦争や第二次世界大戦（独ソ戦）では、たいへんな激戦地にもなっています。

ところが一九九一年にソ連邦が崩壊してウクライナが独立国家になると、ここにはロシア海軍とウクライナ海軍の両軍の基地が置かれます。両者は黒海艦隊の帰属をめぐって対立関係に発展しました。

そこで一九九七年、ロシアが艦隊の大半を引き継ぐとともに、ウクライナがロシアに二〇年間にわたって基地を貸与するという協定を結びました。しかしロシアの領土ではない以上、ロシア海軍の基地だけあるのは不自然でしょう。いつか衝突するだろうという予感があって、その前に現場を見ておこうと思ったわけです。

そこでの取材をもとに描いた近未来シナリオは、二〇〇八年に刊行した『大衝突』（集英社。のちに文庫化）に収録しています。二〇XX年にNATOに加盟したウクライナがロシアに対してセヴァストポリの基地貸与の打ち切りを宣言し、それを機にウクライナを舞台にしてロシア軍とNATO軍が一触即発の状態に陥る、というものです。

そして現在、ウクライナのNATO加盟は実現していないし、セヴァストポリは主戦場になっていませんが、やはり軍事衝突は起きてしまいました。

佐藤　この当時、むしろ好戦的だったのはウクライナ側でした。繰り返しになりますが、ユーロマイダン革命でウクライナに親欧米派のポロシェンコ政権が誕生すると、親ロシア派住民が多い東部のドネツク州・ルハンスク州が独立を宣言。人民共和国を自称するようになります。しかし新政権はそれを許さず、紛争に発展するわけです。

それを鎮めるべく、二〇一四年九月に両人民共和国とウクライナ・ロシアの間で締結した休戦協定が先述の「ミンスク合意」です。しかし双方ともに遵守せずに戦闘は続き、完全に失敗に終わります。

そこで二〇一五年二月、あらためて停戦協定「ミンスク2」が締結されるわけですが、ここには両人民共和国の「特別な地位（自治権）」を認めるという文言が盛り込まれました。これはウクライナを事実上、連邦制国家にするということで、「特別な地位」を持つ地域に住むロシア系住民の権利を保障するというロシアの目的を満たすものでした。「ミンスク2」が履行されていれば、ウクライナ戦争はなかったと思います。

しかしウクライナ側は「ミンスク2」を履行しようとせず、親露派武装勢力とウクライナ軍が相変わらず戦闘を続けた。今回の戦争は、その延長線上にあるともいえるわけです。

なぜフルシチョフはウクライナに譲渡したのか

池上　スターリンが世を去った直後の一九五四年、ソ連共産党の第一書記に就任したニキータ・フルシチョフが、クリミア半島をロシア領からウクライナ領に移管します。当時のウクライナはソ連邦の一部だったわけですが、それにしてもなぜプレゼントしたのでしょうか？

佐藤　一六五四年、ウクライナのペレヤスラウにおいて、タタール国家の長ボグダン・フメリニツキーがロシアのツァーリ（皇帝）の保護を受けることを決定しました。それから三〇〇年経過したことを記念する、というのが公の説明でした。

しかし実際は、独ソ戦でウクライナに相当な犠牲を強いたことに対する報酬だと思います。戦後、スターリンはそれに対して何ら報いなかった。フルシチョフがこのままではウクライナ側の不満が高まると考えたのが、大きな理由だったといわれています。

池上　フルシチョフはウクライナでも勤務していましたよね。

佐藤　第二次世界大戦直前の一九三八年から終戦後の四九年まで、ウクライナ共産党の第一書記として赴任していました。

池上　たしかに大戦中は悲惨でした。八〇〇万人もの犠牲者が出ている。独ソ戦の戦場の一つになり、国民が両者に分かれて殺し合ったわけですから。「ヨーロッパの穀倉地帯」と呼ばれるほど世界有数の肥沃な大地を持っていたために、周辺国から常に狙われた。

この件の贖罪の意味もあって、フルシチョフはクリミア半島を譲渡したと。ただし、同じソ連邦なので実質的には何も変わらないはずでした。まさかこの六〇年後、ロシアとウクライナが同地の領有権をめぐって争うことになろうとは、さしものフルシチョフも想像できなかったでしょう。

❖ウクライナの学校教育は偏っていた

池上　併合後のクリミアの話に戻りますが、学校ではカリキュラムがウクライナ型からロシア型に変わったとのことでした。

佐藤　それも欧米から非難の対象になりましたね。ではウクライナがどういう教育を行っていたか、どれくらい知られているでしょうか。多くの人は知らないでしょう。

例えば歴史教科書を見ると、ウクライナ西部のガリツィア地方はフランス人の祖先の地であり、ローマ帝国の英雄ユリウス＝カエサルが記した『ガリア戦記』の舞台であり、さらにユダヤ人の発祥地でもあったりする。要するに史実を無視して、我らこそが優越した民族であると誇っているわけです。だからロシアは、占領地での教育に関して教科書から改めた。これには必然性がありますよね。

池上　私が訪ねた学校はエリート校でしたが、併合前は「ウクライナ語」の授業が週に二コマ、

「ウクライナ文学」も二コマでいずれも必修、それに「ロシア語」が一コマでした。しかし併合後は、「ウクライナ語」が一コマで選択科目になり、「ウクライナ文学」は「ロシア文学」に代わったとのこと。ただし「ロシア文学」の中にはウクライナ文学も含まれるそうです。ウクライナにまつわる教育が完全に排除されたわけではないんですよね。

佐藤 そのとおりです。むしろウクライナの特殊な教育や歴史観に問題がある。その典型が、本書の2章でも触れたステパン・バンデラという歴史上の人物への評価です。フランスの国際政治学者・政治思想家マルレーヌ・ラリュエルが著書『ファシズムとロシア』（東京堂出版）でも触れていますが、二〇世紀前半を生きたバンデラは、ポーランドやソ連、最終的にはドイツも相手にウクライナ独立解放運動を主導したリーダーでした。一方で、独ソ戦の初期にはソ連に対抗するため、一時期ナチス・ドイツに協力しています。またその一環として、反ポーランド、反ユダヤ、反ロシアの運動も展開しました。

したがって当然、戦後のソ連邦時代のバンデラは、間違いなくファシストであり、「人民の敵」でした。しかし一九九一年の独立後、ウクライナ国内では少しずつ名誉回復が図られていきます。ダークサイドにはあまり言及されず、「国家の英雄」として讃えられるようになったのです。

ラリュエルによれば、その流れはユーロマイダン革命以降に加速したとのこと。「解放運動研究所」というバンデラ一派の活動を称揚する組織が歴史記述を管理し、逆に共産主義的な活動の一切を禁じるほど先鋭化しています。国家を急いで建設する上で、民族のシンボルになるような存在が必要だったのでしょう。

池上　こうして見ると、いかにロシアとウクライナが互いに複雑な歴史問題を抱えているかがよくわかります。そういう実態も知った上で、私たちは冷静に判断しないといけません。単純にどちらが悪い・どちらが正しいと結論づけ、耳を塞いでしまうのではなく。

民族のアイデンティティより、「生存していくこと」を選択

佐藤　だいたい民族というものは、共通の「敵」を持つことで結束するものです。クリミアのウクライナ人とロシア人の仲が悪くないのは、タタール人に対する防衛意識が共通しているからです。

同じことは、ウクライナの南西、モルドヴァとの間に挟まれた沿ドニエストル共和国についてもいえます。モルドヴァ共和国東部を流れるドニエストル川に沿った南北に細長い国ですが、モルドヴァは独立国家として認めず、自国領の一部であると主張しています。ここでもウクライナ人とロシア人が共存していますが、モルドヴァ人（ルーマニア人）という共通の敵がいる

ので仲がいいのです。
そこで問題なのが、今回のウクライナ侵攻の主戦場となっている東部ドンバス地域や南部へルソン州の人々の意識でしょう。これらの地域は早い段階でロシアの占領下に入ったわけですが、組織的な反乱は起きていません。

池上 日本のメディアでは、そういうことがあまり報じられませんね。むしろ、東部に住むウクライナ人はロシアの脅威を感じたことで、ウクライナ国民としてのアイデンティティを強めたとか。

佐藤 そうとは一概にいえないと思うんです。例えば沖縄のことわざに「物を食わせてくれる者が我が主人」というものがあります。あるいは「朝に昇る太陽を拝むが、夕に沈む太陽は拝まない」もある。要するに誰であれ、食料とインフラを供給できる者になびくということです。これは明治から昭和に生きた沖縄出身の民俗学者・伊波普猷《いはふゆう》が著書『古琉球』の中で沖縄人の欠点として指摘していることです。さまざまな苦難をくぐり抜けてきた民族に培われた、生存のための知恵ともいえるかもしれません。
誰が食べさせてくれるのか、権力の実体がどこにあるのかということに、ノヴォロシアの人々はすごく敏感だと思う。歴史的に、常にドイツとロシアの間で翻弄されてきた人々ですからね。国家に対するアイデンティティより、いかに生き残りを図るか、ということに重きを置く。

それを象徴するのがパスポートです。ロシアは支配下に置いた四州の住民向けにパスポートの発行を急ぎました。実効支配していたとはいえ、形式的にはウクライナ国民だった人々を強引にロシア国民に転換しようというわけで、ウクライナ政府はもちろん欧米も厳しく非難しました。

しかし現実には、多くの住民が申請しています。ロシアの強制力がはたらいているという見方が西側では主流ですが、地元の住民が自主的にパスポートを申請している要因も見逃してはなりません。これには理由があります。ロシア・パスポートを持っていれば、ロシア国民としての権利を完全に享受することができるからです。年金、大学の授業料などメリットが大きい。ロシアは二重国籍を認めている。つまりウクライナのパスポートを持ったまま、ロシアのパスポートを取得できるわけです。つまり二重国籍制度により、ロシアに有利な住民獲得ゲームが展開されているわけです。

ここから先は、住民の選択です。ＥＵに自由に出入りしたい、いっそＥＵに逃げたいと思うなら、ウクライナのパスポートを持っていたほうがいい。その上で、ロシア政府の保護を受けたいなら、ロシアのパスポートを取得すればいい。そこにあるのはアイデンティティやナショナリズムではなく、ある意味で〝生活の知恵〟だと思います。

池上　生活が安定するなら、別にウクライナ人になってもロシア人になってもいいと。そう考えてロシアのパスポートを申請する人々も一定数いるということですね。

クリミア大橋爆破事件がもたらした、深刻な報復

池上　ところで、二〇二二年一〇月八日にクリミア大橋が爆破されました。走行中のトラックが爆発したもので、ロシア側はウクライナの特殊部隊によるテロと断定しています。わずか二日で復旧したそうですが。

クリミア大橋ができたのは二〇一八年五月。ロシア南部のタマン半島とクリミア半島東端を結ぶ大橋で、開通の式典にはわざわざプーチンが出席し、自ら大型トラックを運転して車列を先導していました。クリミアがロシアの領地であることを示す象徴的な存在でもあります。

その後は、ロシアの富裕層向けに、リゾートへ向かうルートとして利用されています。特にコロナ禍の影響で飛行機がなかなか飛べなかった時期には、この橋が大活躍したそうです。

佐藤　ロシアとクリミアを直接つなぐ唯一の陸路なので、貴重な物流ルートでもある。ウクライナを経由せずに往来できる意味は大きい。

一方、ウクライナにとっては自国領内に違法に建造されたものなので、目障りでしかない。

これを破壊すれば、ロシア黒海艦隊の母港であるセヴァストポリ軍港への陸上の補給路を断つことにもなります。しかし、あまりにも短絡的な攻撃でした。

池上　そういえばクリミア大橋への攻撃はこれ一度きりで、このあとは一発の銃撃も砲撃もありませんね。

佐藤　アメリカが止めたのでしょう。もう二度と攻撃するなと。ロシアを余計に刺激するなと。アメリカによって「管理された戦争」だからです。

池上　一方、事件の直後、プーチンは「我が国の領土でのテロ攻撃に、ロシアは厳しく対応する」と発言していますね。

佐藤　その言葉に嘘はないでしょう。いくらウクライナがクリミア大橋を二度と狙わないとしても、ロシアは容赦しません。ロシアにとって、領内の施設への攻撃はレッドライン（越えてはならない一線）です。一度でもそれを越えてしまった以上、相応の報復を図るのがプーチンのやり方です。だからこの直後から、ロシアはウクライナの民生インフラを標的にしはじめたわけです。

池上　たしかに二日後の一〇月一〇日、ロシア軍はウクライナに向けて合計一〇〇発のミサイルを撃ち込んだといわれています。それも軍事施設ではなく、発電所や変電所などの民生インフラ施設が狙われた。

その後も各施設への攻撃は続き、停電が相次ぎました。産業や生活への影響は深刻です。本当に容赦ないですね。

佐藤　もっと恐ろしいのは、食料の備蓄ができなくなることです。国家は一年単位で国民に必要な食料を蓄えます。ところが変電所への攻撃で電力が途絶えると、鉄道が止まる。特にウクライナの鉄道はすべて電化されているので、電力がなければまったく動きません。つまり、鉄道を使った物流がストップするわけです。

そうすると、収穫した穀物の輸送もできない。したがって備蓄もできない。ロシアはそこまで陰湿に計算して、発電所や変電所を狙っているのだと思います。特に火力発電所は給温の機能も兼ねています。発電所を攻撃することで凍えさせ、飢えさせてやろうとしているわけです。

池上　ウクライナ側も必死に発電所や変電所の復旧作業を進めていますが、どこまで追いつくか。そうするとやはり、二〇二三年末が一つの山になりそうですね。

終章
戦争の行方と日本の取るべき道

❖「ブチャの虐殺」は最初で最大のターニングポイントだった

池上　侵攻が始まって間もない二〇二二年三月、キーウの北に位置するブチャで大虐殺があったとのニュースが一斉に流れました。ロシア軍が約一ヵ月にわたって占拠して去ったあと、この地にはおよそ四〇〇人にのぼる地元住民の死体が残されていたと報じられた。路上に横たわるいくつもの遺体の映像や写真を見て、ショックを受けた人も多いと思います。

この報道を機に、「ロシア軍は残虐」「やはりロシアは恐ろしい国」というイメージが一気に広がったように記憶しています。ロシア側はいっさいの関与を否定していましたが。

佐藤　侵攻したロシア軍が虐殺行為を行ったことは間違いないです。ロシア軍が国際人道法に違反する住民虐殺を行ったのは事実で、厳しく弾劾されなくてはなりません。ただし、戦時中のこの種の問題は、常に情報戦・心理戦に使われることも考慮しなくてはなりません。四〇〇人全員をロシア軍が殺したかということについては、今後の冷静な検証が必要です。空爆によって亡くなった人もいたと考えられるし、またウクライナ側がロシアに協力した住民に制裁を加えた可能性についても考える必要があります。

住民側にも、戦闘行為に関わっている人がいました。中には携帯電話を使ってロシア軍の位置情報をウクライナ軍に通報したり、火炎瓶をつくったりしてロシア軍に対峙した人もいた。いわば戦闘行為に従事しているわけで、自ら危険に飛び込んだともいえます。そういった人は、軍関係者としてロシア軍の攻撃対象になった可能性があります。

池上　大虐殺は近現代でもしばしば起きています。例えば戦前、現在の北京市で日本の軍人と居留民二〇〇人以上が虐殺された通州事件とか、ロシア極東・アムール川河口付近のニコラエフスクでやはり日本の軍人や居留民が数百人、数千人ともいわれる規模で虐殺されたニコラエフスク事件（尼港《にこう》事件）とか。

佐藤　こういう事件が起きると、真相はなかなかわかりません。それぞれ当事者には言い分があって、相手国を非難する宣伝材料として使われることが常です。そして最終的には、戦勝国にとって都合のいいように記録されてしまう。

池上　そういえば一九五〇年の朝鮮戦争の始まり方についても、韓国側は北朝鮮軍が先に三八度線を越えて南進してきたと主張し、北朝鮮側は韓国軍の北進を撃退しただけだと主張して、この二つの言説がずっと平行線をたどっていました。実は北朝鮮軍が先に動いたと明らかになったのは、一九九一年のソ連の崩壊後ですからね。

佐藤　第二次世界大戦の初期にポーランドで起きたカチンの森事件もそうです。二万人以上のポーランド軍将校などが虐殺され、埋められた事件ですが、戦後もソ連は一貫してナチス・ドイツの仕業だと言い続けていました。

池上　ドイツは「あれだけはやっていない」と関与を否定し、ソ連の仕業だと主張し続けていました。しかし敗戦国の悲しさで、国際社会にはなかなか認めてもらえなかった。

佐藤　しかしゴルバチョフの時代になって、ようやくソ連が自らの犯行だったことを認めたんですよね。事件が起こってから、五〇年以上も経ってからです。

池上　二〇一〇年、当時首相だったプーチンがカチンの森の慰霊碑を訪れて、追悼式典を開いたことが話題になりましたね。碑の前でひざまずき、「残虐行為は正当化できない」と述べたことが印象に残っています。

佐藤　そういう過去の教訓を踏まえると、まず重要なのは、現時点での双方の宣伝をすべてカッコの中に入れ、その一件がその後の戦況や社会にどのような影響を与えたかを冷静に見ること。つまり、まずは情報戦の一環として捉えるわけです。

その観点でブチャの虐殺を振り返ると、ウクライナ戦争における最初で最大のターニングポイントといえます。これには二つの意味があります。「ロシアは残虐だ」というイメージが拡散したことにより、一つは両国間で進みかけていた和平交渉が完全に頓挫したこと、そしてもう一つはこの事件以降、西側連合からのウクライナに対する武器提供が飛躍的に伸びたことです。その結果、もはやゼレンスキーの意思とは関係なく、引くに引けなくなってしまった。

「徹底抗戦」を主張せざるを得なくなった。つまり、このブチャ事件を境にして、戦争の位相が変わったのです。

❖西側連合は「一〇年戦争」に耐えられるか

池上　いずれにせよ、この戦争はまだまだ続きそうですね。当初、キーウは三日ほどで陥落するとか、しかしロシアは経済制裁で経済が停滞してルーブルが暴落するとか、いろいろいわれましたが、ことごとく外れています。

佐藤　結局、この戦争はロシア対ウクライナではなく、ロシア対西側連合の構図で見るのが正しいと思います。西側連合が総力を挙げて、ウクライナをリング上に押し上げているわけです。つまりプーチンは当事者であり、ゼレンスキーもプレーヤーの一人ですが、もはや最重要人物ではありません。アメリカのバイデン大統領がこの戦争の方向性を決めることができる最重要プレーヤーです。

ただし西側連合は第三次世界大戦には発展させたくないし、ましてロシアによる核攻撃も恐い。だからウクライナに武器を供給するにしても、先に併合された東部の四州を除き、ロシアの本土までは攻撃させない。そういう前提の下でゲームが続けられているわけです。まさに

「管理された戦争」でしょう。だとすれば、ウクライナは簡単には負けないにせよ、絶対に勝てません。

ではこの戦争において、双方が設定している目標は何か。どうなれば「勝ち」なのか。まずウクライナについては、併合された四州やクリミアを含め、すべての領地からロシア軍を完全に追い出すこと。つまり一九九一年の独立時の国境に戻すことです。

一方、ロシアの目標は何か。これは大きく三つあります。一つはドネツク・ルガンスク（ルハンスク）の人民の保護。もっともロシアはザポリージャ州やヘルソン州も併合し、当初の目的を超える現実をつくり出しています。二つ目はこの地域の非軍事化。それから三番目はウクライナの非ナチ化。結局、ドンバス地域を併合してウクライナと和平条約を結べば、すべての目標はクリアできるわけです。

池上　たしかに和平条約を結ぶ際、当然軍備を制限する話は出てくるでしょう。だから非軍事化ができる。それから、こうなるとゼレンスキー政権は「敗戦」の責任を負って退陣することになる。つまり非ナチ化も達成できると。そして実際、戦況はロシア軍が優勢のまま推移していますからね。

しかしウクライナも西側連合も、そう冷静に判断できるかというと難しいでしょうね。

佐藤　そうすると、西側連合が望むシナリオはたった一つしかありません。プーチンの死に期待すること。ただしそれは暗殺でも、自然死でも構いません。自然死ということならば、戦争はまだ一〇年ぐらい続くということです。

そこで次の問題は、ウクライナの予算です。ロシア側から聞いた情報によれば、今のウクライナの歳入は以前の半分程度に落ち込んでいるそうです。そのため公務員給与も出せず、アメリカに肩代わりしてもらっているらしい。

池上 あれだけ人命が奪われたり、労働力を兵士に取られたり、都市や農村が破壊されたりすれば、そうなってしまうでしょう。

佐藤 となると、懸念すべきは四月・五月の食料です。前章でも述べたとおり、国家として食料を備蓄するのは当たり前ですが、たいてい一年単位で春から冬までです。つまり冬は生産できないので、備蓄を放出しながら春を待つわけです。

このサイクルで行くと、最も食料が不足するのは備蓄を使い果たした四月・五月ということになる。まして生産量が落ちているとすると、事態は深刻です。もちろん、西側連合が全力でサポートしていくことになると思いますが。

池上 そういえば朝鮮半島にも「春窮《しゅんきゅう》」という言葉があります。やはり春に食料の備蓄がなくなって窮すると。春こそが、戦争の行方を読むにあたって一つの潮目になるということですね。

佐藤　それともう一つ、ロシアの経済は堅調ですが、ヨーロッパの経済が危険水域に達しています。特にエネルギーや食料の価格高騰がひどい。これは人々の暮らしを直撃します。

二〇二二年秋まではロシアとドイツをつなぐガスパイプライン「ノルドストリーム」がつながっていて備蓄できたし、二〇二二〜二三年の冬は暖冬だったので助かりました。しかし二〇二三年末からは不安です。寒さは予想できませんが、ポイントは、ロシア以外からどれだけ天然ガスを調達できるか。当事者は頭を抱えていることでしょう。

つまりウクライナの食料とドイツのガス。どちらかがギブアップを宣言すれば、戦争はその時点で終結するかもしれません。しかし二〇二三年末以降を乗り切ることができれば、ウクライナの食料問題とドイツのエネルギー問題を解決するシステムができるので、戦争はまだまだ継続します。

池上　いずれにしても厳しい選択ですね。たしかにドイツは今、与党の緑の党が分裂の危機に直面しているそうです。同党は自由民主党、社会民主党と連立を組んでいるわけですが、その名のとおり環境問題に敏感で、石炭の全廃を党の方針として掲げてきました。以前は二〇三八年まで、最近は二〇三〇年までに国内の炭鉱を全廃すると。
ところがロシアから天然ガスの供給が止まってエネルギー価格が高騰すると、党内から炭鉱の廃止を先送りしようという意見が出はじめます。まして政権与党として国民生活に責任を負っている分、現実的な選択はやむを得ないと。

しかし、同党の支持者には環境活動家などが多いので、当然そういう選択は許さない。だから各所に集まって抗議運動が行われているそうです。

このため緑の党は股裂き状態。党として分裂するか、あるいは当初の方針を貫いて政権から離脱するか。しかしそうすると、自由民主党、社会民主党の連立政権が少数与党になってしまう。つまり党だけの問題に留まらず、ドイツの政治全体が非常に微妙な状態になっているわけです。

ウクライナ戦争が浮き彫りにした日本の「ちぐはぐ」

池上　そこで最後に、日本について考えてみます。私たちはウクライナ戦争をどう捉えればいいのか。

侵攻以来、メディアは「プーチン＝悪、ウクライナ＝正義」という姿勢に徹しています。たしかに侵攻自体は許される行為ではありませんが、世間一般の感情としては、そればかりではない気がします。悪くいえば対岸の火事、見方を変えれば米欧ほどロシアと敵対しているわけではない。G7の一角でありながら、かなり微妙な立ち位置にいるのではないでしょうか。

佐藤　そうですね。日本の対応は非常に「ちぐはぐ」だと思います。

かつて高坂正堯《こうさかまさたか》さん（国際政治学者）は、国際関係には三つの体系があるという話をされていました。一つ目は価値の体系、二つ目は利益の体系、そして三つ目は力の体系です。その観点で現状を見ると、まず西側は、一部の専門家を除いてほとんど価値の体系の議論に終始している。アングロサクソン的な価値観を受け入れないロシアは敵だ、というわけです。

では日本はどうかといえば、もちろん価値の体系では西側に与《くみ》していますが、一連の制裁では必ずしも西側と歩調を合わせているわけではありません。

前にも述べましたが、例えばG７の中で唯一、ロシア航空機に日本の領空通過を認めています。これは日本政府の強い意志によるもので、代わりに日本の航空機によるシベリア上空の航行を認めてもらいたいから。日本と中東・ヨーロッパとの物流を考えれば、このルートが最も時間と燃料の節約になるのです。

あるいは日本たばこ産業（ＪＴ）もそう。欧米の企業がロシア事業から軒並み撤退する中、同社は営業を続けています。日本たばこは二〇二三年一二月期にはロシア事業が調整後利益の四分の一を占め、ロシアでかなり稼いでいる。撤退すれば大打撃になるのです。いうまでもなく、同社の最大株主は財務省です。つまり政府の意向が働いていることは間違いないでしょう。

それからロシアの排他的経済水域（ＥＥＺ）内でのサケ・マス漁について、日露は毎年春に交渉して漁獲量の割り当てを決めています。二〇二二年は「現在の情勢」を理由に妥結が四月下旬までずれ込みましたが、二〇二三年は、四月の操業開始時期に間に合うよう無事三月内に妥結しています。このことからも、日本の漁業にとって影響は軽微ということです。

池上　象徴的なのが、ウクライナに対する支援額です。ドイツのキール世界経済研究所の集計によれば、開戦一ヵ月前から二〇二二年一一月二〇日までの間で、世界各国からの軍事・人道・金融の形での支援額は、合計一〇八〇億ユーロ（約一五兆三〇〇〇億円）になるそうです。その半分弱をアメリカが出していますが、日本の支援額はそのアメリカの一〇〇分の一強、六億ユーロ（約八四九億円）に過ぎません。武器を供与していないためですが、国家の経済規模で考えれば圧倒的に少ないわけです。

あるいは極東サハリン沖の石油・天然ガス開発事業「サハリン1」「サハリン2」についても、日本は結局撤退していません。早々に撤退したアメリカのエクソンモービルとは対照的です。二〇二二年五月時点の話ですが、萩生田光一経産相が国会で「どけと言われてもどきません」と答弁したことも話題になりましたね。

佐藤　しかも岸田首相の地元にある広島ガスは、約半分のガスを「サハリン2」から調達し続けている。米欧と足並みをそろえてロシアに抗議する気があるなら、真っ先に政治主導で止めないと筋が通らないですよね。

池上　民間でも、実は「反ロシア」の意識はさほど高まっていない気がします。特徴的なのが、日本からロシア向けの中古車の輸出です。もともと盛んでしたが、開戦直後は一時停滞したものの、その後は前年を上回る勢いで伸びているそうです。考えてみれば当たり前の話で、開戦後に日本のメーカーが相次いで現地生産から撤退し、欧州からの輸入もできなくなり、ロシアは自動車不足に陥っている。だから日本の中古車に頼るしかない。日本はその旺盛な需要に応えているわけです。

日本も西側の一員のはずですが、こういう部分では制裁に加わっていないし、そのことを誰も責めません。たしかに、ちぐはぐですね。

佐藤　つまり日本は米欧とは違い、明らかに利益の体系を優先させているわけです。それから、力の体系の発想はもともとありません。しかし表向きは、価値の体系を重視し、西側の一員としての地位を保っている。官民を挙げてウクライナを応援し、ロシアに制裁を加えなければいけないという立場をとっている。だからちぐはぐに見えるのです。

それを国家戦略として意図的にやっているのであれば、状況に応じて軌道修正を図ることもあるでしょう。しかしそうは見えません。無意識のうちにちぐはぐになっているので、軌道修正は不可能です。今回の戦争への対応は、日本人の無意識が反映されているともいえるでしょう。

❖日本の出方を注視するロシア

池上　その意味でいうと、日本は結果的にうまく立ち回っているともいえますね。ロシアと本格的に敵対することもなく、米欧から裏切り者扱いされることもなく。

佐藤　そう思いますよ。ロシアに恨まれるほどにはお金も出していないし、殺傷能力を持つ武器弾薬を提供しているわけでもない。その点でプーチンの怒りを買ったのが韓国です。アメリカを経由してウクライナに弾薬を送っていたことが発覚しましたから。先に紹介した「ヴァルダイ会議」の質疑応答で、プーチンは韓国人の参加者から北朝鮮の核問題について問われたとき、以下のように語っています。

〈我々は韓国と非常に良好な関係にあり、韓国と朝鮮民主主義人民共和国の両方と常に対話することができた。しかし今、韓国がウクライナに武器・弾薬を供給することを決定したことがわかった。これでは、我々の関係が壊れてしまう。もし、この分野で北朝鮮との協力を再開することになれば、韓国はどのように感じるだろうか。それで幸せになれるのだろうか。

ぜひ注目していただきたい。〉

池上　ロシアが北朝鮮に武器・弾薬を供給したら韓国はどう思うか、と脅しているわけですね。ただ日本も、ロシアから恨まれてはいないかもしれませんが、軽視されている感じはします。例えば二〇二三年一月、岸田首相が訪米して日米共同宣言で「ロシアの核兵器使用は人類に対する敵対行為」と警告を発したことに対し、メドベージェフ安全保障会議副議長（前大統領）が自身のSNS上で「キシダは閣議で切腹すべきだ」と書き込んで話題になりました。メドベージェフにしてみれば、日本は唯一の被爆国としてアメリカに反省を求めなければならない立場なのに、追従しているだけではないか、ということらしいのですが、表現が下品ですよね。

佐藤　昔からメドベージェフは日本をバカにしているので、今回もからかったのでしょう。ただその言い分にも一理はあります。核兵器を使うことがどれほどの重みを持つか、知らないはずのない岸田首相の言動の〝軽さ〟に、ちょっと文句をつけたくなったのだと思います。

そしてもう一つ注意すべきなのは、反応したのがプーチンでもラブロフ外相でもなく、メドベージェフだったことです。たしかにロシア政府としては、日本を相手にしていないというメッセージですよね。

ここで思い出されるのが、開戦の前年、二〇二一年一〇月に開かれたヴァルダイ会議です。このとき、法政大学の下斗米《しもとまい》伸夫名誉教授がリモートで参加して日露関係の展望について尋ねたのですが、プーチンは興味深い回答をしています。

〈実際に日本の内政では、政治舞台の転換がかなり速く行われている。しかし、日本とロシアの国民の利益は変化していない。その基礎には、正常化への、平和条約締結を含む最終的正常化への意思がある。日本の政治舞台におけるこのような人物交代が行われたにもかかわらず、我々はこの意思に従っていく。

最近、あなたもご存じのように一〇月七日、私は日本の新首相〔岸田文雄首相〕と電話で話した。非常に経験豊かな人だ。彼は我々の関係の資料に登場している。周知のように彼は国際問題に従事した。安倍元首相と政治的な意味で十分に近い人だ。その意味で、私の考えでは、いうまでもなく、ロシアとの関係での日本の姿勢は継承されていると見る。

安倍氏の下で、露日関係を新たな水準に引き上げるため、一連の共同行動、共同計画が構築された。私はこの作業が今後も継続されることを強く望んでいる。〉

池上　日本の総理が安倍から菅、岸田と交代しても、ロシア側の平和条約締結の意思は変わらないということですね。すっかり後退したように見える北方領土問題の解決についても、まだ望みはあると。

佐藤　その点では、日本にとって評価していい回答ですよね。ただし気になるのは、この文言の中に「岸田」という固有名詞が一度も登場していないことです。

池上　ああそういえば。「安倍」は二回登場しているし、安倍さんが凶弾に倒れて亡くなった際にも、プーチンは真っ先に奥さんとお母さん宛に弔電を送っていましたね。それも外交儀礼的ではなく、たいへん心のこもった文面だったとか。ずいぶん扱いが違いますね。

佐藤　はい。ふだんプーチンが文書で感情を表すことは滅多にありません。それだけ安倍さんのことを信頼し、親愛の情を抱いていたのでしょう。日米同盟を強化する一方、アメリカに追従するばかりではなく、ロシアとも独自の外交を展開していた手腕を高く評価していたのです。

その裏返しで、プーチンは政治プレーヤーとして認知しない人物を固有名詞で呼ばない傾向があります。例えば、ロシアの反政権活動家として知られるアレクセイ・ナワリヌイについてはいっさい言及しません。名前を出すことで、ナワリヌイが重要な政治プレーヤーであると受け止められかねないからです。

池上　プーチンにとって、岸田首相が安倍さんのように重要な政治プレーヤーになるかどうかまだわからないと？

佐藤　そうでしょうね。だから岸田首相に、「あなたが安倍元首相の交渉スタンスを明確に継承するなら、本気で付き合う」というシグナルを送っていたのだと思います。プーチンの発言を分析する場合には、言葉になったことだけでなく、言葉になっていない部分にも注意を払う必要があるということです。

❖岸田政権に停戦の仲介役は担えるか

池上　岸田首相といえば、政権内部からもウクライナ戦争への対応をめぐって批判の声が上がっています。『週刊エコノミスト』二〇二三年二月二八日号で、内閣官房参与の今井尚哉《たかや》さん（キヤノングローバル戦略研究所研究主幹）がインタビューに答えて「岸田政権は停戦仲介に動くべきだ」と。

〈このままでは、どんどん人が死ぬだけだ。日本は先の大戦を経て、もう戦争をしないと決めた。だから、どうして岸田政権は停戦に向け動かないのか、私は怒りすら感じている。〉

今井さんは、安倍政権時代に総理秘書官・総理補佐官として長く中枢にいた官僚ですよね。その立場でここまで激しく言うのかと驚きました。

佐藤　言っていることは間違っていないでしょう。とにかく停戦が最優先だと。

池上　そうそう。ロシアが悪いのは当たり前、G7で結束してプーチンをいっそう非難してもかまわない。しかしその裏側で、日本は「停戦を実現するためのG7の非公式会合を持ちましょう」ぐらいの提案をすべきだと。

佐藤　岸田外交がちぐはぐだから、少し道筋をつけてほしいということでしょう。そもそも政権の中枢が弱く、バラバラに国益を追求する各省庁を調整できていない。包括的に戦略を立てたり、それを実現するための布石を各所で打ったりという部分が見えてきませんね。

しかしこれは、岸田政権に始まった話ではありません。かつて政治学者の片山杜秀《かたやまもりひで》さんは、戦前の日本の統治体制を「未完のファシズム」と看破しました。日本が無謀な太平洋戦争に突き進んでしまったのは、日本がファシストの国家だったからではなく、構造的にファッショ的な体制を築きたくても築けなかったからだと。複数の軍幹部はそれぞれ現実的に状況を把握して戦争回避の道を模索していたのに、誰もそれを統括できず、バラバラなままだった。だから結局、合理性を捨てて精神主義に走ってしまったというわけです。

こういう姿は、今日も変わっていない気がします。ウクライナ戦争によって、それがあらためて浮き彫りになったのではないでしょうか。

池上　日本政府が停戦の仲介をできるかどうかはともかく、いくつかの国が停戦の提案をしていますよね。ブラジルのルーラ大統領とか、トルコのエルドアン大統領とか、イスラエルのネタニヤフ首相とか、それに中国の習近平《シーチンピン》も。

佐藤　二〇二三年三月二一日にモスクワで行われた習近平・中国国家主席とプーチン大統領の

会談でも中国の停戦案が議題になりました。プーチンは停戦案を前向きに評価しています。他方、中国の停戦案は、米欧でも日本でも非常に評判が悪いですけどね。実効性がないとか、国際社会で中国のプレゼンスが高まっては困るとか、ロシアと政治・経済的に協力しながら何を言っているんだとか。

ところで三月二一日に岸田首相がキーウを訪問し、ゼレンスキー大統領と会談しました。この訪問に対するロシア側の反応は非常に抑制されたものでした。三月二三日の定例記者会見でロシア外務省のザハロワ報道官はこう述べました。ニュアンスが重要なので正確に引用します。

〈質問：習近平氏のロシア訪問と並行して、日本の岸田文雄首相がキエフを訪問した。日本のこの行動をどう評価するか。

回答：G7の枠組みで、日本がキエフ訪問の計画を実行する必要があったのだろう。ワシントンの論理に従って行動し、その圧力の下で行動するすべての人々は、自らが行った訪問について報告しなければならない日程表がある。ロシアのプーチン大統領と中国の習近平国家主席の訪問と会談から焦点をずらすためだったのかもしれないが、両者を比較することはできない。

日本の立場やキエフ政権の状態は、すべて理解可能なので、我々が心配することはほとん

どない。〉（二〇二三年三月二三日、ロシア外務省ＨＰ）

佐藤　ロシアの対応が抑制的だった理由は二つあります。まず、この訪問が不意打ちではなく、クレムリン（ロシア大統領府）に事前通報していたからです。政府は公式には認めていませんが。〈日本政府が岸田文雄首相のウクライナ訪問をロシアに事前通告していたことが二一日、分かった〉（二〇二三年三月二二日『日本経済新聞』電子版）という報道は事実であると、私も確実な筋から確認しています。

ロシアが最も懸念しているのは、日本がウクライナに武器供与をすることです。本書1章でも触れましたように、日本は殺傷能力を持たない装備品を約四〇億円分供与するにとどまりました。繰り返しますが、自衛隊が購入する戦闘機Ｆ35の値段が一機約一五〇億円、高速道路の建設費が一キロメートルあたり約五〇億円であることと比較すれば、四〇億円は微々たる額です。高速道路八〇〇メートル分のカネしか出さないというのは日本の国力と比較して小さすぎます。ロシアは岸田首相の激しいロシア非難の言葉よりも、日本の実際の行動を見て、今回は抑制的な対応をすると決めたのだと思います。

いずれにせよ、開戦から一年を経て各国のキーパーソンから停戦案がいろいろ出てくるようになったことは重要です。明らかにフェーズが変わりましたよね。

❖脅威の隣国・ロシアと付き合い続けるために

池上　ただうまく停戦にこぎ着けられるか、それとも一〇年ぐらい戦闘が続くかは未知数です。そこで日本として根本的に重要なのは、ウクライナ戦争にどう向き合うかだけではなく、これからロシアとどう付き合っていくかということでしょう。ロシアという国はなくならないし、隣国でもあり続けるわけですから。

佐藤　そう思います。ロシアが本当の脅威になったということを、私たちはもっと自覚しないといけない。核兵器を背後にして、戦争に訴えてでも自分たちの国益を実現しようとする国が隣にあるわけですからね。

それに曖昧な態度を取り続けていると、そろそろロシアの姿勢も変化するかもしれません。

池上　日本は表向きでは「反ロシア」ですからね。しかしロシアに「反日」になられては困る人もたくさんいる。エネルギーや食料をはじめ、これだけ経済的な結びつきが強いわけですから。そこであらためて、日本の真価が問われることになりそうです。

佐藤　どのタイミングで停戦になったとしても、その間に西側とロシアのデカップリングは進行するでしょう。ロシアは西側なしで生きていけるようなネットワークを構築し、西側もロシアに依存せずに成り立つネットワークを模索する。
ではそのとき、日本はどうするか。ロシアと経済的な結びつきが強いので、西側とは違う道を歩むことになるかもしれません。その覚悟があるのか、ロシアとも西側ともどうやって関係を築いていくかという問題ですね。

池上 そうすると、私たちに何ができるかといえば、まずロシアについてよく知るということですよね。

佐藤 そのとおりです。例えばプーチンにしても、決してロシア国民を脅したり騙したりして君臨している独裁者ではありません。問題はあるにせよ、民主的な手続きによって選ばれた政治リーダーです。プーチンに全幅の信頼を寄せる国民もいれば、他に選択肢がないという理由で消極的に支持している国民もいます。

それからロシアを知るといっても、ファンダメンタルズを知ればいいという話ではありません。先にも話したとおり、GDPだけで国力は測れないし、国力だけがその国の特徴を反映しているわけでもない。大事なのは、ロシア人がどういうことで怒り、どういうことで喜び、どこに琴線があり、どこに逆鱗があるのかを知ること。だいたい琴線と逆鱗は隣にあるものです。

私の感覚でいえば、ロシア人と日本人は案外似通っている気がします。政治体制はまるで違いますが、文化に対する感性とか、あるいは権威に対する考え方とか。共感できる部分が多いと思いますね。

池上　そういうことを含めて深く知っていくと、いたずらにロシアと敵対したり、怯えたりする必要はなくなりますね。隣人として、どう付き合えばいいかが見えてくるはずです。

公的権力の発信には注意が必要

佐藤　そこで大事なことが大きく二つあります。一つは、メディアや自称専門家に惑わされないこと。

メディアはよく「ウクライナ国民とともにある」という表現を使います。戦禍に巻き込まれた人を救いたいという気持ちはわかりますが、本来軽々に使ってはいけない。これは「一緒に戦う」という意味で、本当にその覚悟があるのかといえばそうではないでしょう。ウクライナは日本の同盟国ではありませんからね。私たちが「一緒に戦う」と表明できる相手は、同盟国であるアメリカだけなのです。

池上　メディアはとかく感情に訴える報道をしたがりますからね。それに一応は西側の一員なので、どうしてもウクライナ寄りの報道が多くなる。

佐藤　例えば開戦当初にどういう報道があったか、思い出してみればいいと思います。プーチンは末期がんに冒されているとか、戦場でロシア軍が化学兵器を使っているとか、東部の都市マリウポリでコレラが発生して一万人が死亡したとか、ロシア国民はどんどん国外に脱出しているとか、二〇二二年六月からウクライナ軍の反転攻勢が始まり、二二年中にロシア軍をウクライナ領から放逐するとか。しかし全部嘘か、もしくは誇張がありました。

また多くの有識者がメディアに登場し、これらの情報をもとにさまざまな分析や見通しを語っていました。しかしそもそもの情報が怪しいので、そういう人たちの見解もたいてい的外れでした。

発信源はウクライナ政府やイギリス国防省など、いずれも公的権力です。アメリカのネオコン系のシンクタンクである戦争研究所の主要な情報源もイギリス国防省を中心とする公的権力と私は見ています。問題は、それをメディアが鵜呑みにして報じていること。公的権力が嘘をつくはずがないという前提に立っているわけです。まるで警察が発表する交通事故の死者数のように。

池上　公的権力こそ平気で嘘をつきますよね。特に有事になると、プロパガンダを流して国民を扇動したり国際社会に正当性をアピールしたり、あるいは相手国の残虐性をあげつらったり。それを検証し、場合によっては反証することがメディアの本来の役割なんですけどね。情報を右から左へ流すだけでは、仕事をしているとはいえません。自戒を込めて思います。

佐藤　だからマリウポリのコレラ蔓延にしても、その後はまったく話題にのぼらなくなりましたよね。当時、どれだけのメディアが現地の保健当局に問い合わせたのか。あるいは地元の複数の人にランダムに電話をかけ、状況を聞くことぐらいはできたはずです。メディアはこういうことに労力を惜しむべきではない。国民が持つ「知る権利」というのは、操作された情報を知ることではありません。真実を知る権利なんです。そのために努力するのがメディアの責務ですよね。

また私たち自身、テレビや新聞にばかり頼る必要はありません。もっと深く知ろうと思えば、公開情報は意外に多く見つかります。本書の前半で取り上げたプーチンの論文や演説原稿もそう。もちろん原本はロシア語ですが、一部は日本語に訳されているし、今なら「DeepL」などネット上の自動翻訳機能を使う手もあります。

あるいは優れた翻訳書も少なくありません。比較的最近ではマルレーヌ・ラリュエルの『ファシズムとロシア』とか、アレクサンドル・カザコフの『ウラジーミル・プーチンの大戦略』（ともに東京堂出版）とか、少し前ですがフィオナ・ヒルの『プーチンの世界』（新潮社）とか。最近でも、フィリップ・ショート『プーチン』（白水社）という優れた評伝が出ています。こういうものから知識や情報を拾っていけば、世間に流れている情報がいかに浅いか、欺瞞に満ちているか、すぐにわかると思います。

池上　世の中の動きを「知る」なら新聞は便利ですが、世の中の動きを「理解」しようと思えばやはり本ですよね。仕事柄ですが、私はあるテーマについて調べようと思ったら、関連する本を何冊もまとめて読みます。そうすると、多くの本が参考にしたであろう基本書がどれかがわかってきます。それを熟読すれば、理解が一気に進みますね。

それからプーチンの発言の意味をもっと深く知りたいなら、あらためて世界史の教科書をひもといてみるといいかもしれません。ロシア帝国、ソ連、九〇年代以降のロシアがどういう道を歩んできたかを頭に入れておくと、プーチンの言っていることやロシアの論理も「全部がデタラメ」ではないことがよくわかると思いますね。

「ロシア専門家」の育成を急げ

佐藤　そしてもう一つ、ロシアと付き合っていく上で大事なのは、専門家をいかに育てるかということです。

これは国民というより政府に突きつけられた課題ですが、先の「年次教書演説」で述べたとおり、プーチンは教育のデカップリングを進めようとしています。西側の教育システムと切り離し、自国内で通用するエリートを自国内から選抜して育てようというわけです。

これは日本から見ると、ロシアに留学する機会が大幅に減ることを意味します。留学前にロシア語を完全にマスターすることが必須になりますから。では国内にしっかりした養成機関やシステムがあるかといえば、今はないですよね。

池上　なるほど。たしか「スパイ行為をさせないため、外国人にロシア語を教えるな」というレーニンの教えをプーチンが復活させようとしているという話でしたね。もうプーチンを全面的に支持する人しかロシアは受け入れないと。

しかしそれでは、ロシア語の高度な文書を読み解いたりロシア人と高レベルなコミュニケーションを図ったりしながら、ロシアの情勢を分析できる人材がいなくなってしまう。つまり佐藤さんの後継者が育たないということですね。これは大変な問題だ。

佐藤　そういう事態に備えて、かねてからアメリカは国防総省に語学学校（Defense Language Institute/DLI）を設置しています。あるいはイギリスにも、陸軍教養科（Royal Army Education Corps/RAEC）のような機関がある。

日本にはないので、当面はカザフスタンやキルギスなど、バイリンガルでロシア語が使われている国で勉強することが緊急手段になるでしょう。しかしこれらの国でも、高度なレベルのロシア語が今後いつまで使われるかはわかりません。デカップリングの結果、ロシア語圏がロシアとベラルーシとウクライナ東部ぐらいに縮小され、それ以外は英語圏に吸収される可能性がありますから。

池上　ロシアを脅威の隣人として捉えた場合、日本にとって専門家の養成は死活問題です。手厚い制度を整える必要がありますね。

❖ウクライナ戦争は台湾有事を誘発するのか

池上　もう一つ気になるのが、いわゆる台湾有事への考え方です。中国はやがて台湾支配に乗り出すはずだとか、習近平はウクライナ戦争を見て侵攻をシミュレーションしているとか、武力衝突に発展すれば日本も無傷ではいられないとか。仮定の話がどんどん大きくなっていますよね。

佐藤　ウクライナ戦争が起きたから台湾有事も起きるという、単純なアナロジーが展開されていますね。

しかしまさに状況を「理解」していれば、おかしいことはすぐにわかります。そもそも中国とロシアは政治体制が違うし、台湾問題はあくまでも国内問題です。この認識は台湾側も中国側も一致している。したがって、仮に武力衝突が起きたとしても、それは中央政府と地方政府の争いです。そこに米欧がウクライナ戦争と同じスタンスで出てくるかといえば、あり得ないでしょう。

それに何より、なぜ今中国が武力侵攻を強行するのか。また一説によれば二〇二五年とか二〇二七年といった期限まで設定しているそうですが、それはなぜか。いずれにせよ、まったく根拠のない話だと思いますね。

池上　ここにもメディアによる〝煽り〟があります。二〇二三年三月上旬、退任する李克強《リーコーチアン》首相がさよなら演説を行ったのですが、その中でたしかに台湾の統一に言及しています。ただし、はっきり「平和的に統一を目指す」と明言していました。

ところが、日本のメディアは「平和的に」の部分を大きく扱わず、「李克強が台湾を統一すべきと言った」と書き立てた。悪意があるとまでは言いませんが、作為は感じます。

佐藤　「平和的なんてどうせ嘘だろう」と決めてかかっているのでしょう。そういう思い込みや軽視を前提にしているから、真実からどんどんズレてしまうんですよね。

それはプーチンの演説についても同じこと。本書では七本の論文・演説原稿を読み解きましたが、日本のメディアは回を追うにつれて読まずに報道するようになりました。代わりに、ニューヨークタイムズとＣＮＮとＢＢＣに依存する比率が大きくなっているように私には思えます。すべて読んでいる私からすれば、その手抜きぶりはよくわかります。

池上　やはり、「悪者のプーチンが何を言っても、いちいち読む必要はない」というムードがあるのだと思います。一つひとつ丁寧にたどって読んでいくことで、プーチンがどのように思考を変遷させたか、ウクライナや西側に何を求めているのかがわかるのに。

それを放棄して、おざなりで感情的な報道に終始することは、問題の解決を遅らせるだけです。結局、誰一人として望んではいないのに、この戦争はあと一〇年ぐらい続くかもしれません。

佐藤　以前、歌手の加藤登紀子さんがおっしゃっていたのですが、「もし日本が一九四五年二月の時点で戦争を止めていたら、東京大空襲も沖縄戦も、広島・長崎の原爆も、ソ連の参戦も、朝鮮半島の南北分断もなかった。それでどれだけの人が救われていたか」と。そのとおりですよね。

ウクライナ戦争はあと数ヵ月で終わるのか、一年後に終わるのか、あるいは本当に一〇年も続くのかはわかりません。しかし、できるだけ早く終わらせることによって多くの生命が救われることは間違いない。逆に泥沼化し、核兵器が使用されるような事態にでもなれば、大量の犠牲者と憎悪の応酬とともに、世界のルールがすべて書き換えられます。人類が滅亡の危機に瀕する可能性すら排除されない。そういう見通しを踏まえた上で、さあ私たちはどういう世界を目指しますか、ということを考えていかねばならないのです。

おわりに

佐藤　優

二〇二二年二月二四日にロシアがウクライナに対する全面侵攻を開始した。ロシアは「特別軍事作戦」と呼んでいるが、実際は戦争だ（かつて日本が日中戦争を「支那事変」と呼んだのに似ている）。この戦争では想定外のことが二つ起きた。

第一は、当初、一週間程度で軍事的に攻略されると見られていたウクライナが一年以上も持ちこたえていることだ。

第二は、戦闘で勝利しても経済制裁によって壊滅的打撃を受けると予測されていたロシア経済が順調なことだ。

従来、我々が国際情勢を分析する際に用いていた道具に不備があるから、このような大きな読み違いが起きたのだと思う。

ウクライナが一年以上、軍事的に持ちこたえることができているのは、アメリカを中心とする西側連合がウクライナに武器や経済の支援を行っているからだ。同時にこのことがウクライナ戦争の性格を変えた。この戦争はウクライナ東部のドンバス地域（ルハンスク州とドネツク州）のロシア人としての自己意識を持つ住民の処遇をめぐるウクライナとロシアの二国間係争を契機とするものだった。しかし、現在は戦争の性格が根本的に変化している。西側連合からすれば、民主主義vs.独裁の価値観戦争だ。他方、ロシアからしてもこの戦いは真実のキリスト教（正教）vs.悪魔崇拝（サタニズム）の価値観戦争だ。ロシアも西側連合も無自覚であるが、このような価値観の背景にはキリスト教がある。

私は同志社大学神学部と大学院神学研究科で組織神学（キリスト教の理論）を学んだ。大学院を出たあと、外交官になり、二〇〇五年からは職業作家になったが、神学研究はずっと続けている。だから他の日本の学者や評論家に見えない事柄が見える。それはキリスト教の悪魔論だ。キリスト教ではすべての人間に罪が内在していると考える。罪が形になると悪になる。悪が人格化すると悪魔になるのだ。現在のアメリカ、ヨーロッパ（それに加え日本）は世俗化され、人間の価値観において宗教が占める位置は小さくなっている。しかし、無意識の領域でキリスト教的価値観に基づいてアメリカ人、ヨーロッパ人は思考し、行動する（日本人が無意識のうちに神道的自然観に基づいて思考し、行動するのに似ている）。ロシアは欧米や日本ほど世俗化されていないので、プーチン氏は躊躇《ちゅうちょ》せずに宗教的言語を用いる。二〇二二年九月三〇日の演説で、プーチン氏は悪魔崇拝（サタニズム）という言葉を用いて西側連合を非難した。アメリカのバイデン大統領からすると、ロシアのプーチン大統領は、二一世紀の地上に姿を現した悪魔なのである。プーチン大統領からすれば、バイデン大統領が悪魔の親分、ウクライナのゼレンスキー大統領は悪魔の子分ということになる。いずれにせよ、悪魔と妥協することはできないので、この価値観戦争は一方が他方を殲滅《せんめつ》するまで続くことになる。

しかし、中世的な悪魔論を二一世紀にそのまま適用させることはできない。なぜならアメリカもロシアも人類を壊滅させる能力のある核兵器を保有しているからだ。アメリカもロシアも、核戦争を引き起こすリスクをはらんだ直接交戦を避けようとしている。その結果、まず戦域がウクライナの領土内（ただし、ロシアが核心的利益であるとするクリミア半島は二〇一四年にロシアがウクライナから併合した土地であるが、除かれる）に限定されている。国際法的には、ウクライナはロシアによって戦争を仕掛けられたのであるから、ウクライナがロシアの領土を攻撃することは合法だ。実際、ウクライナは無人飛行機やウクライナ製ミサイルを使って、ウクライナ国境に近いロシア領を攻撃している。しかし、西側連合から供与された兵器を用いてロシア領を攻撃することは差し控えている。アメリカがそのような攻撃をしてはならないとウクライナに厳しく命じているからだ。このようなアメリカによって「管理された戦争」において、ゼレンスキー大統領が主張するクリミアを含む全土からロシアを駆逐し、一九九一年一二月にソ連から独立した時点でのウクライナ領を回復するという目的を達成することは不可能だ。アメリカはウクライナを勝利させることを目的として、ゼレンスキー政権を支援しているのではない。アメリカの目的はウクライナ人を利用してロシアを弱体化することだ。

客観的に見れば明白な現実を、西側連合の情報空間に呑み込まれている日本の有識者やジャーナリストは理解することができない。その最大の理由は、ロシアからの情報を遮断しているからだ。本書の目的は、日本では詳しく報じられたことがないプーチン大統領の戦略的重要性を持つ論文や演説を読み解くことを通じてロシアの内在的論理をつかむことだ。いうまでもないことであるが、ロシアの論理を知ることと、それに賛同することはまったく別の話だ。私も池上氏もこの戦争はロシアによる侵略で国際法に違反すると考えている。しかし、現実の歴史を見た場合、正しい側が勝ち、誤っている側が負けるとは必ずしもいえない。より率直にいうならば、戦争については勝利した側が、自らを正義とする歴史をつくるのだ（太平洋戦争で日本が勝利していたならば、あの戦争はアジアを白人支配から解放する聖戦であったとされたであろう）。

「プーチンの10年戦争」という本書のタイトルについては二つのニュアンスがある。

第一は、この戦争の今後の可能性についてだ。ロシアvs.西側連合という枠組みで考えた場合、この戦争は勝者がない形で終わる可能性が高い。ウクライナにおける戦争は、いずれかの時点で膠着《こうちゃく》状態になり、そこで停戦が実現する。それがいつになるかは誰も正確に予測することができない。西側連合は、プーチン氏を権力の座から去らせることで、この戦争を終わらせようと考えているのかもしれない。ロシア国内におけるクーデターやプーチン氏暗殺の可能性は限りなく低い。そうなるとプーチン氏の加齢による引退か自然死を待つしかない。プーチン氏は一九五二年一〇月七日生まれなので、一〇年後の二〇三三年末には八〇歳となる。ロシア人男性の平均寿命が六八・二歳であることを考えれば、一〇年後にはプーチン氏は死んでいるか、老齢によって大統領の座から去っているであろう。裏返していうと一〇年は戦争が続くことを覚悟しなくてはならない。

第二は、この戦争に関するプーチン氏の理解だ。プーチン氏は、ウクライナをめぐる西側連合との戦いは、二〇一三年一一月のユーロマイダン革命から始まったと理解している。それから一〇年後の二〇二二年二月二四日から始まった「特別軍事作戦」の目的は西側連合による宣戦布告なき戦争を終わらせることだ。この意味でも「プーチンの10年戦争」という見方が成り立つ。

本書における池上彰氏と筆者の対談とともに、プーチン氏の一九九九年から二〇二三年に至る論文や演説を時系列に沿って読んでいただければ、ロシアが内側に引きこもっていく過程がよくわかると思う。帝政時代、ソ連時代を含めロシアの特徴は、外部世界から切り離されていたことだ。ロシア史の中でゴルバチョフ氏がソ連共産党書記長となって、徐々に外部世界への扉を開けた。一九八九年ごろから共産党の統治体制が揺るぎはじめ、九一年末にソ連は崩壊した。新生ロシアのエリツィン大統領は、急進的な市場改革と民主化を進めたが国は大混乱に陥った。「混乱の九〇年代」の終焉を象徴するかのごとく、一九九九年一二月三一日にエリツィン氏は任期を終える前に大統領職から去り、プーチン氏を後継者に指名した。翌二〇〇〇年三月に大統領に選出されたプーチン氏は当初、エリツィン路線を継承するかに見えたが、二〇〇四年に再選されたころから徐々に外部世界に対して開かれた扉を閉じはじめた。そして二〇二二年二月二四日のウクライナ侵攻でロシアは再び閉ざされた世界に戻っていった。一九八五年から二〇二二年までの三七年間が長いロシア史において例外的にあの国が外部に扉を開いた時期ではなかったのかと最近、私は思いはじめている。

私はこの扉が開かれた時期に政治エリート、知識人から一般大衆に至るまでロシア人と深く付き合う経験をした。今後、このような経験を日本人がすることは客観的に難しくなると思う。だからこそ私がつかんだロシアの内在的論理を、本書を含め、記録に残しておくことには意味があると考えている。

対談相手をつとめていただいた池上彰氏に深く感謝申し上げます。本書を上梓するにあたっては、企画段階より東京堂出版の吉田知子氏、フリーランス・ライターの島田栄昭氏、ロシア語翻訳家の原口房枝氏にたいへんにお世話になりました。どうもありがとうございます。

二〇二三年四月七日、曙橋（東京都新宿区）の自宅にて

佐藤　優

参考文献

『池上彰の世界の見方　東欧・旧ソ連の国々』池上彰、小学館
『池上彰の　大衝突——終わらない巨大国家の対立』池上彰、集英社文庫
『ウクライナ——歴史の復元を模索する』早坂真理、リブロポート
『ウクライナ「情報」戦争——ロシア発のシグナルはなぜ見落とされるのか』佐藤優、徳間書店
『ウクライナ　通貨誕生』西谷公明、岩波書店
『おどろきのウクライナ』……

『ウクライナを知るための65章』服部倫卓・原田義也編著、明石書店
『おどろきのウクライナ』大澤真幸・橋爪大三郎、集英社新書
『クリミア戦争』（上下巻）オーランドー・ファイジズ、染谷徹訳、白水社
『佐藤優の集中講義　民族問題』佐藤優、文春新書
『図説　ロシアの歴史』栗生沢猛夫、河出書房新社
『ゼレンスキーの真実』レジス・ジャンテ、ステファヌ・シオアン、岩澤雅利訳、河出書房新社
『ゼレンスキーの素顔——真の英雄か、危険なポピュリストか』セルヒー・ルデンコ、安藤清香訳、ＰＨＰ研究所
『第三次世界大戦はもう始まっている』エマニュエル・トッド、大野舞訳、文春新書

『地政学と歴史で読み解くロシアの行動原理』亀山陽司、ＰＨＰ新書
『「帝国」ロシアの地政学――「勢力圏」で読むユーラシア戦略』小泉悠、東京堂出版
『ファシズムとロシア』マルレーヌ・ラリュエル、浜由樹子訳、東京堂出版
『プーチン――生誕から大統領就任まで』（上下巻）フィリップ・ショート、山形浩生・守岡桜訳、白水社
『プーチンの野望』佐藤優、潮新書
『プーチンは世界と日露関係をどう変えたのか』池上彰、徳間書店
『物語 ウクライナの歴史――ヨーロッパ最後の大国』黒川祐次、中公新書
『レーニン論』ルカーチ・ジェルジ、渡邉寛訳、こぶし書房
『ロシア史』（1～3）田中陽兒・倉持俊一・和田春樹編、山川出版社
『ロシア・ソ連 地域からの世界史11』和田春樹、朝日新聞社
『ロシアの源流――中心なき森と草原から第三のローマへ』三浦清美、講談社選書メチエ
『ロシアの歴史を知るための50章』下斗米伸夫編著、明石書店
『我が人生――ミハイル・ゴルバチョフ自伝』ミハイル・ゴルバチョフ、副島英樹訳、東京堂出版
『我々はどこから来て、今どこにいるのか？――アングロサクソンがなぜ覇権を握ったか』（上下巻）エマニュエル・トッド、堀茂樹訳、文藝春秋

附録

プーチン大統領論文・演説、ゼレンスキー大統領演説

①「千年紀の狭間におけるロシア」

ウラジーミル・プーチン

(一九九九年一二月三〇日)

現代世界は、二つの世界的な出来事の徴《しるし》のもとで、生の営みを続けている。三千年紀へ人類が入っていくこと、そして、キリスト教の二千年を祝すことである。この二つの出来事が大きな関心と注目を集めている背景には、重要な意義を有する日付を厳《おごそ》かに祝うという伝統以上のもの、何かもっとはるかに大きくて深いものがあると私は考えている。

◆新たな可能性――新たな問題

偶然なのか、あるいは必然なのか、ここ二〇~三〇年のうちに世界で生じている大いなる転換という時間の流れに、ミレニアムの到来が重なった。私が言っているのは、人類のあらゆる生活様式において、深遠な変化が急速に進んでいるということだ。こうした変化は、一般的にポスト工業化社会と呼ばれているものの形成と関わっている。この社会の主な特徴についていくつか触れておこう。

それは、社会の経済構造の変化である――物質的な生産の比重が低下し、第二次産業と第三次産業の比率が増大している。それは、先進技術の絶え間ない革新と急速な普及、知識集約型製品の生産の増大である。それは、情報科学と電気通信の急激な発展である。それは、マネージメントに対して、社会活動のあらゆる分野を組織化し管理するシステムの改善に対して、きわめて大きな注意を払うことである。そして、それは、人間が主導権を握ることである。人間こそが、その教育、専門的な訓練、事業活動と社会活動が高い水準にあることこそが、発展と前進の主要な推進力になってきている。

新たなタイプの社会の形成は長い時間をかけて進んでいる。そのプロセスには、懸念を生じさせる二つの局面があることを、注意深い政治家、為政者、学者、思慮深い一般の人々に気づかせるくらい十分長い時間である。一つ目の局面は、生じている変化が、人々の生活を向上させるための新たな可能性だけではなく、新たな問題と危険性ももたらしていることだ。これは、第一に、最も明らかな形で、環境分野で現れた。だが、この分野に限らず、社会生活の他のあらゆる領域においても、それぞれの、しかも深刻な問題が生じた。経済的に最も進んでいる国家でさえ、組織犯罪、残虐行為と暴力の増大、アルコール依存症や麻薬中毒の広がり、家族の結束とその教育的役割の弱まりなどから免れていない。

懸念される第二の局面は、現代の経済がもたらしてくれる恩恵、この経済を基盤とする質的に新しいレベルの豊かさをすべての国が享受しているわけではまったくないということである。科学、技術、先進的な経済が急速に発展している国は多くはないのだ。こうした国々ではいわゆる「黄金の一〇億人」が生活している。他の国々でも少なくない部分が、終わりゆくこの世紀において、経済と社会の新たな発展レベルに到達した。しかしながら、こうした国々が同様にポスト工業化社会の形成過程に入ったとは、まだいうことはできない。これらの国々の大半は、そのとば口にさえ立っていないのだ。その上、今あるこの格差はまだまだ長く続いていくだろうと考えられる根拠もある。だからこそ、三千年紀を迎えるときにあって、人類は、到来する時代を、期待のみならず不安も抱えて見つめているのだろう。

◆現在のロシアの状況

この不安と期待という感情は、ロシアの人々にとりわけ強く表れているといっても間違ってはいないだろう。それは、去りゆく二十世紀において、ロシアほど多くの試練を味わうことになった国は世界でもほとんどないからだろう。

第一に、現代世界において経済的・社会的発展の最高水準を体現している国家の中に我々の国は含まれていない。第二に、我々の祖国は現在、非常に難しい経済的・社会的問題に直面している。一九九〇年代、ロシアの国内総生産（GDP）はほぼ半減した。GDP全体では、アメリカの一〇分の一、中国の五分の一になっている。一九九八年の危機のあと、GDPは一人あたりおよそ三五〇〇ドルまで減少した。これは、G7諸国の平均指標のおよそ五分の一である。

ロシア経済の構造は変化し、国民経済全体の中で重要な位置を占めるのは、燃料産業、電力産業、鉄鋼業・非鉄金属業である。これらの産業は、GDP

においてはおよそ一五パーセント、鉱工業製品では全体の五〇パーセント、輸出では全体の七〇パーセント以上を占めている。

　実体経済部門における労働生産性はきわめて低い。資源産業とエネルギー産業では世界平均の指標に近いが、他の産業では著しく低く、例えばアメリカの同指標の二〇〜二四パーセントである。製造品の技巧・技術水準は大体、耐用年数五年以下の機械設備の割合で判断されるが、その割合はロシアでは、一九九〇年の二九パーセントから一九九八年には四・五パーセントまで縮小した。機械設備全体の七〇パーセント以上が一〇年を超えて使用されている。これは経済が発展した国々の指標の二倍を超えている。

　こうした状況は、国内投資、とりわけ実体経済部門への投資が減少する一方であることの結果である。そして、外国の投資家もまたロシアへの投資を急いではいない。ロシアへの外国からの直接投資累計額の総額は一一五億ドルを少し上回った程度だ。比較のために挙げれば、中国ではこの指標は四三〇億ドルである。ロシアではごく最近まで研究開発費が減少していたのに対し、例えば、世界の多国籍企業のうち最大手の三〇〇社は研究開発費に、一九九七年には二一六〇億ドル、一九九八年にはおよそ二四〇〇億ドルを拠出している。ロシア企業でイノベーションに取り組んでいるのは全体のわずか五パーセントであるし、その規模もきわめて小さい。

　設備投資が不足し、技術革新への目配りが足りないせいで、価格・品質比の点において、世界市場で競争力のある製品の生産高が急激に減少した。特に知識集約型民生品の市場では、外国の競争相手にロシアは相当押されている。この市場におけるロシア製品の割合は一パーセントを下回っている。比較のために挙げれば、同市場でのアメリカの割合は三六パーセント、日本の割合は三〇パーセントである。

　改革のすべての期間にわたって、実質国民所得は減少し続けている。特に一九九八年の八月危機〔株価・債権・通貨が下落し政府は債務繰り延べとルーブル切下げを発表〕の結果、落ち込みが顕著になった。国民の生活水準を危機前の水準にまで回復させることは、今年は叶わないだろう。国連の方法に基づいて算出されたロシア人全体の貨幣総所得は、アメリカの同指標の一〇パーセントにも満たない。人々の健康状態や平均寿命といった国民の生活の質を測る主要な指標もまた悪化した。

　現在の国の困難な経済的・社会的状況は、多くの点において、ソヴィエト式経済という遺産のつけである。何しろ、改革の開始にあたって、我々には他のどんな経済も存在しなかったのだから。市場メカニズムを、それとはまったく異なる基盤の上に構築された、巨大で歪《いびつ》な構造を有した制度に導入せざるを得なかった。このことは、改革の過程に影響を及ぼさないわけにはいかなかった。

ソヴィエト経済システムに固有の、人々のための消費財の生産とサービス部門の発展を犠牲にして、資源産業と国防産業の発展に過度に注力したことの代償を我々は払わなければならなかった。情報産業、エレクトロニクス、通信産業といった現代の経済にとって主要な産業を軽視してきたことの代償である。科学技術の進展を妨げ、世界市場におけるロシア経済の競争力を失わせることになった、生産者や産業の競争を禁じたことの代償である。企業とその労働者のイニシアチブや企業家精神に箍《たが》をはめ、押し潰しさえしたことの代償である。今日、我々は、物資的にも、精神的にも、これまでの数十年の苦い果実を刈り取っているのだ。

むろん、国の刷新のために支払ったものの中には避けられたものもあった。そうしたもの〔避けられたのに避けられなかったもの〕は、我々自身の誤算、過ち、経験不足の結果である。だが、いずれにせよ、ロシア社会が直面した主要な問題を回避するのは不可能だった。市場と民主主義への道は、一九九〇年代にその道に踏み出したすべての国にとって、容易なものではなかった。国によって困難の度合いに差はあったにせよ、どの国もほぼ同じような困難を経験してきたのである。

ロシアは、経済と政治における改革の最初の段階、移行期を終えようとしている。あらゆる困難や失策にもかかわらず、我々は全人類が進んでいる幹線に行き着いたのである。世界の経験が説得力をもって示しているように、この道だけが、ダイナミックな経済成長と国民の生活水準の向上に向かう現実的な展望を切り開くのだ。他に選択できる道はないのである。

これから何を為すべきか、ロシアは今、切に問われている。新たな市場メカニズムを最大限機能させるにはどうしたらいいのか？　いまだに思い知らされる、理念と政治における社会の深い分裂をどうすれば乗り越えられるのか？　どのような戦略的目標が、ロシア国民を結束させることができるのか？　我々は、二一世紀の世界共同体のどこに祖国の位置を見るのか？　我々が一〇年後、一五年後に達することを望む経済、社会、文化の発展水準はどんなものか？　我々の強みと弱点は何か？　どんな物質的、精神的リソースを我々は今日、有しているのか？

これらのことは、人生そのものが投げかける問いである。この問いに対する、すべての国民にとって明確で理解できる答えなくして、我々は、偉大なる我が国にふさわしいペースで、ふさわしい目標に向かって前進することなどできないだろう。

◈ロシアにとっての教訓

これらの問いに対する答えは、我々の未来そのものと同じく、我々が自身の過去と現在からどのような教訓を導き出すかに密接に関わっている。これは一年でできる作業ではないし、社会全体にとっての作業でもある。とはいえ、こうした教訓のいくつかは、すでに十分明らかになっている。

1．去りゆく世紀の四分の三近くの間、ロシアは共産主義ドクトリンの実践という旗印のもとで生きてきた。その時代における疑う余地のない成果を見ることをせず、ましてや否定してしまうのは誤りであろう。だが、この社会的実験の過程で、社会と国民が払ってきたとてつもなく大きな代償を認めないのは、さらに大きな誤りであろう。最も重要なことはおそらく、ソヴィエト政権が、国を繁栄させることも、社会をダイナミックに発展させることも、人間を自由にすることもなかったことであろう。加えて、経済へのイデオロギー的なアプローチによって、我々の国は先進諸国からどんどん取り残されていく運命を背負わされた。このことを認めるのがどれほど苦かろうと、七〇年近くにわたって、我々は、文明の本流から外れて延びる袋小路を進んできたのである。

2．ロシアは、政治的、社会・経済的な激震、大変動、急進的な変革に対し、精一杯の力を出し尽くしてしまった。またしても革命を呼びかけることができるのは、狂信者、あるいはロシアとその国民に対してほとんど無関心で冷淡な政治勢力だけである。共産主義、民族主義的《ナショナリスティック》な愛国主義、はたまた急進的な自由主義など、どのようなスローガンをもってしても、どんな激変も、もう起こることはないだろう。

激変が起これば、国家と国民は持ちこたえられないであろう。創造のためと同様、生き残りのためであっても、民族の忍耐と能力は限界を迎えている。社会はただもう崩壊するだけだろう。経済的にも、政治的にも、精神的にも、道徳的にもだ。

責任のある社会・政治勢力は、市場改革と民主的改革の過程で形成されたあらゆる肯定的なものに依拠し、もっぱら漸進的、段階的、バランスのとれた手法によってのみ実施される、ロシアの再生と繁栄のための戦略を国民に提示しなければならない。この戦略は、政治的に安定した状況において、ロシア国民、そのすべての層とグループの生活水準を悪化させることなしに、実施されるものである。これは、現在の我が国が置かれている状況から導き出される絶対的な要件である。

3．九〇年代の経験がはっきりと示しているのは、外国の教科書から借用してきた抽象的なモデルやスキームを単純にロシアの土壌に移すようなやり方では、我が祖国は、過度な支出を伴うことなく、刷新を本当の意味で成功させることはできないということである。また、諸外国の経験を機械的に模倣することも成功には結びつかない。

ロシアも含めて、それぞれの国が、刷新への独自の道を模索しなければならない。この点で、我々は、自身今のところ、あまり成功していない。我々は、一、二年で探の改革の道筋とモデルをようやくこの一、二年で探りはじめたばかりである。市場経済と民主主義という普遍的な原則をロシアの現実と有機的に結合させることができた場合にのみ、我々は価値ある未来の到来を期待することができるのである。

科学的、分析的、専門的作業と同様、あらゆるレベルの国家機関、政治・社会団体の活動は、この方向にこそ進んでいかなければならないのである。

◆価値ある未来へのチャンス

去りゆく世紀の主な教訓はこのようなものである。こうした教訓によって、長く続いた危機を、歴史的な尺度で見れば比較的短い期間で克服し、国の迅速かつ持続可能な経済的・社会的発展のための前提条件を創出するための長期的な戦略の輪郭を描くことができる。迅速にという点を強調しておく。なぜなら、ぐずぐずしている時間は我が国にはないからでである。

専門家の計算は次のとおりである。一人あたりのGDPが、現代のポルトガルとスペイン——世界経済の主要国には含まれていない国である——の水準に達するためには、我々は、およそ一五年にわたってGDPを毎年少なくとも八パーセント拡大させる必要がある。この一五年間に、毎年一〇パーセントのGDP成長率を維持することができれば、我が国の一人あたりGDPはイギリスまたはフランスの現在の水準に達する。

仮に、専門家のこの計算が正確とはいえず、今の経済的な遅れがそれほど大きいものではなくて、我々はもっと早くその遅れを取り戻すことができるとしても、長い年月がかかることに変わりはない。だからこそ、長期的戦略の策定と実行に、できる限り早く取りかからなければならないのである。

この方向への最初の一歩が踏み出された。ロシア政府のイニシアチブならびに政府自体の積極的な関与の下、設立された戦略研究センターが、一二月末に活動を開始したのだ。センターは、戦略それ自体、そして、その戦略を実施する過程において生じるであろう課題について最も効果的な解決策を練り上げるための、政府に向けた、理論的、応用的な勧告、提言、プロジェクトを用意すべく、我が国最高の知性の結集を目指している。必要な成長のダイナミクスを獲得すること、これは経済的な問題に限られるわけではないと確信している。これは、政治的な問題でもあり、あえて恐れずにいうなら、ある意味、イデオロギー的な問題でもある。より正確にいうなら、理念的、精神的、道徳的な問題である。しかも、後者は、ロシア社会の結束という観点に照らせば、現段階では特に重要であると私には思われる。

(A) ロシアの理念

分裂と内部崩壊の状態にある社会、主要な社会勢力、政治勢力が、さまざまに異なる基本的価値とイデオロギー的方向性を有しているような社会では、我々の祖国が切実に必要としている実りある創造的な仕事を進めることは不可能である。

去りゆく世紀において、ロシアは二度、このような状態に陥った。一九一七年一〇月後と一九九〇年代である。最初のケースにおいては、市民の合意と社会の結束は、当時「思想教育活動」と呼びならわされていたものによってではなく、むしろ、力の行使によって達成された。権力のイデオロギーと政策に同意しない者は、直接的な弾圧に至るものも含めさまざまな迫害を受けた。付言すれば、こうした理由もあって、私には、他の政治家、評論家、学者らがその構築を呼びかけている「国家イデオロギー」という用語は適切なものではないと思えるのだ。この用語は、つい最近の出来事を強く連想させてしまう。国家によって公に祝福され、支持されているようなものとして国家イデオロギーが存在するところ、そこには、厳密にいって、知的、精神的な自由、思想的多元主義、出版の自由のための場所は事実上残されていない。つまり、政治的自由のための場所もである。

私は、いかなる形であれ、国家の公式なイデオロギーをロシアで復活させることには反対である。民主的なロシアにおいては、強制された市民の合意はあってはならない。ここでは、社会的な合意はどんなものであれ、もっぱら自発的に得られるのである。だからこそ、ロシア人の圧倒的多数にとって、望ましく、魅力的な目的、価値、発展目標といった根本的な事柄に関する合意が非常に重要になってくる。

ロシアで改革が遅々として進まず困難である主な原因の一つは、まさに市民の合意、社会の結束がないことなのだ。力は、ロシアの刷新のための具体的な課題の解決ではなく、もっぱら政治的な確執に費やされている。とはいえ、ここ一年から一年半で、この分野において望ましい変化がいくつか現れてきた。国民の大半は多くの政治家よりも、賢明さと責任感をより発揮している。人々は、安定、確信、自身およびその子どもたちの未来、一ヵ月ではなく、数年、数十年先の未来を計画する可能性を欲している。人々は、平和、安全、確固とした法秩序のある状況で働くことを望んでいる。人々は、多様な所有形態、企業活動の自由、市場関係によって開かれる可能性と展望を活用したいと願っているのである。

こうしたことに基づいて、社会、集団、民族の利害の上位に来る、国家を超えた人類共通の価値を我が国民が学び、受け入れる過程が始まった。人々は、言論の自由、国外渡航、その他基本的な政治的権利、個人の自由といった価値観を受け入れた。人々は、所有物を持つこと、事業活動を行うこと、富を築くことが可能なのだということを大切に思っている。このリストはさらに長くすることができる。

ロシア社会を結束させるもう一つの支点は、ロシア人固有の伝統的な価値観と呼べるものである。こうした価値観は今日、非常にはっきりと見てとれる。

愛国主義《パトリオティズム》。この言葉はときに、皮肉な意味や、非難する意味でさえ、使われることがある。だが、大多数のロシア人にとって、この言葉は、その本来の、完全に肯定的な意味を保ってきた。愛国心とは、自身の祖国、その歴史と偉業を誇りに思うことである。自身の国をより美しく、豊かに、強く、幸福にしようとする志《こころざし》である。こうした感情が、民族的な驕《おご》りや帝国主義的野心から解放されているなら、そこには非難すべきもの、因循姑息なものは何もないのだ。愛国心は、国民の勇敢さ、不屈さ、力の源泉である。愛国心、そして、これに結びついた民族の誇りと尊厳を失くしてしまえば、我々は、偉業を成すことのできる国民としての自分自身を失ってしまうだろう。

大国性。ロシアは偉大な国であったし、今後もそうあり続ける。このことは、ロシアの地政学的、経済的、文化的な在りようという不可分の特性によって条件づけられたものである。こうした特徴は、ロシアの歴史全体を通して、ロシア人のメンタリティ、国家の政策を規定してきたし、今日においても規定せざるを得ない。もっとも、今日においては、そのメンタリティは、新たな内容によって満たされなければならない。現代世界では、国の大国としての力は、軍事力よりはむしろ、先進技術の開発と適用、国民への高度の福利の保障、国際舞台における自国の安全を確実なものにし、国益を守る点において、リーダーとなる能力によって示されるのである。

国家主義。ロシアが、リベラルな価値観が歴史的に深い伝統を持つ、例えば、アメリカまたはイギリスの第二版に、すぐに成るようなことはない。そもそも成ると仮定しての話であるが。ロシアでは、国家、その体制と機構は常に、国、国民の営みにおいてきわめて重要な役割を果たしてきた。ロシア人にとって強固な国家とは、異常なものではなく、それと闘わなければならないような何かではなく、それどころか、秩序の源泉であり保証であり、創始者なのであって、あらゆる変化における中心的な推進力なのである。

現代のロシア社会は、強力で効果的な国家を全体主義国家と同一視していない。我々は民主主義、法治国家、個人と政治の自由がもたらす恩恵を重んじることを学んだ。それと同時に、人々は、国家権力が明らかに弱体化していることも憂慮している。社会は、国の伝統と現在の状況に基づいて、必要な程度において、国家の指導的かつ規制的な役割が回復することを望んでいるのである。

社会的連帯。ロシアにおいては事実、集団的な活動形態への志向が個人主義よりも常に優勢だった。ロシア社会には、温情主義《パターナリズム》のメンタリティが深く根づいているということも事実である。ロシア人の多くが、個人的な努力や自発性、進取の気性より、むしろ、国家と社会からの助けと支援によって、自身の状況をよくすることに慣れてきた。この慣れがなくなるには非常に長い時間がかかるだろう。これがよいことなのか、悪いことなのかという問いに答えを与えようとするのはやめておこう。重要なのは、こうした性向があることであり、しかも、今のところ優勢なままである。だからこそ、このことに配慮しないわけにはいかない。何よりまず社会政策において考慮しなければならない。

新たなロシアの理念は、全人類の普遍的な価値と、激動の二〇世紀も含め、時の試練に耐えてきたロシア元来の価値観との合金として、有機的な結合体として、生まれるのだと私には思われる。大事なことは、この死活的に重要なプロセスを無理に速めないだけでなく、断ち切らないこと、壊さないことである。市民的合意の最初の芽が、政治的なキャンペーン、あれこれの選挙の最中に、踏み潰されるようなことは許してはならない。この点において、先般の国家院〔下院〕選挙の結果は、大いなる楽観主義を抱かせる。それは、社会で進みつつある安定と市民的合意への転換を反映したものだった。圧倒的多数の市民が、急進主義《ラディカリズム》、過激主義、革命的な傾向を有する反体制主義を拒否したのだ。改革のこれまでの年月で、権力における行政機関と立法機関が建設的に協力するためのこれほど望ましい政治的条件が形成されたのはおそらく初めてのことだろう。

新しくなった国家院に代表を送っている党や運動体に所属する本物の政治家は、こうした事実から然るべき結論を下さざるを得ない。国民と国の運命に対する責任感が勝ることで、ロシアの政党、組織、運動体とそのリーダーたちが、すべての健全な勢力の結集を必要とするロシア全体の利益や将来を、狭い党派的あるいは当面の利益のために犠牲にすることはしないと、私は確信している。

◆強い国家

最も正しい経済・社会政策でさえ、国家権力、運営組織の脆弱さのせいで、実行に移す際に、うまく進まないという段階に我々はいる。ロシアの再生と隆興の鍵は今日、国家政策の領域にある。ロシアは強力な国家権力を必要としており、それを有さなければならない。これは全体主義制度への呼びかけではない。あらゆる独裁、権威主義的制度は一過性のものであることを、歴史は説得力をもって証明している。民主主義の制度だけが永続的なのである。そのあらゆる欠点にもかかわらず、それ以上よいものを人類は考えつかなかった。ロシアにおける強力な国家権力とは、民主的で、法に基づいた、能力のある連邦国家のことである。

この国家を形成する方向性として私は以下のものを見ている。

・国家権力および管理運営機関の構造の合理化、国家公務員のプロフェッショナリズム、規律、責任の強化、汚職との闘いの強化。
・最良の専門家を選抜することを原則とした、国家人事政策の建て直し。
・権力とのバランスを保ち、これを監視する活動的な市民社会を国内で形成するために適した条件の創出。
・権力における司法部門の役割と権威の向上。
・予算・財政部門も含めた連邦関係の改善。
・犯罪に対する積極的で攻撃的な闘いの展開。

憲法改正は、喫緊かつ最優先の課題とは思われない。我々は真に優れた憲法を有している。憲法で個人の権利と自由を扱っている章は、この種の憲法典としては世界で最良のものであると見なされている。実際、重大な課題は、国の基本法をまたしても作成することではなく、現行憲法とそれに基づいて採択された諸法の履行を、国家、社会、各人の活動の規範とすることである。ここで重要な問題は、採択される諸法の合憲性である。現在、ロシアには、一〇〇〇を超える連邦法ならびに何千もの共和国、地方、州、自治管区の法律が存在する。そのすべてが上記の基準〔合憲性〕を満たしているわけではない。法務省、検察庁、司法当局が今後もこの問題の解決にこれまで同様、だらだらと時間をかけるのであれば、ロシア憲法の観点から見て疑わしい、あるいは単に法的な根拠に欠けている非常に多くの法律が、法的かつ政治的意味合いにおいて危険なものになりかねない。国家の憲法上の安全保障、連邦中央の能力そのもの、そして国を統治する能力、ロシアの一体性に問題が出てきてしまう。

さらにもう一つの深刻な問題は、政府が属する権力分野に関するものである。個人の権利と自由、そして民主主義全体にとって最も大きな危険は、行政権力〔行政機関〕から生じていることは世界の経験が示している。もちろん、立法権力も悪法を採択するし、応分の危険性をもたらす。しかしながら、最も大きいのはやはり行政権力である。行政権力は、行政手続きを用いることで、国の活動を組織立て、法律を適用し、これらの法律を客観的に、きわめて深刻に、しかも必ずしも意図的にではなく、歪めてしまうこともあり得るのだ。

世界中で行政権力の強化に向かう傾向が見られる。だからこそ、行政権力の恣意と悪用を避けるために、社会が、その監視を強めようと志向するのは決して偶然ではないのである。だからこそ、私自身は、行政権力と市民社会とのパートナー関係を確立し、市民社会の諸制度ならびに構造を発展させ、汚職との積極的で厳しい闘いを繰り広げることを最重要視しているのだ。

(B) 効率的な経済

すでに述べたように、改革の年月は、ロシアの経済と社会の領域に難問を山積させた。実際、難しい状況である。しかしながら、偉大なる強国としてのロシアを弔う〔葬り去る〕のは、控えめにいっても、まだ早い。どんなことがあったにせよ、我々は自身の知的かつ人的なポテンシャルを維持してきた。数々の有望な科学技術の開発の成果、先進技術は、失われてはいない。我々には天然資源も残っている。それゆえ、国には価値ある未来があるのだ。

それと同時に、我々は九〇年代から教訓を引き出して市場改革の経験の意味を考えるべきなのだ。

1. これらの年月すべてにわたって、高度に発展し、繁栄した世界の偉大な国としての地位をロシアに確保するための、国家全体の目標と到達点についての明確なイメージを持たないまま、我々は、まるで手探り状態で、当てずっぽうに、動いてきた。このことが最大の教訓の一つだと私は見ている。一〇〜一五年以上先を見据えた有望な発展戦略がないことは経済においてとりわけ痛切に感じられる。

政府には、戦略と戦術を統一させるという原則に基づいて、その活動を構築しようという強い意向がある。そうでなければ、我々は、穴を塞いだり、消防隊方式で活動したりする〔一時的に取り繕ったり緊急対応策を行うという意味合いだと思われる〕はめになる。本格的な政治、大きな事業は、このように行われるものではない。国は長期的な国家発展戦略を必要としているのである。すでに述べたとおり、政府はこの戦略の準備に着手した。

2．九〇年代の第二の重要な教訓は、経済ならびに社会分野に対する国家規制の完全なシステムを構築することがロシアには必要なのだという結論である。これは、国家があらゆる領域に浸透し、各事業所の活動のあらゆる側面をすみずみまで規制していた、指令によって計画と運営を行うシステムに戻るという話ではない。これは、ロシア国家を、国の経済と社会の力に関する効率的な調整者にするということである。この調整者は、こうした力の有する利害のバランスをとり、社会発展の最適な目的とパラメータを定め、その達成のための条件とメカニズムを創出するのである。

当然ながら、上記の事柄は、経済における国家の役割を、ゲームのルールづくりとその遵守状況に対する監視に限定する一般的な公式からはみ出ている。我々は、やがては、この公式に行き着く可能性が高い。だが、今の状況では、経済的・社会的プロセスに対する国家の働きかけを大きなものにすることが必要なのである。国家による規制システムの規模とメカニズムを規定するにあたっては、我々は次の原則に従わなければならない――「国家は必要なところに、必要なだけ存在し、自由は必要なところに、必要なだけ存在しなければならない」

3．第三の教訓は、我が国の条件にとって最も適しているであろう改革戦略の実施への移行である。この戦略は、以下の行動方針から成り立っていると想定される。

3-1　ダイナミックな経済成長を促すこと。ここで最優先すべきなのは、投資をより活性化することである。我々は今のところ、この問題を解決できていない。九〇年代には、ロシアの実体経済部門への投資は五分の一に、このうち固定資産への投資は三・五分の一〔＝七一・四パーセント〕にまで縮小した。ロシア経済の物質的基盤そのものが破壊されつつあるのだ。我々は、純然たる市場メカニズムと国家介入の手段を組み合わせた投資政策の実施を主張する。同時に、外国の投資家にとって魅力的な投資環境を国内に創出する作業を今後も進めていく。率直にいって、外国資本がなければ、国が復興する道のりは長く、困難なものになるだろう。我々にはゆっくりと再生させていくための時間はない。つまり、外国資本が我々の国に入ってくるようにするため、あらゆることを行う必要があるのだ。

3－2　積極的な産業政策の実施。二一世紀における国の未来、ロシア経済の質は何よりもまず、ハイテクを基盤とし、知識集約型の成果物をつくり出す産業の進歩にかかっている。なぜなら、現代世界においては、経済成長の九〇パーセントは、新たな知と技術の導入によって実現しているからである。政府は、科学・技術の進歩を主導する産業を優先的に発展させる方向で産業政策を実施していく意向だ。必要な措置は以下のとおりである。

・先端技術および知識集約型成果物に関する予算枠外の内需開拓を促進し、ハイテク製品の輸出志向を支援する。

・主として内需を満たすために活動している非資源産業を支援する。

・燃料・エネルギーならびに資源産業の輸出力を強化する。

この政策の実施に向けて必要な財源を集めるために、世界の慣行で古くから知られているメカニズムを利用しなければならない。その基盤となるのは、目的を限定した信用・税制上の手段、国家保証のある各種特典の供与である。

3－3　合理的な構造政策の実施。産業の発達した他の国々と同様、ロシアの経済にも、金融・産業グループ、コーポレーション〔ここでは大企業の意味で使っていると思われる〕のための場所も、中小ビジネスのための場所もどちらも存在する〔前者と後者は共存できる〕と政府は考えている。一方の経営形態の発展を抑えて、他方の経営形態の発展を人為的に促すような試みはどんなものであれ、ロシア経済の成長を妨げるだけである。政府の政策は、経営形態相互の最適なバランスを確保する構造の構築を目指すものである。

ここでもう一つ重要な方針は、自然独占の活動を合理的に規制することである。これは重要な問題である。なぜなら、生産と消費の価格の構造全体をかなりの程度、規定するのは自然独占であるからだ。つまり、そのような形で、自然独占は、経済と金融のプロセスにも、国民所得の動向にも影響を及ぼしているのである。

効果的な財政システムの構築。これは、以下の方針を含む非常に大きな仕事である。

・国家の経済政策の最も重要な手段である予算の効率性を高めること。
・税制改革を実施すること。
・不払いを一掃し、物々交換や他の疑似貨幣による決済手段を完全に排除すること。
・低インフレと安定したルーブル相場を維持すること。
・先進的な金融・証券市場を創出し、これらの市場を、投資資源を蓄積するための手段にすること。
・銀行システムを再構築すること。

3－5　経済ならびに金融・信用分野における闇経済の駆逐と組織犯罪の一掃。闇経済はどこにでもある。しかしながら、先進国ではGDPに占めるその割合は一五～二〇パーセントを超えないが、ロシアにおいてはこの指標は四〇パーセントに達している。このセンシティブな問題を解決するためには、法執行機関の活動を改善するとともに、許認可、税制、為替、輸出管理を厳格化する必要がある。

3－6　ロシア経済を世界の経済構造に徐々に統合させていくこと。これなくしては、先進国が達している経済・社会上の進歩の段階まで、我々は上っていくことなどできない。この点に関する我々の主要方針は以下のとおりである。

・ロシアの事業所、会社、法人（コーポレーション）の対外経済活動を国が積極的に支援すること。なかんずく、ロシアの商品生産者の輸出契約に保証を与える、輸出支援のための連邦機関の設立を必要とする時期がきている。

・世界の商品、サービスならびに投資市場におけるロシアへの差別に断固とした対抗措置をとること。ロシアの反ダンピング法を採択し、これを適用すること。

・対外経済活動を規制する国際的なシステム、まずはＷＴＯ（世界貿易機関）にロシアを加盟させること。

３－７　現代的な農業政策の実施。ロシアの再生は、ロシアの農村の再生、国の農業の振興を抜きにしては考えられない。国家による支援と規制措置を、農村と土地所有関係における市場改革の実施と有機的に組み合わせた農業政策が必要である。

４　人々の生活水準の悪化を伴う変革や措置はどんなものであれ、ロシアにとっては事実上、不可能であることは認めないわけにはいかない。この点において、我々は、よくいわれるように、ギリギリの線まで行き着いてしまったのだ。とりわけ、国内の貧困は大規模なものとなった。一九九八年はじめ、一人あたりの年間加重平均所得は、世界ではおよそ五〇〇〇ドルだったが、ロシアではこの同指標はその半分以下の二二〇〇ドルだった。八月危機のあとではさらに低くなった。ＧＤＰに占める賃金の割合は改革の年月で五〇パーセントから三〇パーセントまで低下した。

これは最も切迫した社会問題である。政府は、国民の実質可処分所得の増大に基づく、国民福祉の持続可能な向上を確実にするための所得分野での新たな政策を練り上げている。

あらゆる困難にもかかわらず、政府は、科学、教育、文化、保健への国家支援策を強化する強い意向を持っている。なぜなら、人々が身体的にも精神的にも不健康で、教養に乏しく、無学であるような国は、決して世界文明の高みにまで上ることはないからである。

ロシアは、その何世紀にも及ぶ歴史において最も困難な時代の一つを体験している。おそらく、この二〇〇～三〇〇年で初めて、世界の国家群の第二、もしくは第三階梯《かいてい》まで落ちてしまう現実的な危機に直面している。これを避けるため、国民の知的、身体的、倫理的な力のすべてを傾注する必要がある。

調和のとれた、創造的な作業が必要である。この仕事を我々の代わりにやってくれる者などいない。すべては今、危機の程度を認識し、結集し、長く困難な仕事を行う心づもりである我々の能力に、ひとえにかかっているのである。

出典：『独立新聞』公式サイト
https://www.ng.ru/politics/1999-12-30/4_millenium.html
翻訳：原口房枝

②「ロシア人とウクライナ人の歴史的一体性について」

ウラジーミル・プーチン

（二〇二一年七月一二日）

先頃、「直接対話」（ダイレクトライン）〔プーチン大統領がロシアのテレビ局のスタジオで、スタジオ参加者および国内各地の国民からの質問に次々と答える年に一度の生放送番組〕の中で、私は、ロシアとウクライナの関係についての質問に答え、ロシア人とウクライナ人は一つの民《たみ》（ナロード）であり、不可分の一体であると述べた。これは、何か目先の情勢、現在の政治状況ゆえに出てきた言葉なのではない。何度も言ってきたことであり、私の確信なのである。だからこそ、自身の立場を詳しく述べて、今日の状況に対する自身の評価について伝える必要があると考える。

最初に強調しておくが、本質において歴史的、精神的に一つの空間を構成する部分の間、ロシアとウクライナの間に、ここ数年で壁が生じてしまったことを、私は、両国にとって共通の大きな不幸、悲劇として捉えている。こうなってしまったのは、何よりもまず、我々自身がさまざまな時代に犯した過ちの帰結である。しかしながら、絶えず我々の一体性を壊そうと試みてきた勢力の意図的な活動の結果でもある。この勢力が使っているのは、いにしえより知られている方式、分割して統治せよ〔古代ローマ帝国のその支配地域における統治術〕である。ここには何ら目新しいものはない。民族問題を駆け引きに使い、人々の間に不和の種を播《ま》こうとする試みもここからきている。そして、その最大の任務は、分割し、その後に、一つの民（ナロード）のそれぞれの部分をけしかけて互いに争わせることなのである。

よりよく現在を理解し、そして未来を見据えるためには、我々は歴史に目を向けなければならない。むろん、一〇〇〇年以上の間に起こった出来事すべてを、この論文の枠内で網羅することは不可能である。それゆえ、我々にとって、ロシアにおいても、そしてウクライナにおいても、覚えておくことが重要となる、重大な転換点となった局面に焦点を当ててみよう。

ロシア人、ウクライナ人、ベラルーシ人は、ヨーロッパ最大の国家であった古代ルーシを受け継ぐ人々である。広大な空間――ラドガ、ノヴゴロド、プスコフからキエフ、チェルニゴフに至るまで――においてスラヴ人やその他の種族は、一つの言語（現在、我々はこれを古代ロシア語と呼んでいる）、経済的な結びつき、リューリク朝の公（クニャージ）による権威によって結びつけられていた。そして、ルーシの洗礼〔九八八年にウラジーミル一世が、キリスト教の教派の一つであるギリシャ正教を国教に採用〕後は、正教という一つの信仰によっても結びつけられた。ノヴゴロド公、そしてキエフ大公でもあった聖ウラジーミル〔ウラジーミル一世〕による宗教上の選択は、今日においても、多くの点で、我々の同胞性を規定している。

キエフ大公の座は古代ルーシ国家において最大の勢威を有していた。これは九世紀末からの慣わしであった。キエフについて「ロシアの都市の母になれ」という予言を行ったオレグ〔『過ぎし年月の物語』によれば、八八二～九一二年キエフ大公国の大公位にあった〕の言葉を後世の人々に残したのは『過ぎし年月の物語』（原初年代記）〔キエフ大公国についての年代記〕である。

時代が下り、古代ルーシも当時の他のヨーロッパ諸国と同様、中央権力の弱体化と分裂に直面した。それでも、貴族も一般庶民も、ルーシのことを共通の空間、自身の父祖の地として認識していた。

バトゥ〔チンギス・ハンの孫で一三世紀にルーシに侵攻、キプチャク・ハン国の創始者〕による破壊的な侵攻で、キエフを含む多くの都市が壊滅的な被害を被ったあと、分裂はさらに進んだ。北東ルーシはハン国（オルド）に従属することになったが、限定的なものであれ主権は維持した。南部と西部のルーシの地は大半がリトアニア大公国の一部となった。指摘しておきたいのは、リトアニア大公国は、歴史的な文書では「リトアニア・ルーシ大公国」と呼ばれていたことである。

公や大貴族（ボヤール）の家柄の者たちが、ある公から他の公へと仕える相手を変え、互いに反目することもあれば、友誼を交わしたり、同盟を結んだりすることもあった。クリコヴォ平原では、モスクワ大公ドミトリー・イヴァノヴィチとともに戦ったのは、ヴォルィニの将であるボブロク、リトアニア大公オリゲルドの息子たちであるアンドレイ・ポロツキーとドミトリー・ブリャンスキーだった。その一方で、トヴェーリ公女の息子であるリトアニア大公ヤガイロは自軍を率いてママイに合流した〔一三八〇年のクリコヴォの戦いでは、モスクワ大公率いるルーシ諸侯の連合軍が、ハン国の実質的な支配者であるママイの軍とリトアニア大公国・ルーシ諸侯の連合軍を破った〕。こうしたことはみな、我々の共通の歴史の一ページであり、その複雑さと多面性を反映している。ルーシの西部の地でも東部の地でも同じ一つの言語が話されていたことを指摘しておくことは重要である。その信仰は正教であった。一五世紀の半ばまでは、統一の教会管轄が維持されていた。

　歴史的発展の新たな段階において、リトアニア・ルーシも、強大化したモスクワ・ルーシも、古代ルーシの領土を集め、統合する拠点となり得た。古代ルーシの国家性の伝統を受け継ぎ、再統合の中心になったのがモスクワであったのは、歴史が定めたことである。アレクサンドル・ネフスキー公〔ウラジーミル大公。一二四〇年スウェーデン軍をネヴァ河畔で壊滅させ、「ネフスキー」の称号を得る〕の子孫であるモスクワの公たちは外部の軛《くびき》を投げ捨て、ルーシの歴史的な土地を集めはじめたのである。

　リトアニア大公国では、異なったプロセスが進行した。一四世紀、リトアニアの支配層はカトリックを受け入れた。一六世紀には、ポーランド王国とルブリン合同を結び、「二国の民の共和国」（事実上、ポーランドとリトアニアの共和国）〔ポーランド語名ではジェチ・ポスポリータで共和国を意味するが、実体は王国であった〕が形成された。ポーランドのカトリック貴族は、ルーシの領土に多大な土地を所有することになり、多くの特権を得た。一五九六年のブレスト合同により、ルーシ西部の正教の聖職者階級の一部はローマ教皇に服した。ポーランド化とラテン化が進み、正教は排除された。

　これに対して、一六～一七世紀に、ドニエプル地方では、正教徒住民の解放運動が盛り上がった。転機となったのは、ヘトマン〔ウクライナ・コサックの首領〕であるボグダン・フメリニツキー〔一六四八～五七年のコサックによる武装蜂起の指導者〕の時代の出来事である。その支持者らはポーランド・リトアニア共和国から自治を勝ち取ろうと試みた。

　一六四九年、ザポロジエ軍によるポーランド・リトアニア共和国の王に対する嘆願には、ロシア正教住民の権利を守り、「ルーシの民でかつギリシャの教え〔正教のこと〕を信じる者をキエフの長にするよう、神の教会には踏み入らないよう……」と記されていた。だが、ザポロジエのコサックたちの言うことは聞き入れられなかった。

　これを受け、B・フメリニツキーがモスクワに訴え、この訴えは、ゼムスキー・ソボルで審議された。一六五三年一〇月一日、ロシア国家のこの最高代表機関〔ゼムスキー・ソボルのこと〕は、同じ信仰の徒を支援し彼らを保護下に置くことを決定した。一六五四年一月、ペレヤスラヴリ（ペレヤスラウ）ラーダ〔全体会議〕がこの決定を承認した。その後、フメリニツキーとモスクワの大使がキエフを含む数十の都市を廻り、これらの都市住民はルーシの皇帝（ツァーリ）に誓いを立てた。ちなみに、ルブリン合同が締結された際には、こうしたことは何も行われなかった。

一六五四年、モスクワに宛てた書簡で、B・フメリニツキーは、アレクセイ・ミハイロヴィチ帝〔ロマノフ王朝二代目の皇帝〕に対し、帝は「ザポロジエの全軍とロシア正教の世界すべてを、帝のその力強く高貴な御手の中に受け入れてくださった」と感謝の念を述べた。つまり、ポーランド王とロシア皇帝のそれぞれへの訴えの中で、ザポロジエのコサックたちは自らをロシア正教の人々と呼び、そう定義したのである。

ロシア国家とポーランド・リトアニア共和国との戦争が長引く中で、B・フメリニツキーの後継者であるヘトマンの中には、モスクワとは「距離を置いたり」、スウェーデン、ポーランド、トルコの支援を求めたりする者もいた。それでもやはり、繰り返しておくが、民にとっては、この戦争は本質的に解放を求める性格のものであった。それは一六六七年、アンドルソヴォ休戦条約によって幕を閉じた。最終的には、一六八六年の「永遠平和条約」がこれを確定させた。キエフ市ならびに、ポルタヴァ、チェルニゴフ、ザポロジエを含むドニエプル川左岸〔東岸〕の土地が、ロシア国家の構成下に入った。その住民たちは、ロシア正教の民の主要部と再統合されたのである。この地域そのものが「マーラヤ・ルーシ」（マロロシア）〔小さなロシアの意、小ロシア〕と呼ばれるようになった。

当時「ウクライナ」という名称は、すでに一二世紀からの文書に登場する古代ルーシの言葉「辺境《オクライナ》」という意味で、よく使われていた。それは、さまざまな国境地帯を指していた。そして、「ウクライナ人」という言葉は、同様に古文書から判断すれば、もともとは、外部との境を守るために国境で軍務に服する人々のことを意味していた。

ポーランド・リトアニア共和国に残った右岸地方〔ドニエプル川の西岸一帯〕では、旧秩序が復活し、社会的、宗教的な抑圧が強まった。一方、統一国家の庇護下に置かれた左岸の土地は発展に勢いがついた。ここには、ドニエプル川の対岸から人々が大量に移り住んだ。これらの人々は、同じ一つの言語、そしてもちろん、同じ一つの信仰を持つ人々に支援を求めた。

スウェーデンとの北方戦争の際、マロロシアの住民は、どちらに付くのか選択するまでもなかった。マゼッパ〔コサックの首領で、北方戦争時、途中からスウェーデン側に寝返った〕の反乱を支持したのは、コサックのごく一部だけだった。さまざまな階層の人々が、自分はロシア人であり、正教徒であると考えていた。

貴族階級に組み入れられたスタルシーナ〔コサック上層部〕の人々は、ロシアの政治、外交、軍事の分野で出世し、高い地位についた。キエフ・モギラ・アカデミー〔キエフ洞窟修道院の主教で、後にキエフ府主教になったモギラが一六三二年に創立した神学校〕の卒業生は、教会の活動において主導的な役割を果たした。実質的に、独自の内部構造を有した自治国家体であったヘトマン国家〔一六四九～一七八二年の間、ウクライナに存在した〕の時代も、その後のロシア帝国においても、そうであった。マロロシア人はまた、多くの点で、共通の大いなる国、その国家体制、文化、科学を創り上げた。彼らは、ウラル、シベリア、カフカス、極東の開発と発展事業に参加した。ちなみに、ソ連時代も、ウクライナ出身者は、統一国家の指導部での最高ポストも含め、非常に重要な役職を占めていた。N・フルシチョフ〔一九五三～六四年にソ連共産党中央委員会第一書記〕とL・ブレジネフ〔一九六四～六六年に第一書記、一九六六～八二年に書記長〕が、通算でおよそ三〇年にわたり、ソ連共産党を率いていたといえば十分だろう。党における二人の経歴はウクライナときわめて密接に結びついていた。

一八世紀後半、オスマン帝国との戦争を経て、クリミアと黒海沿岸の土地がロシアの構成下に入り、これらの土地は「ノヴォロシア」〔「新しいロシア」の意〕と呼ばれるようになった。そこには、ロシアのあらゆる県の出身者らが移住してきた。ポーランド・リトアニア共和国が分割されたのち、ロシア帝国は、ガリツィアとザカルパチアを除く古代ルーシの西側の土地を取り戻した。この二つはオーストリア帝国、その後はオーストリア・ハンガリー帝国の下にあった。

政治上、外交上の決定によるものだけで、ルーシの西の土地が共通の国家空間へ統合されたわけではない。統合は、共通の信仰と文化的な伝統に基づいて行われたのである。そして、言語面での近似性に基づくことも、あらためて強調しておきたい。例えば、早くも一七世紀初頭には、ユニエイト教会〔ウクライナ、ベラルーシ西部が中心。教義はカトリックだが、正教の典礼に従う。東方典礼カトリック教会の一つ〕の高位聖職者の一人であるヨシフ・ルツキー〔ユニエイト教会府主教で、一六一四年に総主教座を創設する構想を表明〕がローマに報告したところによれば、モスコヴィヤ〔ロシアの古い名称〕の住民は、ポーランド・リトアニア共和国出身のロシア人を自分の兄弟と呼び、両者の書き言葉は完全に同じで、話し言葉には違いがあるものの些細なものでしかないという。それはローマとベルガモの住民たちのようなものだとルッキーは表現している。ご存知のとおり、この二つの地域は、今日のイタリアの中央部と北部にあたる。

むろん、何世紀にも及ぶ分裂、異なる国家での生活によって、地域ごとの言語上の特徴、方言が生まれていた。文学の言葉は、民衆の言葉によって豊饒なものとなった。この点で非常に大きな役割を果たしたのは、イヴァン・コトリャレフスキー、グリゴリー・スコヴォロダ〔ウクライナの哲学者、キエフ・モギラ・アカデミーに学ぶ。一七二二～九四年〕、タラス・シェフチェンコ〔ウクライナの国民的詩人、一八一四～六一年〕である。これらの人々の作品は、我々共通の文学、文化における遺産である。タラス・シェフチェンコの詩はウクライナ語で、散文は主にロシア語で創られた。ロシアの愛国者であり、ポルタヴァの出身であるニコライ・ゴーゴリの著書はロシア語で書かれており、マロロシアの民衆の表現、フォークロアのモチーフがふんだんに盛り込まれている。こうした遺産をどうやってロシアとウクライナの間で分けることができるのか？　そして、何のためにそんなことをするのか？

ロシア帝国の南西部の土地、マロロシア、ノヴォロシア、クリミアは、多様な民族、宗教から成り立っており、その多様性を有したまま発展していった。ここには、クリミア・タタール人、アルメニア人、ギリシャ人、ユダヤ人、カライム人、クリミア人、ブルガリア人、ポーランド人、セルビア人、ドイツ人や他の民が暮らしていた。これらの人々はみな、自分たちの信仰、伝統、習慣を守っていた。

理想化するつもりはまったくない。一八六三年のヴァルエフ指令〔皇帝アレクサンドル二世の時代、ロシア帝国内でウクライナ語の使用を制限する秘密指令〕と一八七六年のエムス令では、ウクライナ語での宗教的ならびに社会・政治的な文献の出版と輸入が制限されていたことも知られている。とはいえ、ここでは歴史的な文脈が重要である。これらの決定がなされた背景には、ポーランドでの劇的な出来事、「ウクライナ問題」を己の利益のために利用しようとしたポーランドの民族運動のリーダーたちの思惑がある。また、芸術作品、ウクライナ詩集や民謡集の刊行は続けられたことも付け加えておく。ロシア帝国においては、大ロシア人、小ロシア人、ベラルーシ人を統合する、ロシア民族という大きな枠組みの中で、小ロシアの文化的アイデンティティを発展させるプロセスが活発になっていたことは、客観的事実が物語っているのである。

　これと並行して、ポーランドのエリートや小ロシアのインテリ層の一部では、ロシアの民とは切り離されたウクライナの民という考えが生まれ、強化されていった。ここには歴史的な根拠はなかったし、あり得るはずもなかったため、実にさまざまな虚構の上に結論が組み立てられていた。ウクライナ人はそもそもスラヴ人ではないとか、あるいは逆に、ウクライナ人こそが真のスラヴ人であり、ロシア人、「モスコヴィト」〔ロシア人の別称、ロシアの古名であるモスコヴィヤの人という意〕はそうではないというようなことまでいわれていた。こうした「仮説」がヨーロッパ諸国の間で競争の具として、政治的な目的のために利用されることがますます増えていった。

　一九世紀の終わりごろから、オーストリア・ハンガリー帝国の政権が、ポーランドの民族主義運動ならびにガリツィアの親モスクワの気運に対抗するため、上述の考えを借用した。第一次世界大戦では、ウィーンは、いわゆるウクライナ・シーチ銃兵隊〔一九一四年にオーストリア・ハンガリー帝国領の西ウクライナで編成〕の結成を助けた。正教とロシアへの共感を疑われたガリツィア人は、苛酷な弾圧を受け、タレルゴフやテレジンの強制収容所に収容された。

　その後の事態の進展は、ヨーロッパの諸帝国の崩壊、旧ロシア帝国の広大な空間で展開された激烈な内戦、外国からの介入と絡んでいる。

　二月革命のあと、一九一七年三月に、キエフで、最高権力機関を自任する中央ラーダが設立された。一九一七年一一月、中央ラーダはその三回目となる布告〔第三次宣言〕で、ロシアの一部としてウクライナ人民共和国の創設を宣言した。

　一九一七年一二月、ウクライナ人民共和国の代表らはブレスト・リトフスクに到着した。そこでは、ソヴィエト・ロシア〔ロシア・ソヴィエト連邦社会主義共和国〕がドイツならびにその同盟国と交渉を行っていた。一九一八年一月一〇日の会議で、ウクライナ代表団の団長が、ウクライナの独立に関する通告を読み上げた。その後、中央ラーダは、その四回目の布告で、ウクライナの独立を宣言した。

　宣言された主権は長くは維持できなかった。文字どおり数週間後には、ラーダの代表団は、ドイツ陣営の諸国と単独条約を結んだ。困難な状況にあったドイツとオーストリア・ハンガリーは、ウクライナの穀物と原材料を必要としていた。その大量の納入を確保するため、これらの国々は、ウクライナ人民共和国へ軍隊と技術者を派遣するという合意に達した。事実上、これは占領のための口実として使われたのである。

現在、ウクライナを外国の完全な管理のもとに置いてしまった者たちにとって、一九一八年当時、同様の決定が、キエフの支配政権にとって致命的なものになったことを想起するのは無駄ではないだろう。占領軍の直接的な関与のもと、中央ラーダは倒され、ヘトマンのP・スコロパツキーが権力の座に就いた。スコロパツキーは、ウクライナ人民共和国に代わるウクライナ国家を宣言したが、この国家は実質的にドイツの保護下にあった。

一九一八年一一月、ドイツとオーストリア・ハンガリーでの革命的な出来事のあと、ドイツの武力による支援を失ったスコロパツキーは、別の方針を取ることにして、「ウクライナは全ロシア連盟結成のため最初に行動しなければならない」と宣言した。しかしながら、すぐにまた体制が代わってしまった。いわゆるディレクトリア〔ヘトマン国家に抗する叛乱軍組織〕と呼ばれる時代が到来したのである。

一九一八年秋、ウクライナの民族主義者らは西ウクライナ人民共和国（の樹立）を宣言、一九一九年一月には、同国とウクライナ人民共和国との統合を発表した。一九一九年七月、ウクライナの部隊はポーランド軍によって壊滅され、旧西ウクライナ人民共和国の領土はポーランド政権の支配下に置かれた。

一九二〇年四月、S・ペトリューラ（現代のウクライナに押しつけられた「英雄の」一人）は、ウクライナ人民共和国の執政内閣（ディレクトリア）を代表して、秘密協定を締結した。この協定に基づき、軍事支援と引き換えに、ポーランドにガリツィアと西ヴォルィニの土地を引き渡した。一九二〇年五月、ペトリューラたちは、ポーランド軍のあとに付いてキエフに入った。だが、長くは続かなかった。早くも一九二〇年一一月には、ポーランドとソヴィエト・ロシアの間で講和が結ばれたあと、ペトリューラ軍の残党は、その同じポーランド人たちに降伏したのである。

旧ロシア帝国の空間において、内戦と騒乱の過程で出現したさまざまな種類の準国家的な形成体がいかに不安定なものであったか、ウクライナ人民共和国の例が示している。民族主義者たちは、切り離された自身の国家の創設を目指し、白色運動〔白軍〕のリーダーらは、分かつことのできない一体不可分のロシアを支持した。ボリシェヴィキの支持者らが創設した共和国の多くも、ロシアの外にいる自分など考えてもいなかった。しかしながら、さまざまな理由から、ボリシェヴィキの指導者らは、こうした共和国をソヴィエト・ロシアの外側に文字どおり追い出すこともあったのである。

　例えば、一九一八年のはじめ、ドネツク・クリヴォイ・ローク・ソヴィエト共和国〔の樹立〕が宣言され、同国は、ソヴィエト・ロシアへの加盟をモスクワに訴えた。だが、却下されてしまった。V・レーニンはこの共和国の指導者らと会い、ソヴィエト・ウクライナの一部として活動するよう説得した。一九一八年三月一五日、ロシア共産党（ボリシェヴィキ）中央委員会は、ウクライナ・ソヴィエト大会に、ドネツク地域の代表も含む代表団を派遣し、大会で「全ウクライナに一つの政府」を樹立することを直接決定した。ドネツク・クリヴォイ・ローク・ソヴィエト共和国の領域はその後、大半がウクライナ南東部の地方を構成することになった。

　ロシア・ソヴィエト連邦社会主義共和国、ウクライナ・ソヴィエト社会主義共和国、ポーランドの間で一九二一年に締結されたリガ条約により、旧ロシア帝国西部の土地がポーランドの手に渡った。戦間期に、ポーランド政府は「東クレシ」（現在の西ウクライナ、西ベラルーシ、リトアニアの一部がポーランドではそう呼ばれていた）の民族構成を変化させようと、積極的な移住政策を展開した。苛酷なポーランド化が進められ、地元の文化と伝統は抑圧された。その後、第二次世界大戦にすでになっていたが、ウクライナ民族主義者の急進的なグループは、このことを、ポーランド住民のみならず、ユダヤ住民やロシア住民に対するテロの理由として用いた。

　一九二二年、ソヴィエト社会主義共和国連邦（ソ連）が創設された際（ウクライナ・ソヴィエト社会主義共和国も創設メンバーであった）、ボリシェヴィキの指導者たちの間で相当に激しい議論が行われた末、対等の権利を有する諸共和国の連邦として、連合国家を形成するというレーニンの計画が実行された。ソヴィエト社会主義共和国から成る連邦を形成するという宣言文の中にも、その後、一九二四年のソヴィエト社会主義共和国連邦憲法にも、各共和国が連邦から自由に離脱する権利が盛り込まれた。こうして、我々の国家体制の基盤に、最も危険な「時限爆弾」が埋め込まれた。時限爆弾は、ソヴィエト連邦共産党の指導的役割という形の安全と防止のメカニズムが消滅した途端、爆発し、共産党自体も結果的に内部から崩壊した。「主権のパレード」〔ソ連を構成する共和国が次々と主権宣言を行ったこと〕が始まった。一九九一年一二月八日、独立国家共同体の設立に関するいわゆるベロヴェーシ合意が調印された。合意では、「国際法の主体かつ地政学的実体としてのソヴィエト社会主義共和国の連邦はその存在をやめる」ことが宣言された。ちなみに、早くも一九九三年に採択された独立国家共同体の憲章にウクライナは署名も批准もしていない。

　前世紀の二〇～三〇年代、ボリシェヴィキは「土着化（コレニザーツィヤ）」政策〔非ロシア人のうち、地域的にまとまって住んでいる民族に、その民族名を冠した自治領域をつくり、当該民族の民族語・民族エリート・民族文化を保護育成する〕を積極的に推し進めた。この政策はウクライナ・ソヴィエト社会主義共和国では、ウクライナ化として推進された。このことを象徴的に表しているのは、同政策の一環として、ソヴィエト政権の承認を得て、ソヴィエト社会主義共和国連邦へM・グルシェフスキーが帰国し、科学アカデミー会員に選出されたことである。グルシェフスキーは中央ラーダの元議長で、かつてはオーストリア・ハンガリーの支持を得ていたウクライナ民族主義のイデオローグの一人である。

　ウクライナの文化、言語、アイデンティティの発展と強化に、コレニザーツィヤが大きな役割を果たしたのは間違いない。だが、いわゆるロシアの大国的ショービニズム（排他的民族主義）との闘いという名目で、自身をウクライナ人とは見なしていない者にもウクライナ化が押しつけられることもしばしばであった。まさにソヴィエトの民族政策が、大ロシア人、小ロシア人、ベラルーシ人から成る三位一体の民（ナロード）、大きなロシア民族（ナーツィア）の代わりに、国家レベルにおいて、ロシア人、ウクライナ人、ベラルーシ人という三つの切り離されたスラヴの民がいるという状況を固定化させたのである。

　一九三九年、かつてポーランドに奪われた土地が、ソヴィエト社会主義共和国連邦に返還され、その大部分がソヴィエト・ウクライナに編入された。一九四〇年には、ルーマニアが一九一八年に占領したベッサラビアの一部と北ブコヴィナが、一九四八年には黒海のズメイヌィ島がウクライナ・ソヴィエト社会主義共和国に入れられた。一九五四年には、ロシア・ソヴィエト連邦社会主義共和国のクリミア地方が、ウクライナ・ソヴィエト社会主義共和国に移管された。これは、当時、効力を有していた法律に著しく違反していた。

　オーストリア・ハンガリー帝国の崩壊後はチェコスロヴァキア内にあったカルパチア・ルーシ〔ルテニア〕の運命について、別途述べておく。地元住民の大半はルシン人〔ウクライナ語の方言とされるルシン語を話すスラヴ人の民族集団〕だった。今では思い出されることも少ないが、ソヴィエト軍によってザカルパチアが解放されたあと、この地方の正教住民による議会は、カルパチア・ルーシをロシア・ソヴィエト連邦社会主義共和国、もしくは、カルパチア・ルーシ共和国として直接ソヴィエト社会主義共和国連邦に組み入れることに賛成した。だが、人々のこの意見は無視された。そして、一九四五年夏、「プラウダ」紙が書いているように、ザカルパチア・ウクライナと、「そのいにしえの故郷であるウクライナとの」再統合という歴史的な布告が出された。

　このように、現代ウクライナは、丸ごと、すべて、ソヴィエト時代の産物なのである。その大部分が、歴史的なロシアの犠牲のもとに形成されたことを我々は知っているし、覚えてもいる。どの土地が一七世紀にロシア国家と再統合され、そして、ウクライナ・ソヴィエト社会主義共和国が、どの土地とともに、ソ連の構成から抜け出たか、比べてみるだけで十分だろう。

　ボリシェヴィキは、ロシアの民を、社会実験のための無尽蔵の材料として扱った。彼らは、その見解によれば、民族国家を完全に廃止する世界革命を夢見ていた。それゆえ、恣意的に国境を切り刻み、領土という豪華な「贈り物」を配ったのだ。結局のところ、ボリシェヴィキの指導者たちが、国を乱暴に切り分けながら、一体、何を指針としていたのか、そんなことはもはや重要ではない。あれやこれやの決定について、その詳細、内幕、論理に関しては論争することも可能だ。ただ、一つはっきりしていることは、ロシアは事実上、強奪されたということである。

　この論文に取り組みながら、拠り所としたのは、何か秘密の保存文書などではなく、よく知られた事実が記された公開文書である。今日のウクライナの指導者たちと外国のそのパトロンたちは、こうした事実については思い出したがらない。その代わり、さまざまな理由に基づいて、適切であろうとなかろうと、外国でのことも含めて、「ソヴィエト体制の犯罪」を非難するのが今日では一般的になっている。ソヴィエト連邦共産党にも、ソヴィエト社会主義共和国連邦にも、ましてや現代ロシアには何ら関係のない出来事でさえ、その犯罪の数に含めながらである。もっとも、ロシアからその歴史的領土をもぎ取ったボリシェヴィキの行為は、犯罪行為とは見なされていない。なぜかは理解できる。それがロシアの弱体化をもたらしたのであれば、我々に悪意を持つ人々にとっては好都合だからである。

ソヴィエト社会主義共和国連邦では、共和国間の境界はむろん、国境としては捉えられておらず、統一された一つの国の枠内における便宜的な性質を有していた。この国は、連邦の属性をすべて備えながらも、本質的に、繰り返すが、ソヴィエト連邦共産党の指導的役割によって、高度に中央集権化されていた。ところが、一九九一年、これらすべての領土、そして重要なのはそこに暮らしていた人々が、一瞬で、国境の向こう側にいることになってしまったのだ。歴史的な祖国から、到頭、本当に引き離されてしまったのである。

ここで、何を言えばいいのか？　すべては変化していく。国も、社会もだ。そして、もちろん、一つの民の一部が、その発展の過程で、さまざまな理由、歴史的な状況のせいで、ある時期に、自らを別個の民族（ナーツィア）と感じ、認識することもあり得る。これにどう対処するべきか？　答えはおそらく一つしかない――敬意をもってである！

自分の国家をつくりたいのですか？　どうぞ、そうしてください！　ただし、どんな条件で？　ここで思い出してほしいのは、新生ロシアにおける最も傑出した政治家の一人、サンクトペテルブルクの初代市長A・サプチャクによる判断である。高度な専門性を有した法律家として、サプチャクは、いかなる決定も合法的でなければならないと考えていた。それゆえ、一九九二年に、次のような見解を述べた――諸共和国は連邦の設立者であり、一九二二年の条約〔同年一二月三〇日にロシア社会主義連邦ソヴィエト共和国、ウクライナ社会主義ソヴィエト共和国、白ロシア社会主義ソヴィエト共和国、ザカフカース社会主義連邦ソヴィエト共和国の四国が平等な立場で加盟するとしたソヴィエト社会主義共和国連邦の樹立を宣言する連邦結成条約が調印された〕を自ら無効にしたあとでは、自身が連邦の構成下に入ったときの国境に戻るべきである。残りのすべての領土の獲得については、議論、交渉の対象である。なぜなら、根底にあったものが無効にされてしまったのだから。

別の言い方をすれば、やってきたときに有していたものを持って去ってくださいとなる。この論理に反駁するのは困難だ。一つだけ付け加えておくなら、すでに指摘したとおり、恣意的な国境の引き直しをボリシェヴィキはソ連の創設前からすでに始めていたし、領土に関わる操作はすべて、人々の意見を考慮せずに、勝手に行われたのである。

ロシア連邦は新たな地政学的現実を認めた。認めただけではなく、ウクライナが独立国として成り立つよう多くのことを行った。我々は、困窮した九〇年代、そして新たな千年紀に、ウクライナに対して多大な支援を行った。一方、キエフ〔ウクライナ政権〕では、自身の「政治的な損得勘定」を行っているが、一九九一～二〇一三年の間、ウクライナは、ガス価格が安いおかげで〔ロシアから格安でガスを購入できるため〕、八二〇億ドル以上の予算を節約し、現在は、ロシア産ガスのヨーロッパへのトランジット輸送代金であるロシアからの一五億ドルの支払いに文字どおり「執着している」。我々両国の経済関係が維持されるなら、ウクライナにとってのプラス効果は数百億ドルに上るはずだ。

ウクライナとロシアは、何十年にもわたって、いや、何世紀にもわたって、統合された経済システムとして発展してきた。三〇年前にあった我々の協力関係は、今なら欧州連合（ＥＵ）諸国が羨みそうなほど深いものだった。我々は、ごく自然な、相互に補完し合う経済的パートナーである。こうした緊密な関係は、両国の競争優位性を高め、潜在力を増大させることに役立つ。

強大なインフラやガス輸送システム、造船、航空機製造、ミサイル製造、機器製造の先端的な産業部門、世界水準の科学、設計、エンジニアリングの学校を有するウクライナの潜在力は相当なものであった。こうした遺産を受け継ぎ、ウクライナの指導者たちは、独立を宣言して、ウクライナ経済はヨーロッパの主要経済の一つに、人々の生活水準はヨーロッパで最も高い水準の一つになると約束した。

かつてウクライナが、国全体〔ソ連〕が、誇っていたハイテク産業の巨人たちは今では無聊《ぶりょう》をかこち、怠惰にふけっている。この一〇年で、機械製造業の生産高は四二パーセント減少した。産業空洞化の規模、経済全体の崩壊は、ウクライナでは発電量が過去三〇年でほぼ半減したという指標が明らかに示している。そして、とうとう、国際通貨基金（ＩＭ

F）のデータによれば、まだ新型コロナウイルス感染症が流行する前、二〇一九年、ウクライナの一人あたりの国内総生産（GDP）の水準は四〇〇〇ドルを下回った。これは、アルバニア共和国、モルドヴァ共和国、そして未承認国家のコソヴォ〔ロシアは同国を承認していない国の一つである〕より低い。ウクライナは今や、ヨーロッパで最も貧しい国なのである。

この責任は誰にあるのか？　ウクライナの人々か？　そうではないことはいうまでもない。何世代にもわたる業績を浪費し、食いつぶしてしまった張本人はウクライナ政権である。ウクライナの民がいかに勤勉で才能があるか、我々は知っている。人々は、成功や優れた成果を粘り強く、根気よく、つかみ取ることができる。そして、こうした素質は、率直さ、生来の楽天主義、もてなし好きの性分のように、決してなくなりはしない。ロシアに対して単によく接してくれるだけではなく強い親愛の情をもって接してくれる何百万人もの人々の気持ちもまた、我々がウクライナに対してそうであるように、以前のままである。

二〇一四年までは、何百もの協定や共同プロジェクトが、両国の経済、ビジネス、文化的な結びつきを深め、安全を強化し、共通の社会・環境問題を解決するために機能していた。これらは、ロシアでも、ウクライナでも、はっきりとわかる利益を人々にもたらした。我々が最も重要だと見なしたのは、まさにこの点である。だからこそ、ウクライナのあらゆる、強調しておくが、あらゆる指導者と、実りある協力を行ってきたのだ。

二〇一四年にキエフで起きた有名な出来事のあとでさえ、私は、ロシア政府に対し、両国の経済関係の維持と支援のために、関係省庁レベルで交渉する手立てを考えるよう指示した。だが、相手側にそんな気持ちはなかったし、今に至るもない。それでも、ロシアは依然として、ウクライナにとっては三大貿易相手国の一つであり、数十万人のウクライナ人がロシアに出稼ぎに来て、ここで歓待と支援を受けている。それなのに、これほどの国〔ロシア〕が「侵略国」と呼ばれてしまう始末である。

ソヴィエト社会主義共和国連邦が崩壊した際、それでも、ロシアにおいてもウクライナにおいても、多くの人が、両国の緊密な文化的、精神的、経済的な結びつきは、その根底においては自分たちのことを一つであると常に感じていた人々の一体性と同様、当然、維持されるものと心から信じていたし、それを拠り所にしていた。だが、事態は、最初のうちは少しずつ、その後は、次第に急速に、異なる方向へ進んでいった。

　事実上、ウクライナのエリートたちは、国境問題以外は、過去を否定することによって、自身の国の独立を根拠づけることにしたのである。彼らは、歴史を神話化し、書き換え、我々を一つに結びつけているすべてのことを歴史から抹消し、ロシア帝国ならびにソヴィエト社会主義共和国連邦の構成下にウクライナがあった時代を占領の時代として語るようになった。一九三〇年はじめの集団化と飢饉という我々にとって共通の悲劇を、ウクライナの民に対するジェノサイド（大虐殺）であると偽るようになった。

　過激派とネオナチは、その野望について、公然と、ますます厚かましく、表明するようになってきた。彼らを、公権力も地元のオリガルヒ（新興財閥）らも大目に見ている。どちらも、ウクライナの民から盗み、盗んだものを西側の銀行に預け、資本を維持するためなら喜んで母国を売るつもりである。さらに、国家機構の慢性的な脆弱さ、自ら進んで外国の地政学的思惑の人質になっているその状態も付言しておかなければならない。

　二〇一四年よりもずっと前から、アメリカとEU諸国は、ウクライナに対し、ロシアとの経済関係を縮小し、制限するよう、計画的かつ執拗に働きかけてきたことを思い出してほしい。我々は、ウクライナの最大の貿易・経済パートナーとして、ウクライナ、ロシア、EUの枠組みで、生じている問題を協議することを提案した。だが、その度に、これはロシアには何の関係もないことであり、EUとウクライナだけに関わる問題であるといわれてきた。実際、西側諸国は、対話を行おうというロシアの再三の提案を事実上、拒否したのである。

　ウクライナは、危険な地政学的ゲームに、一歩一歩、引きずり込まれていった。このゲームの目的は、ウクライナをヨーロッパとロシアとの間の障壁、ロシアに対する橋頭保《きょうとうほ》にすることであった。「ウクライナはロシアではない」という基本概念ではもはや満足できなくなるときが来ることは不可避だった。「反ロシア」〔のプロジェクト〕が必要とされたが、これは我々には到底受け入れることができないものである。

　このプロジェクトの注文主らは、「反モスクワのルーシ」を創るというポーランド・オーストリアのイデオローグらのすでに古くなった構想を下敷きにしていた。ウクライナの民の利益のために行われるのだと誰かを騙す必要もないのだ。「ジェチ・ポスポリータ」には、ウクライナ文化、ましてやコサックの自治など必要であったことは一度もない。オーストリア・ハンガリーでは、歴史的なロシアの土地が容赦なく搾取され、最も貧しいまま取り残された。対敵協力者、ウクライナ反乱部隊〔ウクライナ革命蜂起軍、マフノ運動の軍事組織。黒軍、アナキスト軍〕の出身者が仕えたナチスにとって必要だったのは、ウクライナではなく、アーリア人の主人のための生存圏〔ドイツ語のレーベンスラウムのことで、第一次世界大戦前からドイツで主張されていた膨張主義のスローガン。ウクライナを含めた中部ヨーロッパに広域経済圏を樹立しようとした構想〕と奴隷であった。

　ウクライナの民の利益について考慮されなかったのは、二〇一四年二月も同じだった。きわめて深刻な社会・経済問題、当時の政権の過ちや一貫性のない行動によって生じた人々の正当な不満は、シニカルさをもって利用されただけだった。西側諸国は、ウクライナの内政に直接干渉し、クーデターを支持した。クーデターの突撃隊となったのは、過激な民族主義グループだった。彼らのスローガン、イデオロギー、露骨で攻撃的なロシア嫌悪《ルソフォビア》は多くの点で、ウクライナにおける国家政策を規定することにもなった。

　我々を一つにし、今日まで近しいものにしているあらゆるものが打撃を受けた。まず何よりも、ロシア語である。「マイダンの」新政権〔キエフの独立広場（マイダン）でのデモ活動が、当時の親ロ派ヤヌコーヴィチ政権の打倒につながった〕は最初に、国家の言語政策に関する法律を廃止しようと試みたことを思い出してほしい。その後は、「権力の浄化」法、教育法が続いた。後者はロシア語を事実上、教育過程から排除したものだ。

　そして、とうとう、今年五月には、現大統領が「先住民」についての法案をラーダ（議会）に提出した。先住民と認められるのは、民族的マイノリティを形成し、ウクライナの国外に自身の国家形成体を有していない人のみである。この法律は採択された。新たな不和の種が撒《ま》かれたのである。すでに指摘したように、領土、民族、言語の構成、自身の形成の歴史の点で、複雑きわまりない国にである。

　一つの大きな民族（ナーツィア）、三位一体の民というのであれば、人々が、ロシア人、ウクライナ人、ベラルーシ人のうちで、自分を誰であると見なしているのか、そんなことはどうでもかまわないではないかという論も出てくるだろう。まったくもって同感である。とりわけ、混血の家庭では、民族の帰属を決めることは、自らが自由に選択できる各個人の権利であるから、なおさらである。

だが、問題は、今日のウクライナでは、アイデンティティの強制的な変更のせいで、状況がまったく異なっていることなのだ。そして、何より不快なのは、ウクライナでは、自身のルーツ、先祖たちの世代と縁を切るだけでなく、ロシアは自身の敵であると信じるよう、ロシア人が強いられていることなのだ。強制的な同化、ロシアに対して攻撃的な、人種的に純血なウクライナ国家の形成という方針は、それがもたらす結果において、我々に対する大量破壊兵器の使用に匹敵するといっても過言ではない。ロシア人とウクライナ人に対する、こうした粗暴で人為的な切り離しは、結局、総体としてのロシアの民を何十万人、あるいは何百万人も減少させてしまうかもしれないのである。

我々の精神的な一体性も損なわれた。リトアニア大公国の時代と同様、新たに教会を区分けすることが企まれた。政治目的を追求していることを隠そうともせず、世俗権力が教会の活動に乱暴に介入し、分裂、教会の没収、司祭と修道士への殴打まで行った。モスクワ総主教庁との精神的一体性を保ったうえでのウクライナ正教会の広範な自治でさえ、彼らは少しも満足しないのだ。何世紀も続く我々の同族関係の、この目に見える象徴を、彼らは何としてでも破壊しなければならないのである。

ウクライナの代表が、ナチズムの英雄化を非難する国連総会決議に何度も反対票を投じるのも理には適っていると思う。なにしろ、公的機関の警護のもと、SS部隊〔ナチスの親衛隊の略称〕の生き残りの戦犯らを讃える行進や松明行列が行われるのだ。周りの全員を裏切ったマゼッパ、ポーランドからの庇護をウクライナの土地で買ったペトリューラ、ナチスと協力したバンデラ〔ウクライナ民族解放運動の指導者〕が、民族の英雄と位置づけられるのだ。ウクライナが常に誇りとしてきた真の愛国者や勝利者の名前を、若い世代の記憶から消し去るために、あらゆることが行われるのだ。

赤軍やパルチザン部隊で戦ったウクライナ人にとって、大祖国戦争〔第二次世界大戦に対するソ連での呼称〕はまさに祖国のための戦争だった。なぜなら、彼らは自身の家、偉大なる共通の祖国を守ったからである。二〇〇〇人以上がソ連邦英雄〔ソ連における国家最高の栄誉称号〕となった。その中には、伝説のパイロット、イワン・ニキトヴィチ・コジェドゥブ〔六二機の敵機を撃墜したソ連第一のエースパイロット〕、恐れを知らない狙撃手でオデッサとセヴァストポリの守り手、リュドミーラ・ミハイロヴナ・パヴリチェンコ〔確認戦果三〇九名射殺という史上最高の女性スナイパー〕、パルチザンの勇敢な指揮官であるシドル・アルテミエヴィチ・コヴパクがいる。この不屈の世代は、我々の未来、我々のために戦い、己の命を捧げたのだ。彼らの偉業を忘れることは、すなわち我々自身の祖父、母、父を裏切ることなのである。

「反ロシア」プロジェクトはウクライナの何百万人もの住民に拒否された。クリミアとセヴァストポリの人々はその歴史的選択を行った。南東部の人々は、平和裡に自身の立場を守ろうとした。だが、子どもも含め彼らはみな、分離主義者やテロリストと記録された。民族浄化と武力行使を行うという脅しが始まった。そして、ドネツク、ルガンスクの住民は、自身の家、言語、生活を守るために武器をとった。他の選択肢が彼らに残されていただろうか？　ウクライナの都市を席捲したポグロム〔集団虐殺、破壊〕のあとに？　ウクライナのネオナチが人々を生きたまま焼き殺し、新たなハティン〔一九四三年三月ベラルーシのハティン村で起こったナチスによる虐殺事件〕となった二〇一四年五月二日のオデッサの恐怖と悲劇のあとに？　こうした虐殺を、バンデラの信奉者らは、クリミア、セヴァストポリ、ドネツク、ルガンスクで行うつもりであった。彼らは今でもこうした計画を棄ててはいない。そのときが来るのを待っているのだ。だが、どんなに待っても、そのときが来ることはないだろう。

　クーデターとそれに続くキエフ政権の行動は、必然的に対立と内戦を引き起こした。国連人権高等弁務官の推定によれば、ドンバスの紛争に関連した犠牲者の総数は一万三〇〇〇人を超えた。犠牲者の中には老人や子どももいた。恐ろしい、取り返しのつかない損失である。

　ロシアは兄弟殺しを止めるためにあらゆることを行った。ドンバスでの紛争の平和的解決を目的としたミンスク合意が締結された。この合意については、他に選択肢はないと今も確信している。いずれにせよ、ミンスクの「包括的措置」〔ドンバス紛争の政治的解決を目指すミンスク合意を実施するための措置パッケージ〕に対しても、それに応じた「ノルマンディ・フォーマット」〔ドンバス紛争を解決するためのドイツ、フランス、ロシア、ウクライナによる四ヵ国協議の枠組み〕の参加国首脳らの宣言に対しても、自身の署名を撤回した国はなかった。二〇一五年二月一七日付国連安全保障理事会決議〔すべての当事者にミンスク合意の内容を順守するよう求める決議案で、ロシアが策定した〕の見直しを提起した国もなかった。

公式協議の過程では、とりわけ西側のパートナーからの「たしなめ」があったあとでは、ウクライナの代表らは、ミンスク合意の「完全順守」について定期的に宣言するのだが、実際には、合意は「受け入れられない」という立場に立っている。ドンバスの特別な地位〔高度な自治権を持つこと〕についても、そこに暮らす人々への保障についても、真剣に協議するつもりはないのである。彼らは「外国からの侵略の犠牲者」というイメージを上手く利用し、ロシア嫌悪《ルソフォビア》を駆け引きに使うことを好む。彼らはドンバスで流血を伴う挑発を行っている。要は、あらゆる方法で、外国の庇護者、主人たちの注意を自分に惹きつけているのである。

あらゆることから判断して、キエフにはドンバスは単に必要ではないという確信がますます強まってくる。なぜか？　第一に、この地域の住民は、武力、封鎖、脅しによって自分たちに押しつけられようとした、そして今も押しつけられようとしている秩序を決して受け入れることはないからである。第二に、ロシア、ドイツ、フランスの仲介のもと、ドネツク人民共和国ならびにルガンスク人民共和国〔ドンバス地域で親ロ派勢力が実効支配し、一方的に独立を宣言した二つの共和国〕と直接合意した、ウクライナの領土的一体性を平和的に回復する現実的なチャンスを与えるものであるミンスク合意1もミンスク合意2も、その結果は、「反ロシア」プロジェクトのあらゆる論理に矛盾するからである。このプロジェクトは、内外の敵のイメージを絶えず醸成することによってのみ維持できる。ここに、西側の大国からの保護統治とコントロールの下でと付け加えておこう。

実際には何が起こっているのか。まず、ウクライナ社会での恐怖感の醸成、攻撃的なレトリック、ネオナチへの寛大さ、国の軍事化である。こうしたことに加え、完全な従属のみならず、外部からの直接的なコントロールも行われている。それには、ウクライナの国家機関、諜報機関、軍に対する外国人顧問らの監督、ウクライナ領土の軍事的「開発」、ＮＡＴＯ（北大西洋条約機構）のインフラ配備も含まれている。物議をかもした上述の「先住民について」の法が、ウクライナでのＮＡＴＯによる大規模演習の陰で、採択されたことも偶然ではないのである。

陰ではまた、ウクライナ経済の残滓が吸い取られ、ウクライナの天然資源が搾取されている。農地が大安売りされるのも時間の問題であるし、それを買い漁るのが何者であるかも明らかだ。たしかに、ウクライナには資金や融資が時折、提供されることがあるのだが、それは、西側企業の条件と利害に合わせ、その特権と特典のために行われている。ところで、これらの債務を返済するのは誰になるのだろうか？おそらく、ウクライナ人の今の世代だけではなく、その子どもたち、孫たち、そして、曾孫も返済するはめになるであろう。

西側の「反ロシア」プロジェクトの策定者らは、大統領、議員、大臣たちが替わっても、ロシアとの分離、ロシアへの敵意という建てつけ（方針）は変えないよう、ウクライナの政治システムを調整している。現大統領の選挙戦での主要スローガンは、平和の実現だった。それに依拠して同人〔ゼレンスキー〕は権力の座に就いたのである。その公約は偽りだった。何一つ変わらなかった。ある意味、ウクライナならびにドンバスをめぐる状況は一層、悪化した。「反ロシア」プロジェクトには、ウクライナの真の独立性を守ろうとする政治勢力と同様、主権を有するウクライナの居場所はない。ウクライナ社会の和解、対話、膠着状態からの打開策を探ることについて語る者には、「親ロシアの」エージェントというレッテルが貼られている。

あらためて言っておくが、ウクライナの多くの人々にとって、「反ロシア」プロジェクトはまったくもって受け入れられないものなのである。こういう人々は何百万人もいる。だが、彼らには頭を上げることが許されない。自身の見解を合法的に擁護する可能性が事実上奪われてしまったのだ。彼らは脅され、地下に追いやられている。その信念、発言、自身の見解の率直な表明のせいで、迫害されるだけではなく、殺されることもある。殺人者らは罰せられず、野放し状態ということが普通である。

ロシアを憎悪する者だけが、今や、ウクライナの「正しい」愛国者と宣言されている。さらに、我々が理解する限り、ウクライナの国家像全体は、今後、この考えにのみ基づいて構築されるよう、提案されている。憎悪と敵意、これは世界の歴史が一度ならず証明しているように、主権の拠り所としては非常に不安定なものであり、多くの深刻なリスクと惨《むご》い結果を伴うものである。

「反ロシア」プロジェクトに関わる策はどれも、我々には明白である。我々は、自分たちの歴史的な領土とそこに暮らす自分たちに近しい人々が、ロシアに敵対するために利用されることを、決して許さない。このような試みを行おうとする人々に言っておきたいのだが、そんなことをすることによって、彼らは自身の国を破壊することになるのである。

ウクライナの現政権は西側の経験を引き合いに出すことを好み、それを倣《なら》うべき見本とみている。そうであるなら、オーストリアとドイツ、アメリカとカナダが、隣国同士、互いにどう暮らしているか、みてほしい。民族構成、文化の点で近く、ほぼ同じ言語を用いながらも、それぞれが自身の利害と対外政策を有して、主権国家として在り続けている。それでも、こうしたことが、その非常に緊密な統合あるいは同盟関係の妨げになっているわけではない。彼らには、きわめて便宜的で透明な境界線がある。市民は、互いに気兼ねなく行き交いしている。家族をつくり、学び、働き、ビジネスをしている。ちなみに、ロシアに現在暮らしている何百万人ものウクライナ出身者たちも同様である。我々にとって彼らは身内、同族なのである。

ロシアは、ウクライナとの対話に前向きであり、きわめて複雑な問題について協議する用意がある。とはいえ、パートナーが、他者に仕えているのではなく、我々と闘うための誰かの道具であるわけでもなく、自身の国益を守ろうとしているのだと理解することが我々には重要なのである。

我々は、ウクライナの言語と伝統を尊重している。自身の国家が自由で、安全で、豊かなものであってほしいというウクライナ人の望みを尊重している。

ウクライナの真の主権は、ロシアとのパートナー関係にあってこそ可能であると確信している。我々の精神的、人間的、文明的な結びつきは、数百年にわたって形成されてきたのであり、一つのルーツにさかのぼり、共通の試練、偉業、勝利によって強められてきた。我々の同族性は世代から世代へ受け継がれている。それは、現代のロシアとウクライナに暮らす人々の心と記憶の中に、何百万もの我々の家族を結びつける血の絆の中にある。これまでも、そしてこれからも、我々はいつもともにあり、何倍も強くなり、成功していくだろう。なぜなら、我々は一つの民であるのだから。

今日では、こうした言葉を、悪意を持って受け止める人もいる。どのようにでも解釈できるものである。だが、私の言葉に耳を傾けてくれる人も大勢いる。一つだけ言っておく。ロシアが「反ウクライナ」になったことはこれまで一度たりともなかったし、これからも決してない。そして、ウクライナがどうあるべきかは、その国民たちが決めることである。

出典：ロシア大統領府公式サイト
http://kremlin.ru/
翻訳：原口房枝

③大統領演説

ウラジーミル・プーチン
（二〇二二年二月二一日）

V・プーチン：尊敬するロシア市民の皆さん！ 親愛なる友人の皆さん！

ウクライナでの出来事、ならびに、それが我々にとって、ロシアにとって、なぜかくも重要なのかということが、この演説のテーマである。そして、この演説が、ウクライナの我々の同胞にも向けられたものであることはいうまでもない。

じっくりと、詳細に、話していかざるを得ない。この問題はきわめて深刻なのだ。

ドンバスの情勢は、再び危機的で緊迫した様相を呈してきた。今日、皆さんに直接語りかけるのは、起こっていることの評価を行うためだけでなく、どのような決定が下されているのか、この方針に沿って今後どんな措置が講じられる可能性があるかについてお伝えするためでもある。

あらためて強調しておくが、ウクライナは我々にとって単なる隣国ではない。我々自身の歴史、文化、精神世界とは分かつことができない一部なのである。彼らは、我々の同志、近しい人々であり、その中には、仲間、友人、かつての同僚のみならず、近親者、我々と血や家族の絆で結ばれている人々もいる。

歴史的な古代ルーシの南西部の土地に暮らす人々は、昔から、自分たちのことをロシア人であり、正教徒であると称してきた。この領域の一部がロシア国家へ再統合された一七世紀より以前も、そして、それ以後もである。

このことについては、我々皆が基本的に知っているし、周知の事実であると我々は思っている。それでもやはり、今日起こっていることを理解し、ロシアの行動の動機ならびに我々が自身に課した目的について説明するために、問題の歴史についていささかなりとも話しておく必要がある。

それではまず、現代のウクライナが、そのまま全部、ロシアによって、より正確にいえばボリシェヴィキによる共産主義のロシアによってつくられたということから始めよう。創作の過程は、一九一七年の革命のほぼ直後に始まった。ちなみに、レーニンとその仲間たちは、ロシアの歴史的領土の一部を、自身から分離、切断するという、ロシア自身に対してはなはだ乱暴な方法でこれを行った。そこに暮らしていた数百万の人々の意見について、誰も何も聞かなかったことはいうまでもない。

その後、大祖国戦争の前後にはすでに、スターリンは、それ以前はポーランド、ルーマニア、ハンガリーに属していたいくつかの土地をソ連邦に併合し、そしてウクライナへ引き渡した。その際、スターリンは、一種の補償として、もともとはドイツの領土であった土地の一部をポーランドへ与え、一九五四年には、フルシチョフがどういうわけか、ロシアからクリミアを取り上げ、それもまたウクライナへ贈った。まさに、こうやってソヴィエトのウクライナ領は形成されたのである。

だが、ここで特に注視したいのは、ソ連邦の創設初期のことである。これは、我々にとってきわめて重大なことだと考える。いわば、遠回りする必要があるのだ。

一九一七年の十月革命ならびにそれに続く内戦を経て、ボリシェヴィキは新たな国家体制の構築に取りかかったが、彼らの間には、かなり深刻な意見の相違が生じたことを思い出してほしい。一九二二年に、ロシア共産党（ボリシェヴィキ）中央委員会書記長と民族問題人民委員のポストを兼任したスターリンは、自治の原則に基づいて国を建設することを提案した。つまり、将来の行政・領域単位となる共和国に対し、統一国家に入るにあたって広範な権限を付与するということである。

レーニンは、上記の構想に対し痛烈な批判を行い、彼が当時「無党派」と呼んでいた民族主義者（ナショナリスト）らに譲歩することを提案した。本質的に連邦制（コンフェデレーション）の国家体制にするというレーニンの構想と、分離までをも含めた民族自決の権利についてのスローガンが、ソヴィエト国家体制の基盤に置かれた――まず、一九二二年に、〔複数の〕ソヴィエト社会主義共和国から成る連邦の結成に関する宣言〔連邦結成条約〕において、その後、レーニンの死後になるが、一九二四年のソヴィエト社会主義共和国連邦（ソ連）憲法で、このことが確定された。

ここですぐに多くの疑問が湧いてくる。とはいえ、実は、その中の最初のものが最も重要な疑問である――旧帝国の辺境で際限なく膨らんでいったあらゆる民族主義的野望を、上から恵んででもやるように、なぜ、満たしてやる必要があったのか？　新たに形成される、しかも、しばしば恣意的に形成された行政単位である各連邦共和国に対し、広大で、当の共和国とはそもそも何の関係も持たないこともままあった領土を引き渡す必要があったのか。繰り返すが、歴史的なロシアの住民と一緒に、引き渡すのである。

しかも、これらの行政単位には、事実上、民族国家の形成体という地位と形態が与えられた。またもや疑問が出てくる――なぜ、最も激烈な民族主義者たちでさえそれまでは夢にも思っていなかったような、このような気前のよい贈り物をして、しかも、一切の条件をつけずに統一国家から離脱する権利を、各共和国に対して付与する必要があったのか？

こうしたことは一見、まったくもって理解不能であり、何か狂気の沙汰のように思える。だが、あくまで一見したところに過ぎない。説明はつくのだ。革命のあと、ボリシェヴィキにとっての最重要課題は、どんな代償を払ってでも権力に留まることであった。まさにどんな代償を払ってでもだ。そのためなら、彼らは何でもやった――ヴィルヘルム二世率いるドイツとその同盟国が、軍事的にも経済的にもきわめて困難な状態にあり、第一次世界大戦の結果がすでにほぼ決まってしまっていた時期に、ブレスト条約〔一九一八年三月三日、現在のベラルーシのブレスト・リトフスクで、ソヴィエトがドイツ、オーストリア・ハンガリー、トルコなど同盟国側と結んだ単独講和条約〕の屈辱的な条件を受け入れ、そして、国内の民族主義者たちからのあらゆる要求、要望にも応えようとしたのである。

ロシアとその民（ナロード）の歴史的運命から見れば、レーニンの国家建設の原則は、単に過ちであったばかりでなく、俗にいうところの、過ちよりもはるかに悪いものであった。一九九一年のソ連邦崩壊後、このことは完全に明らかになった。

むろん、すでに過ぎてしまった出来事を変えることはできないが、我々は、これらの出来事について、せめて直截に、正直に、語るべきである。一切、留保を付けず、一切、政治色を付けずにだ。私が付け加えることができるのは、現在の政治状況を計算に入れて判断することは、それがある時点においてどれほど効果的で、有利に見えようとも、いかなる情勢にあろうとも、国家体制の基本原則の基礎に置くべきではないし、置くこともできないということだけである。

今になって、誰のことも、何についても非難するつもりはない。当時、そして、内戦の前後の時期、国の状況は信じられないほど複雑で、危機的なものであった。今日言いたいのは、まさに何もかもがそうだったということだけである。これは、歴史的事実なのだ。すでに述べたとおり、他でもないボリシェヴィキの政策によって、ソヴィエト・ウクライナは誕生したのである。それは今日に至るも、完全な裏づけをもって、「ウラジーミル・イリイチ・レーニン名称ウクライナ」〔レーニンによって勝手につくられた国だと批判する気持ちも込めた表現〕と呼ぶことができる。レーニンは、ウクライナの作者であり、設計者である。このことに関しては、保管文書によって、すべて完全に確認できる。ウクライナの構成下に文字どおり押し込められたドンバスに対するレーニンの厳しい指令も含めてだ。一方、今日では、「感謝の気持ちでいっぱいの子孫たち」〔皮肉〕がウクライナにあるレーニンの記念像を取り壊したのである。これは彼らのところでは、非共産化と呼ばれている。

　非共産化を望んでいるのか？　まあ、それならいいだろう、我々には不満はまったくない。だが、よくいわれるように、中途半端ではいけない。ウクライナにとって真の非共産化とは何なのか、我々には示す用意がある。

　問題の歴史に戻ろう。繰り返しになるが、一九二二年、旧ロシア帝国の領域に、ソ連が形成された。だが、提案された、曖昧模糊《あいまいもこ》とした、事実上は国家連合制である原則に基づいて、これほど広大で複雑な領土を維持することも統治することも単に不可能であることは、現実そのものによってすぐに証明された。そんな原則は現実からも、歴史的な伝統からも、完全に切り離されていた。

　赤色テロル、そしてスターリンによる独裁への急速な移行、共産主義イデオロギーの支配と共産党による権力の独占、国有化と国家計画経済制度、こうしたすべてのことが、宣言されたものの機能しない、国家機構に関する原則を、事実上、単なる宣言、形式に変えてしまったのは、むべなるかなである。現実には、連邦構成共和国には何の主権も生まれなかったし、主権などというものは単に存在しなかったのだ。現実には、きわめて中央集権化された、その性質から見て完全に単一の国家が創設されたのである。

　スターリンは実際、レーニンのではなく、自分自身の国家機構の構想をほぼ完全に実現させた。にもかかわらず、体系的な文書や国の憲法には、適切な変更を加えなかったし、ソ連建設に関し宣言されたレーニンの原則は、正式に見直されることがなかった。たしかに、総合的に判断して、そんなことをする必要性はなかったようだ。全体主義体制の条件のもと、すべてが機能していたし、表面的には、立派で、魅力的で、きわめて民主的にさえ見えていたのである。

それでもやはり残念なことではある。革命によってもたらされた、忌まわしく、絵空事の、まともな国ならどんな国にとってもきわめて破壊的な幻想が、我々の国家体制全体を構築する礎となる正式な法的基盤から適時に一掃されなかったのは、実に残念なことだ。我が国では以前からよくあったことだが、将来のことなど誰も考えてはいなかったのである。

共産党の指導者たちは、強固な統治システムを構築できたし、自分たちの政策によって民族問題も最終的に解決されたと確信していたようだ。だが、改《かい》竄《ざん》、概念のすり替え、世論操作、欺瞞《ぎまん》は、高くつく。民族主義的野望というバチルス菌はどこかに消えてなくなってしまったわけではなく、民族主義の感染に対する国家の免疫を破壊する地雷は最初から埋め込まれており、ただ自身の時が来る〔爆発する〕のを待っていたのである。繰り返すが、その地雷とは、ソ連邦から離脱する権利であった。

一九八〇年代半ば、社会・経済問題が深刻化し、計画経済の危機が明らかになる中、民族問題はますます先鋭化していった。民族問題の核心は、連邦のそれぞれの人民が何かを期待しており、その願望が叶えられていなかったということではなく、何よりも地方のエリートらの欲望が強まっていることにあった。にもかかわらず、ソ連共産党の指導部は、状況を深く分析し、何よりもまず経済に関して適切な措置を講じたり、また、政治システムと国家機構を段階的に、熟考を重ね、バランスを考えながら変革したりすることはせず、そのかわりに、レーニンの民族自決の原則の復活について明らかな駄弁を弄するばかりだった。

さらに、共産党自体、その内部で権力闘争が進む中で、対立する側のそれぞれが、支持基盤の拡大を狙い、潜在的な支持者らが単に願っているだけに過ぎないものをすべて実現させると約束しながら、深く考えもせずに、民族主義的な気運を助長し、煽り、それを駆け引きに使うようになった。民主主義と、市場経済なんだか、計画経済なんだか、とにかく、それを基盤に構築された輝ける未来についての表面的で大衆迎合的なお喋りをしていたが、現実には人々は困窮化し、全面的な物不足が進む中で、この国が避けられないであろう悲劇的な結末について考える者は、政権の中に一人もいなかった。

その後は、自らの党の人々の中で育てられていた民族主義エリートの野望を満足させるためのソ連黎明期につくられた道を、ただもう歩んでいったのだ。共産党には、国家テロやスターリン型独裁のような、権力と国そのものを維持するための手段が（幸いなことだが）もはや無いこと、そして、悪名高い党の指導的役割でさえ、朝霧のように、直接、目の前から跡形もなく消え去ろうとしていたことも忘れてである。

そして、そう、一九八九年九月、ソ連共産党中央委員会総会において、実質的に運命を決することになった文書――いわゆる現在の状況下における党の民族政策――ソ連共産党政治綱領が採択されたのである。政治綱領には以下の文言が含まれていた。引用しよう――「連邦の各共和国は、主権を有する社会主義国家の地位に相応するすべての権利を有している」。

さらにもう一つの条項がある――「連邦構成共和国の最高代表権力機関は、自身の領土において、連邦政府の決定および命令の執行に異議を申し立て、これを停止することができる」。

そして最後に――「それぞれの連邦構成共和国はそれ自身の市民権を有し、これはそのすべての住民に与えられるものである」。

こうした定式と決定が何をもたらすか、明らかではなかったのだろうか？　今は、国家もしくは憲法の権利の問題に踏み込み、市民権という概念自体に定義を与えるときでもないし、それをすべき場所でもない。それでもやはり疑問は生じる――ただでさえ複雑な状況にあって、なぜ、そのようなやり方で国をさらに強く揺さぶる必要があったのか？　されど、事実は事実だ。

ソ連邦崩壊まではまだ二年あったが、その運命は事実上、もう決められてしまった。今では、ウクライナをはじめとする急進主義者（ラディカリスト）や民族主義者らが、独立を勝ち得たことを自身の功績にしている。だが、見てのとおり、これはまったく違う。我々の統一国家の崩壊は、ボリシェヴィキの指導者やソ連共産党指導部が、国家建設、経済政策ならびに民族政策において、さまざまな時期に犯してしまった歴史的、戦略的過ちがもたらしたものである。ソ連という名の歴史的ロシアの崩壊の責を負うべきは彼らなのだ。

　ロシアへのこうしたすべての不正、欺瞞、あからさまな強奪にもかかわらず、我が民、他でもない民は、ソ連崩壊後に出現した新たな地政学上の現実（実態）を認め、新たな独立国家群を認めたのである。認めただけでなく、ロシア自身が、当時はきわめて困難な状況にありながら、ウクライナの仲間も含むＣＩＳ諸国のパートナーたちを支援したのだ。彼らからは、独立を宣言した直後から、物的支援に関する数多くの依頼が寄せられるようになった。そして、我が国は、ウクライナの尊厳と主権を尊重した上で、こうした支援を行ったのである。

　ロシアがウクライナへ提供したエネルギー資源の価格、優遇融資、経済・貿易上の特恵の規模を簡単な計算によって確認した専門家の推計によれば、一九九一年から二〇一三年までの期間にウクライナの予算が受けた利益の総額はおよそ二五〇〇億ドルだった。

　しかし、これがすべてというわけではまったくない。一九九一年末には、諸外国ならびに国際基金に対するソ連の債務はおよそ一〇〇〇億ドルになっていた。当初これらの債務は、旧ソ連のすべての共和国が連帯して、それぞれの経済力に応じて返済されることが前提とされていた。だが、ロシアはソ連の債務の返済をすべて引き受け、完済した。この返済が最終的に終わったのは二〇一七年だった。

　その代わりに、新たな独立国家群は、ソ連の対外資産のうち自身の分を放棄しなければならず、ウクライナとはこれに関する合意が一九九四年一二月に結ばれた。ところが、キエフ〔ウクライナ政権〕はこの合意書を批准せず、のちには履行することを単に拒否した。外国にある旧ソ連のダイヤモンドのストック、金準備金その他の所有物や資産を要求してきたのである。

　それでも、こうしたよく知られた数々の問題にもかかわらず、ロシアはウクライナと常に、率直かつ誠実に、そして、繰り返すが、その利益を尊重しながら協力してきたし、両国関係は実にさまざまな分野で発展してきた。例えば、二〇一一年の二国間貿易額は五〇〇億ドルを超えた。ウクライナとＥＵの全加盟国との二〇一九年における貿易額は、つまりパンデミック〔新型コロナウィルス感染拡大〕よりまだ前のことになるが、ロシアとウクライナとのこの指標よりも少なかったことを指摘しておく。

同時に、目を惹くのは、ウクライナ政権は、ロシアとの関係においてすべての権利と利点は有しているが、義務は何も負っていないように行動することを好んだことである。

パートナー関係の代わりに、居候根性が幅を利かせるようになった。それはときとして、キエフの公的権力による実に厚かましいものにもなった。エネルギーのトランジット輸送分野における延々と続く恐喝と、ガスのありふれた窃盗を思い出すだけで十分だろう。

キエフは、ロシアとの対話を西側との駆け引きの材料に使おうとしたし、モスクワと接近すると西側を脅迫して、特別な待遇を得ようとしたことを付言しておく――そうしなければ〔特別な待遇を与えなければ〕、ウクライナへのロシアの影響力が増大すると言ったのである。

ここで強調しておきたいのだが、ウクライナ政権は当初から、まさに最初の一歩から、我々を結びつけているあらゆることの否定の上に国家体制を築こうとしたし、ウクライナに暮らす何百万もの人々、全世代の意識と歴史的記憶を歪めようとした。ウクライナ社会が極端な民族主義の高まりに直面したことは驚くに当たらない。それはすぐに、攻撃的なロシア嫌悪《ルソフォビア》とネオナチズムの形をとるようになった。北カフカスのテロリスト一味に、ウクライナの民族主義者とネオナチが関与し、ロシアに対し領土を要求する声がますます高まっている理由も、ここからきている。

外国勢力もその一翼を担っており、非営利団体（ＮＰＯ）と諜報機関の広範なネットワークを使って、ウクライナで自身の顧客を開拓し、その代表者を権力機関へ送り込んだ。

ウクライナは、実質的に、自身の真の国家性に関する確固たる伝統を有したことはこれまで一度たりともないという点も理解しておくことが重要である。そして、一九九一年以降、歴史からもウクライナの現実からも切り離された、異質のモデルを機械的に模倣する道を歩み出した。国家の政治機構は常に、急速に形成された派閥の思うままにつくりかえられてきた。これらの派閥は、ウクライナの民の利害とは何の共通点もない自身の計算ずくの利害を有していた。

ウクライナのオリガルヒ（新興財閥）政権のいわゆる親西側の文明的選択という考え全体が、民の幸福にとって最良の条件を創り出すためではなく、ロシアの地政学的なライバルたちに従順に仕えながら、ウクライナの人々から盗み、隠した何十億ドルもの資金を西側の銀行口座に保管するためのものであったし、今もそうである。

産業・金融グループと彼らに養われていた政党と政治家の一方は、最初から民族主義者と急進主義者に頼っていた。そして、もう一方は、ロシアとの良好な関係、文化と言語における多様性に言葉では賛同し、こうした志向を心から支持していた南東部の数百万人の住民も含めた国民の投票によって権力の座についた。ところが、ポストと役職を得ると、彼らはすぐに自身の有権者を裏切り、自身の選挙公約を放棄し、実際の政治は急進主義者の意向に従って行った。彼らは、自身の昨日までの同盟者であった、二言語併用制やロシアとの協力を支持していた社会団体をときに弾圧することもあった。自分たちを支持した人々が、原則として法に従い、穏健な見解を有し、権力を信頼することに慣れ、急進主義者とは違って、攻撃性をむきだしにしたり、違法行為に走ったりすることもないであろうことを利用したのだ。

急進主義者の方はといえば、横暴になり、その要求は年々、増大していった。彼らにとって、脆弱な政権に対し、自分たちの意思を繰り返し押しつけることは難しくはなかったのだ。政権自体が、民族主義と汚職のウイルスに感染していて、民の真の文化的、経済的、社会的利益、ウクライナの真の主権を、民族的土壌のさまざまな悪用と外形的な人種的属性の問題に巧みにすり替えていた。

確固とした国家体制はウクライナでは形成されなかったし、政治や選挙における手続きは、さまざまなオリガルヒの派閥の間で権力と財産を再分配するための隠れ蓑《みの》、衝立《ついたて》に過ぎない。

汚職は、ロシアも含め多くの国にとって課題であり問題であることは間違いないが、ウクライナにおいてはもはや何か特別な性質を帯びるようになってきた。汚職は文字どおり、ウクライナの国家体制、システム全体、権力のすべての部門を養い、蝕《むしば》んだ。急進主義者らは人々の正当な不満を利用し、抗議活動を煽り立て、二〇一四年には、〔ユーロ〕マイダンを国家クーデターまで導いた〔ユーロマイダン革命〕。このとき、彼らは、諸外国から直接、支援を受けていた。入手したデータによれば、キエフの独立広場のいわゆる抗議キャンプに対するアメリカ大使館からの物的支援は一日一〇〇万ドルだった。さらに、相当多額の金が、誰はばかることもなく、野党指導者らの銀行口座に直接、振り込まれた。それは数千万ドルにのぼった。一方、実際に怪我をした人々、キエフや他の都市の通りや広場で誘発された衝突によって亡くなった人々の家族らは、結局、いくら受け取ったのだろうか。このことに関しては、聞かない方がいいだろう。

　政権を奪取した急進主義者らは、憲法に背く行為に反対した人々に対し、弾圧、真のテロ行為を行った。政治家、ジャーナリスト、社会活動家が虐げられ、こうした人々は公然と侮辱された。ウクライナの諸都市には、集団虐殺〔ポグロム〕と暴力の波が押し寄せ、罪を問われることもない派手な殺人が続けざまに起こった。平和な抗議行動の参加者たちがむごたらしく殺され、労働組合会館で生きたまま焼かれたオデッサでの恐るべき悲劇を思い起こすとき、戦慄を覚えずにはいられない。この悪行をなした犯罪者たちは罰せられなかったし、彼らを探す者もいない。だが、我々は彼らの名前を知っているし、罰し、見つけ出し、裁判にかけるためあらゆることを行うつもりである。

　マイダン〔革命〕がウクライナを民主主義と進歩へ近づけることはなかった。クーデターを起こした民族主義者たちと彼らを支持した政治勢力は、完全に事態を行き詰らせ、ウクライナを内戦の奈落に突き落とした。これらの出来事から八年が経ち、国は分裂している。ウクライナは、深刻な社会的・経済的危機にあえいでいる。

　国際機関の情報によれば、二〇一九年、六〇〇万人近くのウクライナ人が、これは、労働可能人口ではなく、まさに国の全人口のおよそ一五パーセントに相当することを強調しておくが、仕事を求めて外国に行くことを余儀なくされた。しかも、たいていが、基本的に日雇いの非熟練労働である。次の事実もまた特徴的だ――二〇二〇年以降、パンデミックの最中、六万人以上の医師や他の医療従事者が国を去ったのである。

　二〇一四年以降、家庭用の水道代は三分の一近く、電気代は数倍、ガス代は数十倍に値上がりした。多くの人々は水道光熱費を支払うためのお金がまったくなく、文字どおり生き延びることに必死にならざるを得ない。

何が起こったのか？　なぜ、こうしたことはみな、起こっているのか？　答えは明らかである――ソ連時代のみならず、すでにロシア帝国の時代から与えられ、受け取ってきた遺産が浪費され、少しずつ盗まれていったからだ。数万、数十万の雇用が失われたが、これらの雇用は、ロシアとの緊密な協力関係のおかげもあって、人々に安定した収入を与え、国庫に税金をもたらしていた。機械製造、機器製作、電子産業、造船、航空機製造のような産業は怠惰にふけっているか、あるいは完全に滅んでしまったが、こうした産業は、かつては、ウクライナのみならずソ連全体が誇っていたものである。

二〇二一年、ニコラエフのチェルノモルスク造船所が閉鎖された。ここでは、最初の造船所が早くもエカテリーナ二世の時代に造られたのだ。有名なコンツェルンである「アントノフ」は二〇一六年以降、シリーズものの飛行機を一機も製造していないし、ミサイルや宇宙機器の製造に特化した「ユジマシ」工場は、クレメンチュク製鋼所と同様、倒産の瀬戸際にある。この哀しいリストはまだまだ続けられる。ソ連全体で構築したガス輸送システムについては、その運用に大きな危険と環境コストが伴うほど老朽化してしまった。

このことでは疑問が生じる――貧困、出口なし、産業と技術のポテンシャルの喪失、これが、もう長年にわたって、楽園を約束しながら何百万人もの人々を騙し、ペテンにかけてきた、ほかでもないあの親西側の文明的選択なのだろうか？

実際、ウクライナ経済の崩壊によって、国民から堂々と強奪するようなことが起こり、ウクライナ自体を外国の管理下にただ追い込むという結果に行き着いてしまった。外国の管理は、西側の首都からの指図のみならず外国の顧問、ＮＰＯ、その他ウクライナで展開されている機関のネットワーク全体を通して、いうならば、その場で直接、行われている。彼らは、非常に重要な人事面での決定のすべて、中央から各自治体まで、すべての権力部門やレベル、「ナフトガス」〔石油・ガス会社〕、ウクルエネルゴ〔電力会社〕、ウクライナ鉄道、ウクルオボロンプロム〔防衛企業〕、ウクルポチタ〔郵便公社〕、ウクライナ海洋港湾局を含む主要な国営企業や会社に直接の影響を及ぼしている。

独立した司法はウクライナには単に存在しない。西側の要請に基づき、キエフ政権は、国際機関の代表者らに、最高司法機関である司法評議会と裁判官資格審査委員会のメンバーを選ぶ優先的な権利を与えたのである。

さらに、アメリカ大使館は、国家汚職防止庁、国家汚職防止局、汚職防止専門検察庁、最高汚職防止裁判所を直接コントロールしている。こうしたことはみな、汚職との闘いをより効果的なものにするためという、もっともらしい口実のもと、行われている。まあ、いいだろう、だが、成果はどこにあるのか？　汚職は、咲き誇った花のようであり、今は以前よりもっと咲き誇っている。

こうした管理手法について、ウクライナの人々自身はすべて知っているだろうか？　自分たちの国が、政治的、経済的な保護の下にあるだけでなく、傀儡《かいらい》政権を有した植民地のレベルにまで行き着いたことをわかっているだろうか？「愛国者の政権」を自称する政権が、国家としての性質を失い、国の主権が完全に失われるべく事態を一貫して進めているところにまで、国家の私物化は行き着いてしまったのだ。

非ロシア化と強制的な同化政策が続けられている。最高議会（ラーダ）は絶え間なく、ますます多くの新しい差別的な法令を出しており、いわゆる先住民についての法はすでに施行されている。自身をロシア人と見なし、自身のアイデンティティ、言語、文化を守ることができればと望んでいる人々に、自分たちはウクライナではよそ者なのだとはっきりわからせたのである。

教育に関する法ならびに国家の言語としてのウクライナ語の機能に関する法に基づいて、ロシア語は、学校から一般の商店に至るまであらゆる公的領域から追放されている。いわゆる清めの法、権力の「浄化」に関する法のおかげで、意に沿わない国家公務員を処分することが可能になった。

ウクライナの治安機関に対し、言論、異なる見解を持つことの自由を厳しく弾圧し、反体制派を迫害するための拠り所を与える法令が数多く生まれている。外国、その個人、法人に対して一方的で違法な制裁を科すという悲しむべき実践は、世界ではよく知られている。ウクライナでは、自身の西側の後見人らの上を行くような手法が発明された。自身の国民、企業、テレビ局、その他のメディア、はては議員に対する制裁である。

キエフは、モスクワ総主教庁系ウクライナ正教会に対しても制裁を行う準備を進めている。これは感情的な評価などではなく、このことに関しては具体的な決定と文書が証明している。教会分裂の悲劇を、ウクライナ政権はシニカルに、国の政治の道具に変えたのである。この国の現指導部は、信者の権利を損なうような法律の廃止を求めるウクライナ市民からの要請に応じない。さらに、モスクワ総主教庁系ウクライナ正教会の聖職者や何百万人もの信徒に対する新たな法律が最高議会に登録された。

クリミアについて特に記しておく。この半島の住民は、自身の自由な選択を行った。ロシアとともにあることを選んだのだ。この明確な民意には、キエフ政権はまったく対抗することができないため、攻撃的な行動を為し、急進的なイスラム組織も含む過激派細胞を活性化し、破壊工作グループを送り込むことで、成果を期待している。死活的に重要なインフラ施設へのテロ行為やロシア市民の誘拐を実行するためである。こうした攻撃的な活動が、外国の諜報機関の支援のもとで行われていることをはっきりと示す証拠を我々は握っている。

二〇二一年三月、ウクライナは新たな軍事戦略を採択した。事実上、この文書は丸ごとロシアとの対決について書かれたものであり、我が国との紛争に諸外国を引き込むことを目的としている。戦略は、ロシアのクリミアとドンバスの領域に、実質的にテロの地下組織をつくることを提案している。そこには、想定される戦争の輪郭も記述されており、その戦争は、今日のキエフの戦略家たちが考えているような形で終結しなければならない。それは次のとおりである――「ウクライナにとって有利な条件になるような国際社会の支援のもと」、さらに、今日、キエフではどう表現されているか、ここでまた引用しておくが、より注意深く聞いてほしい――「ロシア連邦との地政学的対決において国際社会の軍事支援を受けて」実質、これは、我が国、ロシアに対する軍事行動の準備にほかならないのである。

ウクライナが自身の核兵器を製造する意向だとの声明がすでに出されたことも我々は知っている。これは空疎な虚勢などではない。ウクライナは実際、ソ連の核技術とその運搬手段をまだ保有している。ここには、航空機、やはりソ連の設計であり射程距離が一〇〇キロメートルを超える戦術ミサイル「トーチカ・U」が含まれる。だが、もっと多く造るだろうし、これは時間の問題に過ぎない。ソ連時代からの蓄積があるのだ。

したがって、ウクライナが戦術核兵器を獲得することは、ここで名前を挙げることはしないが、実際にこうした開発を進めているいくつかの国よりはるかに容易であり、外国からの技術支援があればなおさらだろう。このことも我々は可能性として除外すべきではない。

ウクライナに大量破壊兵器が出現すれば、世界、欧州、とりわけ我々ロシアにとって、状況は根本的に変わるだろう。我々は、この現実的な危険に対応しないわけにはいかない、ましてや、繰り返すが、西側のパトロンたちが、我が国にとってさらにもう一つの脅威を創り出すため、ウクライナにこうした兵器が出現するのを助ける可能性があるのだから。キエフ政権の軍備の充実化が粘り強く進められていることを我々は見ているのである。

アメリカだけで、この目的のために、二〇一四年以降、武器、装備、専門家の訓練も含め、数十億ドルを拠出した。ここ数ヵ月、西側の武器が、全世界に誇示するように、ウクライナへ続々と送り込まれている。ウクライナの軍と諜報機関の活動を指揮しているのは外国の顧問たちである。このことについて我々はよく知っている。

ここ数年、ウクライナの領土には、演習の名目で、NATO加盟国の軍隊がほぼ常時、駐留してきた。ウクライナ軍の統制システムは、すでにNATOのそれに統合されている。このことが意味するのは、ウクライナ軍は個別の部隊や下部組織でさえ、その指揮は、NATO本部から直接行うことができるということである。

アメリカとNATOは、潜在的な軍事行動の舞台として、ウクライナの領土を遠慮なく利用しはじめた。定期的な合同演習には、はっきりとした反ロシアの方針がある。昨年だけで、この演習には、二万三〇〇〇人以上の軍人と、一〇〇〇を超す機器が用いられた。二〇二二年に多国間演習に参加するため、ウクライナの領土へ他国の軍を入れる法律がすでに採択された。これは何よりNATOの軍隊のことであるのはいうまでもない。そして、今年、一〇以上の合同演習が予定されている。

こうした措置は、ウクライナの領土でNATOの軍隊を迅速に増強させるための隠れ蓑《みの》であることは明らかである。アメリカ人の援助を受けて近代化された、ボリスポリ、イワノ・フランコフスク、チュグエフ、オデッサなど諸空港のネットワークは、最短期間での部隊の移動を可能にしてくれるのだから、なおさらである。ウクライナの領空は、アメリカの戦略偵察機やロシア領土の監視に使われる無人機の飛行のために開放されている。

オチャコフ〔ニコラエフ州〕にアメリカ人が建設した海事作戦センターによって、ロシアの黒海艦隊と黒海沿岸全域のインフラに対して高精度兵器を使用することも含め、NATO艦船の活動が可能になっていることを付言しておく。

アメリカはかつてクリミアにも同様の施設を設けるつもりだったが、クリミアとセヴァストポリの人々がこの計画を阻止した。このことについて我々はずっと覚えているだろう。

繰り返すが、今日、こうしたセンターが展開されており、オチャコフではすでに開設されたのである。一八世紀、この都市のために、アレクサンドル・スヴォロフの兵士たちが戦ったことを思い出してほしい。彼らの勇敢さのおかげで、オチャコフはロシアの構成下に入った。一八世紀当時、オスマン帝国との戦争の結果、ロシアに併合された黒海沿岸の土地はノヴォロシアと呼ばれるようになった。今日、この歴史の節目となったことが、ロシア帝国の軍人の名前同様、忘却の彼方に追いやられようとしているが、彼らの働きなくしてウクライナの現在の大都市の多くは、そして黒海への出口さえも存在しなかったであろう。

最近、ポルタヴァではアレクサンドル・スヴォロフの記念像が撤去された。何を言うべきだろうか？　己の過去を否定するというのか？　ロシア帝国のいわゆる植民地の遺産をか？　そうであるなら、首尾一貫してほしいものだ。

先に進もう。ウクライナ憲法第一七条では、その領土内における外国の軍事基地の設置を認めていないことを指摘しておく。ところが、これは容易に回避できる暫定的なものに過ぎなかった。

ウクライナでは、NATO加盟国の演習・訓練のための派遣団が展開している。これはもはや実質的に外国の軍事基地でもある。単に派遣団の基地と称しただけだが、それでうまくいくだろうというわけだ。

キエフは以前にNATO加盟に向けた戦略的な方

針を表明した。たしかに、どの国も自身の安全保障体制を選択し、軍事同盟を結ぶ権利を有していることはいうまでもない。一つの「しかし」がなければ、そのとおりなのだろう。国際文書には、対等かつ不可分の安全保障の原則がはっきりと記されている。そこには、周知のとおり、他国の安全を犠牲にして自国の安全を強化してはならないという義務が内包されている。ここでは、一九九九年にイスタンブールで採択された欧州安全保障協力機構（ＯＳＣＥ）の欧州安全保障憲章と、二〇一〇年のＯＳＣＥのアスタナ宣言を引用することもできる。

　別の言い方をすれば、安全保障の方法の選択は、他国にとって脅威を生み出すものであってはならないということなのだが、ウクライナのＮＡＴＯへの加盟、これはロシアの安全保障に対する直接的な脅威なのである。

　早くも二〇〇八年四月には、北大西洋条約機構〔ＮＡＴＯ〕のブカレスト・サミットで、ウクライナと、ちなみにグルジア〔ジョージア〕についてもだが、その将来のＮＡＴＯ加盟に関する決定をアメリカが強く後押ししたことを思い出してほしい。アメリカの欧州における同盟国の多くは当時すでに、このような見通しに関するあらゆるリスクについてよくわかっていたが、格上のパートナーの意思には従わざるを得なかった。アメリカ人は、明確に表明した反ロシア政策を実施するため、彼らを単に利用したのだ。

　この同盟に加盟している国々の中には今でも、ＮＡＴＯにウクライナが加盟することについてきわめて懐疑的な国もいくつかある。一方で、欧州のいくつかの首都からは、「何を気に病んでいるのか？　これは、文字どおり明日にでも起きるというわけではない」というシグナルを受け取っている。実をいえば、アメリカの我々のパートナーも、同様のことを言っている。我々は「いいだろう。明日でなければ明後日だろう。歴史的な視座からすれば、それで何か変わるのか？　本質的には何も変わらない」と答えている。

　さらに、ウクライナが北大西洋条約機構の基準を満たし、汚職に打ち克つことができるなら、同国東部での活発な軍事行動のせいで、同国のＮＡＴＯ加盟の可能性が排除されるということはないとする合衆国指導部の立場と発言についても我々は承知している。

　また、ＮＡＴＯは平和志向でかつすぐれて防衛的な同盟であると、我々は何度も説得されてきた。ロシアにとって何の脅威もないというのだ。またもや言葉を信じるようにという提案である。だが、こうした言葉の実際の価値を我々はよく知っている。一九九〇年、ドイツの統一についての問題が議論されていたとき、ＮＡＴＯの管轄権あるいは軍事的プレゼンスは東方へは一インチも拡大することはないと、ソ連指導部はアメリカから約束されたのである。そして、ドイツ統一がＮＡＴＯの軍事組織の東方への拡大をもたらすことはないとも。これは〔ロシアが言われたことの〕引用である。

何度も口約束が行われ、説得されたが、結局のところ、空疎な言葉だったのだ。のちには、中欧ならびに東欧諸国のＮＡＴＯ加盟は、ひとえにモスクワとの関係を改善するものであり、これらの国々を重苦しい歴史的遺産からくる恐怖から解放し、さらにはロシアに友好的な国々のベルト地帯ができるとまで言って、我々を説得しようとした。

何もかもが正反対になった。一部の東欧諸国の政権はロシア嫌悪《ルソフォビア》を駆け引きに使いながら、自身のコンプレックスとロシアの脅威に対するステレオタイプを同盟に持ち込み、主としてロシアに対して展開されるべき集団防衛力の増強を主張した。ちなみに、こうしたことは一九九〇年代から二〇〇〇年代のはじめに起こったことである。それは、我々の開放性と善意によって、ロシアと西側の関係が高い水準にあった時期なのだ。

ロシアは、ドイツ、中欧・東欧諸国からの撤兵も含め、自身の義務をすべて果たし、そうすることで、冷戦の遺産を克服するために多大な貢献を行った。我々は一貫して、ＮＡＴＯ・ロシア理事会やＯＳＣＥの枠組みも含め、協力のためのさまざまな提案を行ってきた。

さらに、今まで公には一度も話していないことをここで言おう。このことについては初めて話すことになる。二〇〇〇年、退任間近のビル・クリントン米大統領がモスクワを訪問した際、私は彼に質問した――「ロシアをＮＡＴＯに受け入れることについて、アメリカはどう思いますか？」

このときの会話の詳細をすべて明かすことはしないでおくが、私の問いに対する反応は、見たところ、いうなれば、きわめて抑制されたものだった。他方、この可能性に対し、アメリカ人が本当のところ、どう考えていたかは、我が国に対する彼らの実際の措置をみれば大体わかる。北カフカスのテロリストへの公然たる支持、安全保障の点から見たＮＡＴＯ拡大への我々の要求と懸念に対する軽視、弾道弾迎撃ミサイル制限条約（ＡＢＭ条約）〔アメリカとソ連が一九七二年に締結したが、アメリカが二〇〇二年に脱退〕からの脱退などである。問いかけてみたくなる――なぜなのか、こうしたことはすべて、何のためなのか？　我々を友人や同盟者とは見たくないというのは、まあ、いいとしても、それでも、なぜ、我々を敵にしたいのか？

答えはただ一つ。我々の政治体制が問題なのではなく、違うこと、ロシアのような独立した大国は、彼らには単に必要がないというだけのことなのだ。すべての問いに対する答えはここにある。これは、ロシアに対するアメリカの伝統的な政策の源泉でもある。安全保障分野における我々のあらゆる提案への対応もここからきているのだ。

ＮＡＴＯの東方への進出はないという約束を西側諸国がどう「守ってきたか」確認するには、今日、地図を一目見るだけで十分だろう。単に騙《だま》しただけである。我々は、ＮＡＴＯ拡大の五つの波を次から次へと受けてきた。一九九九年にはポーランド、チェコ、ハンガリー、二〇〇四年にはブルガリア、エストニア、ラトヴィア、リトアニア、ルーマニア、スロヴァキア、スロヴェニア、二〇〇九年にはアルバニアとクロアチア、二〇一七年にはモンテネグロ、二〇二〇年には北マケドニアが同盟に迎え入れられた。

その結果、同盟とその軍事インフラは、ロシア国境に接するまでになった。このことが、欧州安全危機の主要原因の一つともなり、国際関係のシステム全体に最も否定的な形で影響を及ぼし、相互信頼の喪失を招いた。

戦略的な領域も含め、状況は悪くなる一方である。例えば、世界的なミサイル防衛システムの構築に関するアメリカのプロジェクトの一環として、ルーマニアとポーランドには、迎撃ミサイルの配備が進んでいる。ここに配置されたランチャーは、攻撃システムである巡航ミサイル「トマホーク」に使用できることは、よく知られている。

さらに、アメリカでは万能ミサイル「スタンダード６」の開発が進められている。このミサイルは、防空、ミサイル防衛の課題を解決するとともに、地上と水上の目標も撃破できる。つまりは、防御的であるとかいうアメリカのミサイル防衛システムでは、攻撃力が拡大し、新たな攻撃力も生まれているのである。

ウクライナのＮＡＴＯ加盟ならびにその後に続く同国における北大西洋条約機構の施設の展開は、すでに決められた事柄であり時間の問題だと判断する十分な根拠を、我々が入手している情報は与えてくれる。

このシナリオでは、ロシアに対する軍事的脅威のレベルが飛躍的に、何倍にも高まることを我々ははっきりと理解している。そして、特に注視したいのが、我が国へのまさに奇襲攻撃の危険性が何倍にも高まるということである。

アメリカの戦略計画文書に（文書に、である！）は、敵のミサイルシステムに対するいわゆる先制攻撃の可能性が記されていることについて説明しておこう。アメリカとＮＡＴＯにとっての主要な敵が誰なのかということも我々は知っている。ロシアである。ＮＡＴＯの文書では、我が国が欧州大西洋地域の安全保障にとって主要な脅威であると公的にはっきりと宣言されている。そして、こうした攻撃の前進基地となるのがウクライナなのである。もし、我々の祖先たちがこれを聞いたとしても、おそらく彼らはまったく信じなかっただろう。今日、我々にしても、こんなことは信じたくはないのだが、事実なのだ。このことをロシアも、そしてウクライナも理解してほしい。

ウクライナの空港の多くは、対ロシア国境の近くにある。ここに配備された、高精度兵器の運搬手段も含むＮＡＴＯの戦術航空機は、我が国の領土深く、ヴォルゴグラード――カザン――サマラ――アストラハンをつなぐ線まで攻撃することができる。ウクライナ領土にレーダー偵察機が配備されれば、ＮＡＴＯは、ウラルまでのロシアの領空をくまなく監視することが可能になる。

そして、ついに、中距離核戦略全廃条約〔アメリカとソ連が一九八七年に締結した条約で、射程五〇〇～五五〇〇キロメートルの中距離核戦略を禁止。アメリカが一九年に破棄〕をアメリカが破棄したあとは、ペンタゴンは、もはや公然と、一連の地上配備型攻撃兵器の開発を進めている。ここには、射程五五〇〇キロメートルまでの目標に到達する能力がある弾道ミサイルも含まれている。このようなシステムがウクライナに配備された場合、ロシアの欧州部全域ならびにウラル山脈の向こう側〔以東〕の目標まで破壊できるようになる。モスクワまでの到達時間は、巡航ミサイル「トマホーク」なら三五分以内、ハリコフ地域からであれば、弾道ミサイルなら七、八分、極超音速攻撃兵器なら四、五分である。これはまさに、いうなれば「喉元に突きつけられたナイフ」なのだ。彼らには、これらの計画を実現させる目算があることは疑うまでもない。これまでの年月、NATOを東方に拡大させ、軍事インフラと装備を対ロシア国境に近づけ、我々の懸念、抗議、警告を完全に無視しながら、何度もやってきたことと同様である。失礼なことをいわせてもらうが、我々の懸念、抗議、警告は屁とも思わず、やりたいこと、必要だと思ったことをすべて行ってきたのである。

そして、「犬は吠えるが、キャラバンは進む」という有名な諺のとおり、彼らは、今後も同様に行動するつもりであることはいうまでもない。はっきり言っておくが、このことに関して我々は同意したわけではないし、これからも決して同意したりしない。ただし、ロシアは常に、きわめて複雑な問題は政治的・外交的手段で、交渉の場において解決することを提唱してきたし、提唱しているのである。

我々は、地域の、そして世界の安定に対して非常に大きな責任が自身にあることをよくわかっている。二〇〇八年にはすでに、欧州安全保障条約の締結を提唱した。その要は、いかなる国家も、いかなる国際機関も、欧州大西洋地域において、他者の安全保障を犠牲にして自身の安全保障を強化してはならないというものである。だが、我々の提案は即座に拒否された――ロシアに、NATOの行動を制限することを許してはならないというのである。

さらに、法的に拘束力のある安全保障を得られるのは北大西洋条約機構の加盟国のみであると、我々ははっきりと言われた。

昨年一二月には、我々は西側のパートナーたちに、ロシア連邦とアメリカ合衆国の間における安全保障条約案、ならびにロシア連邦とNATO加盟国との間における安全保障措置に関する協定案を渡した。

アメリカとNATOからの回答には、しごく当たり前の一般論が多かった。合理的なものも含まれてはいたが、こうしたことはみな二次的な事柄に関するもので、数多くの質問をぶつけて議論を脇道に逸らせる試みのように見えた。

我々はこれにしかるべく対応し、交渉を始める用意はあるが、すべての問題をロシアの主要で基本的な提案から切り離すことなく、総合的、包括的に検討することが条件になると強調した。この提案には三つの基本事項が含まれている。第一に、ＮＡＴＯのさらなる拡大を許さないこと、第二に、同盟は攻撃システムの対ロシア国境への配備を放棄すること、そして、最後に、欧州におけるブロック〔同盟〕の軍事力とインフラを、「ロシア・ＮＡＴＯ基本議定書」が調印された一九九七年当時の状態まで戻すことである。

原則に基づく我々のこうした提案がまさに無視されたのだ。繰り返すが、西側のパートナーたちはまたもや、どの国家にも、自身の安全を確保するための方法を自由に選択し、いかなる軍事同盟や連合にも加盟する権利があるという型どおりの公式をあらためて述べた。要は、彼らの立場は何も変わらなかったし、ＮＡＴＯの「開かれたドア」という悪名高い政策がまたもや引き合いに出されたわけである。さらに、我々をまたもや脅迫しようとし、制裁によってまたもや脅している。ロシアの主権が強化され、軍事力が拡大すれば、いずれにせよ、制裁は導入されるのだ。制裁攻撃の大義名分はいつだって見つけられるし、見つからないなら、単に捏造《ねつぞう》されるだけだろう。ウクライナでの状況如何にかかわらずである。目的は一つ、ロシアの発展を抑えることである。彼らは、今までしてきたように、形式だけの大義名分すらなくても、今後もそうするだろう。我々には自身の主権、国益、価値観があるし、それを決して放棄しないという、ただそれだけの理由からである。

はっきりと直截に言っておきたい。原則的な問題に関し対等な対話を行おうという我々の提案に対し、アメリカおよびＮＡＴＯ側から返答を得られず、事実上放置され、我が国への脅威のレベルが著しく高まっている状況では、ロシアは、自国の安全を確保するため対抗措置をとる完全な権利を有しているのだ。我々はまさにそう行動するつもりである。

ドンバスの状況についていえば、紛争解決のための包括的なミンスク合意を履行するつもりはないこと、平和的な解決には関心がないことを、キエフの政権上層部は、常に、公に述べていることを我々は見てきている。それどころか、二〇一四年と二〇一五年にすでにそうしたように、ドンバスでまたもや電撃戦を行おうとしている。当時、この無謀な試みがどういう結末を迎えたか、我々は覚えている。

今では、ドンバスの住宅地で銃撃が行われない日はほとんどない。大規模な部隊が編成され、無人攻撃兵器、重機、ミサイル、大砲、多連装ロケット砲が日常的に使われている。民間人の殺害、封鎖、子ども、女性、高齢者も含め人々への虐待がやむことはない。ロシアで俗にいわれる、終わりも果ても見えない状態である。

自分たちこそ、その唯一の代表であると我らが西側の仲間たちが僭称《せんしょう》している、いわゆる文明世界は、こうしたことを認めたがらない。あたかも、こうした悲惨な出来事、四〇〇万人近くが犠牲となっている虐殺（ジェノサイド）など一切起こっていないとでもいうようである。これらの人々は、二〇一四年に、西側が支持した、ウクライナでのクーデター〔ユーロマイダン革命〕に賛同せず、国家レベルで原始的かつ攻撃的な民族主義とネオナチズムの方向へ向かっていくことに反対したというだけで犠牲になったのである。そして、彼らは、自身の土地に暮らし、自身の言語で話すというその基本的な権利のため、自身の文化と伝統を守ることのために闘っているのだ。

この悲劇はいつまで続くのか？　あとどれくらい辛抱できるのか？　ロシアは、ウクライナの領土的一体性を守るためにあらゆることを行ってきた。この数年間ずっと、二〇一五年二月一七日付国連安保理決議二二〇二を履行するために粘り強く、忍耐強く闘ってきた。この決議は、ドンバス情勢を解決するための、二〇一五年二月一二日付「ミンスク合意実施のための措置のパッケージ」について明記したものである。

すべてが無駄なのだ。大統領や議会の議員は替わっていくが、キエフで権力を奪取した体制自体の本質、その攻撃的で民族主義的な性質は変わらない。この体制は丸ごと、完全に、二〇一四年のクーデターの産物であり、あのとき、暴力、流血、無法の道を歩みはじめた人々は、ドンバス問題に関して、軍事的手段以外のいかなる解決策も認めてこなかったし、今も認めていない。

だからこそ、とうの昔に行われるべきだった解決策、ドネツク人民共和国およびルガンスク人民共和国の独立と主権を速やかに承認する必要があると考える。

ロシア連邦議会に、この決定を支持し、そして、それぞれの共和国との友好・相互援助条約を批准することを求める。この二つの文書は、近々に作成され、署名される予定である。

キエフで権力を奪取し、維持している人々に対しては、戦闘行為の即時停止を要求する。さもなければ、流血が続く可能性に対する全責任は、そっくりそのまま、完全に、ウクライナ領土を支配する政権の良心にかかることになる。

今日、採択された決定を宣言するにあたり、ロシア国民、国のすべての愛国的勢力が支持してくれると確信している。

ご清聴に感謝する。

出典：ロシア大統領府公式サイト
http://kremlin.ru/
翻訳：原口房枝

④大統領演説

ウラジーミル・プーチン

（二〇二二年二月二四日）

V・プーチン：親愛なるロシア国民の皆さん！

親愛なる友人の皆さん！

今日、ドンバスで起こっている悲劇的な出来事、そして、ロシア自身の安全保障という重要な問題に、あらためて立ち戻る必要があると考える。

今年二月二一日の演説で語ったことから始めよう。我々の懸念や不安をとりわけ呼び起こしていることについて、西側の無責任な政治家たちが、年を追うごとに一歩ずつ、我が国に対し、暴力的かつ露骨につくり出している根本的な脅威についてである。軍事ブロックNATOの東方への拡大、その軍事設備がロシア国境へ接近していることについて私は言っているのだ。

この三〇年間というもの、我々が粘り強く、辛抱強く、欧州における対等かつ不可分の安全保障の原則について、NATOの主要諸国と合意にこぎつけようと試みてきたことは、よく知られている。我々は、自分たちの提案への回答として、常に、冷笑的な欺瞞と虚偽、そうでなければ、圧力と恐喝の試みにぶつかってきたし、そうこうする間にも、我々のあらゆる抗議や懸念にもかかわらず、北大西洋条約機構〔NATO〕はますます拡大している。戦争マシンは前進を続け、繰り返すが、我々の国境のすぐそこまで迫っているのである。

こうしたことはみな、どうして起こっているのだろうか？　自分は優越しており、無謬《むびゅう》であり、やりたい放題できるという態度で話をするというこの厚顔無恥なやり方は、どこからくるものなのか？　我々の利益ときわめて正当な要求に対する、馬鹿にした等閑な態度はどこからきているのか？

その答えははっきりしているし、すべて明瞭、明白である。一九八〇年代末、ソヴィエト連邦は弱体化し、その後、完全に崩壊した。当時起こったこと、その経緯のすべては、今日においても我々にとってよい教訓である。それは、権力、意思の麻痺は、完全な崩壊と忘却への第一歩であることを、説得力をもって示したのだ。当時、我々は一時的に自信喪失の状態となり、それで一巻の終わりだった――世界のパワーバランスは崩れてしまった。

　このことにより、それまでの条約や協定は、もはや事実上は効力を有していないという事態になった。説得や要請など役に立たないのだ。覇者、権力者にとって都合の悪いことは何もかも、時代遅れで、古臭く、不要であると宣告されてしまう。そして、その反対に、彼らにとって有利になると思われるものは何もかも、究極の真理として知らしめられ、どんな代償を払ってでも、厚かましくも、あらゆる手段によって、押しつけられるのである。承諾しない者は、膝をへし折られてしまう。

　今話しているのは、ロシアにのみ関わることではないし、我々のみが懸念しているわけではない。それは、国際関係のシステム全体、ときとして、アメリカの同盟諸国自身にさえも関わってくることなのだ。ソ連崩壊後、事実上、世界の再分割が始まり、それまでに形成されてきた国際法の規範は――その中で重要で基本的なものは第二次世界大戦の結果、受け入れられ、また、多くの点でその結果を確定したのであるが――自身を連戦の勝者と宣言した者にとっては邪魔になってきたのである。

　もちろん、実際の活動や、国際関係、それを規制するルールにおいては、世界情勢ならびにパワーバランスそれ自体の変化も考慮する必要はあった。しかしながら、このことは、プロフェッショナルに、強引にならず、忍耐強く、すべての国の利益を考慮し、尊重して、自身の責任も理解した上で行うべきだった。だが、そうはならなかった。絶対的な優位性と現代的な一種の絶対主義からくる陶酔状態があり、さらにその背景には、全般的な文化水準の低さと、自身にのみ有利な解決策を用意し、採択し、押しつけてきた者たちの尊大さもあった。事態は、異なるシナリオに沿って展開しはじめたのである。

　例を挙げるために遠くに行く必要はない〔例なら身近なところにある〕。まず、国連安全保障理事会のいかなる承認もなしに、ベオグラードに対する流血の軍事作戦が実行され〔一九九九年のNATOによるユーゴスラヴィア空爆〕、欧州のど真ん中で戦闘機とミサイルが使用された。数週間にわたり、非軍事都市や生活インフラに対し、絶え間ない爆撃が行われた。こうした事実を思い出していただくほかない。だが、西側の皆さんの中にはこうした出来事を思い出したくない人々もいて、我々がそれについて言及すると、国際法の規範についてではなく、自身が必要と思う解釈を施している状況について指摘したがるのである。

そのあとには、イラク、リビア、シリアの番がやってきた。リビアに対する非合法な軍事力の行使と、リビア問題に関する国連安保理のあらゆる決議が曲解されたせいで、この国は完全に破壊され、国際テロの巨大な温床が生まれ、大規模な人災と、今に至るも終わらない長年にわたる内戦の奈落に落ちてしまった。リビアのみならず、この地域全体で、数十万、数百万の人々を襲った悲劇が、北アフリカと中近東から欧州に向かう大量の難民を生み出した。

同様の運命がシリアにも用意されていた。この国の領土における、シリア政府ならびに国連安保理の承認のない、西側連合の軍事行動、これは侵略、介入以外の何ものでもない。

しかしながら、中でも特別な位置を占めるのが、またしてもいかなる法的根拠もなかったイラクへの侵攻であることはいうまでもない。大義名分として選ばれたのが、イラクに大量破壊兵器があるという、アメリカが握っていたとされた信頼性の高い情報だった。その証拠として、公の場で、全世界の前で、アメリカの国務長官が、白い粉末の入った何かの試験管を振りながら、それがイラクで開発されている化学兵器であると皆に断言したのである。こうしたことはすべて、ごまかし、ブラフであり、イラクにはどんな化学兵器も存在しないことがあとになって判明した。信じがたく、驚くべきことなのだが、事実は事実である。国家の最高レベルで、国連の高い壇上で、嘘をつかれたのだ。そして、その結果が、莫大な犠牲、破壊、信じがたいほどのテロの急増である。

総じて、西洋がその秩序を確立しようとやってきた世界の多くの地域では、ほとんどどこでも、結果的に、血まみれの癒えない傷、国際テロと過激主義の腫瘍〔悪の温床〕が残されてしまうという印象を受ける。私が語ったことはどれも最悪の例ではあるが、国際法が蔑《ないがし》ろにされた例はそれだけでは決してないのである。

その例には、ＮＡＴＯを一インチたりとも東方へは拡大しないという我が国への約束も含まれている。繰り返すが、騙し、俗な言い方をすれば、ただ投げ捨てたのである。たしかに、政治とは汚いものだとはよく聞くことかもしれない。そうなのかもしれないが、ここまで汚くはないだろう。何せ、これほどのいかさま行為は国際関係の原則ばかりか、何よりも、広く認められた道徳や倫理の規範に反するからである。この場合、正義と真実はどこにあるのか？延々と続く嘘と偽善があるばかりだ。

ちなみに、アメリカの政治家、政治学者、ジャーナリストたち自身が、ここ数年で、国内には正真正銘の「嘘の帝国」ができあがったと書き、発言している。これに異を唱えることは困難だ――そのとおりなのである。もっとも、謙遜する必要はない――アメリカは何といってもやはり偉大な国であり、システムをつくり出す強国である。アメリカの衛星国はどこも、愚痴一つこぼさず、おとなしく、言いなりになるし、あらゆることに関してアメリカに同調するばかりか、その行動を模倣し、大喜びで、アメリカが提示するルールを受け入れる。それゆえ、アメリカが自身に似せて形成した、いわゆる西側陣営全体、その丸ごとが、「嘘の帝国」そのものなのだと、十分な根拠をもって断言することができる。

我が国についていえば、ソ連崩壊後、新生ロシアはかつてないほど開放的になり、アメリカならびに他の西側パートナーらと誠実に協力する用意を示したのだが、事実上、一方的な軍縮を行うという条件の下、彼らはすぐさま我々を絞りつくし、打ちのめし、もはや完全に破壊しようとしたのだ。九〇年代、そして二〇〇〇年代はじめ、いわゆる集団的西側諸国は、実に積極的に、ロシア南部の分離主義と傭兵集団を支援していたころが、まさにそうだったのである。当時、カフカスの国際テロの背骨を我々が完全に断ち切るまでに、どれほどの犠牲を払い、どれほどの損失を被り、どれほどの苦難を乗り越えなければならなかったか。我々はこのことを覚えているし、決して忘れない。

実際のところ、最近に至るまで彼らは自身の利益のために我々を利用しようとし、我々の伝統的な価値観を破壊しようとし、我々、我が民《たみ》を内部から蝕《むしば》むであろう彼らの偽りの価値観、すでに自分たちの国では精力的に植えつけている志向、人間の本質そのものに反するがゆえに、崩壊と退化に直接結びつく志向を押しつけようとすることをやめなかった。だが、こんなことは起こらないし、これまでだって誰もうまくいったことはなかった。今もうまくいくわけがない。

色々なことがあったとはいえ、我々はそれでも、二〇二一年一二月、欧州の安全保障の原則とＮＡＴ

Oの不拡大について、アメリカならびにその同盟諸国と合意にこぎつけるべくあらためて取り組んだのである。だが、すべてが無駄であった。アメリカの立場は変わらない。ロシアにとって重要なこの問題に関し、我々と合意する必要があるとは考えておらず、自身の目的を追求し、我々の利益を蔑ろにしている。

むろん、こんな状況では、今後、どうすべきなのか、何が待っているのか？　という疑問が生じてくる。一九四〇年から一九四一年にかけて、ソヴィエト連邦がどれほど手を尽くして戦争を防ぎ、あるいはせめてその開始を遅らせようと努めたか、我々は歴史からよく知っている。そのために、文字どおりぎりぎりまで、潜在的な侵略者を挑発しないように努め、避けがたい攻撃を撃退する準備として最も必要で明確な行動をとることもせず、あるいは先延ばしにした。それでも最終的には措置を講じたのであるが、それは、もはや致命的なほど手遅れであった。

その結果、一九四一年六月二二日、宣戦布告なしに、我々の祖国を攻撃したナチス・ドイツの侵攻に全力で立ち向かうための準備が国にはできていなかった。敵を押しとどめ、のちには粉砕することに成功したが、それはとてつもなく大きな代償を払ってのことだった。大祖国戦争の直前、侵略者に取り入ろうとした試みは誤りだったのであり、この過ちは我が国民にとって高くついた。最初の数ヵ月の戦闘で、我々は、広大な、戦略的に重要な領土と何百万人もの人々を失った。我々には、もう二度とこんな過ちを犯すことは許されないし、そんな権利もない。

世界支配を狙う者たちは、公然と、罪を問われることもなく、そして繰り返すが、何の根拠もなく、我々を、ロシアを、自身の敵であると宣言している。たしかに、彼らは今日、多大な財政的、科学・技術的、そして軍事的な力を有している。このことについて我々はわかっているし、経済分野で我々に対して絶えずなされている脅しについて客観的な評価も行っている。こうした厚顔無恥で、終わることのない恐喝に対抗する自身の力を客観的に評価しているのと同様にである。繰り返すが、我々はこれらのことを幻想を抱くことなく、きわめて現実的に評価している。

軍事面についていえば、現代ロシアは今日、ソ連が崩壊し、その潜在力の大半が失われたあとでさえ、世界で最も強大な核大国の一つであり、さらに、いくつかの最新兵器において一定の優位性を有している。それゆえ、我が国に対する直接攻撃は、あらゆる潜在的な侵略者にとって壊滅と悲惨な結果をもたらすことを、疑う者はいないはずである。

しかしながら、防衛技術も含め技術というものは急速に変化している。この分野における主導権は次から次へ移り替わっているし、移り替わっていくであろう。だが、我々の国境に接している領域における軍事開発は、我々がこれを許せば、何十年も先まで残り、おそらくは、永遠に、ロシアにとって絶え間なく増大していく、絶対に受け入れられない脅威をつくり出すであろう。

すでに今日、NATOが東方に拡大にするにつれ、我が国にとって状況は年々悪化し、危険なものになっていく一方である。しかもここ数日、NATO指導部は、その軍備をロシア国境に向けて推し進めることを加速化し、集中させる必要があると、はっきり語っている。言い換えれば、彼らは強硬的な姿勢になっているのである。我々はもうこれ以上、起こっていることをただ監視し続けることはできない。それは我々の立場からすれば、まったくもって無責任なことなのだ。

北大西洋条約機構の軍備のさらなる拡大、ウクライナの領土で始められた軍事開発は我々にとって受け入れられないものである。NATOの組織自体が問題ではないことはいうまでもない――それはアメリカの対外政策の道具に過ぎない。我が国に接している領土に――我々の歴史的領土だと指摘しておくが――我々に敵対的な「反ロシア」が形成されていることが問題なのだ。この「反ロシア」は、外部からの完全な管理下に置かれ、NATO諸国の軍隊によってしっかり固められ、最新兵器が注ぎ込まれている。

アメリカとその同盟諸国にとって、これは、いわゆるロシア封じ込め政策であり、明らかな地政学的配当なのだ。一方、我が国にとっては、これは最終的には生きるか死ぬかの問題、民《たみ》としての我々の歴史的未来に関わる問題なのである。これは誇張ではなく、実際そのとおりなのだ。これは、単に我々の利益のみならず、我々の国家の存在自体、その主権に対する真の脅威なのである。これは、何度も語ってきたレッドラインそのものなのだ。彼らはそれを越えたのである。

ドンバスの状況も、これに関連している。二〇一四年にウクライナで国家クーデターを起こして権力を奪取し、実質、飾りでしかない選挙手続きによってその権力を維持している勢力は、紛争の平和的解決を最終的に拒否したことを我々は見てきている。八年間、限りなく長い八年間、状況が平和裏に、政治的な手段によって解決されるよう、我々はできる限りのことを行ってきた。だが、すべては無駄だった。

すでに先の演説で話したように、そこで起こっていることは同情なしには見られない。こんなことは何もかも、もはや我慢できなかったのだ。この悪夢――ロシアにしか希望を託せず、私とあなた方にしか希望を託せない、そこで暮らす数百万もの人々へのジェノサイド（虐殺）を直ちに終わらせる必要があったのだ。人々のこの願い、気持ち、痛みこそが、我々にとって、ドンバスの人民共和国を承認する決定を下した主な動機でもあった。

私が重要であると見ていることを、さらに強調しておかなければならない。NATOの主要な国々は、自身の目的を達成するために、ウクライナにおいて極端な民族主義者とネオナチを、あらゆる面で支持している。一方これらの人々は、クリミアとセヴァストポリの人々が行った自由な選択――ロシアとの統合を決して許さないだろう。

彼らは当然、クリミアに、ドンバスにおけるのと同様に戦争を持ち込み、人々を殺すために入り込むだろう。大祖国戦争の際に、ウクライナの民族主義者たち、ヒトラーの協力者たちの一味から成る懲罰隊員たちが、自身を守る術《すべ》を持たない人々を殺したように。彼らは、他の多くのロシアの領土に対する要求もあからさまに宣言している。

事の成り行き全体と入ってくる情報の分析によってわかるのは、ロシアはこうした勢力との衝突を避けられないということである。これはもう時間の問題なのだ。彼らは準備を進めており、好機を待っている。今や、核兵器の保有まで要求している。我々はこんなことは許さない。

すでに話したように、ロシアはソ連崩壊後、新たな地政学的現実を受け入れた。我々は、ソ連崩壊後の空間に新たに形成されたすべての国々を尊重しているし、今後も同様に尊重していく。我々はこうした国々の主権を尊重しているし、尊重していく。その一例が、悲劇的な事件、その国家性と一体性への挑戦に直面したカザフスタンに我々が行った支援である〔二〇二二年一月、カザフスタンで燃料値上げをきっかけに動乱が発生。政府の要請でロシアを中心とした集団安全保障機構ＯＳＣＴの平和維持軍が派遣された〕。だがロシアは、現在のウクライナの領土からもたらされる絶え間ない脅威とともにあっては、己を安全と感じることはできないし、発展し、存在することはできないのだ。

　二〇〇〇年から二〇〇五年の間、我々はカフカスでテロリストらに反撃を行い、我々の国家の一体性を守り抜き、ロシアを保持したことを思い出してほしい。二〇一四年には、クリミアとセヴァストポリの人々を支援した。二〇一五年には、シリアからテロリストたちがロシアへ侵入してくるのを防ぐ確実な障壁を築くため軍事力を用いた〔ロシアがシリアで軍事作戦を行ったことを指す〕。自身を守るための他の方法は我々にはなかったのだ。

　同様のことが今も起こっている。私とあなた方には、今日、これから我々が使わざるを得ないこと以外に、ロシア、我が人々を守るためにできることが一つも残されていなかったのだ。状況が、我々に断固とした措置を即座にとることを求めている。ドンバスの人民共和国がロシアに支援を要請してきたのである。

　このため、国連憲章第七章五一条〔集団的自衛権について定めている〕に基づき、ロシア連邦議会の承認を得て、今年二月二二日連邦議会によって批准された、ドネツク人民共和国ならびにルガンスク人民共和国との友好相互支援協定を履行すべく、特別軍事作戦の実施に関する決定を下した。

　特別軍事作戦の目的は、八年にわたってキエフ政権から虐待やジェノサイドに遭ってきた人々を守ることである。そして、このために、我々は、ウクライナの非軍事化ならびに非ナチ化と、さらに、ロシア連邦市民も含む民間人に対し、多数の流血を伴う犯罪を行ってきた人々を裁判にかけることを目指す。

　ただし、我々の計画には、ウクライナの領土の占領は含まれていない。我々は、誰に対しても、力ずくで何かを押しつけるつもりはない。しかしながら、第二次世界大戦の結果を定め、ソヴィエトの全体主義政権が署名した文書はもはや履行すべきではないとの言説が、最近、西側では一層盛んになっていると、我々は聞いている。さて、これにどう応えるべきなのだろうか?

　第二次世界大戦の結果は、ナチズムに対する勝利の祭壇に我が国民が捧げた犠牲と同様、神聖なものである。だが、このことは、戦後数十年のすべてをかけて形づくられてきた今日の実態を踏まえれば、人権と自由という崇高な価値と矛盾するものではない。また、国連憲章第一条に定められた民族の自決権を取り消すものでもない。

ソ連創設時にも、第二次世界大戦後も、現代のウクライナに入っている領土のどこにおいても、そこに暮らす人々に、彼ら自身がその生活・人生をどのように設計していきたいか、問うた者は、今までいなかったことを思い出してほしい。我々の政治の根底にあるのは、自由、すべての人にとっての自身の将来、自身の子どもたちの将来を自ら決めるという選択の自由である。そして、こうした権利、選択の権利を、今日のウクライナの領土で暮らすすべての民、これを欲するすべての者が行使できるようにすることが重要なのだと我々は考える。

この点に関して、ウクライナの市民にも訴えたい。二〇一四年、ロシアは、クリミアとセヴァストポリの住民を、あなた方自身が「ナチス」と呼ぶ者たちから守らなければならなかった。クリミアとセヴァストポリの人々は、自身の選択、その歴史的祖国であるロシアとともにあるという選択を行ったのである。我々はこれを支持したのである。繰り返すが、それ以外にやりようがなかったのだ。

今起こっていることは、ウクライナとその民の利益を損なう意図によるものではない。それは、ウクライナを人質に取り、我が国とその民に対して利用しようとしている者たちから、ロシア自身を守るために起きているのだ。

繰り返すが、我々の行為は、我々に対してつくり出されている脅威と、今日生じていることよりさらに大きな災厄から、自身を守るためのものなのである。どんなに辛くても、このことは理解してほしいし、協力を呼びかけたい。できるだけ早くこの悲劇的な一頁をめくり、ともに前進し、我々の事柄、我々の関係に誰も介入することを許さず、こうした事柄を自分たちでつくっていき、そして、それがあらゆる問題を克服するために必要な条件をつくり出し、国境は存在するとはいえ、一つの統一体として内側から我々を強化させるためにである。私はこのことを、我々のこの未来を信じている。

ウクライナ軍の兵士たちにも呼びかけなければならない。

尊敬する同志の皆さん！　あなた方の父、祖父、曾祖父たちは、今日のネオナチがウクライナで権力を奪取するために、我々共通の祖国を守り、ナチストと戦ったわけではない。あなた方は、ウクライナの民に忠誠を誓ったのであって、ウクライナを強奪し、その民自身を虐げている反人民的な軍事政権に忠誠を誓ったわけではないのだ。

この政権の犯罪的な命令を実行しないでください。速やかに武器を置いて家に帰るよう、あなた方に呼びかける。説明しよう――この要求に応じるウクライナ軍の兵士は全員、何の支障もなしに戦闘地域を去り、自身の家族のもとに戻ることができるのだ。

もう一度、重ねて、強調しておく――起こり得る流血に対するすべての責任は、全面的かつ完全に、ウクライナの領土を統《す》べている政権の良心にかかっているのである。

さて、起こっている出来事に外部から干渉する誘惑に駆られるかもしれない者たちに対し、これから、いくつかの重要な、非常に重要なことを述べておく。我々を邪魔しようとし、ましてや我々の国、我々の民にとっての脅威をつくり出そうとするのが何者であっても、その者は知っておくべきである。ロシアは即座に対応し、あなた方がその歴史においていまだかつて直面したことのないような結果をあなた方にもたらすということを。どんな事態の進展に対しても我々は準備ができている。そのために必要な決定はすべてなされている。あなた方が私の言葉を聞き入れてくれることを願っている。

親愛なるロシア国民の皆さん！

国家と国民全体の安寧、存在そのもの、その成功と活力は常に、自身の文化と価値観、先祖の経験と伝統という根幹にある強力なシステムに源を発している。そして、もちろん、絶えず変わりゆく生の営みに迅速に適応する能力、社会の結束、前進するために団結し、あらゆる力を一つに結集する心構えにも直接的に依拠している。

力は常に必要であり――常にそうなのではあるが、力の質にはさまざまなものがあり得る。この演説の最初に話した「嘘の帝国」の政治の根底にあるのは、何よりもまず、乱暴で剝き出しの力である。そのような場合、ロシアではこう言う――「力があるのだから、知は必要ない」と。

真の力とは我々の側にある正義と真実の中に存在することを、私とあなた方は知っている。そうであるなら、力、そして戦いへの覚悟こそが独立と主権の礎であり、唯一、確実に、自身の将来を築き、自身の家、自身の家族、自身の祖国を築くことができる必要不可欠な基盤であることに同意しないわけにはいかないであろう。

親愛なる同胞の皆さん！

己の国に忠誠を誓うロシア軍の兵士と将校たちが、プロフェッショナルに、そして勇敢にその責務を果たしてくれることを確信している。ロシアの経済、金融システム、社会分野の安定に責任を有しているあらゆるレベルの政府と専門家たち、また、ロシアの企業のリーダーたち、そしてロシアビジネス全体が、整然と、効果的に行動するだろうことを信じて疑わない。議会政党ならびに社会勢力すべてが結集し愛国的な立場にあると期待している。

つまるところ、歴史において常にそうであったように、ロシアの運命は多民族から成る我々の信頼できる手の中にあるのだ。これはつまり、下された決断が実行され、設定された目的が達成され、我々の祖国の安全が確実に保障されるということである。

あなた方の支持、そして、祖国への我々の愛が我々に与えてくれる無敵の力を信じている。

出典：ロシア大統領府公式サイト
http://kremlin.ru/
翻訳：原口房枝

⑤四州併合の調印式での演説

ウラジーミル・プーチン

（二〇二二年九月三〇日）

クレムリンの「ゲオルギーの間」にて、ドネツク人民共和国、ルガンスク人民共和国、ザポロジエ州、ヘルソン州のロシアへの加盟ならびにロシア連邦の新たな構成主体の形成に関する条約の調印式が行われた。

V・プーチン：ロシア国民の皆さん、ドネツク人民共和国およびルガンスク人民共和国の国民の皆さん、ザポロジエ州およびヘルソン州の住民の皆さん、国家院（下院）議員の皆さん、連邦院（上院）議員の皆さん！

ご承知のとおり、ドネツク人民共和国、ルガンスク人民共和国、ザポロジエ州、ヘルソン州で住民投票が行われた。選挙結果は集計されて結果は明らかになった。人々は自らの選択、明快な選択を行ったのである。

今日、我々は、ドネツク人民共和国、ルガンスク人民共和国、ザポロジエ州、ヘルソン州のロシアへの受け入れに関する条約に署名する。連邦議会が、四つの新たな地域をロシアに受け入れ、そして四つの新たな連邦構成主体を形成することに関する憲法を支持すると確信している。なぜなら、これは何百万人もの人々の意思だからである。

（拍手）

そして、これはもちろん、人民の平等な権利と自決の原則についてはっきりと述べられている国連憲章第一条に定められた彼らの権利、彼らの不可侵の権利である。

繰り返すが、これは人々の不可侵の権利であり、歴史的な統一性に基づくものである。そのために、何世代もの我々の祖先、すなわち古代ルーシから何世紀にもわたってロシアを築き守ってきた人々が〔戦い〕、勝利を収めてきたのだ。ここノヴォロシアでは、ルミャンツェフ、スヴォーロフ、ウシャコフが戦い、エカテリーナ二世とポチョムキンが新しい都市を築き上げた。我々の祖父や曾祖父は、大祖国戦争中、ここで死力を尽くして〔戦い〕踏みとどまったのである。

我々は、「ロシアの春」の英雄たち、二〇一四年にウクライナで起きたネオナチのクーデターに屈しなかった人たち、母語を話す権利、自身の文化、伝統、信仰を守る権利、生きる権利のために亡くなったすべての人たちのことをずっと忘れない。この人々は、ドンバスの戦士たち、「オデッサ・ハーティン」の殉教者たち、キエフ政権がくわだてた非人道的なテロ攻撃の犠牲者たちだ。志願兵や義勇兵、民間人、子ども、女性、高齢者、ロシア人、ウクライナ人、多様な民族に属する人たちだ。ドネツクの真の民衆指導者アレクサンドル・ザハルチェンコであり、戦闘司令官アルセン・パブロフ、ウラジミール・ジョガ、オリガ・コチュラ、アレクセイ・モズゴヴォイであり、ルガンスク人民共和国の検事セルゲイ・ゴレンコだ。特別軍事作戦中に勇敢な死を遂げた空挺部隊員のヌルマゴメド・ハジマゴメドフとすべての将兵たちだ。彼らは英雄である。（拍手）偉大なるロシアの英雄なのだ。彼らを偲んで一分間の黙禱《もくとう》をお願いする。

（一分間の黙禱）

ありがとう。

ドネツク人民共和国、ルガンスク人民共和国、ザポロジエ州、ヘルソン州の数百万人の選択の背景には、我々共通の運命と一〇〇〇年の歴史がある。人々はこの精神的な絆を自分の子どもたちや孫たちにつないできたのだ。いかなる試練にも負けず、彼らはロシアへの愛を長い年月、貫き通した。そして、この思いは誰にも破壊できない。だからこそ、年配者だけでなく、ソ連崩壊の悲劇のあとに生まれた若者たちも、我々の統一と共通の未来のために賛成の票を投じたのである。

一九九一年、ベロヴェージの森で、一般市民の意思を聞くことなく、当時の党〔ソ連共産党〕エリート代表者たちがソ連を崩壊させることを決定し、人々は一夜にして祖国から切り離されてしまっていた。この出来事〔ベロヴェージ合意〕により、我々の民《たみ》の結束は生きたまま引き裂かれ、ばらばらになって、民族の大惨事となった。かつて革命のあと、連邦構成共和国の国境が裏取り引きで切り刻まれたように、一九九一年の国民投票で大多数の人が直接的に示した意思にもかかわらず、ソ連の最後の指導者たちは、我が偉大な国を引き裂き、その事実をただ単に国民に押しつけたのである。

当事者たちは、自分が何をしているのか、それが否応なしにどんな結果を最終的にもたらすことになるのか、十分に理解さえしていなかったのだろう。それはもはやどうでもいいことだ。ソ連はなくなってしまい、過去を取り戻すことはできない。そして、今日のロシアはソ連を必要としていないし、我々はそれを目指してはいない。しかし、自身の文化、信仰、伝統、言語によって自分たちをロシアの一部と考え、何世紀にもわたって一つの国家の中で暮らしてきた祖先を持つ何百万もの人々の決意ほど強いものはない。こうした人々の、真に歴史的な故国に戻ろうという決意ほど強いものはないのである。

八年もの長い間、ドンバスの人々は大量虐殺、砲撃、封鎖にさらされ、ヘルソンやザポロジエでは、ロシアとあらゆるロシア的なものに対する憎悪を犯罪的に植えつけようという試みがあった。今回も、住民投票の際に、キエフ政権は学校教師たちや選挙管理委員会で働く女性たちを制裁と死で脅し、自分の意思を表明しに来た何百万もの人々を威嚇した。しかし、ドンバス、ザポロジエ、ヘルソンの人々は屈することなく自らの意見を表明したのである。

キエフ政権と西側にいる本当の支配者が、私の言うことに耳を傾け、このことをすべての人が覚えておくよう望む――ルガンスク、ドネツク、ヘルソン、ザポロジエに住む人々は永遠に我々〔ロシア〕の国民となることを。（拍手）

我々はキエフ政権に対し、砲撃を、あらゆる戦闘行為を、彼らが二〇一四年にはすでに始めていた戦争を直ちに停止し、交渉のテーブルに戻ることを求める。我々にはその準備ができており、そのことについてはこれまで何度も言ってきた。ただし、ドネツク、ルガンスク、ザポロジエ、ヘルソンの人々の選択については、議論の対象にはならない。選択はなされたのであり、ロシアがそれを裏切ることはない。（拍手）そして、今日のキエフ政権は、この自由な意思表明に敬意をもって接するべきであり、そうするほかない。これが唯一の平和への道となり得るのである。

我々は、あらゆる力と手段を尽くして自分たちの土地を守り、国民の安全な暮らしを保障するべくあらゆることを行う。ここにこそ、我が人民の偉大なる解放の使命がある。

破壊された市や町、住宅、学校、病院、劇場、博物館や美術館を必ず再建し、工業企業や工場、インフラ、社会、年金、保健、教育の制度を再建し、発展させる。

無論、安全の向上にも努める。我々は、新たに加わった地域の市民が、ロシア全国民、国全体、我々の広大な祖国のすべての共和国、地方、地域からの支持を感じられるよう、ともに努めていく。（拍手）

親愛なる友人の皆さん、同僚の皆さん！

今日、私は、特別軍事作戦に参加している兵士たちや将校たち、ドンバスとノヴォロシアの戦士たち、部分的動員令のあとに愛国的義務を果たすために軍隊に参加する人たちや、心の声に従って自ら徴兵事務所に来た人々に語りかけたい。私は彼らの両親や妻や子どもたちに対して、我が国民は何のために戦っているのか、我々にどのような敵が立ち向かってきているのか、誰が世界を新しい戦争と危機に投げ込み、この悲劇から血まみれの利益を得ているのかについて述べたいと思う。

我々の同胞、ウクライナの兄弟姉妹は、我々と同じ一つの民《たみ》の一部であり、いわゆる西側の支配層が全人類に対して準備していることをその目で見てきた。ここで彼らは仮面を脱ぎ捨て、本性をさらけ出したのだ。

ソ連が崩壊したあと、西側は、永遠に彼らの命令に、世界が、我々皆が耐えなければならないと決めた。一九九一年当時、西側は、ロシアがこの激動から二度と立ち直ることができず、やがては自ら崩壊していくだろうと期待していた。たしかに、そうなりかけた――我々は九〇年代のことを覚えている。飢えと寒さと絶望に満ちた、恐ろしい九〇年代のことを。しかし、ロシアは持ちこたえ、復活し、強くなって、世界における正当な地位を取り戻した。

そして、西側は、我々を攻撃し、彼らが常に夢見てきたようにロシアを弱体化させ、崩壊させ、我々の国家を断片化し、我が国民を互いに対立させ、貧困と絶滅に追いやるための新たな機会をずっと探していたし、今も探し続けている。世界の中に、領土、自然の恵み、資源を有し、誰かの言いなりになって生きることなどできないし、決してそうはならない国民がいるということ、これほど偉大で広大な国があるということに、西側はただもう落ち着いてはいられないのである。

西側は、新植民地体制を維持するためにはどんなことでもするつもりなのだ。この体制によって、西側は、ドルの力と技術の押しつけによって、世界に寄生し、実質的に世界を収奪し、人類から真の貢ぎ物を集め、不当な繁栄の主たる源泉、覇権による不労所得を得ることができるのである。この不労所得を維持することが、彼らの重要かつ本当の、そして完全に打算的な動機なのだ。だからこそ、完全に主権を奪うことが彼らの利益に適うのだ。独立国家に対する攻撃、伝統的な価値観や独自の文化に対する攻撃、自分たちが管理できない国際的な統合過程、新たな世界通貨や技術開発の中枢を弱体化させようとする試みもここからきている。西側にとっては、すべての国がアメリカのために主権を引き渡すことが決定的に重要なのである。

支配層が自ら進んでそうすることに同意し、自発的に臣下となることに同意する国もあれば、支配層が買収や脅迫を受ける国もある。そして、うまくいかない場合は、国全体が破壊され、人道的災害、大惨事、廃墟、何百万もの滅茶苦茶にされた人間の運命、テロリストの飛び地、社会的災害地帯、保護領、植民地、半植民地が残ることになる。西側は自分たちが利益を得るためなら、こういったことについて意に介さない。

もう一度強調しておきたい。「西側連合」がロシアに対して行っているハイブリッド戦争の本当の理由は、強欲、どんな制限も受けない権力を維持したいという意図にある。彼らは我々が自由になることを望んでおらず、ロシアを植民地と見なしたがっている。彼らが求めているのは、対等な協力ではなく、強奪だ。彼らは、我々を自由な社会ではなく、魂のない奴隷の集団と見なしたがっているのだ。

彼らにとって、我々の思想や哲学は自分たちに対する直接的な脅威であり、だからこそ我々の哲学者を攻撃しているのだ。我々の文化や芸術もまた彼らにとって危険であり、だから禁止しようとするのだ。我々の発展と繁栄は、彼らにとって脅威であり、競争は激化している。彼らにとってロシアはまったく必要でない、ロシアを必要としているのは我々なのである。（拍手）

世界征服への野心は、過去、我が国民の勇気と不屈さによって何度も粉砕されてきたことを思い起こしてほしい。ロシアはいつまでもロシアであり続ける。我々は、これからも自分たちの価値観と母国を守り続けていく。

西側諸国は、免罪符を、罰せられずに済むことを期待している。実際、今まで一切、罰せられずに済んできた。戦略的安全保障協定はゴミ箱に捨てられ、最高政治レベルで達成された合意は作り話とされ、NATOを東に拡大しないという固い約束は、我々のかつての指導者がそれを信じた途端、汚い欺瞞となり、ミサイル防衛条約〔弾道弾迎撃ミサイル制限条約〕と中距離ミサイル条約〔中距離核戦略全廃条約〕はこじつけの口実で一方的に破棄された。

　あらゆる方面から、西側諸国はルールに基づいた秩序を守っていると単に耳にする。これは、どこから出てきたのか。そもそも、このルールを見た人がいるのか。誰が合意したのか。聞いていただきたい、これはまったくもってたわごとだ、完全な欺瞞だ。ダブルスタンダード、いやもうトリプルスタンダードだ。単に、馬鹿者たちのために設計されているものなのだ。

　ロシアは一〇〇〇年に及ぶ大国、文明の国であり、そのような誤魔化しのインチキなルールの下で生きていくつもりはない。（拍手）

　国境不可侵の原則を踏みにじったのはいわゆる西側であり、今や誰が自決権を持ち、誰が持っていないのか、誰が自決に値しないかを自らの裁量で決定している。なぜそう決めるのか、誰がそのような権利を与えたのか、不明だ。自分たちで勝手にそうしているのである。

　だからこそ、西側は、クリミア、セヴァストポリ、ドネツク、ルガンスク、ザポロジエ、ヘルソンの人々の選択に対して、荒々しい怒りを抱いているのだ。このような西側には、彼らの選択を評価する道徳的な権利も、民主主義の自由について語る権利すらない。今もないし、これまでも決してなかった！

　西側のエリートは、国家主権だけでなく国際法も否定している。彼らの覇権は、明らかに全体主義的、専制的、アパルトヘイト的な性質を持っている。彼らは図々しくも、世界を、彼らの属国、いわゆる文明国と、今日の西洋の人種差別主義者の考えでは野蛮人や未開人のリストに加わるべきその他の人々とに分割しているのだ。「ならず者国家」「権威主義政権」といった誤ったレッテルはすでに用意され、国民や国家全体に烙印を押しているのであり、これは何も新しいことではない。西側のエリートは、かつてそうであったように、植民地主義者のままである。彼らは差別をし、人々を第一階級とそれ以外の階級に分けている。

　我々は、このような政治的ナショナリズムやレイシズム（人種差別主義）を決して受け入れていないし、これからも受け入れることはないだろう。そして、人種差別でなければ、いま世界中に広がっているロシア嫌悪《ルソフォビア》とは何なのだろう。西側が、自分たちの文明、つまり新自由主義文化こそが全世界の疑う余地のないモデルであると信じて疑わないのは、人種差別でないとすれば何なのだろうか。「我々とともにない者は、我々の敵である」奇妙にさえ聞こえる。

西側のエリートは、自分たち自身の歴史的犯罪の悔い改めさえ、他の人々に転嫁し、自国民と他国民に、彼らにはまったく関係のない事柄、例えば植民地時代の強奪について謝罪するよう要求するのだ。

西側は思い出さなくてはならない。早くも中世に植民地政策を開始し、その後、世界的な奴隷貿易、アメリカでのインディアン部族〔先住民族〕のジェノサイド、インドやアフリカの略奪、イギリスとフランスによる中国との戦争、その結果、中国がアヘン貿易のため開港を強いられたことを。彼らがやっていたのは、民全体を麻薬に溺れさせ、土地や資源のために民族《エトノス》全体を意図的に絶滅させ、人間を獣として本当の狩りを行うということだった。これは人間の本性そのものに反することであり、真実、自由、正義に反することである。

一方、二〇世紀に反植民地運動を主導し、この運動が、世界の多くの人々に発展のための、貧困と不平等を減らし、飢えと病気を克服するための機会を与えたのが我が国であったことを我々は誇りに思っている。

このような西側エリートたちが、何世紀にもわたってロシア嫌悪《ルソフォビア》に陥り、怒りを露わにしてきた理由の一つは、まさに植民地支配の際に、ロシアが自らを奪われることなく、ヨーロッパの人々に相互利益のための貿易を強いたからだということを強調しておきたい。これは、ロシアに強力な中央集権国家をつくり、正教、イスラム教、ユダヤ教、仏教の偉大な道徳的価値と、万人に開かれたロシアの文化とロシア語によって発展し、強化されていくことによって達成された。

ロシアへの介入は何度も計画され、一七世紀初頭の動乱《スムータ》の時代と一九一七年以降の激動の時期につけ入る試みもなされたが、いずれも失敗に終わったことが知られている。それでも、西側は国家が崩壊した二〇世紀末にロシアの富を手に入れることに成功した。当時、我々は友人やパートナーと呼ばれていたが、実際は植民地として扱われ、さまざまな枠組みによって何兆ドルもの金が国外へ吸い出された。我々全員がこのことをすべて覚えており、何も忘れていない。

そして、この数日、ドネツクとルガンスク、ヘルソンとザポロジエの人々は、我々の歴史的な一体性を回復するために声を上げた。ありがとう！（拍手）

西側諸国は何世紀にもわたって、自分たちは他国に自由と民主主義をもたらすと言い続けてきた。すべてが、正反対だ。民主主義の代わりに抑圧と搾取、自由の代わりに奴隷化と暴力である。一極化の世界秩序そのものが本質的に反民主主義的で自由がなく、どこまでも嘘で偽善なのだ。

アメリカは世界で唯一、核兵器を二回使用し、日本の都市、広島と長崎を壊滅させた国である。そうして前例をつくったのだ。

第二次世界大戦中、アメリカはイギリスとともに、ドレスデン、ハンブルク、ケルン、その他多くのドイツの都市を、何の軍事的必要性もないのに廃墟にしたことを思い出してほしい。それは、繰り返すが軍事的な必要性もなく、力を誇示するために行われたのだ。目的はただ一つ、日本への原爆投下と同じように、我が国〔ソ連〕と全世界を威嚇することだった。

アメリカは、ナパーム〔強力な油脂焼夷弾。「悪魔の爆弾」ともいわれる〕や化学兵器を使って、野蛮な「絨毯《じゅうたん》爆撃」を行い、朝鮮やベトナムの人々の記憶にひどい傷跡を残した。

ドイツ、日本、韓国などを未だに事実上占領し、同時にそれを対等な同盟国だと冷笑的に名づけているのだ。これはどういう同盟関係なのだろうか、興味深い。これらの国の指導者たちが監視され、指導者たちの事務所だけでなく住宅にも盗聴器が仕掛けられていることを全世界の人々が知っている。実に恥ずべきことだ。このようなことを行う者にとっても、奴隷のように黙ってこの厚かましい振る舞いに文句を言わずに従う者にとっても、これは恥辱である。

彼らは、自らの配下に対する命令や乱暴で侮辱的な叱咤を、ヨーロッパ太平洋の連帯と呼び、ウクライナなどでの生物兵器の開発や人体実験を、崇高な医療研究と称している。

自らの破壊的な政策、戦争、略奪によって、彼らは、今日の大規模な移民の流入を引き起こしている。何百万もの人々が窮乏や虐待に耐え、何千もの人々がヨーロッパに向かおうとする途中で死んでいる。

そして、今、ウクライナから穀物が輸出されている。「世界の最貧国の食料安全保障を確保する」という口実だが、どこに向かっているのか。どこへ行くのか？　すべて同じヨーロッパの国々に向かっているのだ。五パーセントしか世界の最貧国には行かなかった。またしても、いつものペテンとあからさまな欺瞞《ぎまん》である。

アメリカのエリートは、本質において、これらの人たちの悲劇を利用している。競争相手を弱体化させ、国民国家を破壊するためだ。これはヨーロッパについても当てはまることで、フランス、イタリア、スペインなど、何世紀もの歴史を持つ国々のアイデンティティに関わることである。

ワシントンは、ロシアに対するますます多くの新たな制裁を要求し、ヨーロッパの政治家の多くは従順にこれに従っている。アメリカが、EUに対し、ロシアのエネルギーやその他の資源を完全に拒絶するよう圧力をかけることで、実質的に欧州の産業を衰退させ、欧州市場を完全に手に入れるようになることは、ヨーロッパの政治家たちも明確に理解している。彼らは、これら欧州のエリートたちは、すべてを理解しているが、他国の利益のために仕えることを選んでいるのだ。これはもはや奴隷根性ですらなく、自らの国民に対する直接的な裏切りだ。しかし、まあ、勝手にすればいい、これは彼らの問題なのだ。

とはいえ、アングロサクソンは制裁だけでは飽き足らず、バルト海の底を走る国際ガスパイプライン「ノルドストリーム」の爆発を計画して破壊工作に乗り出した。信じがたいことだが、これは事実である。事実上、ヨーロッパ全体のエネルギーインフラの破壊を始めているのだ。誰の利益になるかは誰の目にも明らかである。もちろん、利益になる国がそれを行ったのだ。

アメリカによる強制は、乱暴な力、拳骨の法則に基づくものだ。きれいに包装されていることもあれば、何にも包まれていないこともあるが、本質は同じで、拳骨の法則である。それゆえ、世界各地に何百もの軍事基地を配備し、維持し、NATOを拡大し、AUKUSなどの新しい軍事同盟を形成しようとするのだ。ワシントン、ソウル、東京の政治・軍事的な提携も積極的に進められている。真の戦略的主権を有し、あるいは持つことを目指し、西側の覇権に挑戦できる国家は、すべて自動的に敵に分類される。

アメリカとNATOの軍事ドクトリンは、まさにこのような原則に基づいてつくられており、完全な支配を求めるものである。西側のエリートは、平和への要求さえ持って、一種の封じ込めを口にしながら、偽善的に新植民地計画を提示している。ある戦略から別の戦略へと、こうした狡猾な言葉で移っていくのだが、実際のところ、それはただ一つのこと、すなわち、どんな主権的な発展の中心も破壊することを意味している。

ロシア、中国、イランに対する封じ込めについては、すでに耳にしている。その次には、アジア、中南米、アフリカ、中東、そして現在のアメリカのパートナーや同盟国もそうなると思う。自分たちの意にそぐわないことがあると、アメリカは同盟国に対しても制裁を加えること、すなわち、あちらこちらの銀行や企業に制裁が行われることを我々は知っている。そういうやり方なのであり、もっと拡大していくだろう。我々の最も近い隣人であるＣＩＳ諸国を含め、すべてを標的にしているのだ。

同時に明らかなのは、西側諸国はもう長いこと、希望的観測を続けていることだ。そして、ロシアに対する制裁の電撃戦を開始することで、再び全世界を自分たちの支配下に置くことができるようになると考えたのである。しかし、このような楽観的な見通しは皆を興奮させるわけではないことがわかった。極端な政治的マゾヒストや慣行から外れた国際関係の信奉者を除いては、すべての人を興奮させるものではないことがわかった。大半の国家が敬礼することを拒否し、ロシアとの協力という合理的な方法を選んでいるのである。

このような反抗的な態度は、明らかに西側諸国が予想していなかったことだ。彼らは単にテンプレートに従って行動し、あつかましさ、恐喝、賄賂、脅迫によってすべてを奪うことに慣れてしまっていた。まるで硬化して、過去に凝り固まったかのように、これらの方法が永遠に通用すると自分たちを納得させているのだ。

このような自信は、自分たちは例外だという悪名高い概念だけでなく――たしかにこれにはただただ驚くばかりだが――西側における、本物の情報に対する飢餓状態の直接的な現われでもある。度外れに攻撃的なプロパガンダを使い、真実を神話、幻想、フェイクの大洋に沈めてしまい、ゲッベルスのようになりふり構わず嘘をつく。信じられないような嘘であればあるほど、人々はすぐにそれを信じてしまうという原則に従って行動しているのだ。

しかし、人々に印刷されたドルやユーロを食べさせることはできない。これらの紙切れを食べさせることはできないし、西側のソーシャルネットワークのバーチャルで膨張した資本では、彼らの家を暖めることはできないのだ。私が話していることはどれも重要なことだが、今、話したことも重要である。紙では誰も腹を満たすことができないので、食べ物が必要なのだ。また、これらの膨張した資本では誰も暖めることができないので、エネルギーが必要なのだ。

そのため、ヨーロッパの政治家たちは、食べる量を減らし、入浴の回数を減らし、家で暖かい服装をするように同胞を説得しなければならないのだ。そして、「そもそも、なぜ、そうなのか」という公正な問いを立てはじめる人たちに対しては、すぐさま敵、過激派、急進派であると宣言するのだ。ロシアを矢面に立たせ、お前たちのすべての不幸の原因はロシアだというのだ。また嘘をつくのである。

特に指摘したい、強調したいことがある。西側のエリートには、世界の食料危機やエネルギー危機に対して建設的な解決策を見出すつもりがないのだと考えるに足る十分な根拠がある。この危機は、彼らの責任で、ウクライナやドンバスでの特別軍事作戦のずっと以前から彼らが長年とってきた政策の結果であり、まさに彼らの責任であるということだ。彼らは、不公平や不平等の問題を解決するつもりがないのである。彼らが、ほかの使い慣れた処方箋を使う心づもりではないかという懸念がある。

そしてここで、西側が二〇世紀初頭の矛盾から第一次世界大戦を経て抜け出たことを思い起こす必要がある。第二次世界大戦の儲けによって、アメリカは世界恐慌の後遺症を完全に克服し、世界最大の経済大国となり、世界の基軸通貨としてドルの力を世界中に押しつけることができたのだ。そして、崩壊に向かい、最終的には崩壊してしまったソ連の遺産と資源を横領することで、西側は一九八〇年代の危機――前世紀の一九八〇年代にも危機は先鋭化した――をほぼ克服した。これが事実なのだ。

今、西側は、矛盾のもつれから抜け出すために、他国の富をさらに略奪し、それによって自身の欠損を塞ぎ、埋めるために、主権的発展の道を選ぶロシアやその他の国家を是が非でも打ち壊さなければならないのだ。もしそうならなければ、彼らはシステム全体を崩壊させようと試み、何もかもをそのせいにすることもあり得なくはない。よく知られている「戦争がすべてを帳消しにする」という法則を使うことにするかもしれない。そうはならないように願ってはいるが。

ロシアは国際社会における自らの責任を理解しており、このような熱くなった頭を正気に戻すためにあらゆることを行うつもりだ。

現在の新植民地主義モデルが最終的に破綻することは明らかだ。しかし、繰り返すが、その現実の支配者たちは、最後までそれにしがみつくだろう。彼らは単に、同じような略奪と恐喝のシステムを継続する以外、世界に提供するものがないのだ。

要するに、何十億もの人々、人類の大半の人々が持つ、自由と正義、自分たちの未来を自分で決めるという当然の権利に唾を吐きかけているのである。彼らは今や、道徳規範、宗教、家族を徹底的に否定する方向に踏み出してしまった。

実に簡単な質問に自分たち自身で答えてみよう。ここで、私はすでに話したことを繰り返したい。すべての国民に向けて、会場にいる同僚たちだけでなく、すべてのロシア国民に向けて問いかけたい——我々は、ここで、我々の国で、ロシアで、母親と父親の代わりに「第一号」、「第二号」、「第三号」の親を持つことを本当に望むのか。もはや完全に狂っているのではないか。我々は、小学校で低学年から、子どもたちに対し、堕落や絶滅につながる倒錯を押しつけることを望んでいるのか。男性と女性以外に何らかのジェンダーがあるかのように教え込み、性転換手術を受けることを勧めるために。これが我々の国や子どもたちのために望むことなのか　このようなことは、我々には受け入れられない。我々には、自分たちの別の未来があるのだ。

繰り返すが、西側エリートの独裁は、西側諸国自身の国民を含むすべての社会に向けられている。すべての人への挑戦状なのだ。このような人間の完全否定、信仰と伝統的価値の破壊、自由の抑圧は、「逆さまの宗教」、つまり、あからさまなサタニズム（悪魔崇拝）の特徴を帯びている。イエス・キリストは山上の垂訓で、偽預言者を糾弾し、「その実によって、あなたがたは彼らを知る」と言われた。そして、これらの毒の実は、我が国だけでなく、西側自身の多くの人も含め、すべての国の人々にとって、すでに明白なことなのである。

世界は革命的な変容期を迎えている。こうした変容は根本的な性質を有している。新しい発展の中心が形成されつつある。それは多数派、国際社会の多数派を代表し、自分たちの利害を宣言するだけでなく、守っていく用意もある。多極化の中で、自国の主権を強化し、真の自由、歴史的展望、独立した創造的で独創的な発展、調和のとれたプロセスへの権利を得る機会を見出しているのだ。

すでに述べたように、ヨーロッパとアメリカも含め、世界中に志を同じくする多くの人たちがいて、その支持を感じ、目にしている。一極集中の覇権主義に対する解放・反植民地運動が、さまざまな国や社会で、それぞれの特徴を有して、すでに展開されている。その主体性は強まる一方だろう。この力こそが、今後の地政学的な現実を決定していくのだ。

親愛なる皆さん！

今日、我々は、何よりもまず我々自身のために、ロシアのために、独裁、専制が永遠に過去のものとなるように、公正で自由な道を求めて戦っているのだ。誰であろうとその例外性や、他の文化や民族の抑圧に基づいた政策は本質的に犯罪であり、この恥ずべき頁をめくらなければならないことを各国や各国民が理解していると私は確信している。すでに始まっている西側覇権の崩壊は不可逆的だ。そして、あらためて繰り返すが、これまでと同じようにはもはやならないのである。

運命と歴史が我々を呼び出した戦場は、我が民、大いなる歴史的ロシアのための戦場なのだ。（拍手）偉大な歴史的ロシアのため、未来の世代のため、我々の子どもたち、孫たち、ひ孫たちのための戦場なのである。我々は、彼らを奴隷化から、彼らの心と魂を壊そうとする恐ろしい実験から守らなければならない。

今日、我々は、ロシアを、我々の民を、我々の言語を、我々の文化を奪い、歴史から抹殺することができるなどと決して誰の頭にも浮かばないようにするため、戦っている。今日、我々は社会全体の統合を必要としており、そのような統合は主権、自由、創造、正義にのみ基づくものでなければならない。

我々の価値観は、博愛、慈悲、思いやりである。

　真の愛国者イワン・アレクサンドロヴィチ・イリインの言葉で締めくくりたい。「私がロシアを私の祖国と考えるならば、それは、私がロシアの心で愛し、熟考し、思い、ロシア語で歌い、話し、ロシア国民の精神的〔霊的〕な力を信じるということだ。その精神は私の精神だ。その運命は私の運命だ。その苦しみは私の悲しみだ。その繁栄は私の喜びなのだ」

　この言葉の背景には、一〇〇〇年以上にわたるロシア国家の歴史の中で、我々の祖先が何世代にもわたって追い求めてきた大きな精神的選択がある。今日、我々はこの選択を行う。ドネツク人民共和国、ルガンスク人民共和国の市民とザポロジエ州、ヘルソン州の住民は、この選択を行った。彼らは自らの民族とともに、祖国とともに、その運命を生き、祖国とともに勝利することを選択したのである。

　真実は我々の側にあり、ロシアは我々の側にある！

（拍手）

出典：ロシア大統領府公式サイト
http://kremlin.ru/
翻訳：原口房枝・佐藤優

⑥ヴァルダイ会議での冒頭演説

ウラジーミル・プーチン

（二〇二二年一〇月二七日）

国際討論クラブ「ヴァルダイ」の第一九回定例大会の最終会合に〔プーチン〕大統領が出席した。

今年のフォーラムのテーマは「覇権後の世界——万人のための正義と安全保障」。四日間の会議には、ロシア、アフガニスタン、ブラジル、ドイツ、エジプト、中国、インド、インドネシア、イラン、カザフスタン、アメリカ、トルコ、フランス、ウズベキスタン、南アフリカ共和国など四〇ヵ国から一一一人の専門家や政治家、外交官、経済学者が参加した。

＊＊＊

F・ルキヤノフ〔ヴァルダイ・クラブ研究部長〕：親愛なる友人の皆さん、尊敬するゲストの皆さん！

国際討論クラブ「ヴァルダイ」第一九回年次フォーラムの締めくくりとして、全体会合を開始する。

この会場で皆さんにお会いできたことを大変嬉しく思う。そして、さらに、この全体会合のゲストであるロシア連邦のウラジーミル・ウラジーミロヴィチ・プーチン大統領をご紹介できることを嬉しく思っている。

ウラジーミル・ウラジーミロヴィチ、お元気ですか？

毎年お会いできるのを楽しみにしているが、今年はいつも以上に待ち望んでいた。非常に多くの議論すべきことがあるからだ。

プーチン：はい。私もそう思っている。

ルキヤノフ：我々のフォーラム自体は、主たるテーマとして世界秩序を扱ってきた。世界秩序がどのように変化しているのか、そして、最も重要なことは、総じていえば、現在、世界で誰が権力を握っているのか、誰が支配し、原理的に支配することはできるのか、ということだった。

しかし、我々は観察者として議論している。あなたは権力の当事者だから、ぜひ意見をお聞かせいただきたい。

プーチン：ありがとうございます。

全体会合に参加された親愛なる皆さん！　紳士淑女の皆さん！　友人の皆さん！

これまでに、ここで行われた議論を少し見ていたのだが、非常に興味深く、内容に富んだものだった。皆さんがロシアに来てがっかりしていないことを願っている。互いに交流を図っていただきたい。

皆さんにお会いできて嬉しい。

ヴァルダイ・クラブの場で、我々は何度も、変化について、世界ですでに起きたこと、そして起こっている深刻で大きな変化について、グローバルな制度の崩壊、集団安全保障の原則の侵犯、国際法のいわゆるルールの置き換えに伴うリスクについて話してきた——誰が考えたルールなのかは明確であると話したかったのだが、おそらく、これは正確ではない——総じて、誰が考えたのか、このルールは何を根拠にしているのか、このルールの中にあるものは何なのかは明確ではない。

どうやら、一つのルールを確立しようと試みられているだけのようである。これは、権力者たちが——今、権力について話されていたし、私はグローバルな権力について話しているのだが——なんのルールもなしに生活することができ、すべてが許されて、どんなことをやったとしても罰されることのない力を持つためのルールである。実際問題、いつも我々に語られている、民衆が言うところの繰り返し話されている、つまり、いつも話されているルール自体のことである。

ヴァルダイでの議論の価値は、実にさまざまな評価や予想がなされていることにある。それがいかに正しいかは、人生そのものが、最も厳格で客観的な評価者そのものである人生そのものが、示している。それは、これまでの年月で行ってきた今までの議論がいかに正しいものであったかも示している。

残念ながら、事態は今も、これまでの会合で一度や二度では終わらないほど話してきた否定的なシナリオどおりに進行している。さらに、こういった事態は、政治・軍事面だけでなく、経済・人道面でも大規模でシステム的な危機へと発展している。

いわゆる西側諸国は、もちろん条件つきで〔西側と呼んでいるのであり〕、そこには統一されたものなどはまったくなく、非常に複雑な複合体であることは明らかなのだが、それでも西側と呼んでおくが、ここ数年、特にここ数ヵ月、事態を悪化させる方向に多くの段階を踏んで進んでいるといっていいだろう。

実のところ、彼らは常に事態を悪化させるようなゲームをしているので、ここには何ら目新しいことはない。ウクライナでの戦争の煽動、台湾をめぐる挑発行為、世界の食料・エネルギー市場の不安定化などである。もちろん、後者は意図的に行われたものではないことは明らかであり、私がすでに述べたような西側の権力によるシステム上の多くのミスによるものだ。そして、我々が今見ているように、ヨーロッパ全体のガスパイプラインの破壊〔ノルドストリーム1・2の爆破〕もこのゲームに含まれている。許される境界線を完全に超えているが、それにもかかわらず、我々はこのような悲しい出来事を目の当たりにしているのである。

　世界に対する覇権は、まさにいわゆる西側がそのゲームで賭けてきたものだ。しかし、このゲームは、いうまでもなく危険で、血なまぐさい、そして、私にいわせれば汚いものなのだ。国や民族の主権、アイデンティティ、独自性を否定し、他の国家の利益のことなどまったく考えていない。こうした否定があからさまにいわれていない場合であっても、すべて、実際にはそのようなことがまさに人生の中で行われている。私が述べたまさにこのようなルールをつくる人たち以外は、誰も独自に発展していく権利を持っていない。残りの人々は皆、まさにこのルールのもとで「調髪」されなければいけないのである。

　これに関係して、信頼の強化と集団安全保障システムの構築に関するロシアによる西側パートナーらへの提案を思い出してほしい。昨年一二月、提案はいつものようにあっけなく投げ捨てられてしまった。

　それでも、現代の世界で、危険を避けて待っていることはできない。風の種を蒔く者は風を刈り取るといわれるように、危機はまさにグローバル化し、すべての人に影響を及ぼしている。ここではいかなる幻想も抱くべきではない。

　人類は今、本質的に二つの選択肢に直面している。それは、必然的に我々全員を押しつぶすような問題を積み重ね続けるのか、あるいは、理想的とはいえなくても、我々の世界をより安定的で安全なものにすることのできる、機能する解決策を一緒に見つけようと試みるかである。

　私は、常識の力を常に信じてきたし、今も信じている。遅かれ早かれ、多極化した世界秩序の新たな中心地と西側諸国は、対等な立場で共通の未来について語りはじめなければならなくなるだろうし、それは早ければ早いほどよいことだと確信しているからである。そして、この点に関して、我々全員にとって非常に重要な点をいくつか指摘しておきたいと思う。

今日の出来事は、環境問題を二次的な問題にしてしまった。奇妙に思えるかもしれないが、このことから話を始めたい。気候変動の問題は、最重要課題ではない。しかし、こうした根本的な課題は決して消えてしまったわけでもなく、どこかに行ってしまったわけでもなく、ますます大きくなっているのである。

生態系のバランスの破壊がもたらす最も危険な結果の一つに、自然界の生物多様性の減少がある。そして、ここから、我々全員がここに集まっている目的である基本テーマに移ろう。他の多様性、文化的、社会的、政治的、文明的な多様性は、それより重要ではないというのだろうか。

それと同時に、ありとあらゆる差異を消し去ることが、現代の西洋の本質に近いものとなっている。この単純化の背景には何があるのだろうか。第一に、西洋自体の創造的な可能性が消滅したこと、そして、他の文明の自由な発展を阻害し、抑制しようとする欲求である。

もちろん、ここには直接的で打算的な利害もある。自分たちの価値観、消費のステレオタイプ、規格化を押しつけることで、我々の反対者たちは――私は慎重に彼らをそう呼ぶことにする――自分たちの製品の市場を拡大しようとしているのだ。この路線では、すべてが結局のところ、非常に幼稚なのである。西側が、自分たちの文化や世界観こそが普遍的なものでなければならないと主張するのには理由がある。このことを直接的にはいわないにしても――もっとも直接的にいうこともしばしばだが――直接的にはいわないにしても、本質的に、実際の生活において、まさにそのように行動し、自身の政策によって、これらの価値観こそが、国際交流における他のすべての参加者に無条件に受け入れられるべきだと主張しているのである。

アレクサンドル・イサエヴィチ・ソルジェニーツィン〔一九一八～二〇〇八。ノーベル文学賞作家〕によるハーバード大学での有名な講演から引用する。早くも一九七八年に、彼は、西洋においては「優越性の永続的な盲目性」が特徴であり、こうしたことはすべて今日に至るまで続いている。このことが「この惑星の広大な地域はすべて、現在の西洋のシステムにまで発展し、進化すべきであるという考えを支えている……」と。これは一九七八年のこと〔講演〕だったが、何も変わらなかった。

この半世紀近く、ソルジェニーツィンが語ったこの盲目性、その特徴的な露骨な人種差別と新植民地主義的な盲目性は、もはや、ただただ醜悪な形態をとるようになった。いわゆる一極集中の世界が出現してからはとりわけそうである。このことに対して私が何をいいたいのか？　自身の無謬《むびゅう》性を確信しているというのは、非常に危険な状態である。そこから、「無謬者」自身が、自分の気に入らない者を単に破壊したいという願望を抱くようになるまではあと一歩なのだ。彼らがいうところの「キャンセル」という、この言葉の意味についてせめて考えてみよう。

冷戦の最盛期、体制、イデオロギー、軍拡競争という対立の真っ只中にあっても、敵対者の文化、芸術、科学の存在そのものを否定することは、誰にとっても思いもよらないことであった。誰も思いつかなかったのだ！　たしかに、教育、科学、文化、そして残念ながらスポーツ関係にも一定の制約が課せられていた。しかし、それでも、当時のソ連とアメリカの指導者たちは、少なくとも将来にわたって健全で実りある関係の基礎を維持するためには、競争相手を研究し尊重し、時には相手から何かを借用しながら、人道的な領域は繊細に扱うべきであることを十分に理解していたのである。

一方、今は何が起きているのであろうか。ナチスは当時、焚書まで行ったが、今や西側の「自由主義と進歩の熱心な信奉者たち」はドストエフスキーやチャイコフスキーを禁止するまでに堕落したのだ。いわゆるキャンセル・カルチャーだが、実際問題――このことについては、すでに何度も話しているが――本格的なキャンセル・カルチャーは、あらゆる生命的なもの、創造的なものを滅ぼし、経済でも政治でも文化でも、どの分野でも自由な思想の発展を許さない。

リベラルなイデオロギーそのものが、今日では認識できないほど変化してしまっている。古典的なリベラリズム（自由主義）はもともと、人それぞれの自由を、言いたいことを言い、やりたいことをやる自由と理解されていたが、二〇世紀にはすでに、いわゆる開かれた社会には敵がいること――開かれた社会には敵がいるということがわかった――そうした敵の自由は制限され得るし、制限されるべきであり、あるいは取り消されるべきだとリベラリストたちは言いはじめた。今や、代替的な見解はどんなものでもすべて、破壊的なプロパガンダであり、民主主義への脅威であるとする不条理の極みにまで達しているのである。

ロシアから出てくるものは、すべて「クレムリンの陰謀」なのである。しかし、自分たちをよく見てほしい。我々は本当に全能なのだろうか。我々の反対者への批判はどんなものでも――どんなものでもだ！――「クレムリンの陰謀」「クレムリンの手先」と受け取られているのである。これはたわ言だ。どこまで〔彼らは〕堕してしまったのだろうか。せめて頭を使い、もっと何か面白いことを表現し、概念的に自分の見解を提示してほしい。すべてをクレムリンの陰謀・奸計のせいにすることはできないのだ。

ドストエフスキーは、すでに一九世紀にこのことを予言していた。彼の小説『悪霊』の登場人物の一人、ニヒリストのシガリョフは、彼の想像する明るい未来について次のように表現した。「限りない自由から出でて、限りない専制主義で締めくくる」。そして、これこそ西側の我々の反対者たちがたどり着いたものなのだ。彼に同調して、小説のもう一人の登場人物ピョートル・ヴェルホヴェンスキーは、裏切り、密告、スパイはどこでも必要で、社会には才能や高い能力は必要ないと主張する。「キケロは舌を切られ、コペルニクスは目をくり抜かれ、シェークスピアは石で打たれる」のだ。西側の我々の反対者たちはここまで来てしまっているのである。これが、西洋のキャンセル・カルチャーでなくて何なのだろうか。

彼らは偉大な思想家だった。正直にいうが、引用したこれらの言葉を見つけてくれた私の補佐官たちに感謝している。

こんなことに対して、何を語ることができるだろうか。歴史は、必ずすべてをその場に収め、取り消されるのは、誰もが認める世界文化の天才たちの最高傑作ではなく、こうした世界文化を自分の裁量で処理する権利があると、今、どういうわけか判断した人たちだろう。これらの活動家たちの自己過信は何というべきか際限がないのだが、数年後には誰も彼らの名前すら覚えていないだろう。一方、ドストエフスキーは生き続けるだろうし、チャイコフスキーやプーシキンもそうだろう。誰かがそれを望まなかったとしてもである。

　西側のグローバリゼーションのモデルも、その本質は新植民地主義なのだが、規格化、金融と技術の独占、ありとあらゆる差異の消去の上に築かれたものである。その目標は明確であり、世界経済と政治における西側の無条件の支配を固め、そのために地球全体の天然資源、金融資源、知的、人的、経済的能力を自身のために役立たせ、いわゆる新しい地球規模の相互依存のもとでそれを行うことであった。

　ここでロシアの哲学者でもう一人、あとほんの数日後の一〇月二九日に生誕一〇〇周年を迎えるアレクサンドル・アレクサンドロヴィチ・ジノヴィエフ〔一九二二～二〇〇六〕について触れておきたい。二〇年以上も前、彼は、西洋文明が到達した水準で生き残るためには、「存在する手段として地球全体が必要であり、人類のすべての資源が必要である」と述べた。彼らはこれを求めており、まさしく、そのとおりなのである。

　そして、このシステムにおいて、西側は当初、その原理とメカニズムを自身で開発したために、実に有利な条件を自分につけることができた。それは、今も絶えず話されているルールのことなのだが、理解しがたい「ブラックホール」であり、それが一体、どういうものなのか、誰もわかっていない。しかし、西側諸国ではなく、他の国家、無論、まずはアジアの大国のことだが、これらの国々がグローバリゼーションからの恩恵を受けはじめると途端に、西側はすぐに多くのルールを変更したり、あるいは完全に廃止したりした。そして、自由貿易、経済開放、平等な競争といったいわゆる聖なる原則について、所有権でさえも、突如として、完全に忘れ去られてしまったのである。自分たちにとって何か益が出てくると、すぐに、その場で、ゲームの進行に合わせてルールを変えてしまうのだ。

　あるいはまた、概念と意味のすり替えの別の例もある。西側のイデオローグや政治家は、長年にわたって全世界に向けて「民主主義に代わるものはない」と言い続け、そう繰り返してきた。たしかに、彼らは、西側のいわゆるリベラルな民主主義のモデルについて話していた。彼らは、民主主義（人民権力《ナロードヴラスチエ》）による政府の、他のすべての変種と形態を軽蔑の念をもって、そして――私はこれを強調したいのだが――傲慢に否定してきた。このようなやり方は、ずいぶん前から、すでに植民地時代から形成されてきたものだ。すべての人が二等の人間で、自分たちは特別で例外であると見なされているのである。今まで何世紀もこのようなことが続いてきたのだ。

しかし、今日、国際社会の圧倒的多数が、国際問題における民主主義をまさに要求しており、個別の国々や国家群によるいかなる形の権威主義的な独裁も受け入れていない。このことは、民主主義（人民権力）の原則を国際関係のレベルで直接適用することと以外の何ものでもないではないか。

そして、「文明化された」――括弧つきだ――西側の立場とは、何なのだろうか。もし、あなた方が民主主義者なら、何十億もの人々の自由に対するこのような自然な欲求を歓迎するはずなのだが、そうではないのだ。西側は、これをルールに基づくリベラルな秩序の破壊と呼び、経済戦争や貿易戦争、制裁、ボイコット、カラー革命を仕掛け、さまざまなクーデターを準備し、実行しているのである。

そのうちの一つが、二〇一四年のウクライナでの悲劇的な結末を招いたのだ〔ユーロマイダン革命のこと〕。彼らはそれを支持し、このクーデターにどれだけの資金が使われたかまで話した。まったくもって、ひたすら図々しく、一切、恥じていないのである。彼らはイランの将軍であるスレイマニ〔イラン革命防衛隊司令官。二〇二〇年米軍の無人機により殺害される〕を捉え、殺害した。スレイマニをどう思うかは勝手だが、彼は他国の公人なのだ！　第三国の領土で殺害して、こう言ったのだ。ええ、我々が殺したと。これは一体どういうことなのか。我々はどんな世界に生きているのだろうか。

ワシントンは、習慣的に現在の世界秩序をアメリカ流にリベラルと呼び続けているのであるが、実際には、この悪名高い「秩序」は日々混乱を増大させ、つけ加えるなら、西側諸国自身と、その独立性を示そうとするどんな試みに対してさえ、ますます不寛容になりつつある。すべてが根元から押し潰され、自国の同盟国にも制裁を科すのだ。何の遠慮もなく！　そして同盟国は、頭を低くしてすべてに同意するのである。

例えば、七月にハンガリーの国会議員が行った、欧州のキリスト教の価値と文化の支持を欧州連合条約に明記するという提案は、反抗どころか、直接の敵対的な破壊的な行為と受け止められた。これはどういうことなのだろう。どのように理解すればいいのか。まあ、気に入る人も気に入らない人もいることだろう。

ロシアでは、一〇〇〇年にわたって、世界中のあらゆる宗教が交流する独自の文化が発展してきた。キリスト教の価値観も、イスラム教やユダヤ教の価値観も、何も廃する必要はないのだ。我が国には、他の世界的宗教も存在している。互いに尊敬の念を持って接すればいいだけのことである。我が国の多くの地域では――人から聞いたことではなく私が直接知っていることなのだが――キリスト教、イスラム教、仏教、ユダヤ教の祭日を人々はともに出かけて祝い、互いに祝福し、喜び合い、こうしたことを楽しみながら行っているのである。

でも、ここでは違うのである。なぜなのか。少なくとも話し合いはできるはずなのに。驚きである。

こうしたことはすべて、アメリカ流の新自由主義的な世界秩序モデルの、システム的な危機でさえなく、教義上の危機であるといっても過言ではない。彼らには創造やポジティブな発展の構想はなく、単に自分たちの支配を維持すること以外、世界に提供するものは何もないのである。

多極化した世界における真の民主主義とは、まず、いかなる人々――このことを強調しておきたいのだが――いかなる社会、いかなる文明も、自分自身の道、自らの社会・政治システムを選択する可能性を有していることを前提にするものだと確信している。アメリカやEU諸国にこうした権利があるのなら、アジア諸国やイスラム諸国、ペルシャ湾岸の君主制国家、他の大陸の国々にもあることはいうまでもない。もちろん、我々の国、ロシアにもその権利はあるし、我々がどのような社会をどのような原則に基づいて築かなければならないかを、誰も我々の国民に指示することは決してできないのだ。

西側の政治的、経済的、イデオロギー的独占に対する直接的な脅威は、より効果的で、このことを強調したいのだが、今日においてより効果的で、すでにあるものより鮮明で魅力的である代替的な社会モデルが、世界に出現する可能性があるということなのだ。そして、こうしたモデルが開発されるのは必然のことであり、避けられないことだ。ちなみに、アメリカの政治学者、専門家たち、彼らもそのことについて、はっきりと書いている。たしかに、彼らの政府はあまり耳を傾けてはいないが、政治雑誌の誌上や議論の場で表明されるこうした考え方を目にしないわけにはいかない。

発展は、精神的、道徳的な価値に基づいた文明の対話の中で行われなければならない。たしかに、さまざまな文明があり、人間やその本質に対する理解もさまざまなのだが、それは表面上の違いだけであることが多く、すべての文明が人間の至高の尊厳と精神的本質を認識している。そして、きわめて重要なことは共通の基盤なのであり、いうまでもなく、それを基に、我々は未来を築くことができ、また築かなければならないのである。

ここで特に強調したいことは何か。伝統的な価値観は、すべての人が守らなければならない公理を固めたものといったものではない。もちろん、そうではないのだ。それが、いわゆる新自由主義的な価値観と異なるのは、ある特定の社会の伝統、その文化、歴史的経験に由来するものであるため、毎回、繰り返しのきかない点である。だから、伝統的な価値観は誰にも押しつけることはできないのであり、ただ尊重し、それぞれの国民が何世紀にもわたって選択してきたものは大切に扱う必要があるのだ。

我々の理解する伝統的な価値観とはこのようなものであり、この考え方は人類の大多数に共有され、受け入れられている。東洋、ラテンアメリカ、アフリカ、ユーラシアの伝統的な社会こそが世界文明の基礎を形成しているのだから、これは当然のことである。

民族や文明の特殊性を尊重することは、すべての人の利益に適う。実際問題、いわゆる西側の利益でもあるのだ。西側は、優位性を失い、世界の舞台で急速に少数派になりつつある。そして、この少数派である西側の文化的独自性に対する権利は、もちろん強調しておきたいのだが、保障されるべきであり、敬意をもって扱われるべきである。だが、あくまで他のすべての社会の権利と同等でということを強調しておく。

西側のエリートが、何十種類ものジェンダーやゲイパレードのような、私から見れば奇妙で新しいトレンドを、その国民や社会の意識に植えつけることができると考えるなら、それはそれでいい。好きなようにさせてあげよう！　しかし、彼らには、他の社会に対して、自身と同じ方向についてくるよう要求する権利がないことはたしかである。

西側諸国において、複雑で、人口動態上の、そして政治的、社会的なプロセスが進んでいることを我々は見ている。もちろん、これは彼らの内輪の問題だ。ロシアはこれらの問題に干渉しないし、するつもりもない。ロシアは他人の裏庭には入り込まないのだ。西側と違って、我々は他人の裏庭には入り込まないのだ。とはいえ、プラグマティズムが勝り、ロシアと真の伝統的な西側との対話が、同等である他の発展の中心地との対話と同様に、多極化する世界秩序の構築に重要な貢献することを我々は期待している。

多極化は、ヨーロッパがその政治的・経済的主体性を回復するための現実的で、そして実質的には唯一のチャンスであることをつけ加えておく。本当のところ、我々は皆理解しているし、ヨーロッパでもこのことについて率直に話されている。今日、ヨーロッパの法的主体性は――誰も侮辱しないよう控えめな表現で言うが――非常に限定されている。

世界は本来、多様なものであり、皆を一つの型に押し込もうとする西側の試みは、客観的に見て破滅的であり、そこからは何も生まれないだろう。

世界の指導者になろうとする、本質的には独裁あるいは独裁によって指導的地位を維持しようとする思い上がった望みは、実際のところ、アメリカを含む西側世界の指導者らの国際的権威を低下させ、総じて彼らの交渉能力への不信感を増大させている。今日はあることを言い、次の日には別のことを言って、文書に署名しても次の日にはそれを拒否しと、やりたい放題である。安定感なんてどこにもまったくありはしない。文書がどのように署名されるのか、何が話されたのか、何を期待できるのか、まったくわからないのだ。

かつてはアメリカと論争することができたのはほんの一部の国だけで、それもほとんどセンセーショナルに見えたが、今ではもはや、ワシントンがこれまでどおりすべての国に圧力をかけようとしているにもかかわらず、実にさまざまな国がワシントンの根拠のない要求を拒否するのが日常的なことになっている。まったくもって間違った政策であり、単にどこにも行き着かないものなのだ。とはいえ、それもまた彼らの選択なので放っておこう。

世界の人々が、自らの信用を失墜させた強圧的な政策に目をつぶることはないと私は確信している。西側諸国がその覇権を維持するには、その都度高い代償を払い、しかもその代償はますます大きくなっていかざるを得ないのである。私が、こうした西側のエリートたちの立場であったら、こうした見通しについて真剣に考えるだろうし、このことについては同様に、すでに話したようにアメリカの一部の政治学者や政治家も考えているのだ。

激しい対立が続いている現在の状況の中で、私は単刀直入に言おう。ロシアは、独立した独自の文明でありつつ、自らを西側の敵と考えたことは一度もなく、今も考えていない。アメリカ嫌悪、イギリス嫌悪、フランス嫌悪、ドイツ嫌悪は、ロシア嫌悪や反ユダヤ主義と同様に人種差別の一形態であり、付言すれば、あらゆる外国人嫌悪のあらわれなのである。

先ほど話したように、二つの西洋、少なくとも二つ、いやもっとかもしれないが、少なくとも二つの西洋が在ることをはっきりと理解する必要がある。伝統的な、何よりもまずキリスト教的価値観、自由、愛国心、豊かな文化の、そして今やイスラムの価値観もある——多くの西側諸国において人口のかなりの部分がイスラム教を信仰している——西洋が在る。この西洋は、ある意味、我々に近しく、多くの点で共通点を持ち、はるか古代ギリシア・ローマにルーツさえ有している。しかし、もう一つの西洋も在る。それは、攻撃的で、コスモポリタンで、新植民地主義的で、新自由主義的エリートの道具として機能している。当然ながら、ロシアが断じて我慢できないのは、まさにこちらの方の西洋の強制なのである。

二〇〇〇年、私が大統領に選ばれたあとに直面したことを私はずっと覚えているだろう。当時、西側諸国が事実上、公然と支持していた北カフカスのテロリストの巣窟を殲滅《せんめつ》するために我々がどれほどの代償を支払ったか、ずっと覚えているだろう。ここにいるすべての大人たち、この会場にいるほとんどの人が、私の言っていることを理解している。資金面、政治面、情報面での支援は実際にあったのだと我々は知っている。我々は皆、それを耐え抜いたのだ。

さらに、(西側諸国は)ロシア領内のテロリストを積極的に支援するだけでなく、多くの点でその脅威を増大させた。我々はそのことを知っている。それでも、主要なテロリスト集団が、チェチェンの人々の勇敢さのおかげもあって、粉砕され、状況が安定したのち、我々は、後戻りはせず、自身を恨みをもった人間とはせず、前進し、事実上、我々に敵対して動いていた人々とも関係を築き、相互利益と互いへの敬意に基づいて、それを望むすべての人々と関係を確立し発展させようと決めたのだ。

これが共通の利益になると考えられたからである。ロシアは、ありがたいことに、当時のあらゆる困難を乗り越え、耐え抜き、強くなり、内外のテロに打ち勝ち、経済は維持され、発展しはじめ、防衛力が向上しはじめた。我々は、西側の主要国やＮＡＴＯとの関係を築こうとした。メッセージは一つ。敵であることをやめ、友人としてともに生き、対話を行い、信頼を、すなわち平和を築こうと呼びかけた。我々は真に誠実であったし、この点を強調しておきたいのだが、こうした歩み寄りのあらゆる困難さをはっきりと理解しながらも、この目標に向けて進んだのである。

それに対して、我々は何を得ただろうか。端的にいえば、協力の可能性がある主要な分野のすべてで「ノー」を突きつけられたのだ。我々に対する圧力は強まる一方で、ロシアの国境付近には緊張の火種ができた。では、目的は、質問を許していただけるなら、この圧力の目的は何だろうか。何だというのか。ただ訓練するためだろうか。もちろん、違う。目的は、ロシアをより脆弱にすることなのだ。目的は、ロシアを自分たちの地政学的目標を達成するための道具にすることなのである。

実のところ、これは普遍的なルールであり、その道具を自分の目的のために使うため、すべての人を道具に変えようとするのだ。そして、この圧力に屈しない者、そのような道具になりたくない者に対しては、制裁を導入し、こうした者らに向けて――こうした者らに対して、あらゆる種類の経済的制限が講じられ、クーデターが準備され、可能なところでは実行され、さまざまなことが行われるのだ。結局、何もできなかったとしても、目的は同じで、滅ぼし、政治地図から消し去ることなのである。しかし、そのようなシナリオを進め、実行することはロシアに関してはうまくいったことがなく、今後も決してうまくいくことはないだろう。

さらにつけ加えたいことはあるだろうか。ロシアは西側のエリートに挑戦しているのではなく、自身が存在する権利、自由に発展する権利を守っているに過ぎないのだ。また、我々自身が何か新たな覇権国家になるつもりもないのである。ロシアは、一極化を二極化、三極化などに、西側による支配を東、北、南による支配に置き換えることを提案しているわけではない。これでは、新たなデッドロックに突き当たるのは必至だろう。

そして、ここでロシアの偉大な哲学者であるニコライ・ヤコヴレヴィッチ・ダニレフスキー〔一八二二―一八八五。思想家・生物学者。スラブ主義の理論家〕の言葉を引用したい。彼は、進歩とは、我々に対する一部の反対派が我々をそうさせようとしているのだが、皆で一つの方向に進むことではないと考えた。その場合、進歩はすぐに止まってしまうだろう、とダニレフスキーは語っている。進歩とは「人類の歴史的活動の場を構成するあらゆるフィールドで、あらゆる方向に行き来すること」であると。そして、どんな文明も、それが発展の最高点であると自慢することはできないと付言している。

独裁には、国と民の自由な発展によってのみ、個人の堕落に対しては、創造者としての人間への愛によってのみ、粗野な単純化と禁止には、文化と伝統が栄える複雑さによってのみ対抗できると確信している。

今日の歴史的瞬間の意義は、まさにすべての文明、国家、これらの統合された連合に対して、自身の、民主的な、独自の発展のための道にとっての可能性が本当に開かれているということにある。そして何よりも、新しい世界秩序は法と権利に基づき、自由で、自立的で、公正であらねばならないと我々は考えている。

したがって、世界経済と貿易はより公正で開かれたものにならなければならない。ロシアは、国際決済のためのものも含め新たな国際金融プラットフォームを構築する過程が不可避であると考えている。このようなプラットフォームは、国家の管轄外にあり、安全で、非政治化され、自動化されており、単一化された管理の中心地には依存していないものでなければならない。これは可能か否か、不可能なのか。もちろん、可能である。多大な労力、多くの国の努力の結集が必要だが、実現させることは可能なのだ。

これにより、新しいグローバルな金融インフラが悪用される可能性が排除され、ドルをはじめとするいわゆる準備通貨なしで、国際取引を効果的で有益かつ安全に行うことが可能になるのだ。ドルを武器として用いながら、アメリカ、そして総じて西側は、国際金融準備制度の信用を失墜させたのだからなおさらである。まず、ドルとユーロ圏のインフレで価値が切り下げられ、そして、――猫がひっつかむように――我々の金・外貨準備高をねこばばしたのだ。

自国通貨による決済への移行がますます活発になるのは必然である。もちろん、当該通貨の発行体の状態や経済の状況にもよるが、こうした通貨は強化され、こうした決済が支配的になっていくことは間違いないだろう。それが、多極化した世界における主権的な経済・金融政策の論理なのだ。

さらに今日、世界の発展における新たな中心地は、すでにさまざまな分野で独自の技術や科学的な開発品を有しており、多くの分野で西側の多国籍企業とうまく競争できるようになっている。

我々が公平でオープンな科学技術交流に、共通の、きわめて実際的な関心を持っていることははっきりしている。一緒にやれば、別々にやるよりも、それぞれがより大きな利益を得られる。その利益は、個々の超富裕企業ではなく、多数の者にもたらされるべきなのである。

今日の状況はどうなっているのだろうか。西側諸国が他の国々に医薬品や食用作物の種子を販売する場合、それは本質的に、相手国の製薬産業と育種業を潰すことを命じており、実際、すべてそうなっていく。私はまだ首相だった時に、このことを理解した。工作機械や機器の供給は、現地の機械製造業を破滅させてしまう。ある商品群の市場を開放した途端、おしまいになる。地元の生産者は「ぐったり横たわって」しまい、頭を上げることがほぼできなくなるのだ。こうやって関係が構築されるのである。こうして市場や資源が奪われ、国々は自身の技術的・科学的な潜在能力を失っていくのである。これは進歩ではなく、隷属化であり、経済を原始的なレベルまで低下させるものだ。

技術開発は世界の不平等を拡大させるものではなく、縮小させるものであるべきだ。まさにロシアが行っている伝統的な対外技術政策が、このようなものなのだ。例えば、他国に原子力発電所を建設する場合、同時にそこにコンピテンシーセンターを設立し、その国の人材を訓練し、産業を興すのだが、単に企業をつくるのではなく、産業全体を創出するのである。要するに、我々は他の国々に、科学技術の発展における真のブレークスルーを果たし、不平等を減らし、エネルギー分野を効率と環境の点で新たなレベルに引き上げる機会を与えているのだ。

主権と独自の発展は、決して孤立や閉鎖経済《アウタルキー》を意味するものではなく、それどころか、公正と平等の原則に基づいた積極的で互恵的な協力関係を前提としたものであることをあらためて強調しておく。

自由主義的なグローバリゼーションが個の喪失であり、西側のモデルを全世界に押しつけるものだとすれば、統合は逆に、全体の利益のために、ともに恩恵を受けるために、各文明の潜在能力を解き放つことなのだ。グローバリズムが独裁であり、すべてが結局はそこに行き着くものであるとすれば、統合とは、すべての人にとって有益な共通の戦略をともに練り上げることである。

こうした意味で、ロシアは、経済、社会システム、資源基盤、インフラを相互に補完し合う近隣諸国の相互作用の上に構築される広大な圏域をつくり出すメカニズムをより積極的に始動させることが重要であると考えている。このような広大な圏域は、要するに多極化した世界秩序の基盤、つまり経済的基盤なのだ。近隣諸国との対話から、一部の西側のイデオローグの単純な構想よりもはるかに複雑で、ユニークで、多次元的な人類の真の結束が生まれるのである。

人類の結束は、「私のようにしなさい」「我々のようになりなさい」という命令によって成り立つものではない。それは、それぞれの社会と国家のアイデンティティを大切にし、すべての人の意見を考慮し、それに基づいてこそ形成されるものなのだ。こうした原則に基づいてこそ、多極化した世界における長期的な協力は発展するのである。

この点から、安全保障理事会を含む国際連合の構造を、世界の地域の多様性をより反映したものにすることが検討されるべきかもしれない。なぜなら、明日の世界では、アジア、アフリカ、ラテンアメリカに拠るものが現在考えられているよりもはるかに大きくなるだろうし、こうした地域の影響力の増大がプラスに働くことはいうまでもないことであるからだ。

我々の共通のユーラシア空間においてさえ、西洋文明は唯一のものではないことを思い出してほしい。しかも、人口の大部分は、人類最古の文明の中心が生まれたユーラシア大陸東部に集中している。

ユーラシアの価値と意義は、この大陸があらゆる種類の巨大な資源と途方もない可能性を有している自己充足的な複合体であることにある。そして、ユーラシアの連結性を高め、新しい協力の方法と形態をつくり出すことに熱心に取り組めば取り組むほど、より素晴らしい成功を収めることができるのである。

ユーラシア経済同盟の順調な活動、上海協力機構の権威と影響力の急速な高まり、「一帯一路」の枠組みでの大規模な構想、「南北輸送回廊」の実施に関する多国間協力計画など、世界のこの地域におけるその他多くのプロジェクトは、ユーラシアの発展における新しい時代の始まり、新しい段階の始まりであると確信している。もちろん、ユーラシア圏を分裂させ、ブロックの対立地帯にするために外部勢力によって導入されるのではなく、近隣諸国が自国の利益のために実行するのであれば、ここでの統合プロジェクトは互いに矛盾するものではなく、補完し合うものになる。

広大なユーラシアの西端であるヨーロッパも、その自然な一部となり得る。しかし、その指導者の多くは、ヨーロッパ人は他者より優れており、いかなる事業においても他者と対等な立場で参加するのはふさわしくないという考えに妨げられている〔そのため、ユーラシアの一部になることができない〕。その傲慢さのせいで、自分たちがもはや外国の周辺部になり、声をあげる権利もないことがしばしばであり、本質的には家臣になってしまったことに気づかないのだ。

親愛なる同僚の皆さん！

ソ連の崩壊は、地政学的な力のバランスも破壊した。西側は己を勝者だと感じ、自分たちの意思、文化、利益のみが存在する権利を持った一極的な世界秩序を宣言した。

今や、世界情勢における西側の独占的な支配は終わりつつあり、一極化の世界は過去のものになろうとしている。我々は歴史の岐路に立っており、この先には、第二次世界大戦後、おそらく最も危険で予測不可能な、それと同時に最も重要な一〇年がある。西側は単独で人類を支配することはできないにもかかわらず、必死にそうしようとしており、世界の人々の大半はもはや、この状況を我慢する気はないのだ。ここに新たな時代の大きな矛盾がある。古典の言葉を借りれば、状況はある程度、革命的なものになっている。古典の言葉を借りれば、もはやこうした生活を上流階級は送ることができないし、下層階級はそんな生活を送りたくないのである〔レーニンの言葉をもじったものと思われる〕。

このような状態は、世界的な紛争、あるいは紛争の連鎖を伴い、西側自体を含む人類にとっての脅威である。この矛盾を建設的かつ創造的に解消することが、今日の主要な歴史的課題なのだ。

　時代の変化は、痛みを伴うものではあるけれど、自然で必然的なプロセスである。未来の世界秩序が我々の目の前で形づくられている。そして、この世界秩序において、我々はすべての人の言うことに耳を傾け、あらゆる民《たみ》、あらゆる社会、文化、そして、あらゆる世界観、思想、宗教的概念の体系を考慮に入れ、誰にも単一の真実を押しつけることなく、この基盤の上にのみ、運命、すなわち人々、地球の運命を理解した上で、人類文明のシンフォニーを築かなければならないのである。

　私のメッセージを皆さんが辛抱強く聞いてくださったことへの感謝の言葉とともに、終わりにしたいと思う。

　ありがとうございました。

出典：ロシア大統領府公式サイト
http://kremlin.ru/
翻訳：原口房枝・佐藤優

⑦連邦議会に対する大統領年次教書演説

ウラジーミル・プーチン

（二〇二三年二月二一日）

ウラジーミル・プーチン：

こんにちは！

尊敬する連邦議会――上院と下院の皆さん！

尊敬するロシア市民の皆さん！

今日、私は、我が国にとって困難で――我々は誰もがこのことをよく理解しているが――分岐点となる時代に、世界中で抜本的かつ不可逆的な変化が生じ、我が国と国民の将来を左右する歴史的な大事件が発生し、我々一人ひとりが大きな責任を負っている時期に、この演説を行う。

一年前、我々の歴史的な土地で人々を守り、我々の国の安全を保障し、二〇一四年のクーデター〔ユーロマイダン革命〕後にウクライナに現れたネオナチ政権がもたらした脅威を排除するために、特別軍事作戦の実施が決定された。そして、一歩一歩、慎重に、一貫して、我々は直面している課題を解決していく。

ドンバスは、二〇一四年から戦い、自分たちの土地に住む権利、母国語を話す権利を護り、封鎖と絶え間ない砲撃、キエフ政権からのあからさまな憎悪の中で、戦い、降伏せず、ロシアが助けに来てくれると信じて待っていた。

その間、皆さんもよくご存じのように、我々はこの問題を平和的な手段で解決するために、できる限りのことを、本当にできる限りのことを行い、このきわめて困難な紛争を平和的に解決するため、辛抱強く交渉してきた。

しかし、我々の背後では、まったく違うシナリオが準備されていた。西側の支配者たちの約束、ドンバスの平和を目指すという保証は、今になってわかったが、口実であり、残酷な嘘になってしまった。彼らは単に時間稼ぎをし、多くの小細工を行い、政治的な殺人、気に食わない者たちに対する侮辱に目をつぶり、ドンバスでテロ行為を行うようウクライナのネオナチをますます奨励していた。民族主義者である大隊の将校たちは、西側のアカデミーや学校で訓練を受け、武器も供給された。

そして強調したいのは、すでに特別軍事作戦の開始前から、キエフは西側と、防空システム、戦闘機、その他の重装備のウクライナへの納入について交渉していたことだ。また、キエフ政権による核兵器の獲得に向けた取り組みについても覚えている。なにしろ、公然と語っていたのだから。

アメリカとNATOは、我が国の国境付近にその軍事基地と秘密の生物研究所を急いで配備していた。作戦の過程で、彼らは将来の軍事作戦の舞台をつくり、自分たちの支配下にあるキエフ政権、彼らに隷属するウクライナを大きな戦争に向け備えさせていた。

そして今日、彼らはそのことを認めている。公然と、あからさまに、恥じることなく認めているのだ。ミンスク合意も「ノルマンディー方式」も外交的な見世物であり、はったりだと言って、まるで自分たちの背信行為を誇り、楽しんでいるかのようだ。ドンバスが燃え、血が流れ、ロシアが誠実に——私はこのことを強調したい——平和的解決を真摯に目指していた時、彼らは人々の命を弄《もてあそ》んで、よく知られた界隈〔詐欺師たちの世界〕でいわれるように、実質的に目印のついたカードで遊んでいたことが判明した。

このおぞましい、ごまかしの手法は、これまでにも何度も試されてきた。ユーゴスラヴィア、イラク、リビア、シリアを破壊する際にも、彼らは同じように恥知らずで二枚舌の振る舞いをした。彼らがこの恥辱を自ら洗い流すことは決してないだろう。名誉、信頼、良識という概念は彼らにはないのだ。

何世紀にもわたる植民地主義、独裁、覇権主義の間に、彼らは何でも許されることに慣れ、全世界に唾を吐くことに慣れてしまった。彼らが自国の民衆も同じように軽蔑し、主人のような態度で扱っていることがわかった。なにせ、彼らは自国の民衆もシニカルに騙し、平和の追求やドンバスに関する国連安保理決議の遵守に関するおとぎ話で、騙してきたのだから。実際、西側のエリートは、まったくもって無原則な嘘の象徴と化してしまった。

我々は、自国の利益だけでなく、現代世界ではいわゆる文明国とそれ以外のすべての人々との間に区分があってはならず、あらゆる排他性を、攻撃的なものであればなおさら、原則的に拒否する誠実なパートナーシップが必要であるという立場を堅く守っている。

我々は、西側諸国との建設的な対話をオープンかつ真摯な姿勢で行うつもりだった。我々は、欧州と全世界の双方が、すべての国家にとって不可分かつ平等な安全保障システムを必要としていると述べ、それを主張し、長年にわたり、この理念について共に議論し、その実現に向けて取り組むようパートナーらに申し出てきた。しかし、我々が受け取った反応は、舌足らずのものか、偽善的なものだった。これは言葉としての反応だが、具体的な行動もあった。我が国の国境へのNATOの拡大、欧州とアジアでの新たなミサイル防衛拠点の創設――彼らは「傘」によって我々を遮断すると決めたのだ――軍事部隊の展開であり、しかも、それはロシアの国境付近だけのことではないのだ。

ここで、実際、誰でもよく知っていることだが、アメリカほど海外に軍事基地を持っている国はないことを強調しておきたい。その数は数百あり、強調しておきたいのだが、世界中に数百もの軍事基地があり、地球のあらゆる場所に置かれていて、それは地図を見るだけでわかることである。

彼らが中距離ミサイル条約を含む基本的な軍事協定から脱退し、世界の平和を維持するための基本的な協定を一方的に破棄してきたことを全世界が目撃した。彼らは何らかの理由があってそうしたのだ。ご存知のように、何の理由もなく、彼らが行動することはない。

そして、ようやく二〇二一年一二月、我々はアメリカとNATOに、安全保障に関する条約案を正式に送った。しかし、我々にとって重要かつ原則的な立場についてはすべて、事実上真っ向から拒否された。この時に、攻撃的な計画の実行にゴーサインが出され、彼らはもはやそれを止めるつもりがないということが最終的に明らかになったのだ。

脅威は、日を追うごとに増していた。入ってくる情報から、二〇二二年二月までにドンバスで再び血なまぐさい懲罰的な行動を起こす準備がすべて整っていたことは疑いようがなかった。ドンバスに対して、キエフ政権は、すでに二〇一四年には大砲、戦車、飛行機を投入していたことを思い出してほしい。

我々は皆、ドネツクに対する空爆、ドネツクだけでなく他の都市に対しても空爆が行われた時の光景をよく覚えている。二〇一五年、彼らは再びドンバスへの直接攻撃を試み、しかも、封鎖、砲撃、民間人に対するテロを続けた。これらすべては、国連安全保障理事会が採択した関連文書や決議と完全に矛盾している、完全にである。だが、誰もが何も起こっていないふりをしたことを思い出してほしい。

繰り返したいのだが、戦争を始めたのは彼らであり、我々はそれを阻止するために武力を行使し、今後も行使するのだ。

ドネツク、ドンバス、ルガンスクへの新たな攻撃を計画していた者たちは、次の標的がクリミアとセヴァストポリへの攻撃であることを明確に理解していたし、我々もそれを知っており、理解していた。そして今、このような遠大な計画がキエフでも公然と語られて、明らかにされた。我々がすでによく知っていたことが明らかにされたのである。

我々は、人々の命を、自分たちの家を守っているのだ。一方、西側の目標は無制限の権力である。キエフ政権への幇助と武装のために、すでに一五〇〇億ドル以上を費やした。比較のために言っておくと、経済協力開発機構のデータでは、G7諸国は二〇二〇～二一年に世界の最貧国を支援するため約六〇〇億ドルを割り当てた。実にわかりやすいではないか。戦争には一五〇〇億ドルで、一方、いつも世話している はずの世界の最貧国には六〇〇億ドルなのだ。しかも、金をもらう国には、よく知られた服従条件がつけられるのだ。それで、貧困との闘い、持続可能な開発、エコロジーについての話はどこに行ったのか。すべてどうなったのか。同時に、戦争のための資金の流れは弱まることはない。他国での混乱やクーデターを助長するための資金も、しかも、またもや世界中で、惜しげもなく出されているのだ。

先日のミュンヘンで開かれた会議では、ロシアに対する非難が際限なく続いた。これは、いわゆる西側諸国が過去数十年にわたって行ってきたことを皆に忘れさせるためだけに行われたという印象を受ける。だが、彼らが瓶から魔物を外に出し、地域全体を混乱に陥れたのだ。

アメリカの専門家ら自身の試算によれば、戦争の結果によって――この点について注目していただきたいが、我々が考えついたわけではなく、アメリカ人が自ら出したものだ――二〇〇一年以降にアメリカが始めた戦争によって、約九〇万人が死亡し、三八〇〇万人以上が難民となった。彼らは、これらすべてのことを人類の記憶から消し去り、何もなかったふりをしている。しかし、世界の誰もがこのことを忘れていないし、これからも忘れることはないだろう。

人々の犠牲や悲劇については、彼らの誰も考慮しない。なぜなら、もちろん、何兆ドル、何兆ドルという金が賭けられているからだ。今後も、すべての人から盗み続ける機会、民主主義と自由についての言葉に隠れて、本質的には新自由主義と全体主義という価値観を押しつけ、国や民全体にレッテルを貼り、その指導者を公然と侮辱し、自国内の反対意見を弾圧し、敵のイメージをつくり出して、汚職スキャンダルから人々の注意をそらすために——こうしたすべてのことがスクリーンに映し出されないわけではなく、我々はこうしたすべてのことを見ているのだ——増大する国内の経済、社会、民族間の問題や矛盾から目をそらさせる機会があるからだ。

一九三〇年代、西側諸国は事実上、ドイツでナチスが権力を握るための道を開いたことを思い出してほしい。そして現代、彼らはウクライナを「反ロシア」にしようとしはじめた。このプロジェクトは、実は新しいものではない。少しでも歴史がわかっている人は、このプロジェクトのルーツがすでに一九世紀にあったことをよく知っている。これは、オーストリア・ハンガリー帝国やポーランドなどの国々で、ある目的のために、すなわち、今日ウクライナと呼ばれているこれらの歴史的領土を、我が国から引き離すために育まれたのだ。新しいこと、目新しいことは何もなく、すべてが繰り返されているのだ。

欧米は二〇一四年のクーデター〔ユーロマイダン革命〕を支援することで、今日このプロジェクトの実行を強行した。クーデターは血なまぐさいもので、反国家的、反憲法的なものだったのに、まるで何もなかったかのように、やらなければならなかったことのように伝えられ、どれだけのお金が費やされたのかまで報じられた。イデオロギー的な基盤には、ロシア嫌悪《ルソフォビア》ときわめて攻撃的なナショナリズムが置かれた。

最近、ウクライナ軍の旅団の一つに、口にするのも恥ずかしいのだが——我々には恥ずべきことだが、彼らにとっては違うのだ——ヒトラー師団と同じ、「エーデルワイス」の名が与えられた。この師団は、ユダヤ人の国外追放、戦争捕虜の処刑、ユーゴスラヴィア、イタリア、チェコスロヴァキア、ギリシャのパルチザンに対する懲罰作戦に参加したのだ。ウクライナ軍と国家警備隊では、ダス・ライヒ〔第二SS装甲師団〕、トーテンコップ〔髑髏《どくろ》師団〕、第一四SS「ガリーツィエン」〔第一四SS武装擲弾兵師団〕などSS部隊が特に人気があるが、これらの部隊もまた肘《ひじ》まで血に染まっている。ウクライナの装甲車には、ナチス・ドイツのドイツ国防軍の記章が描かれている。

ネオナチは、自分たちを誰の後継者だと考えているのかを隠していない。西側の権力者が誰もこのことに気づかないのは驚くべきことだ。なぜか。なぜなら、無作法な言い方で申し訳ないが、彼らは唾を吐いている〔どうでもいい〕からだ。我々との、ロシアとの戦いで誰に賭けるかなんて気にもしていない。肝心なのは、我々と、我々の国と戦わせることであり、それゆえ、誰でも利用できるのだ。そうであったことを我々は見てきた。テロリストやネオナチ、はげ頭の悪魔でさえも（神よ、許したまえ）、彼らの言いなりになり、ロシアに対する武器になるなら、利用することができるのだ。

「反ロシア」プロジェクトは、本質的に、我が国に対する復讐政策の一部であり、我が国の国境のすぐ近くに不安定と紛争の温床をつくり出すためのものだ。一九三〇年代の当時も今も、その企みは同じである。東方への攻撃を仕向け、欧州での戦争を煽《あお》り、ライバルを他人の手で排除しようとするのだ。

もう何度も言ってきたが、我々はウクライナの人々と戦争をしているわけではない。ウクライナの人々自身が、キエフ政権とその西側の主人たちの人質となってしまった。西側の主人たちは、事実上、この国を政治的、軍事的、経済的に占領し、数十年にわたってウクライナの産業を破壊し、その天然資源を収奪してきた。その論理的帰結は、社会の退廃、貧困と不平等の著しい増加であった。そして、そのような状況では、当然ながら、軍事作戦のための材料を集めることは容易だ。誰も国民のことを考えず、破滅を導く準備をし、人々を最後には消耗品にしてしまった。悲しいかな、口に出すのも恐ろしいことだが、これが事実なのである。

ウクライナ紛争を煽り、エスカレートさせ、犠牲者を増やした責任は、すべて西側エリート、そしてもちろん、キエフの現政権にある。この政権にとって、ウクライナ国民は本質的に他人である。今日のウクライナ政権は、自国の国益のためではなく、第三国の利益のために働いている。

西側諸国はウクライナをロシアに対する破城槌《はじょうつい》として、また射撃場として利用している。西側諸国が戦況を変えようとしている試み、軍事供給を増やそうとしている計画については、今は詳しく述べるつもりはない。とはいえ、次の状況はすべての人が理解しているはずである。西側の長距離システムがウクライナに入ってくればくるほど、我々は、その脅威をロシアの国境から遠ざけることを余儀なくされる。これは当然のことだ。

西側エリートはその目標を隠していない。彼らが直接的に語っているように、目標は「ロシアに戦略的敗北」を与えることだ。これは何を意味するのか。我々にとって何を意味するのか。これはつまり、我々を滅ぼすということだ。つまり、彼らは局所的な紛争を世界的な対立の局面に転化させるつもりなのである。我々はすべてをまさにこのように理解し、相応の方法で対処していく。なぜなら、この場合、もはや我々の国の存亡にかかわってくる話だからだ。

しかし、彼らはまた、戦場でロシアに勝つことが不可能であることを認識せざるを得ず、我々に対してますますアグレッシブな情報攻撃を行っている。ターゲットはもちろん若い人、若い世代である。ここでも彼らは終始、嘘をつき、歴史的事実を捻じ曲げ、我々の文化、ロシア正教会、その他我が国の伝統的宗教組織への攻撃を止めない。

彼らが自分たちの国民に何をしているか見てほしい。家族、文化的、国民的アイデンティティの破壊、倒錯、児童虐待、小児性愛さえ規範であると、彼らの生活の規範であると宣言され、聖職者、神父は同性婚を祝福するよう強要されている。まあ、勝手にすればいい。なんでも好きなようにやればいい。ここで私は何を言いたいのか。大人には好きなように生きる権利がある。ロシアでもそのようにしてきたし、これからもずっとそうする。誰も私生活に立ち入らないし、我々もそうするつもりはない。

だが、私は彼らに言いたい。失礼ながら聖典、他のすべての世界宗教の主要な書物を見てほしい。そこには、家族は男女の結合であることなど、すべてが書かれている。しかし、これらの聖典でさえ、今では疑問視されているのだ。例えば、イギリス国教会では、性別にとらわれない神という概念を検討する予定――まあ、今はまだ予定ではあるが――であることが知られている。なんて言えばいいのか。神よ、彼らは「何をやっているのかわからない」のだ。

西側の何百万人もの人々は、自分たちが真の精神的破局に向かって導かれていることに気づいている。エリートは、はっきり言わねばならないが、単に気が狂っており、もはや治らないようだ。とはいえ、それは私がすでに言ったように、彼らの問題だ。一方、我々には子どもたちを守る義務があり、我々はそれを実行する。我々は子どもたちを退廃と退化から守るのだ。

西側諸国が我々の社会を弱体化させ、分裂させようとし、国家への裏切り者をあてにするのは明らかだ。こうした裏切り者はいつの時代にあっても――私はこれを強調したいが――自身の祖国を軽蔑するという変わらぬ毒を持ち、喜んで金を払う者にこの毒を売って金を儲けようとする。いつの時代もそうなのだ。

直接的に裏切る道を選び、我々の社会の安全や国の領土保全に対してテロなどの犯罪をおかす者たちは、法的な責任を負うことになる。しかし、かつて、そして今も「魔女狩り」を行っているキエフの政権や西側のエリートたちのようには決してならないし、道を逸れ、祖国に背いた人たちと片をつけるつもりもない。彼らは、良心の呵責に耐え、それを背負って生きていけばいい。肝心なことは、人々、ロシアの市民が彼らに道徳的な評価を与えたということだ。

多民族国家である我が国の国民、市民の絶対的多数が、特別軍事作戦について原則的な立場をとり、我々が行っていることの意味を理解し、ドンバスを守るための我々の行動を支持したことを、私は誇りに思っている、そして、我々全員が誇りに思っていると思う。この支持には、何よりもまず、我々の国民に歴史的に内在する感情、真の愛国心が表れている。この感情は、その尊厳において、一人ひとりが、強調しておくが、一人ひとりが祖国の運命と自身のそれが不可分であるという深い認識において、驚くべきものである。

親愛なる友人の皆さん、私はロシアのすべての人々、国民全体の勇気と決意に感謝し、我々の英雄たち、陸海軍の兵士と将校、ロシア親衛隊、特殊機関、すべての治安維持機関の職員、ドネツクおよびルガンスク部隊の兵士たち、志願兵、戦闘予備軍の隊列で戦う愛国者に感謝の言葉を伝えたい。

本日の演説では、全員の名前を挙げることができないことをお詫びしたいと思う。ご存じのように、この演説を準備した際には、こうした英雄たち一団の長い長いリストを書いたのだが、その後今日の演説から抜いてしまった。申し上げたように、すべての人々の名を挙げることは不可能であり、名前を挙げないことになる人々の気を悪くさせないか心配だったからだ。

防衛隊の両親、妻、家族、負傷者を救っている医師や救急隊員、看護師、前線に物資を運んでいる鉄道員や運転手、要塞の建設や住宅、道路、民間施設の復旧を行っている建設業者、ほぼ一日中、数交代で働いている軍需工場の労働者やエンジニア、国の食糧安全をしっかり確保している農業労働者に敬意を表する。

ロシアの若い世代のことを心から案じている教師の皆さん、特に、困難で、実質的に前線のような状況の中で働いている教師の皆さん、兵士や将校を支援するために戦場や病院に赴く文化活動家の皆さん、前線や民間人を助けているボランティアの方々、ジャーナリスト、とりわけ、全世界に真実を伝えるために前線で危険を冒している戦場特派員の皆さん、その賢明な言葉で人々を支え、鼓舞しているロシア伝統宗教の牧師や従軍司祭の皆さん、自身の職業上の、市民としての、ただ純粋に人としての義務を果たしている国家公務員や企業家の皆さんに感謝する。

ドネツクとルガンスクの両人民共和国、ザポロジエとヘルソンの両州の人々に特別な言葉を捧げる。あなた方自身が、親愛なる友人たちよ、あなた方自身が住民投票で自分たちの将来を決め、ネオナチの脅威や恐怖にさらされながらも、すぐ近くで軍事作戦が行われている状況下で、確固たる選択を行った。戦が行われている状況下で、確固たる選択を行った。ロシアとともに、祖国とともに、というあなた方の決意ほど強いものはなかったし、今もない。

(拍手)

これがドネツクとルガンスクの両人民共和国、ザポロジエとヘルソンの住民に対する、この会場の聴衆の反応であることを強調したいと思う。もう一度、彼らに敬意を表する。

我々は、これらの新たな連邦構成主体の社会経済的再建と発展のための大規模なプログラムをすでに開始しており、今後も拡大していく。これには、企業と雇用を回復し、再びロシアの内海となったアゾフ海の港を再建し、クリミアで行ったような、新しい近代的な道路を建設することも含まれる。クリミアは、今やしっかりとした陸路でロシア全土と結ばれるようになった。これらの計画はすべて、我々の共同の努力によって必ず実現させる。

今日、国内の各地域は、ドネツクとルガンスクの共和国、ザポロジエとヘルソン両州の市、地区、村に直接支援を行い、本当の兄弟姉妹のように誠実にそれを行っている。今、我々は再び一緒になったことで、さらに強くなり、我々のこの土地に待望の平和を取り戻し、人々の安全を確保するためにあらゆることを行っていく。このために、先祖のために、子や孫の未来のために、歴史的正義の回復のために、我々人民の統一のために、兵士たち、我々の英雄は今日も戦っているのである。

親愛なる友人たちよ、ロシアのために命を捧げた戦友たち、ネオナチと懲罰者の手によって銃撃を受け亡くなった民間人、高齢者、女性、子どもたちの記憶に敬意を表していただきたい。

（一分間の黙禱）

ありがとう。

戦死した兵士の妻、息子、娘にとって、祖国を守る立派な人たちを育てたその両親にとって、クラスノドンの「若き親衛隊」のように、大祖国戦争でナチズムと戦い、ドンバスを守った若い男女のように、今どれほど耐え難い困難があるか、我々は皆理解しているし、私も理解している。彼らの勇気、不屈さ、偉大な精神力、犠牲は、今日でもロシア全体で記憶されている。

親族、近しい者、愛する者を失った家族を支援し、助け、子どもたちを育て上げ、教育と職業を与えることは、我々の責務である。特別軍事作戦に参加するすべての人の家族は、常に注意を払われ、配慮され、名誉に包まれなければならない。彼らが必要とするものには、だらだらしたお役所仕事は抜きで、即座に対処しなければならない。

特別な国家基金の設立を提案する。その任務は、戦死した兵士や特別軍事作戦の退役軍人の家族に的を絞った、個人的な支援を提供することだ。この基金は、社会的、医療的、心理的支援を調整し、療養所や保養所での治療やリハビリテーションの問題を解決し、教育、スポーツ、雇用、起業、技能向上、新たな職を得ることを支援する。この基金のもう一つの重要な任務は、在宅での長期介護、必要とするすべての人々へハイテクの補装具を手配することである。

政府に対しては国家評議会社会政策委員会および各地域とともに、すべての組織上の問題をできるだけ早く解決するよう要請する。

国家基金の業務はオープンであるべきで、支援の提供手続きは「ワン・ストップ」サービスの原則に基づき、官僚主義やお役所仕事抜きで、簡単であるべきだ。各家族、強調しておくが、亡くなった人の家族、退役軍人のそれぞれに、個人的な対応によって、生じる問題をリアルタイムで解決するよう個々のソーシャルワーカー、つまりコーディネーターをつけるべきである。早くも今年中に、ロシア連邦の全地域で基金の各組織が展開されるべきだということに留意していただきたい。

大祖国戦争の退役軍人、他の戦闘行為の退役軍人、地域紛争に加わった人たちを支援するための施策はすでに実施されている。将来的には、先ほど申し上げた国家基金が、こうした非常に重要な問題も担当する可能性もあると思う。このことには取り組む必要があり、政府にそれを要請する。

特別な基金を創設しても、他の機構や政府レベルの責任が免除されるわけではないということは強調しておく。私は、すべての連邦省庁、地域、自治体が、退役軍人、軍属、およびその家族に対して今後も最大限の配慮を行うことを期待している。この点で、定期的に人々と会い、戦闘地域も含む場所へ赴き、同胞を支えている連邦構成主体の指導者、市長、首長たちに感謝したい。

特に強調したいことは何か。今、前線では、職業軍人も、動員兵も、志願兵もともに苦労を背負っている。これは、物資や装備、手当金や負傷に関する保険支払い、医療に関することだ。しかし、私や知事が受ける、つまり私にも報告される、軍の検察庁や人権オンブズマンへの訴えは、これらの問題のすべてが解決されたわけではないことを示している。個々のケースで見ていく必要があるのだ。

そしてもう一つ、特別軍事作戦区域での勤務は、誰もがよく理解しているように、身体的・心理的に多大な負担と、健康や生命に対する日常的なリスクを伴うものである。したがって、兵士の一人ひとりが家族を訪問し、親戚や近しい人と一緒に過ごす機会を持てるよう、動員兵、そして軍隊勤務者すべて、ボランティアを含む特別軍事作戦のすべての参加者のために、少なくとも半年に一度、移動時間を除いて一四日間以上の定期休暇を設ける必要があると考えている。

親愛なる同僚の皆さん！

ご存知のように、大統領令により、二〇二一年から二〇二五年までの軍の建設および発展に関する計画が承認された。これを実施するための作業が進行中であり、必要な修正が行われている。そして、陸軍と海軍を強化し、軍の現在と将来の発展のための今後の措置は、必ず、特別軍事作戦で得られた実戦経験に基づいて行われるべきものであることを強調したい。それは我々にとってきわめて重要なことであり、さらにいえば、掛け値なしの経験なのである。

例えば、現在、ロシアの核抑止力の最新システムによる装備レベルは九一パーセント以上、九一・三パーセントである。そして、今一度繰り返すが、我々が得た経験を踏まえ、軍のすべての構成要素において、同じように質の高いレベルに到達しなければならない。

有能で、近代的で、毅然とした指揮官であることを証明した将校や軍曹――その数はきわめて多い――は、優先的に上位の階級に昇進し、軍の高等教育機関やアカデミーに送られ、軍隊の強力な幹部予備軍として機能することになる。そしてもちろん、彼らは、民間で、政府のあらゆるレベルで求められるはずである。私は、このことについて同僚たちの注意を喚起したいだけだ。これは非常に重要なことだ。祖国を守るための彼らの貢献を祖国が高く評価していることを人々は理解しなければならない。

陸軍と海軍のまさに質的ポテンシャルの向上を保証する最先端の技術を積極的に導入していく。我々は、あらゆる分野でそのような開発品や武器・装備のサンプルを保有している。それらの多くは、その性能の点で、外国の類似品よりはるかに優れている。我々の現在の課題は、その大量生産、連続生産を開始することだ。こうした作業は行われているし、進んでおり、テンポは加速する一方である。しかも、中小のハイテク企業を国防関連の受注に積極的に参加させることで、独自の、強調しておきたいが、我々独自の、ロシアの科学・産業基盤によって行われているのである。

今日、我々の工場、設計局、研究チームでは、経験豊富な専門家も、革新を目指し、勝つためにあらゆることを行うというロシア兵器製造工の伝統に忠実で、才能があって、技能を有したますます多くの若者も、仕事に精を出している。

我々は、労働力に対する保証を必ず強化する。これは、賃金や社会保障にも当てはまる。軍産複合体の企業で働く労働者のために、優遇的な賃貸住宅を提供する特別プログラムの立ち上げを提案する。住宅費のかなりの部分を国が負担することになるので、彼らの賃料は市場価格よりかなり低くなる。

我々は無論、この問題について、政府と協議してきた。私は、このプログラムの詳細をすべて詰め、遅滞なく、こうした賃貸住宅の建設を開始するよう指示する。もちろん、何よりもまず、我々の重要な防衛、産業、学術研究の中心地である都市においてだ。

尊敬する同僚の皆さん！

すでに述べたように、西側は、軍事面、情報面だけでなく、経済面でも我々に対して戦線を展開した。しかし、どこにおいても何も達成されなかったし、これからも達成されることはないだろう。しかも、制裁の提唱者たちは自分で自分を罰しているのだ。自国での物価上昇、雇用の喪失、企業の閉鎖、エネルギー危機を引き起こし、その国民には――我々はそれを耳にしているが――すべてはロシア人のせいだと語っているのだ。

この制裁による攻撃では、我々に対してどのような手段が使われたのか。ロシア企業との経済的なつながりを断ち、我々の経済を混乱させるために金融システムを通信チャンネルから遮断し、収入に打撃を与えるために、輸出市場へのアクセスを奪おうとした。これは、我々の外貨準備に対する盗みでもあり――他に言いようがない――ルーブルを暴落させ、壊滅的なインフレを引き起こそうとしたのだ。

繰り返すが、対ロシア制裁は手段に過ぎない。西側の指導者たちが自ら宣言しているように、その目的はロシアの「国民を苦しめる」ことにある。「苦しめる」、そんなヒューマニストたちなのだ。彼らは、国民を苦しめて、そうやって我々の社会を内部から不安定にすることを望んでいるのだ。

しかし、彼らの目論見は現実のものとはならなかった。ロシアの経済と統治システムは、西側が考えていたよりもはるかに強靱であることが明らかになった。政府、議会、ロシア銀行〔中央銀行〕、連邦構成主体、そしてもちろん経済界と労働団体がともに働いたことで、我々は経済状況の持続性を確保し、国民を守り、雇用を維持し、必需品を含む市場の物不足を防ぎ、金融システムと、事業の発展、ひいては国の発展のために投資する企業家を支援することができた。

このため、すでに昨年三月には、総額約一兆ルーブルの一連のビジネス・経済支援策を開始した。指摘しておきたいのだが、これは貨幣増発策ではない。いやいや、我が国ではすべてがしっかりとした市場原理に基づいて行われているのである。

二〇二二年の実績で、国内総生産は減少した。ミハイル・ウラジーミロヴィチ〔ミシュスチン首相〕から電話があり、私に話してほしいということだった。この情報は昨日発表されたと思うが、正しいし、予定どおりで、すべて計画どおりだ。

覚えておいでだろうか、ロシア経済は二〇〜二五パーセント減少すると、一〇パーセント減少すると予測されていた。つい最近、二・九パーセントだと言っていた。その少しあとには、二・五パーセントだと言っていた。最新のデータでは、二〇二二年の国内総生産は二・一パーセントの減少だった。だが、昨年の二月、三月ではまだ、すでに私が述べたように、経済の崩壊が予測されていたことを思い出してほしい。

ロシアのビジネスは物流を立て直し、責任ある予測可能なパートナーとの関係を強化した。そうしたパートナーたちはたくさんおり、世界では多数なのである。

我々の国際決済におけるロシア・ルーブルのシェアは、二〇二一年一二月に比べ倍増し、三分の一に達し、友好国の通貨と合わせるとすでに半分以上になったことを指摘しておく。

今後も、西側のエリートや西側の支配者の政策のせいで必然的に普遍性を失うことになるドルや他の西側の準備通貨には依存しない、安定的で安全な国際決済システムを確立するために、パートナーとともに取り組んでいく。彼らは自分たちの手ですべてを行っているのだ。ドルまたは他のいわゆる普遍的な通貨による決済を減らしているのは我々ではない。彼らが、すべて自分たちの手でやっているのだ。

石油の代わりに大砲、という昔から使われてきた表現があるのはご存じだろう。国の防衛はもちろん最重要な優先事項であるが、この分野の戦略的課題を解決するにあたって、過去の過ちを繰り返してはならないし、自国の経済を破壊してはならない。我々は、安全を確保し、この国が着実に発展する条件を整えるために必要なものはすべて持っている。このような論理で我々は行動しているし、これからもそうしていくだろう。

例えば、昨年、国民経済の多くの基本的な、強調しておくが、まさに民生部門がその生産高を減少させなかったばかりでなく、著しく増大させたのだ。住宅導入面積が、我が国の現代史において初めて一億平方メートルを超えた。

農業生産に関しても、昨年は二桁の伸びを示した。農業生産者に感謝して、敬意を表する。ロシアの農家では記録的な収穫を行った。一億トン以上の小麦を含む一億五〇〇〇万トン以上の穀物を収穫したのだ。農業年度末、つまり二〇二三年六月三〇日までに、穀物輸出の総量を五五億六〇〇〇万トン〔原文ママ。正しくは五五六〇万トンと思われる〕にすることができるだろう。

一〇～一五年前でも、これは単におとぎ話のような、絶対に実現不可能な計画のように思えた。覚えておられるなら――きっとここにいる何人かは覚えておられるだろう、前副首相兼農相がここにおられるが――少し前までは、毎年、全体で六〇〇〇万トンの収穫だったが、今では輸出可能量だけで五五〇〇万トンから六〇〇〇万トンになるのだ。私は、他の分野でも同様の躍進を遂げるあらゆる可能性があると確信している。

我々は労働市場の落ち込みを許さず、それどころか、現在の状況下で失業率を下げることに成功した。今日、あらゆる面でこのような大きな困難な状況にある中で、ロシアの労働市場は以前より状態がよくなっている。パンデミック以前の失業率は四・七パーセントだったが、現在は三・七パーセントだと思う。ミハイル・ウラジーミロヴィチ〔ミシュスチン首相〕、どれだけだろうか――三・七パーセント？　三・七パーセントは歴史的な低水準だ。

繰り返しになるが、ロシア経済は、発生したリスクを克服した――克服したのである。そう、これらのリスクの多くは前もって計算することは不可能だった。問題が発生すると、文字どおりその場で対応せざるを得なかった。政府レベルでも企業レベルでも、可能な限り迅速に意思決定がなされた。ここでは、民間主導で、中小企業の役割が非常に大きかったことも指摘しておく。過度な行政規制や国家に比重が偏った経済を避けることができたのだ。

他に重要なことは？　昨年、経済の落ち込みが記録されたのは第２四半期だけで、早くも第３四半期と第４四半期は成長を記録した。上昇である。ロシアは事実上、経済成長の新たなサイクルに入った。専門家らによれば、そのモデルと構造は質的に異なる性質を帯びてきているとのことだ。アジア太平洋地域を含む新しく有望な世界市場、原材料の国外への供給ではなく、高付加価値の商品の生産といったロシア自身の国内市場、科学、技術、人的資源の基盤が最優先なものになっている。これにより、あらゆる分野や領域でロシアの巨大な潜在能力を解放できる。

早ければ今年にも内需の堅調な伸びが予想される。ロシア企業がこの機会を利用して、生産を拡大し、最も需要のある製品を増産し、西側企業が撤退したあとに生じた、あるいは生じつつあるニッチを占めることができると確信している。

今日、我々は全体像を見て、物流、技術、金融、人材の面において、解決しなければならない構造的な問題を理解している。我々は近年、経済の構造を変える必要性について、絶えず、多くのことを語ってきた。そして今、こうした変化は非常に必要なものであり、状況を変えつつあり、この場合は、よりよい方向へ変えつつあるのだ。我々は、ロシアが着実に発展し続けるために、また、あらゆる外部からの圧力や脅威にもかかわらず、国家の安全と利益を信頼できる形で保証し、まさに主権的で独立した発展のために、何をしなければならないかを知っているのである。

我々の仕事の意義は、現状に適応することではないということを指摘し、強調しておきたい。戦略的な目標は、ロシア経済を新たなレベルへと導くことだ。今はすべてが変化しており、しかも非常に速いスピードで変化している。今は挑戦の時であると同時に、チャンスの時でもある。今、実際にそうなのであり、我々がどのように実行するかに、我々の将来の生活がかかっている。取り除く必要がある――強調しておきたいのだが――省庁間のあらゆる矛盾、形式、恨み、誤解、その他ナンセンスなものをすべて取り除く必要がある。すべては大義のため、すべては結果のため、ここをすべてが目指さなければならない。

ロシア企業や小さな家族経営の起業がうまくいくことは、すでに勝利である。現代的な工場や何キロもの新たな道路が開通すること、これも勝利だ。新しい学校や幼稚園も勝利だ。科学的な発見や技術も、もちろん勝利だ。全体の成功に対する個々の貢献が重要なのである。

国、地域、国内企業のパートナーシップはどのような分野に重点を置くべきだろうか。

まず一つ目。有望な対外経済関係を拡大し、新たな物流回廊を構築していく。すでにモスクワとカザンをつなぐ高速道路をエカテリンブルク、チェリャビンスク、チュメニまで、将来的にはイルクーツク、ウラジオストクまで延長し、カザフスタン、モンゴル、中国にアクセスすることが決定済みであり、東南アジアの市場との経済関係も大幅に拡大する。

黒海とアゾフ海の諸港の開発を行う。特に注力していくのは——日々この件に携わっている人々はご存じであり、すでに注力しているのではあるが——「南北国際輸送回廊」に注意を払っていく。すでに今年、喫水四・五メートル以上の船舶がヴォルガ～カスピ海航路を通過できるようになる。これにより、インド、イラン、パキスタン、中東諸国とのビジネス協力のための新たなルートが開かれることになる。我々は、この回廊の開発を進めていく。

我々の計画には、鉄道の東方面、シベリア鉄道とバイカル・アムール鉄道の近代化を加速し、北極海航路のポテンシャルを増大させることも入っている。これは単に貨物輸送量を増やすというだけのことでなく、シベリア、北極圏、極東を発展させるという国家的課題を解決するための基礎となる。

地域インフラ、通信、テレコミュニケーション、道路網も含むインフラ整備も強力に推進される。すでに来年、二〇二四年には、ロシアの大都市圏の八五％以上、地方道および自治体間道路の半数以上を適正な状態になるようにする。我々はこれを実施すると確信している。

また、無料ガス化プログラムも継続する。幼稚園や学校、診療所、病院、〔農村部の〕医療施設などの社会施設にもこのプログラムの適用を広げることがすでに決定している。今後は、市民にとっても、このプログラムは恒常的に実施されることになり、いつでもガス供給網への接続を申し込むことができるようになる。

今年から、住宅と公共事業部門の建設と修理のための大規模なプログラムが開始される。今後一〇年間で、この分野に少なくとも四兆五〇〇〇億ルーブルを投資する予定である。我々は、これが市民にとっていかに重要であるか、この分野がいかになおざりにされているか知っている。働く必要があるし、これを実施していく。このプログラムがすぐに力強くスタートを切ることが重要なため、政府には安定的な資金供給を行うことを要請する。

第二に、ロシア経済の技術力を大幅に拡大し、国内の産業力の成長を確保しなければならない。

産業担保融資の利用プログラムが始動したが、今後は生産拠点の購入だけでなく、その建設や近代化にも優遇融資が受けられるようになる。このような融資の額は何度も議論され、増やしたいと考えていた。大きな額であり、第一段階としては、最大五億ルーブルというかなりよい額である。三パーセントまたは五パーセントの利率で最長七年間供与する。非常によいプログラムだと思うので、活用すべきである。

また、今年から産業クラスターに関する新たな業務制度が導入され、入居企業の税務上、行政上の負担が軽減され、市場に出たばかりの革新的な製品の需要は、長期受注と国からの補助金で支えられる。

試算によれば、これらの施策により、二〇三〇年までに一〇兆ルーブルを超える、必要なプロジェクトの実施を行えるはずであり、早ければ今年中に約二兆ルーブルの投資が見込まれている。これは単なる予測ではなく、明確に設定された目標であることを指摘しておく。

だからこそ、政府には、これらのプロジェクトの立ち上げを可能な限り早め、経済界を支援し、税制上の優遇措置を含めた体系的な支援策を提供することを求める。財政ブロック〔財政に関わる省庁〕があらゆる優遇措置の供与を好まないことはわかっているし、税制は一貫性があるべきで、どんな抜け穴や例外もあってはならないという考えも部分的には支持している。しかし、この場合は創造的なアプローチが必要だ。

例えば、今年からロシア企業は、国産の先進的なＩＴソリューションや人工知能を使った製品を購入した場合、利潤税の支払いを減らすことができる。しかも、これらの経費は実費の一・五倍という高い係数で計算される。つまり、今、申し上げたような製品を購入するために企業が投資した金額一ルーブルに対して、一・五ルーブルの税額控除があるのだ。

このような税制優遇措置を、ロシアのハイテク機器購入全般に適用することを提案する。そのような機器が使用される産業別のリストと、優遇措置供与の手続きについての案を政府に提出するよう要請する。これは、経済を活性化させるための優れた解決策である。

第三に、経済成長の拡大のためのアジェンダの中で最も重要な問題は、投資のための新たな資金源であり、このことについても多く話してきた。

強力な国際収支のおかげで、ロシアは外国に借金をし、頭を下げ、金をせびり、それから何を、どのくらい、いくらで、どういう条件で返すかについて長く話し合う必要がない。

国内の銀行は、安定して、着実に活動しており、しっかりとした大きな貯えを有している。軍事作戦などなかった二〇二一年よりも大きな伸びだった。二〇二一年の伸びは一一・七パーセントで、今は一四パーセントなのだ。住宅ローンのポートフォリオも二〇・四パーセント増大した。拡大が進んでいるのだ。

昨年の実績として、銀行部門は全体としては利益を上げた。たしかに、それまでの年ほど大きくはなかったが、それでも相当の規模であり、二〇三〇億ルーブルの利益だった。これは、ロシアの金融セクターの安定性を示すものでもある。

推計によれば、ロシアのインフレ率は、早ければ今年の第2四半期には、目標準値の四パーセントに近づく。EUのいくつかの国ではすでに一二パーセント、一七パーセント、二〇パーセントのところもあることを思い出してほしい。我が国では四パーセントか五パーセント――中央銀行と財務省の間で分析中だが――目標値に近づくだろう。インフレ率や他のマクロ経済のパラメーターがポジティブな動きを見せていることを考えれば、経済における長期貸出金利を引き下げるための客観的な条件は整いつつあり、実体部門への融資はより利用しやすくなるはずである。

国民の長期貯蓄は世界のどこでも重要な投資資源であり、我が国も、その投資部門への流入を促進することが必要だ。政府に対し、この四月にも、対応する国家プログラムを立ち上げるための法案を下院へ提出するのを早めるよう要請する。

市民が自国内で投資し、稼ぐためのさらなる条件を創出することが重要だ。同時に、市民の任意年金貯蓄への資金投入の安全性を保証することが必要である。この場合、銀行の預金保険制度と同じような仕組みであるべきだ。一四〇万ルーブルまでの預金は、国によって付保されており、その返却が保証されていることを思い出してほしい。任意年金貯蓄の額はその二倍の二八〇万ルーブルに設定することを提案する。また、他の長期投資商品への市民の投資も、金融ブローカーの破産の可能性に関するものも含めて、保護する必要がある。

急成長している企業やハイテク企業に資本を呼び

込むには、別の解決策が必要だ。そのために、企業と株式購入者の双方に対する税制上の優遇措置を含む、国内株式市場での株式公開の支援を検討していく。

経済主権の最も重要な要素は、自由な企業活動である。繰り返しになるが、ロシアを封じ込めようとする外部からの試みがある中、急速に変化する状況にうまく適応し、困難な環境の中で経済成長を確保することができることを示したのは民間企業なのだ。それゆえ、国に益をもたらすことを目指しているビジネス・イニシアティブはすべて支援されるべきである。

この点において、いわゆる経済を構成する事柄に関して、刑法のいくつかの規定を見直すという問題を再検討することは正しいと思う。もちろん、国家はこの分野で何が起こっているかをコントロールしなければならないし、この分野での無制約状態は許されないが、やり過ぎる必要はない。私が述べた非犯罪化に向けてより積極的に動くことが必要だ。政府が、議会、法執行機関、業界団体とともに、この作業を一貫して徹底的に実行することを期待している。

同時に、政府には、国会と緊密に連絡を取り合いながら、経済の脱オフショア化のプロセスを加速するための追加的な措置を提案することを求める。ビジネス、とりわけ主要な部門や産業においては、ロシアの管轄下で活動すべきである。これは基本的な原則である。

この点に関して、親愛なる同僚の皆さん、余談ではあるがちょっとした哲学的な話をしよう。特に言いたいことは以下のことである。

後期のソ連経済が、どういう問題や不均衡に直面したか、我々は覚えている。それゆえ、ソヴィエト連邦、その計画システムの崩壊後、一九九〇年代の混乱の中で、国は、市場関係や私的所有に基づく経済をつくりはじめたのだ。全体としては、すべて正しかった。そこでは多くの点で、西側諸国が手本となった。ご存じのように、西側の顧問が掃いて捨てるほどいて、彼らのモデルを単に模倣すれば十分だと思われた。だが、覚えているが、彼らは互いに議論していた。ロシア経済をどう発展させるかについて、ヨーロッパ人とアメリカ人は議論していたのだ。

その結果、何が起こったか。我々の国家経済は、主に原材料の供給源として西側を指向するようになった。もちろん、いろいろなニュアンスはあるが、総じていえば、原料の供給源としてである。その理由も明らかだ。新しく形成されつつあったロシアのビジネスは、当然のことながら、他のすべての国のすべてのビジネスと同様に、利益を上げること、それも手っ取り早く簡単に利益を上げることを何より目指していた。そして、何によって利益はもたらされたのか。石油、ガス、金属、木材など、まさに資源の売却によってである。

長期的な投資を行おうと考える人はほとんどいなかった。そんなチャンスがなかったのかもしれない。だから、他のより複雑な経済分野はほとんど発展しなかった。そして、この負の流れを断ち切るために、どの政府でも――誰もがよくわかっていたのだ――我々は何年もかけて、税制の調整と大規模な公共投資を行った。

我々はロシアで、実際の目に見える変化を成し遂げた。たしかに成果はあったのだが、どういう状況で我々のビジネス、特に大企業が発展していったかを考慮する必要がある。技術は西側にあり、安価な資金調達源と有利な市場は西側にあり、当然、資本もそこに流れはじめた。残念ながら、ここ、我々のロシアでは、資本は、生産を拡大し設備や技術を購入し新たな雇用を生み出す代わりに、国外の邸宅やヨット、高級不動産の取得に使われた。

もちろんその後、発展のためにも投資は行われはじめたのだが、最初の段階では、すべてが、ほとんどこうした目的のために、つまり消費のために、広範囲にわたって使われてしまった。そして、富のあるところに、当然子どもたちがいて、彼らの教育、生活、将来がある。また、このような状況の進展を国家が監視し、阻止することは非常に困難であり、事実上、不可能だった。我々も、自由市場のパラダイムの中に生きていたのだ。

資本にとって安全な逃避場所、避難場所としての西側のイメージは、幻であり偽物だったことが、最近の出来事ではっきりと示された。ロシアを収入源としてしか見ず、主に外国で生活することを計画していた人たちは、多くのものを失った。彼らはそこで、合法的に稼いだ資金でさえただ奪われ、取り上げられたのである。

かつて、冗談で――多くの人は覚えているだろう――ロシアのビジネスマンに言ったことがある。お金を守るために、裁判所や西側の役人の執務室を走り回り、埃を飲み込むのに疲れ果てるだろうと。そして、まさにそのとおりになったのだ。

いいですか、今から非常に重要な、単純だが非常に重要なことをつけ加える。この国の普通の市民は本当に誰も、外国の銀行でお金を失った人たちに同情せず、ヨットや海外の宮殿などを失った人たちに同情はせず、台所の会話では、人々はおそらく、国中で設立された企業が二束三文で売られた九〇年代の民営化についても、いわゆる新興エリートらの見せかけの、これ見よがしの贅沢についても思い出していただろう。

他に根本的に重要なことは何だろうか。ソヴィエト連邦の崩壊以来ずっと、西側諸国はポストソヴィエトの国家群を焼き尽くし、最も重要なことだが、我々の歴史的国家空間の最大の存続部分であるロシアにとどめをさそうとする試みをやめなかったのだ。彼らは国際テロリストを奨励し、我々にけしかけ、国境沿いの地域紛争を誘発し、我々の利益を無視し、経済的抑止力と弾圧手段を用いた。

そして、ロシアの大企業は、なんのためにこうしたことを言っているかといえば、戦略的事業の遂行、何千もの労働者集団に責任があり、多くの地域の社会・経済状況、つまりは物事の状況を決定しているからなのだ。そのような企業の経営者やオーナーたちが、ロシアに対して非友好的政策を行っている政府に依存している場合、それは我々にとって大きな脅威、危機、つまり我が国への危険となるのだ。そのような状況を容認することはできないのである。

たしかに、各個人には選択の機会がある。口座を凍結されたまま、差し押さえられた邸宅で余生を送りたい人もいるだろうし、魅力的に見える西側の首都やリゾート地、外国の温暖な地に居場所を見つけようとする人もいるだろう。それはどんな人にもある権利であり、我々はそういうことさえ奪うつもりはない。しかし、西側にとって、このような人々は、これまでも、そしてこれからも、何をしてもいい二級のよそ者であり、金やコネ、買った伯爵や貴族、市長の肩書きもまったく役に立たないことをもはや理解すべき時がきているのだ。彼らは理解しなければならない。そこでは彼らは二級の存在なのである。

しかし、もう一つの選択肢もある。祖国とともにあり、同胞のために働き、新しい企業を立ち上げるだけでなく、自身の周りの生活、都市や村、自身の国の生活を変えていくという選択肢である。そして、そのような事業家、ビジネスにおける真の闘士がロシアにはたくさんいる。彼らにこそ、祖国の未来がかかっているのだ。繁栄の源も未来も、ここ、母国、ロシアにのみあるということを、誰もが理解しなければならない。

そしてそこから、我々は世界に自らを閉ざすことなく、自らのあらゆる競争優位性を活かした堅固で自立的な経済を実際に創り上げていくのだ。ロシアの資本、ここで得られた資金は、国のために、国の発展のために動いていくべきだ。現在、我々には、インフラ、製造業、国内観光業の発展など、多くの分野で大きな展望が開かれている。

西側のオオカミのような手口にぶつかった人たちに聞いてもらいたい。手を広げて走り回り、ひれ伏して、自身のお金を返してもらおうと頼むのは無意味であり、そして、とりわけ誰を相手にしているのかよくわかっている今となっては、無駄なことなのだ。今、過去にしがみついて、何かに勝訴しようとしたり、頼み込んで何かを得ようとしたりしても無駄なことだ。自身の人生を、自身の仕事を建て直すべきである。ましてや、あなた方は強い人たちだ。私は、ロシアのビジネスを代表している人たちに訴える。私はその人たちの多くを、困難な人生の学び舎《や》で経験を積んできた人たちを、個人的にも長年にわたって知っている。

新しいプロジェクトを立ち上げ、お金を稼ぎ、ロシアに投資し、企業や雇用に投資し、学校や大学、科学や医療、文化やスポーツを支援しよう。そうやって自身の資本を殖やし、未来の世代の人々から認められ、感謝されよう。国家や社会があなたを支持することはいうまでもない。

親愛なる同僚の皆さん！

ロシアは開かれた国であると同時に、独自の文明を持つ国である。この発言には、排他性や優位性への主張は一切なく、この文明は我々のものであるということが重要なのだ。それは我々の祖先から受け継いできたものであり、我々はそれを子孫のために維持し、さらに継承していかなければならない。

我々は、友人たち、そしてともに働くつもりのあるすべての人と協力関係を発展させ、その最良のものを採用していくが、何よりも我々自身の可能性、ロシア社会の創造的エネルギー、我々自身の伝統と価値観に頼っていく。

そしてここで、我々の国民の性格についてお話したい。彼らは常に、寛大さ、心の広さ、慈悲深さ、思いやりの心で際立っていた。ロシアという国は、こうした資質を余すところなく自らに反映している。我々は、友誼を結び、約束を守ることができ、誰も騙さず、困難な状況にある人をいつだって支え、困っている人を助けに行くことにためらいがない。

新型コロナウイルスが世界的に大流行した際、イタリアをはじめとするいくつかの欧州の国々や他の国々を、最も困難だった感染爆発の数週間に、事実上、最初に支援したのは我々だったことは誰もが記憶している。また、シリアやトルコで地震が起きた際に、我々がどのように支援に駆けつけたか、忘れていない。

まさにロシアの民《たみ》こそが、国の主権の基盤であり、権力の源泉である。我が国民の権利と自由は揺るぎないものであって、憲法によって保証されている。外からの挑戦や脅威があっても、我々はそこから退くことはない。

その関連で、今年〔二〇二三年〕九月の地方選挙と首長選挙〔統一地方選〕も、そして二〇二四年の大統領選挙も、法律を厳密に遵守し、すべての民主的、憲法上の手続きに沿って行われることを強調しておきたい。

選挙は常に、社会的・経済的問題の解決に向けたさまざまなアプローチである。同時に、主要な政治勢力は、最も重要なことにおいては団結し、統合されており、そして、我々全員にとって重要で基本的なことは、国民の安全と幸福、主権と国益である。

私は、あなた方の、このように責任感のある確固とした姿勢に感謝しており、そして、あなた方に、愛国者であり国家主義者であったピョートル・アルカディエヴィチ・ストルイピン〔一八六二〜一九一一。政治家。内政改革を強行〕の言葉を思い出していただきたい。その言葉は、一〇〇年以上前に国家議会（ドゥーマ）で発せられたものだが、今の時代と完全に響き合うものである。彼はこう発言したのだ。「ロシアを守るという大事においては、我々はみな力を合わせ、自身の努力、自身の義務、自身の権利をすり合わせなければならない。一つの歴史的に至高な権利、すなわちロシアが強くあるべきである権利を護るためである」と。

現在、前線にいるボランティアの中には、国家議会（下院）や地方議会の議員、地方自治体、都市、地区、農村といった各レベルの行政機関の人々が含まれている。すべての議会政党と主要な社会団体が、人道支援物資集めの活動に参加し、前線を支援している。

あらためて感謝する。この愛国的な姿勢に感謝する。

人々に最も近いレベルの公権力である地方自治体は、市民社会を強化し、日常的な問題を解決する上で非常に大きな役割を果たす。国家全体への信頼、市民の社会的福利、そして国全体の成功的発展への確信は、その働きに大きく依存している。

大統領府には、政府とともに、大・中・小の自治体における最良の運営チームとその実践を直接支援する手段の創設に関する提案を提出するよう要請する。

社会の自由な発展とは、自分自身や愛する人たち、そして国に対して責任を持つ覚悟を持つことである。このような資質は、子どものころ、家庭の中で、幼少期に基礎づけられる。そして、もちろん、教育制度や国の文化が、我々の共通の価値観や国のアイデンティティを強化するためにきわめて重要である。

国家は、大統領助成基金、文化イニシアチブ基金、インターネット開発研究所などの資源を活用して、現代アートと伝統芸術、リアリズムとアバンギャルド、古典と革新など、あらゆる形態の創造的探求を支援していく。重要なのは、ジャンルや流行ではない。文化には、善、美、調和に奉仕し、時には非常に複雑で矛盾した人生の問題を考察し、これが最も重要なことだが、社会を破壊するのではなく、人間の最高の資質を目覚めさせるという使命があるのだ。

ドンバスとノヴォロシアの平和な生活の再建には、文化面での発展が優先事項の一つになるだろう。ここで求められるのは、人々に過去と現在の相互の結びつきを感じさせ、未来につなげ、何世紀も続く偉大なロシアの一体となった文化的、歴史的、教育的空間に属していることを実感させる機会を与えること、現有する博物館や建物などを含めた何百もの文化施設を再建、修理、その設備を整えることである。

我々は、若者がロシア、その偉大な過去、我々の文化や伝統についてできるだけ多く学べるように、何よりもまず人文科学、つまり歴史、社会学、文学、地理に関して、学校や大学の教育課程の質を、教師、学者、専門家の参加も得て、本格的に向上させなければならない。

ロシアには、科学、文化、社会分野、ビジネス、国家運営の分野で国に役立つことのために働く準備ができている、非常に優れた才能のある若い世代がいる。このような人たちのために、コンテスト「ロシアのリーダー」や、現在、連邦の新たな構成主体〔ロシアに併合された四州のこと〕で行われているコンテスト「再生のリーダー」が、専門分野で成長するための新たな地平を切り開くのである。

　これらのプロジェクトの受賞者やファイナリストの中には、戦闘部隊に志願した人々もおり、その多くが現在、解放された地域で経済・社会生活の整備に貢献しながら、プロフェッショナルとして決意と勇気をもって活動していることを指摘しておく。

　総じて、戦闘の学び舎に代わるものはない。人々はそこで違う人間となって〔生まれ変わって〕おり、どこで働くにしても、祖国のために命を捧げる心構えができているのだ。

　ドンバスやノヴォロシアで生まれ育ち、その地のために戦った人たちが、これらの地域を発展させる全体的な事業において、基本となる柱となるだろうし、柱となるべきであると強調したい。私は彼らに向かって、「ロシアはあなたたちを頼りにしている」と言いたい。

　我が国が直面している大きな課題を考えると、人材育成制度や科学技術政策のあり方を本格的に刷新する必要がある。

　先日の科学教育評議会では、優先順位を明確に定め、運輸、エネルギー、住宅・公共施設制度、医療、農業、工業など、国の存続にとってきわめて重要であり、ロシアに優れた基礎がある分野でまず、具体的かつ根本的に重要な科学的成果を生み出すことに資源を集中する必要があることについて我々は話し合った。

　新しい技術は、ほとんどの場合、基礎研究、以前に行われた基礎研究に基づいている。強調しておきたいのだが、この分野では、文化と同様に、科学者や研究者に、創造のために、大きな自由を与えるべきである。明日の成果を求めるプロクラステスのベッドに皆を押し込めるわけにはいかない。基礎科学は独自の法則で動いているのだ。

　野心的な課題を設定し、それを解決することは、若い人たちが科学の道に進む強力な動機づけとなり、自分がリーダーであること、世界一であることを証明する機会となることをつけ加えておく。そして、我々の科学チームには誇るべきものがあるのだ。

　昨年一二月、私は若い研究者たちと会った。彼らが挙げた質問の一つに、住居に関するものがあった。

俗事ではあるが、重要なことだ。ロシアではすでに若手研究者のための住居証明書が機能している。昨年、この目的のために一〇億ルーブルが追加で割り当てられた。私は政府に対し、このプログラムを拡大するための準備金を確定することを指示する。

ここ数年、中等職業教育の名声と権威は著しく高まっている。専門学校と単科大学（カレッジ）の卒業生に対する需要はひとえに大きく、巨大なものである。おわかりだろうか、失業率が三・七パーセントという歴史的な水準まで下がったということは、つまりは、人々が働いており、新たな人手が必要だということなのだ。

教育と生産の拠点（クラスター）を構築し、訓練基盤を刷新し、企業や雇用主が専門学校や単科大学（カレッジ）と緊密に連絡を取り合いながら、経済のニーズに基づいた教育プログラムを形成するプロジェクト「プロフェッショナリズム」を大幅に拡大しなければならないと考えている。そして無論、実際の複雑な生産現場で経験を積んだ指導者がこの分野領域に来ることが非常に重要である。

課題は具体的である。今後五年間で、ロシアの安全保障、主権、競争力の鍵となるエレクトロニクス、ロボット産業、機械製造、冶金、製薬、農業・軍産複合体、建設、運輸、原子力などの産業向けに約一〇〇万人の高技能労働者を育成することである。

最後に、非常に重要な問題として、高等教育制度がある。経済、社会部門、そして我々の生活のあらゆる領域において、専門家に新たに求められていることを考えれば、ここでも大きな変化が必要である。ソ連の教育制度の最良のものと、ここ数十年の経験を統合することが必要だ。

この観点から、次のような提案がなされている。

第一に、高等教育を受けた専門家の基礎訓練を我が国の伝統的なものに戻すことである。修業年限は四〜六年〔編成〕にできる。同じ一つの職業、一つの大学の中でも、特定の職業、産業分野、労働市場の要請に応じて、訓練期間の異なるプログラムの提供が可能である。

第二に、職業がさらなる訓練や特殊な専門性を必要とする場合、若者は修士課程（マギストラトゥーラ）や医局内研修（オルディナトゥーラ）で教育を続けることができる。

第三に、大学院（アスピラントゥーラ）は、専門教育の個別のレベルとして分離させ、その課題は、科学や教育活動に携わる人材を育成することとする。

新制度への移行は円滑に行わなければならないことを強調しておきたい。政府は、国会議員とともに、教育や労働市場などに関する法律を数多く改正する必要がある。このことについてはあらゆることを考え抜き、細部に至るまで詰めなければならない。若者たち、我々の市民は、質の高い教育、雇用、専門性を高めるための新たな機会を得るべきである。繰り返すが、〔これは〕機会であって、問題ではない。

そして、強調したいのは、現在学んでいる学生たちは、現行のプログラムのもとで教育を続けることができるということである。そして、現行のプログラムに基づいて学士課程（バカラブリアート）、専門修士課程（スペツァリテート）、修士課程（マギストラトゥーラ）をすでに修了した市民の教育レベルと高等教育修了証は、見直されることはない。彼らはその権利を失ってはならない。私は、全ロシア人民戦線が、高等教育の変更に関するすべての問題を、その特別な管理下に置くよう要請する。

今年は、ロシアでは「教師と指導者の年」と宣言されている。教師、先生というものは、国の未来を築くことに直接関わっている。親が子どもたちに教師への感謝をもっと語り、教師が親への敬意と愛についてもっと語るように、教師の社会的意義を高めていくことが重要である。このことを常に忘れないようにしよう。

ここで、子ども時代とロシアの家庭への支援について特に言及しておく。

ここ数年、ロシアでは、いわゆる子ども予算、つまり家庭を支援するための歳出が、数パーセントではなく、何倍も伸びていることを指摘しておく。国の主要な財政文書である予算、予算法の中で最も急速に拡大している項目である。このように我が国の優先事項への理解が共有され統一されていることに対し、国会議員や政府に感謝したいと思う。

二月一日から、ロシアの母親資本〔育児手当〕は再び、我々も述べたように、過去一年間の実質インフレ率、つまり一一・九パーセントで物価スライド（インデクセーション）されることになった。この支援措置を受ける権利は今や、連邦の新たな構成主体〔統合四州〕に住むロシア市民にもある。ドネツクとルガンスクの両人民共和国、ザポロジエ、ヘルソン両州で、二〇〇七年以降、つまりロシア全土でこのプログラムの実施が始まってから子どもが生まれた家庭に、この母親資本を付与することを提案する。以前にクリミアとセヴァストポリの住民に対しても、同じ決定を行ったことを思い出していただきたい。

我々は、ロシアの家族の福祉を向上させることを目的とした大規模なプログラムを引き続き実施していく。

政府と連邦構成主体には、ロシアの実質賃金の目に見える、はっきりとした伸びを確保するという具体的な任務が課されていることを強調しておく。

重要な指標、ここで基準点となるのは、我々がよく知っているように最低賃金である。昨年、最低賃金は二度にわたって引き上げられ、ほぼ二〇パーセント上昇した。

今後も、インフレ率や賃金の伸びを上回るペースで最低賃金を引き上げていく。今年に入ってから、最低賃金は六・三パーセントのインデクセーションとなった。

来年一月一日には、予定されている引き上げに加え、さらに一〇パーセントの引き上げを提案する。従って、最低賃金は一八・五パーセント増の一九二四二ルーブルとなる。

ここで、ロシアの家庭のためになる税制の調整についていえば、昨年から、子どもが二人以上いる家庭で、新しく、より広いアパートや家を購入すると決めた場合、住居の売却にかかる税金が免除されるようになった。

家庭の予算が増え、家族が最も重要で緊急な問題を解決できるように、このような手法をもっと積極的に使う必要がある。需要があることが証明されたのだから。

社会的な税額控除を、子どもの教育費については、現在の年間五万ルーブルから一一万ルーブルに、自身の教育費、治療費や医薬品の購入費については、一二万ルーブルから一五万ルーブルに引き上げることを提案する。国は、これらの増額分の一三パーセントを、国民が納めた所得税から還付する。

もちろん、控除額を引き上げるだけでなく、市民に負担をかけず、積極的かつ迅速に、遠隔地からでも控除を受けられるように、その必要性を高めることも必要である。

さらに、ロシアの家庭の幸福や生活の質、ひいては人口動態は、社会分野の状況に直接左右される。

連邦の多くの構成主体が、社会インフラ、文化・スポーツ施設の刷新、老朽住宅からの移住、農村地域の総合的な開発を大幅に加速させる用意があることは知っている。こうした意欲が支持されることはいうまでもない。

ここでは以下のようなメカニズムを活用する。二〇二四年度の連邦予算に計上されている国家プロジェクトのための資金を、各地方は無利子の国庫融資として、今すぐに受け取り、利用できる。そして、来年の四月には自動的に償還されるのだ。これはよい手段である。

この問題については、運営面で恒常的なコントロールを行い、国家評議会の「経済と金融」分野での委員会に、この業務へ参加してもらうことを要請する。

同時に、突貫作業は、量を追い求めるような、ましてや、建設中の施設の品質を犠牲にして行うようなことは、必要ない。追加の財源は高い効率と結果を伴って、使われるべきである。

このことは、ロシアで二〇二一年に開始された大規模プログラムである一次医療（プライマリ・ケア）の近代化にとって特に重要である。何度もお話ししていることだが、主となる基準は報告書の数字ではなく、医療へのアクセスと質における具体的で目に見える、はっきりとした変化であることを、政府や地域のリーダーたちは忘れないようお願いする。

また、政府に対し、診断装置一式を搭載した救急車の調達に関する規制の枠組みを調整するよう指示する。これにより、企業や学校、施設、遠隔地の住宅地で、健康診断や予防検査を直接実施することが可能になる。

我々は、学校の改修に関する大規模なプログラムを開始した。今年末までに、合計でおよそ三五〇〇棟の校舎が改築される予定である。そのほとんどが農村部にあり、これは意図的にやったことであることを指摘しておく。今年は、ドネツク、ルガンスクの両人民共和国、ヘルソン、ザポロジエの両州でも同様の作業が行われている。意義があり、目に見えるものなので、人々は何が起こっているのかを実際に見ている。これは非常によいことである。

二〇二五年からは、幼稚園、学校、専門学校校、単科大学の改修と建設のための連邦資金が、原則的に、建物が放置されたままの状態になることを避けるために、定期的かつ計画的に各地域へ割り当てられる。

さらに、二〇一九年から二〇二四年の期間で、一三〇〇校以上の学校を新設するという意義のある目標も我々は設定した。そのうち八五〇校はすでに開校した。さらに四〇〇校が今年に導入される計画である。各地域に対し、これらの計画を守るよう、きちんと守るよう要請する。このプログラムに対する二〇一九年から二〇二四年までの連邦予算からの拠出額は、ほぼ四九〇〇億ルーブルである。我々はこれらの支出を減らすことはなく、すべて維持する。

今年、我々はインフラ予算融資額を増やした。強調したいのは、各地域の交通、公共事業などのインフラ整備に、以前の計画されたものではなく、追加で二五〇〇億ルーブルを割り当てるということである。

政府に対して、これらの資金に加えて、さらに五〇〇〇億ルーブルを割り当てるよう指示する。その資金は今年、連邦の各構成主体における公共交通機関を最新の技術で刷新するために振り向けられる。ここでは、小さな町や農村部に特に注力するよう要請する。

我々はすでに、大規模な産業中心地の環境状況を改善することが目的であるプロジェクト「清浄な空気」を二〇三〇年まで延長することを決定している。有害な排出物を大幅に削減するという課題が依然としてあることを、鉱工業企業や各地域や地方自治体も注視してほしい。

廃棄物処理分野の改革が順調に進んでいることを付言しておく。クローズド・サイクル（循環型）経済へ移行するため、リサイクルと分別の能力を高めていく。優先すべきことは、古くなったゴミ埋立地や有害物質が蓄積している危険施設の処理である。政府には、地方とともに、現在のプログラム終了後に処分される、有害物質が蓄積した施設のリストを今すぐ作成するよう要請する。

また、バイカル川やヴォルガ川などユニークな水域の再生事業を継続し、中期的にはドン川、カマ川、イルティッシュ川、ウラル川、テレク川、ヴォルホフ川、ネヴァ川、イルメン湖などの河川にもこの事業を拡大する。中・小河川についても忘れてはならない。政府のあらゆるレベルに対して、このことに注意を払うよう求める。

以前に与えた指示に従い、特別自然保護区域の観光開発に関する法案も作成された。先日、政府の同僚とこの法案について協議した。この法律によって、何をどこで行うことが可能で、何が建設できないのか、総じてエコツーリズム産業の原則を明確に定義しなければならない。これは我が国にとって非常に重要な問題である。この法案の審議を早めるよう、下院に要請する。

さて、ここで、我々の周りで起きていることについて、もう少し述べたい。

親愛なる同僚の皆さん、もう一つのテーマに注視したい。

今年の二月はじめ、北大西洋条約機構〔NATO〕から、ロシアに対して、核防衛施設への査察を認めることも含め、戦略兵器削減条約の遵守に立ち戻るよう、事実上、彼らからのロシアへの要求である声明が出された。しかし、これを何と呼べばいいのかさえわからない。不条理劇場のようなものである。

キエフ政権が我々の戦略的航空基地を攻撃しようとしたことに、西側諸国が直接的に関与していることはわかっている。この目的のために使われたドローンは、NATOの専門家の協力のもと、装備され、アップグレードされた。そして今、彼らは我々の核防衛施設〔原子力発電所〕の検査も望んでいる。対立している現状では、これは単なるナンセンスにしか聞こえない。

しかも、特に指摘しておくが、この条約では、我々は本格的な査察を行うことができないのである。こうした施設の査察を何度も申し入れたが、返事がないままか、形式的な理由で拒否されるかで、相手側でのきちんとした検証ができないのだ。

強調したいのは、アメリカとNATOは、ロシアに戦略的敗北を与えることが自分たちの目的だと明言していることだ。そして、そんなことを述べたあとで、何事もなかったかのように、最新のものを含む我々の防衛施設を見て回るつもりなのだろうか。例えば、一週間前、私は、新たな地上型戦略コンプレクス〔ミサイル〕を戦闘任務に就かせるという大統領令に署名した。彼らはそこにも鼻を突っ込むつもりなのか。我々が彼らをあっさり受け入れるとでも思っているのか。

共同声明を発表することで、NATOは事実上、戦略兵器削減条約の当事国になるための宣言をしたことになる。いいだろう、我々はこれに同意する。しかも、かなり前からこの問題を提起する機は熟していた。なぜなら、指摘しておくが、NATOはアメリカという一つの核大国で成り立っているわけではなく、イギリスとフランスも核兵器を保有し、改良と開発を続けており、それらは同じく、我々に対しても向けられているからだ。それらは同じくロシアに対して向けられているのである。これらの国の指導者らによる最近の声明は、それを裏づけるものでしかない。聞いてみてほしい。

我々は、このことを考慮しないわけにはいかない。とりわけ、今日においては、無視できない。最初の戦略兵器削減条約がもともと、一九九一年にソ連とアメリカによって、緊張緩和と相互信頼の強化という根本的に異なる状況下で締結されたことを無視できないのと同じである。その後、我々の関係は、ロシアとアメリカがもはや互いを敵とみなしていないと宣言するレベルにまで達した。素晴らしい。すべてが非常に良好だった。

二〇一〇年に発効した条約には、安全保障の不可分性、戦略的攻撃兵器と防御兵器の直接的な関連性についての重要な条項が含まれている。こうしたすべてのことはとうの昔に忘れ去られている。アメリカは弾道弾迎撃ミサイル制限条約（ABM条約）を脱退し、ご存知のように、すべては過去のものとなってしまった。非常に重要なことだが、我々の関係は崩壊したのであり、これはひとえにアメリカの「功績」なのである。

まさに彼らなのだ。ソ連崩壊後、第二次世界大戦の結果を見直し、一人の主人、一人の覇者しか存在しないアメリカ流の世界を築こうとしたのは、まさに彼らなのである。そのために、彼らは、ヤルタとポツダムの両方の遺産を消し去るべく、第二次世界大戦後に築かれた世界秩序の基盤をすべて乱暴に破壊しはじめた。形成された世界秩序を少しずつ修正しはじめ、安全保障と軍備管理のシステムを解体し、世界中で一連の戦争を計画し、実行したのである。

そして、繰り返すが、第二次世界大戦後の国際関係の構造を壊すという、たった一つの目的のために行われたのだ。これは言葉の綾ではない。実際に、生活の中で、すべてが起こっているのだ。ソ連が崩壊したあと、彼らは現代のロシアの利益や他の国々の利益も考慮することなく、自身の世界支配を永久に固定化しようとしているのである。

もちろん、一九四五年以降、世界の状況は変化している。発展と影響力の新たな中心が形成され、急速に発展しつつある。これは自然で客観的なプロセスであり、無視することはできない。しかし、アメリカが自国のためだけに、自国の自己中心的な利益のためだけに、世界秩序を再構築しはじめたことは容認できない。

今、彼らはＮＡＴＯの代表を通してシグナルを送っており、事実上、我々に最後通牒を突きつけているのだ。あなた方、ロシアは、戦略兵器削減条約（ＳＴＡＲＴ条約）を含め、合意したことを逆らわずに実行しなさい、そして、我々は、したいと思ったことをしていく。問題含みのＳＴＡＲＴ条約と、例えばウクライナ紛争など西側諸国による我が国への敵対行為とは何の関係もなく、我が国に戦略的敗北を与えたいという公然たる宣言などないといわんばかりである。これは偽善と皮肉の極みというか、愚かさの極みというべきか。しかし、彼らを愚か者とは呼べない。結局のところ、彼らは馬鹿な人々ではない。彼らは戦略的に我々を打ち負かそうと考え、我々の核施設に入り込もうとしている。

このことに関して、今日、ロシアは戦略兵器削減条約への参加を停止すると表明せざるを得ない。繰り返すが、参加を停止するのであって、条約から脱退するのではない。とはいえ、この問題の議論に戻る前にまず、フランスやイギリスなどのＮＡＴＯ加盟国が要求しているのが何であるのか、彼らの戦略兵器、つまりＮＡＴＯ全体の攻撃力をどう見るのか、我々自身が理解しなければならない。

彼らは今、声明を出したが、それは実質的にこのプロセスへの参加を申し出ているのだ。まあ、結構なことだ。どうぞ、我々は反対しない。ただし、再びみんなに嘘をつき、平和とデタントの擁護者を装おうとする必要はない。アメリカの核弾頭は種類によっては戦闘に使える保証期限が切れていることも我々は知っている。このため、ワシントンの一部の人々が、アメリカが新しいタイプの核弾頭を開発していることなどを踏まえて、核兵器の発射実験の可能性についてすでに考えているという事実も正確に知っている。そのような情報をつかんでいるのだ。

このような状況下では、ロシア国防省と「ロスアトム」〔ロシアの国営原子力企業〕は、ロシアの核兵器実験の準備を確実に行わなければならない。もちろん、我々が最初にやるわけではないが、アメリカが実験を行うなら、我々も行う。世界の戦略的均衡が破壊されるかもしれないという危険な幻想を、誰も抱いてはならない。

親愛なる同僚の皆さん！　親愛なるロシア国民の皆さん！

今日、我々は複雑で険しい道をともに歩み、あらゆる困難もともに乗り越えている。それ以外にはあり得ない。なぜなら、我々は偉大な先祖を手本に育てられ、代々受け継がれてきたその遺訓にふさわしい者であらねばならないからだ。我々は、祖国への献身、意志、我々の団結のおかげで、前進するのみである。

この団結は、文字どおり、特別軍事作戦の最初の日から発揮された。何百人もの志願者、我が国のすべての民族の代表が徴兵事務所にやってきて、ドンバスの守護者らとともに、父祖の地、祖国、真実と正義のために戦うことを決意したのだ。我々の多民族国家のあらゆる地域から集まった兵士たちが、最前線で肩を並べて戦っている。彼らの祈りはさまざまな言語で語られているが、それらはすべて、勝利のため、戦友のため、祖国のためのものなのだ。

(拍手)

彼らの懸命な、戦場での仕事、武功はロシア全土で力強い共鳴を見出している。人々は我々の戦士を支えており、傍観したくないし、傍観できないのだ。前線は今、何百万人もの国民の心を通っているのだ。彼らは医薬品、通信機器、輸送手段、防寒着、迷彩ネットなど、我々の兵士らの命を守るためのあらゆるものを前線に送っている。

子どもたちや学校の子どもたちからの手紙が、前線の兵士たちの心をどれほど暖かくしているかを知っている。彼らは、こうした手紙を最も大切なものとして戦場に持参している。なぜなら、子どもたちの真摯で純粋な思いは、兵士たちを涙が出るほど感動させ、自分たちが何のために戦い、誰を守っているのか、より強く意識させるからだ。

兵士とその家族、そして一般市民を取り囲むボランティアの心遣いも、彼らにとっては非常に大切なものだ。特別作戦の開始当初から、ボランティアの人々は勇敢かつ決然と行動してきた。砲火や銃撃の中、子どもや老人、困難に陥っている人々みなを地下室から連れ出し、食料、水、衣服を激戦地に届け、難民のための人道支援センターを立ち上げ、野戦病院や戦線で支援を行い、身を危険にさらし、人々を救い、今も救い続けているのだ。

人民戦線だけでも、イニシアチブ「勝利のためにすべてを！」をとおして、五〇億ルーブル以上を集めている。こうした寄付は絶え間なく続いている。ここでは、それぞれの人の貢献が等しく重要なのだ。大企業も起業家もそうだが、とりわけ感動的で励まされるのは、収入の少ない人が貯蓄や賃金、年金の一部を送金してくれている状況である。このような団結は、我々の戦士、戦地の一般市民、難民を助けるためのこうした団結は価値があるのだ。

このような心からの支援、団結、相互扶助に感謝する。これは誇張ではない。

ロシアはどんな困難にも立ち向かう。なぜなら、我々皆、一つの国、一つの偉大な、団結した国民だからだ。我々は、自身に確信があり、自分たちの力を信じている。真実は我々のもとにあるのだ。（拍手）

ありがとう。

出典：ロシア大統領府公式サイト
http://kremlin.ru/
翻訳：原口房枝・佐藤優

⑧ゼレンスキー大統領イギリス議会演説

ウォロディミル・ゼレンスキー

（二〇二二年三月八日）

議長！　首相！　政府と上院、下院の皆さん！

紳士淑女の皆さん！

連合王国〔イギリスのこと〕のすべての人々に私は訴える。イギリスのすべての人々に。偉大なる歴史を有した偉大なる民《たみ》に。あなた方に、同じく偉大なる国の市民として、大統領として訴える。大いなる夢と、大いなる戦いをもって。私は、我々の一三日間についてお話ししたい。我々が始めたわけでもなければ、望んでいたわけでもなかった激烈な戦争の一三日間について。それでも、我々は戦っている。

なぜなら、我々が有しているもの、我々のものであるウクライナを失いたくはないからだ。ナチスがあなた方の偉大なる国家への戦い、イギリスへの戦いを始める準備をしていたときに、あなた方が自身の島〔イギリス〕を失いたくなかったのと同様に。

我々の一三日間の防衛の日々。

一日目の朝四時、我々のところに巡航ミサイルが飛んできた。そのせいで、皆が——我々、子どもたち、皆が、生活を営んでいる人々が、ウクライナ全体が目を覚ました。そして、それ以来、眠っていない。我々は皆、武器をとって立ち上がったのだ。偉大なる軍となって。

二日目、空、陸、海での攻撃を撃退していた。そして、黒海のズメイヌィ島にいる英雄的な我らが国境警備隊は、戦争の終わり〔がどうなるのか〕について、皆に教えてくれた。結局のところ、敵がどこに向かっているのかについてだ。ロシアの船が、我々の仲間〔国境警備隊〕に武器を置くよう要求したとき、仲間は船に答えて……。この議会では口にできないほどの強烈な言葉で〔地獄に落ちろと答えた〕。そこに、我々は力を感じたのだ。占領者を最後まで追い詰めるであろう我らが民の大いなる力を。

三日目、ロシア軍は、あらかさまに、人々やその住居を攻撃した。大砲によって。空爆によって。そして、このことが決定的に我々に示すことになった。世界に知らしめることになった。誰が誰であるのかを。誰が大いなる人間で、誰が獣に過ぎないのかを。

四日目、早くも数十人の〔ロシアの〕捕虜を捕まえはじめたとき、我々が尊厳を失うことはなかった。彼らを虐待することはなかった。我々は彼らを人として遇したのだ。我々は、この恥ずべき戦争の四日目、人間としてとどまっていたのである。

五日目、我々に対するテロはもはや剝き出しになっていた。都市に対して、小さな町に対して。破壊された地区。爆弾、爆弾、爆弾、さらに爆弾、家、学校、病院への。これはジェノサイド（大量虐殺）だ。しかし、我々を打ち負かすことはできなかった。それは我々一人ひとりを結集させた。そして、我々に大いなる正義の感情をもたらした。

六日目、ロシアのミサイルはバビ・ヤールに落とされた。ここは、第二次世界大戦中、ナチスが一〇万人もの人々を処刑した場所だ。八〇年が経ち、ロシアは人々を再び殺したのだ。

七日目、彼らが教会さえ破壊することがわかった。爆弾によって！　またもや、ミサイルによって。我々が知る聖なるもの、偉大なるものを彼らは知らないのだ。

八日目、世界は、ロシアの戦車が原子力発電所に発砲しているのを目撃した。ヨーロッパで最大の原子力発電所を。そして、世界は、これがすべての人々に対するテロなのだということを理解した。これは巨大なテロなのだ。

九日目、我々は、NATO諸国の会談を聴いた。我々にとって望ましい結果ではなかった。勇気がないのだ。我々はそう感じた――私は誰も侮辱するつもりはないが――同盟〔NATOのこと〕は機能していないのだと感じた。空を封鎖することさえできないのだ。そのためには、ヨーロッパでは安全保障をゼロから構築する必要がある。

一〇日目、占領された都市では、武器を持たないウクライナ人たちが至るところで、大勢で、抗議していた。装甲車を素手で食い止めようとしながら。我々は、打ち破ることのできぬ者になったのだ。

一一日目、住宅地がすでに爆撃され、爆発で何もかもが破壊され、壊された小児がん病院から子どもたちを避難させた日……。ウクライナ人は英雄になったのだと我々は実感した。何十万もの人々。すべての都市。子どもも大人も誰もがだ。

一二日目、ロシア軍の損失がすでに死者一万人を超えた日、この数の中には将軍も含まれていた。このことは我々に確信を抱かせた——すべての犯罪、すべての恥ずべき命令に対してはやはり責任が問われることになるのだ、と。国際裁判あるいはウクライナの武器によって。

一三日目、ロシア軍によって封鎖されたマリウポリで、子どもが亡くなった。脱水症状によるものだ。彼らは食料も水も〔封鎖した場所に〕入れることを許さず、人々に与えなかった。ただ封鎖し——そして、彼ら〔市民〕は地下にいた。皆さんはお聞きになっていると思う、そこにいる人々には水がないのだ！

ロシアによる侵略の一三日間で、五〇人の子どもが殺された。五〇人の偉大な受難者。これは恐るべきことだ！　これは虚しいことだ。彼らが生きたであろう五〇通りの世界、その代わりに、彼らはそれらを奪ったのだ。ただ、奪ったのだ。

イギリスの皆さん！

ウクライナはこんなことを目指していたわけではなかった。偉大さを探し求めていたわけではなかった。けれども、この戦争の日々で偉大になったのだ。

占領者のテロにもかかわらず、人々を救っているウクライナ。世界で最強の軍の一つから攻撃されているにもかかわらず、自由を守っているウクライナ。空が開放されているにもかかわらず、防衛するウクライナ。ロシアのミサイル、飛行機、ヘリコプターにいまだ空が開放されているにもかかわらず。

「在るべきか、在らざるべきか？」〔「生きるべきか、死ぬべきか」シェイクスピア『ハムレット』より〕——このシェイクスピアの問いをあなた方はよくご存じだ。

一三日前であればまだ、ウクライナについて、この問いがなされていたのかもしれない。だが、今はもうそうではない。在るべきなのは明らかだ。自由であるべきなのは明らかだ。ここでないにしても、他のどこかで、イギリスがすでに聞いた言葉をあなた方に思い出していただきたい。この言葉は再び現実的な意味を持っているのだ。

我々は降伏しないし、負けることもない！　我々は最後までやる。どれほどの代償を払うことになろうとも、我々は海で戦い、空で戦い、我々の土地を守る。

我々は、森で、野で、岸で、都市で、村で、通りで戦い、丘で戦っていく……。一つ付け加えておきたい。我々はボタ山で、カルミウス川〔マリウポリを流れアゾフ海に注ぐ〕とドニプロ川の岸で戦うのだ！　我々は降伏しない！〔第二次世界大戦中の一九四〇年六月四日に、当時のイギリス首相チャーチルが下院で行った演説に倣っている〕

もちろん、あなた方の支援、偉大な国々の文明の支援とともに。我々が感謝し、非常に頼りにしているあなた方の支援とともにである。そして、特に、ボリス〔当時のイギリス首相ボリス・ジョンソン〕、私の友、あなたに感謝している！

テロ国家への制裁を強化してください。最終的にテロ国家と認定してください。我々のウクライナの空を安全にする方法を見つけてください。あなた方ができることをやってください。あなた方がすべきことを。あなた方の国家と国民の偉大さが、〔あなた方に〕義務づけていることを。

偉大なるウクライナに栄光あれ！　イギリスに栄光あれ！

出典：ウクライナ大統領府公式サイト
https://www.president.gov.ua/
翻訳：原口房枝（ロシア語版より翻訳）

⑨ゼレンスキー大統領アメリカ連邦議会演説

ウォロディミル・ゼレンスキー

（二〇二二年三月一六日）

議長！
議員の皆さん！
紳士淑女の皆さん！
アメリカの皆さん！　友人の皆さん！
私は誇りに思う。ウクライナから、我々の首都キエフから、ロシア軍のミサイルや空爆にさらされている都市から、あなた方にご挨拶することを。〔攻撃は〕毎日だ。しかし、降伏はしない。降伏することなど一瞬たりとも考えたことはない！　それは、第二次世界大戦以来、最も恐ろしい戦争下にある、我々の国の他の数十の都市や地域社会と同じである。

私は、ウクライナの国民、勇敢で自由を愛する人々を代表して、あなた方にご挨拶することを光栄に思う。彼らは、八年にわたってロシア連邦の侵攻に立ち向かってきた人たちだ。ロシアの全面的な侵略を食い止めるため、最良の子どもたち、息子たちや娘たちを送り出している人たちだ。

いま、我々の国家の運命が決せられようとしている。我々の民族の運命が、である。ウクライナ人が自由でいられるのかが、決せられようとしている。自身の民主主義を守ることができるのかが。

ロシアは我々の土地と都市を攻撃しただけではない。ロシアは、我々の価値観に対して残酷な攻撃を仕掛けてきたのだ。人間の基本的な価値観に対してである。我々の自由に対して戦車と航空機を投入したのだ。自身の未来を自ら選び、自身の国で自由に生きるという我々の権利に対して。幸福への希求に対して。国民の夢（ナショナルドリーム）に対して。あなた方、アメリカの普通の人々が抱いているのと同様の夢に対して。アメリカの一人ひとりが抱いているのと同様の。

ラシュモアにあるあなた方のナショナルメモリアル（国立記念碑）を覚えている。あなた方の偉大なる大統領たちの顔。アメリカの礎《いしづえ》を築いた人々。それは、アメリカを今あるような形にした礎だ。民主主義、独立、自由、そして一人ひとりについての配慮。誠実に働く一人ひとりについての、正直に生きている一人ひとりについての、法を尊重している一人ひとりについての配慮。

我々はウクライナでも、自分たちのために同じことを望んでいる。あなた方にとっては慣れ親しんだ生活の一部に過ぎない、そのことを。

紳士淑女の皆さん！

アメリカの皆さん！

あなた方の偉大な歴史の中には、ウクライナ人を理解する手立てとなるいくつかの頁がある。今の我々を理解するための。そのことが何よりも必要とされている今このときの。

パールハーバーを思い出してください。一九四一年一二月七日の恐ろしい朝のことを。あなた方の空が、あなた方を攻撃した航空機によって真っ黒になったときを。ただ、それを思い出してください。

九月一一日を思い出してください。悪があなた方の都市を戦場に変えようとした二〇〇一年の恐ろしい日のことを。無辜《むこ》の人々が攻撃されたときのことを。空から攻撃されたのだ。誰一人予想もしなかった形で。

あなた方が食い止めることができなかった形で。

我々の国は毎日これに耐えている！毎夜！もう三週間も！さまざまなウクライナの都市が……。オデーサ、ハルキウ、チェルニヒウ、スーミ、ジトーミル、リヴィウ、マリウポリ、ドニプロ。ロシアは、ウクライナの空を何千もの人々に死をもたらすものに変えたのだ。

ロシア軍はすでにおよそ一〇〇〇発のミサイルをウクライナに発射した。数え切れないほどの空爆。ロシア軍は、より的を絞って殺せるようにドローンを用いている。これは、ヨーロッパが見たことのない、もう八〇年も見たことのないテロなのだ！

我々は、このことへの対応を求めている。世界からの対応である。テロへの対応だ。これは、大きすぎるお願いなのだろうか？

ウクライナの上空に飛行禁止区域を設けるというのは、人々を救うことなのだ。人道的な飛行禁止区域だ。ロシアがもうこれ以上、毎日、毎夜、我々の平和な都市にテロ攻撃を行うことができなくなるようにする条件なのだ。これがあまりに大きすぎるお願いというのであれば、我々は代替案を出すことにする。

我々にはどんな防衛システムが必要なのか、あなた方はご存じだ。S－300〔ロシア連邦軍の長距離地対空ミサイルシステム〕やそれに類するシステムである。

戦場においては、航空機を使う能力でどれだけのことが決まってくるか、あなた方はご存じだ。強大で強力な航空力を。人々を守るために。自身の自由を、自身の土地を守るために。ウクライナを助ける、ヨーロッパを助けることができる航空機を。

こうした航空機があることをあなた方はご存じだ。でも、それは地上に止まったままで、ウクライナの空を飛んではいない。我々を守ってはいない。

「私には夢がある」〔一九六三年にワシントンでキング牧師が行った演説の一節〕――この言葉をあなた方一人ひとりがご存じだ。今日、私はこう言うことができる――「私には必要がある」。我々の空を守る必要だ。あなた方の決断、あなた方の支援が必要だ。これは、まさしく同じ意味になるのだ。「I have a dream」という言葉を聞いているとき、あなた方が感じていることと同じものなのだ。

紳士淑女の皆さん！

友人の皆さん！

ウクライナは、多大な支援に対してアメリカ合衆国に感謝している。あなた方の国家とあなた方の国民が我々の自由のためにすでに行ってくれたすべてのことに対して。武器と弾薬に、訓練と資金援助に、侵略者に経済的圧力を加えることに役立っている、自由世界におけるリーダーシップに。

私は、バイデン大統領に、自ら関与してくれたこと、ウクライナと世界中の民主主義を守るために心から尽くしてくださっていることに対し、感謝している。

私は、あなた方に、ウクライナの国民へ犯罪を行ったすべての者を戦争犯罪人と見なす決議を行ってくれたことに対し、感謝している。

しかしながら、今、我々の国家にとって、ヨーロッパ全体にとって、最も暗いこの時代に、私はあなた方にもっと大きなものをお願いしたい！　新たな制裁パッケージが週ごとに必要だ。ロシアの軍事マシンが止まるまでは。この不当な体制を支えている者たちすべてに対する制限が必要だ。

ウクライナに対する侵略に責任のある者たちとの関係を断ち切らず公職にとどまっているロシア連邦のすべての政治家を制裁リストに含めるよう、我々はアメリカ合衆国に提案する。国家テロとの関係を断つためのモラルに欠けている国家院（下院）議員から末端の官僚に至るまで。すべてのアメリカ企業は、ロシアから、その市場から撤退すべきだ。我々の血に染まったこの市場を去るべきだ。

紳士淑女の皆さん。

議会の皆さん！

リーダーシップを発揮してください！　あなた方の選挙区に、ロシアでのビジネスを続けることでロシアの軍事マシンに資金援助している企業があるなら、圧力をかけるべきだ。ロシア国家が、ウクライナの破壊、ヨーロッパの破壊のために使っているお金を一ドルたりとも得ることがないように。

アメリカの港湾はすべて、ロシアの生産物と船舶に対して閉鎖されるべきだ。平和は利益より大切なのだ。我々は、この原則を、世界中で一緒に守っていかなければならないのだ。

我々はすでに反戦連合の一員になった。多くの国家、数十の国家を団結させる反戦の大連合。プーチン大統領の決断に、我々の国土へのロシアの侵攻に、反応したすべての人々の大連合である。

しかしながら、我々はさらに進まなくてはならない。迅速に対応し、戦争を止めるための新たなツール（方策）をつくるべきだ。ロシアのウクライナへの全面侵攻は二月二四日に始まった。〔このようなツールがあって〕侵攻が一日で終わっていれば、正しかったのだ。二四時間後に。悪がただちに罰せられるために。今日、世界にはこのようなツールがない。

過去の戦争は、我々の先人たちに、戦争から我々を守るはずの制度を構築するよう促した。しかし……。その制度は機能していない。我々はこのことをわかっている。あなた方もわかっている。要は、新たなものが必要なのだ。新たな制度。新たな同盟が。

我々はこれを提案する。U‐24同盟の設立を提案する。「United for peace（平和のための連合）」を。紛争を止めるために力と良心を備えている責任ある国家の同盟を。早急に。二四時間以内に必要な支援をすべて行うために。必要であれば武器を。必要であれば制裁を。人道支援を。政治的な支援を。資金援助を。すぐさま平和を守るために必要なことはすべて。命を守るために。

さらに、こうした同盟によって、自然災害や人災に遭っている人々を助けることができる。人道的危機あるいは疫病（エピデミック）の犠牲になった人々を。

最も簡単なこと、すべての人にワクチンを配るだけのことが、世界にとっていかに困難だったか思い出してください。コロナワクチンのことを。命を救うために。新たな変異株の出現を許さないために。人的被害が出ないよう、もっと早く行うことができたであろうことに、世界は数ヵ月、数年を費やしたのだ。

紳士淑女の皆さん！

アメリカの皆さん！

今、U‐24のような同盟が設立されていれば、何千人もの命を救うことができたはずだと私は信じている。我々の国で、他の多くの国で。平和がかくも必要となっている国々で。非人道的な破壊を経験した国々で……。これからある映像をご覧くださるようお願いする。ロシア軍が我々の地で何を行ったのか、その映像だ。我々はこれを止めなければならない。我々はこれを防がなくてはならない。他の民族を征服しようとする侵略者はことごとく、未然に一掃しなくてはならない。

どうか、ご覧になってください……。

（以下英語での演説）

最後に総括する。

今日、国家のリーダーであるだけでは十分ではない。

今日においては、世界のリーダーであることが必要なのだ。世界のリーダーであるということは、平和のリーダーであることを意味する。

アメリカという国の平和は、もはや皆さま方やアメリカ国民だけにかかっているのではない。あなたの隣にいる人たち、力のある人たちにかかっているのだ。

強いというのは、体が大きいということではない。強いとは、勇敢で、自国民と世界市民の命のために戦う準備ができていることだ。

人権のため、自由のため、まっとうに生き、そして他の誰かや隣人が望んだときではなく、しかるべきときが来たときに命を投げ出す権利のために戦う準備ができているのだ。

今日、ウクライナ国民は、ウクライナだけでなく、ヨーロッパと世界の価値のために、未来の名の下に自らの命を犠牲にして戦っている。

だからこそアメリカ国民は今日、地球を存続させ、歴史に正義を残すために、ウクライナだけでなく、ヨーロッパ、そして世界を支援しているのだ。

今、私は四五歳になろうとしている。今日、一〇〇人以上の子どもたちの心臓が止まったとき、私の年齢も止まる。死を止めることができないのであれば、私は生きている意味がないと思っている。これが私の民族――偉大なるウクライナ人のリーダーとしての大切な使命なのだ。

我が国ウクライナのリーダーとして、バイデン大統領に申し上げる。

あなたは国の、偉大なる国家のリーダーだ。

私は、あなたが世界のリーダーであることを望む。世界のリーダーであることは、平和のリーダーであることを意味する。

ありがとうございました。

（英語での演説終わり）

ウクライナに栄光あれ！

出典：ウクライナ大統領府公式サイト
https://www.president.gov.ua/
翻訳：原口房枝（ロシア語版より翻訳）

⑩ゼレンスキー大統領 日本国会演説

ウォロディミル・ゼレンスキー

（二〇二二年三月二三日）

親愛なる細田さん！〔衆議院議長〕

親愛なる山東さん！〔参議院議長〕

親愛なる岸田首相！

親愛なる日本の国会議員の皆さん！

親愛なる日本の皆さん！

ウクライナの大統領として、日本の議会史上初めてお話しすることができて大変光栄だ。

我々の首都〔キーウと東京〕は八一九三キロメートルの距離で分かたれている。ルートにもよるが、平均すると飛行機で一五時間。しかしながら、自由を求める我々の気持ちの間にどんな距離があるだろう。生きたいという我々の願いの間に？　平和を求める我々の願いの間に？

二月二四日、私は少しも距離を感じなかった。我々の首都の間に一ミリメートルですら。我々の気持ちの間に一秒でさえ。なぜなら、あなた方はすぐに我々へ援助の手を差し伸べてくれたからだ。このことに感謝申し上げる。

ロシアがウクライナ全体の平和を破壊したとき、我々は知ったのだ。世界が戦争に心から反対していることを。心から。自由のために、心から。世界の安全のために、心から。それぞれの社会の調和のとれた発展のために、心から。日本は、アジアで率先してこの立場に立ってくれた。ロシア連邦が始めたこの残虐な戦争を止めるため、あなた方はすぐに行動を起こしてくれた。ウクライナでの平和の実現のために、すぐに行動を始めてくれた。つまるところ欧州での平和の実現のためにだ。これは、本当にとても重要なことだ。地上の一人ひとりにとって重要なことなのだ。なぜなら、ウクライナに平和がなければ、世界の誰一人として未来を確信をもって見つめることができなくなるからだ。

あなた方の一人ひとりが、チョルノービリ〔チェルノブイリ〕とは何なのか、ご存じだろう。一九八六年に巨大な爆発が起こった、ウクライナの原子力発電所のことだ。放射能が放出された。その影響は、地球上のさまざまな地点で確認された。チョルノービリ原発の周囲三〇キロメートルの区域はいまだに封鎖されている。危険なのだ。封鎖区域を囲む森では、すでに当時、原子力発電所の爆発の事後処理の過程で、何千トンもの汚染物質、瓦礫《がれき》、機械が埋められた。地中にじかにだ。

二月二四日、ほかでもないこの地に、ロシアの装甲車が、放射能を帯びた粉塵を大気中に巻き上げながらやってきた。チョルノービリ原子力発電所は占拠された。力ずくで、武器によって。想像してみてほしい、大惨事が起こった原子力発電所なのだ。破壊された原子炉を閉じ込めたもの（シェルター）。核廃棄物の保管に今も使われている施設だ。ロシアはこの施設も戦場に変えてしまった。この三〇キロメートルの領域、この封鎖区域を、ロシアは我々の防衛力に対し新たな攻撃を行う準備のために利用しているのだ。

ロシアの軍隊がウクライナの領土から去ったあと、彼らがどれほどの損害をチョルノービリの地にもたらしたかを調べるには何年も要するだろう。放射性物質のどの保管施設が損害を受けたのか。そして、放射能を帯びた塵《ちり》が、地球上にどのように広がったのか。

紳士淑女の皆さん！

我々の土地では、四つの原子力発電所が稼働している！　一五基の原子炉だ。そのいずれも危険にさらされている。ロシア軍はすでに、ヨーロッパで最大のザポリージャ〔ザポロジエ〕原子力発電所を戦車から砲撃した。この戦闘によって、数百の工業施設（工場）が損害を受け、その中の多くは非常に危険な状態にある。砲撃は、ガスと石油のパイプライン、炭鉱を危険にさらしている。

先日、ロシア軍は、ウクライナのスーミ州の領内で、化学施設を攻撃した。そこではアンモニアが流出した。シリアであったように、サリンの使用も含め、化学兵器による攻撃もあり得ると我々は警告されている。

そして、ロシアがさらに核兵器を使用した場合、どう対応するかという問題が、世界の政治家たちの主要な議論の一つになった。世界の、あらゆる国の、すべての人々のどんな確信も完全に打ち砕かれてしまった。

我々の兵士たちはもう二八日間も勇敢にウクライ

ナを守っている。国家の規模でいえば、世界で最も大きな国による全面侵攻の二八日間だ。とはいえ、能力においては最も大きな国ではない。影響力においては最も大きな国ではない。そして、モラルの点からいえば、最も小さな国なのだ。

ロシアはウクライナの平和な都市に対して一〇〇〇発を超えるミサイル、数え切れないほどの爆弾を使った。ロシアの軍隊は、数十もの都市を破壊した。焼け野原になったところもある。ロシアに占領されてしまった都市や村の多くでは、国民は自分の殺された親族、友人、隣人をきちんと埋葬することさえできない。破壊された家の中庭や道路の傍にそのまま、埋めることができるところならどこにでも、そのまま埋めるしかないのだ……。

何千人もの人々が殺された。その中には一二一人の子どもも含まれている。

約九〇〇万人のウクライナ人が、ロシア軍から逃れて、自分の家、自分の生地を去らざるを得なかった。我々の北の領土、東の、南の領土から人がいなくなっている。人々が死の脅威から逃げ出しているからだ。

ロシアは我々の海を封鎖することまでやってのけた。通常の交易路だ。海路を封鎖することで、世界の他の潜在的な侵略者たちに、自由な民《たみ》に対していかに圧力を加えるかを示しているのだ。

紳士淑女の皆さん！

今日、まさに、ウクライナ、そのパートナーである国々、そして我々の反戦連合こそが、世界の安全は最終的に破壊されることはないという保証を与えることができるのだ。世界には民衆の自由のための支柱が存在し続けるという保証だ。人々のための、社会における多様性の維持のための。国境を守るための。我々、我々の子どもたち、孫たちには、まだ平和は存在し続けるのだという確信のための。

国際的な機関が機能しなかったことをあなた方はご存じだ。国連や安全保障理事会でさえもだ……。こうした機関には何ができるのか？　こうした機関は改革を必要としている。公正さを注入することが必要だ。効力のあるものになるために。ただ議論するだけでなく、実際に決定し、影響を与えるために。

ロシアによるウクライナへの戦争のせいで世界は不安定なものになった。世界は、多くの新たな危機の瀬戸際にある。明日がどのようなものになるか、今日、誰が確信しているだろうか？

世界市場の混乱は、原材料を輸入に依存するすべての国にとって大きな問題だ。環境問題ならびに食料問題はかつてないほど深刻だ。そして、重要なのは、世界の侵略者すべてに対して——明らかな侵略者にも潜在的な侵略者にも——戦争を始めれば、それが割に合わないほどの大きな罰が下されるとわからせることができるかどうか、それが今、決まろうとしていることなのだ。彼らにとって世界を破壊することは割が合わないのだ、と。責任のある国家が世界を守るために団結することは、まったくもって論理的で正しいことなのだ。

このような歴史的な瞬間において、原則的な立場を堅持するあなた方の国家に感謝する。ウクライナへの実際の支援に対しても。あなた方は、平和を取り戻すために、アジアで最初の、ロシアに対して実際に強力な圧力を加える人たちになった。ロシアに対する制裁を支持する人たちになったのだ。これからも〔そのような行動を〕続けてくれるようお願いしたい。

状況を安定させるため、アジアの国々、あなたのパートナー国たちの力を結集してくれるようお願いする。ロシアが平和を求めるよう、我々の国家、ウクライナへの残酷な侵略の津波を止めるようにするために。

ロシアとの貿易禁止が不可欠だ。資金がロシア軍に流れないよう、企業をロシア市場から撤退させることが不可欠だ。ロシア軍を食い止めている我々の国、我々の守り手たち、我々の軍に対して、さらに大きな支援が不可欠だ。ウクライナの再建について今からもう考えはじめる必要がある。ロシアによって破壊された都市や荒廃した領土での生活の再建について。

〔ウクライナの〕人々は、暮らしていた場所へ帰らなければならない。自分たちが育った場所へ。自分たちの家だと感じている場所へ。自分たちの小さな故郷へ。この気持ちをあなた方はわかってくださると、確信している。この欲求、自分の土地に戻りたいという欲求を。

我々は、新たな安全保障を構築しなければならない。平和への脅威が生まれるときには必ず未然に防ぎ、強力に、行動することができるように。

これは、既存の国際機構を基にして行えることだろうか？　このような戦争のあとでは、間違いなく不可能だ。新たなツールをつくる必要がある。新たな保障を。あらゆる侵略に対して、予防的で強力に機能するような保障を。実際に役立つ保障を。日本のリーダーシップは、この保障づくりに欠かせないものになることができる。ウクライナのために、世界のために。このことを私はあなた方に提案する。

明日がどのようなものであるかということについて、世界が再び確信を抱くことができるために。明日があり、それが安定しており、平和的なものであることについて。我々にとって。未来の世代にとって。

紳士淑女の皆さん！

日本の皆さん！

我々はともに多くのことを為すことができる。想像する以上のことさえも。

あなた方には輝かしい発展の歴史があることを私は知っている。あなた方がいかに調和を築き、それを守ることができるかということを。原則に従い、生を大切にすることを。環境を守ることを。その根はあなた方の文化の中にある。その文化はウクライナ人が本当に愛するものなのだ。これはただそう言っているわけでも、根拠のないことでもない。事実なのだ。

まだ二〇一九年のこと、私がウクライナの大統領になってちょうど半年が経ったころ、妻のエレーナが視覚に問題のある子どもたちのためのプロジェクトに参加した。オーディオブックの製作プロジェクトだった。日本の昔話を吹き込んだのだ。ウクライナ語で。これらの昔話は、我々にも、子どもたちにも、理解できるものだったので。これは、あなた方の遺産への、我々の関心、ウクライナ人の関心の大海の一滴〔ほんの一例〕に過ぎない。

価値観において、我々とあなた方とは、似通っている。我々の国がとてつもなく離れているにもかかわらず、だ。実際問題、距離など存在しない。なぜなら、我々は同じ心の温かさを持っているから。ともに行う努力、ロシアへさらに大きな圧力をかけることによって、我々は平和に向かって進んでいくだろう。我々の国は再建できる。国際機関は改革できる。

そのとき、日本は、今そうであるように、我々とともにあることを私は確信している。我々の反戦連合の中で。我々全員にとってこの決定的なときにおいて。

ありがとうございます！

アリガトウゴザイマス！
ウクライナに栄光あれ！
日本に栄光あれ！

出典：ウクライナ大統領府公式サイト
https://www.president.gov.ua/
翻訳：原口房枝（ロシア語版より翻訳）

——子育て予算　423, 424
——最低賃金　424
——失業率　410
——シリアでの軍事作戦　360
——大統領選挙(2024年)　419
——農業生産　410
ロシア嫌悪(ルソフォビア)　323, 326, 337, 346, 370, 389, 400
ロシア正教　309-311, 314, 318, 330, 370, 402

【英字項目】

ABM条約　347, 369, 428
AUKUS　372
CIS　336, 373
EU(欧州連合)　320, 322, 336, 372, 386, 414
GDP　292, 297, 305, 306, 321
NATO　326, 343-350, 353, 358, 372, 390, 397, 428, 429, 433
——ウクライナの加盟　344, 345, 348
——ウクライナの軍備　343, 358
——東方拡大　346, 347, 349, 350, 353, 355, 358, 369, 398
——ユーゴスラビア空爆　354
——ロシアからの協定案(2021年12月)　349, 350, 356, 357, 380, 398
OSCE(欧州安全保障協力機構)　345, 346
START条約(戦略兵器削減条約)　427-429
WTO(世界貿易機関)　306

ポーランド　310-317, 323, 324, 331, 347, 400
——迎撃ミサイル配備　347
ポーランド・リトアニア共和国　310-312
ボリシェヴィキ　316-320, 330-333, 335
ポルタヴァ　311, 313, 344
ポルトガル　297
ポロツキー、アンドレイ　309

【ま行】

マゼッパ、イヴァン　312, 324
ママイ　309
マーラヤ・ルーシ（→「マロロシア」も参照）　311
マリウポリ　434, 437
マロロシア　311-313
民主主義　294, 296, 299, 301, 302, 334, 339, 369, 371, 383-386, 400, 436, 438
ミンスク合意　325, 326, 350, 351, 397
民族主義者（ナショナリスト）　315, 316, 331, 332, 335, 337-339, 359, 396
民族問題　308, 334
モスクワ総主教庁　324, 342
——系ウクライナ正教会　342
モスコヴィト　314
モスコヴィヤ　312
モンゴル　412
モンテネグロ　347

【や行】

ヤガイロ　309
ヤルタ　428
ユーゴスラヴィア　397, 400
ユダヤ教　370, 386
ユニエイト　312
ユーロマイダン革命　339, 351, 385, 396, 400

【ら行】

ラトヴィア　347
ラドガ　309
リガ条約　316
リトアニア大公国　309, 310, 324
リビア　355, 397
ルガンスク　325, 366, 369, 371, 399, 403
ルガンスク人民共和国　326, 351, 360, 364, 365, 377, 404, 423, 425
ルーシ　308-312, 330, 364
ルシン人　318
ルツキー、ヨシフ　312
ルブリン合同　310, 311
ルーマニア　317, 331
——迎撃ミサイル配備　347
ルミャンツェフ、ピョートル　364
レーニン、ウラジーミル　316, 330-334
連邦制（コンフェデレーション）　331
労働組合会館放火事件（オデーサ）　339
ロシア
——インフレ率　414
——学校の改修　425, 426
——教育　422, 423
——銀行　414
——軍の強化　407
——経済　409-418

トルコ　311, 378, 419
ドレスデン　371
ドローン　427, 437
ドンバス　325-327, 330, 333, 342, 350, 351, 353, 359, 360, 365-367, 374, 396-399, 403, 405, 420, 421, 430

【な行】

ナチス・ドイツ　323, 357, 400, 401, 432, 433
ナパーム　371
南北国際輸送回路　412
「二国の民の共和国」　310
日本　293, 371, 442, 446
ネオナチ　322, 325, 326, 337, 351, 359, 362, 365, 396, 401, 404, 405
ネフスキー、アレクサンドル　310
ノヴォロシア　312, 313, 344, 364, 367, 420, 421
農業政策　306
ノヴゴロド　309
ノルドストリーム　372, 380

【は行】

バイカル・アムール鉄道　412
バイデン、ジョー　438, 441
パヴリチェンコ、リュドミーラ　325
パキスタン　412
バトゥ　309
バビ・ヤール　433
ハルキウ　437
パールハーバー　437
ハンガリー　331, 347, 385
バンデラ、ステパン　324, 325
ハンブルク　371
反ロシア　322, 326-328, 343, 345, 358, 400, 401
ヒトラー、アドルフ　359, 400
ブカレスト・サミット　345
プーシキン、アレクサンドル　384
プスコフ　309
仏教　370, 386
部分的動員令　367
フメリニツキー、ボグダン　310, 311
ブラジル　378
フランス　297, 326, 370, 372, 378, 428, 429
ブリャンスキー、ドミトリー　309
ブルガリア　313, 347
フルシチョフ、ニキータ　312, 331
ブレジネフ、レオニード　312
ブレスト合同　310
ブレスト・リトフスク条約　332
ベッサラビア　317
ベトナム　371
ペトリューラ、シモン　315, 324
ベラルーシ　308, 313, 316, 317, 323
ヘルソン　364-366, 369, 371, 377, 404, 423, 425
ペレヤスラヴリ(ペレヤスラウ)ラーダ　310
ベロヴェーシ合意　317, 365
ポチョムキン、グリゴリー　364
北極海航路　412
ポツダム　428
ボブロク　309

スコロパツキー、パヴロ　315
スターリン、ヨシフ　331, 333
スタンダード6　347
ストルイピン、ピョートル　419
スペイン　297, 372
スーミ　437, 443
ズメイヌィ島　317, 432
スラヴ人　309, 314, 317
スレイマニ暗殺　385
スロヴァキア　347
スロヴェニア　347
セヴァストポリ　325, 344, 359-361, 369, 399, 424
世界秩序　371, 378, 380, 385, 386, 388, 391, 393-395, 428, 429
赤色テロル　333
戦略研究センター　297
戦略兵器削減条約　427-429
ソヴィエト・ウクライナ　316, 317, 333
ソヴィエト式経済　294
ソヴィエト社会主義共和国連邦憲法　316, 331
ソルジェニーツィン、アレクサンドル　381, 382
ソ連から離脱する権利　332, 334
ソ連共産党政治綱領　335
ソ連崩壊　335, 336, 353, 354, 356, 357, 359, 365, 367, 394, 417, 428
——の責　336

【た行】

第一次世界大戦　314, 332, 374
大国性　299
大祖国戦争　324, 331, 357, 359, 364, 405, 406
第二次世界大戦　316, 354, 360, 361, 371, 374, 394, 428, 433, 436
台湾　380
ダニレフスキー、ニコライ　391
弾道弾迎撃ミサイル制限条約（ABM条約）　347, 369, 428
チェコスロヴァキア　318, 400
チェチェン　389
チェリャビンスク　411
チェルニヒウ（チェルニゴフ）　309, 311, 437
チャイコフスキー、ピョートル　382, 384
中央ラーダ　314, 315, 317
中距離核戦略全廃条約　348, 369
中国　292, 293, 370, 373, 378, 412
チュメニ　412
チョルノービリ　442, 443
ドイツ　313-315, 326, 331, 332, 346, 357, 371, 378, 400
特別軍事作戦　360, 365, 367, 374, 396, 397, 403, 405-407, 430
ドストエフスキー、フョードル　382, 383
トーチカ・U　342
ドニプロ　437
ドネツク　316, 325, 366, 369, 371, 398, 399, 403
ドネツク人民共和国　326, 351, 360, 364, 365, 377, 404, 423, 425
トマホーク　347, 348
ドミトリー・イヴァノヴィチ（ドンスコイ）　309

ガリツィア　312, 314, 315
カルパチア・ルーシ　318
環境問題　321, 381, 445
韓国　371
キエフ大公　309
キエフ・モギラ・アカデミー　312
北ブコヴィナ　317
北マケドニア　347
キャンセル・カルチャー　382, 383
行政権力　302
ギリシャ　310, 313, 400
キリスト教　291, 385, 386, 389
クラスノドン　405
クリミア　312, 313, 318, 369, 399, 404, 424
——ウクライナ領へ移管　318, 331
——ロシアとの統合　325, 342, 344, 359-361
クリントン、ビル　346
グルジア（ジョージア）　345
グルシェフスキー、ミハイル　317
クロアチア　347
ケルン　371
原爆（広島・長崎）　371
憲法改正　301
コヴパク、シドル　325
国際連合　393
穀物輸出　372
国連安全保障理事会　326, 351, 354, 355, 397, 398
ゴーゴリ、ニコライ　313
コジェドゥブ、イワン　325
国家イデオロギー　298
国家規制　303
国家権力　300, 301
国家主義　299, 418
国家発展戦略　303
コトリャレフスキー、イヴァン　313
コレニザーツィヤ（土着化）　317

【さ行】

サタニズム（悪魔崇拝）　375
ザハルチェンコ、アレクサンドル　365
サプチャク、アナトリー　319
ザポロジエ　310, 311, 364-366, 369, 371, 377, 404, 423, 425, 443
サマラ　348
シェイクスピア、ウィリアム　434
シェフチェンコ、タラス　313
ジェンダーの問題　375, 387, 402
市場改革　296, 302, 306
市場経済　296, 335
ジトーミル　437
ジノヴィエフ、アレクサンドル　384
シベリア鉄道　412
社会的連帯　300
植民地主義　369, 370, 397
食料安全保障　372
食料危機（問題）　374, 380
ジョンソン、ボリス　435
シリア　355, 360, 397, 419, 443
新植民地主義（体制）　367, 373, 375, 382, 389
人民権力（ナロードヴラスチ）　385
スウェーデン　311
スヴォーロフ、アレクサンドル　364
『過ぎし年月の物語』（原初年代記）　309
スコヴォロダ、グリゴリー　313

イスラム教　370, 386, 389
イラク　355, 397
イラン　373, 378, 385, 412
イリイン、イワン　377
イルクーツク　412
インド　370, 378, 412
インドネシア　378
ヴァルエフ指令　313
ヴィルヘルム二世　332
ヴォルゴグラード　348
ウクライナ
——汚職　338
——オリガルヒ　322, 338
——核兵器製造・所有　342, 343
——急進主義者（ラディカリスト）　335, 338, 339
——国内産業の衰退　340
——ネオナチ　322, 325, 326, 337, 351, 359, 362, 365, 396, 401, 404, 405
——非軍事化　360
——非ナチ化　360
——非ロシア化　341
——民族主義者　315-317, 323, 338, 339, 359
——ロシアからのエネルギー資源の提供　336, 337
——ロシア語の追放　323, 341
——ロシアとの同胞性　309
——NATO加盟　344, 345, 348
ウクライナ人民共和国　314, 315
ウクライナ正教会　324
ウシャコフ、フョードル　364
ウズベキスタン　378
「嘘の帝国」　356, 362
ウラジオストク　412
ウラジーミル一世　309
永遠平和条約　311
エカテリーナ二世　340, 364
エカテリンブルク　411
エジプト　378
エストニア　347
エネルギー危機（問題）　374, 380, 408
エムス令　313
欧州安全保障協力機構（OSCE）　345, 346
オーストリア・ハンガリー帝国　312, 314, 315, 323, 400
オスマン帝国　312, 344
オチャコフ（ニコラエフ州）　344
オデッサ（オデーサ）　325, 339, 344, 365, 437
オレグ（キエフ大公）　309
温情主義（パターナリズム）　300

【か行】

核
——実験　429
——大国　358, 428
——とウクライナ　342, 343, 359, 397, 443
——とロシア　407, 427, 429, 443
——中距離核戦略全廃条約　348, 369
——広島・長崎　371
——兵器　359, 371, 428, 429
カザフスタン　360, 378, 412
カザン　348, 411
カフカス　312, 337, 347, 356, 360, 389
カラー革命　385

174-178, 252, 255
——失業率　176
——制裁　116, 127, 137-140, 169, 175, 177, 252, 257, 259
——論理　20, 27, 151, 217, 273
——NATOに関する協定案　106, 107
ロシア嫌悪（ルソフォビア）　84, 134, 157
ロシア正教会　48, 92, 94, 95, 198
ワルシャワ条約機構　103, 104

【英字項目】

CIS（独立国家共同体）　127, 128
EU（欧州連合）　88, 137, 213, 214, 224, 242
NATO（北大西洋条約機構）　99-104, 106, 107, 110, 113, 115, 127, 171, 213, 214, 218
——ウクライナの加盟問題　99-102, 213, 214
——東方拡大　102-104, 111
OSCE（欧州安全保障協力機構）　100, 101, 108

索引（附録）

【あ行】

愛国主義（パトリオティズム）　295, 299
愛国者／愛国心／愛国的な　299, 313, 324, 327, 341, 352, 363, 367, 377, 389, 403, 419, 420
『悪霊』　383
アストラハン　348
アフガニスタン　378
アフリカ　355, 370, 373, 378, 387, 393
アメリカ
——イラク侵攻をめぐって　355
——ウクライナ支援　339, 341, 343, 344
——「嘘の帝国」　356, 362
——核をめぐって　371, 429
——戦略計画文書　348
——ソ連　382, 428
——第二次世界大戦　371, 374
——ミサイル開発　347
——NATO　373, 397, 398, 427
——NATO東方拡大をめぐって　345, 346, 356
アルバニア　321, 347
アンドルソヴォ休戦条約　311
イギリス
——核をめぐって　428
——第二次世界大戦　371
——NATO　429

ポーランド　54, 62-64, 75, 76, 81, 102, 198, 200, 203, 207, 239, 250
ポーランド・リトアニア共和国　57, 58, 60
ポロシェンコ、ペトロ　88, 220-223, 236
ホロドモール　71, 72, 204-206

【ま行】

マゼッパ、イヴァン　59, 75
マーラヤ・ルーシ　→「マロロシア」参照
マロロシア　58, 59, 61, 62, 85, 86
マントゥロフ、デニス　191
ミアシャイマー、ジョン　102
ミコライウ　122
ミュンヘン安全保障会議　97, 98
ミンスク合意　107, 114, 236
ミンスク2　108, 119, 236
ムハンマド・ビン・サルマン　172
メドベージェフ、ミハイル　261
モスクワ公国　54, 198
モスクワ総主教庁　48, 49, 91-93
モルドヴァ　122, 128, 195, 240

【や行】

ヤヌコヴィチ、ヴィクトル　88, 213, 214
ユニエイト（「東方典礼カトリック教会」も参照）　49, 56, 66, 73, 95
ユーロマイダン革命　76, 87, 88, 92, 107, 196, 210, 213, 214, 217, 229, 236, 239

【ら行・わ行】

ラブロフ、セルゲイ　188
ラリュエル、マルレーヌ　76, 239, 272
リヴィウ　198, 203
李克強《リーコーツアン》　276
ルガンスク（州）　78, 109, 114, 119, 216, 253
ルガンスク人民共和国　31, 49, 108, 118, 120, 147, 150, 229
——独立承認　31, 49, 78, 108, 109, 114
ルーシ（「キエフ・ルーシ」も参照）　53-56, 58, 60, 66, 79, 80, 86, 121, 196, 198, 204, 230
ルシン人　65, 66, 69, 86
ルテニア　65, 66, 68, 69
ルハンスク（「ルガンスク（州）」も参照）　24, 25, 74, 108, 119, 216, 236, 253, 280
ルーマニア　102, 240
ルーラ・ダ・シルヴァ、ルイース・イナシオ　265
レシェトニコフ、レオニード　46
レーニン、ウラジーミル　34, 64, 65, 80-82, 94, 96, 143, 154, 184, 274
『レーニン論』　81
ロシア
——アメリカ批判　90, 91, 101, 103, 105-107, 110, 112, 113, 123-125, 127, 128, 135-138, 150, 153, 162, 163, 174, 185-188
——外国企業撤退　29, 30, 257
——教育　179-185, 189, 192
——経済　42-45, 51, 116, 168, 169,

ドネツク人民共和国　31, 49, 78, 108, 118, 120, 147, 150, 229
トルコ　139, 170, 171, 173, 265
ドンバス　61, 85, 96, 98, 107-109, 121, 141, 195, 229, 241, 253

【な行】

ナイチンゲール、フローレンス　232, 233
ナチス・ドイツ　66, 68, 75-77, 207-211, 231, 239, 250
ナルイシキン、セルゲイ　114, 115
日露関係　28-30, 43, 257-270
日本　21, 22, 31, 43, 98, 101, 112, 135, 136, 157, 162, 166, 168, 178, 179, 184, 185, 200, 250, 256, 257-262, 264-270, 276, 277
——ウクライナ支援　29, 258, 267
——ゼレンスキー国会演説　33, 34, 224, 225
——専門家の養成　273-275
——ロシア事業　29, 257-259
ネタニヤフ、ベンヤミン　265
ノヴォロシア　60-62, 80, 85, 115, 121, 122, 130, 204, 241
農業集団化　71, 72, 205, 206
ノルドストリーム　138, 153, 171, 255

【は行】

バイデン、ジョー　116, 252
ハラリ、ユヴァル　41
ハーリチ(ガーリチ)・ヴォルィニ公国　53, 198
ハルキウ　26, 27, 74
バルト三国　80, 81, 102, 128, 191, 208
ハンガリー　68, 81, 90, 102, 203
バンデラ主義者(バンデロフツィ)　77, 150
バンデラ、ステパン　75-77, 239, 240
ヒトラー、アドルフ　200, 207, 208
ヒル、フィオナ　272
フィラレート　94
フィンランド　81
ブダペスト覚書　97, 98
ブチャの虐殺　249-252
フメリニツキー、ボグダン　57, 237
ブラジル　224, 265
フランシスコ(ローマ教皇)　56
ブリンケン、アントニー　188
ブルガーコフ、ミハイル　234
ブルガリア　102
フルシチョフ、ニキータ　58, 155, 237, 238
ブレスト合同　54, 56
ブレスト・リトフスク条約　81
プロパガンダ(宣伝)　34, 35
文化闘争　133, 161
ペトリューラ、セミョン　64, 75
ベネシュ・エドヴァルド　68
ベネディクト、ルース　21
ヘルソン　24, 26, 118-120, 122, 147, 241, 253
ペレヤスラウ会議　57, 237
ベロヴェージ(合意)　129
北方戦争　59, 60
北方領土問題　224, 262

【さ行】

サウジアラビア　171-173
ザカルパチア　54, 60, 61, 66, 86
サハリン1・2　29, 258
ザポリージャ　24, 26, 61, 118-120, 122, 253
ザポロジエ　→「ザポリージャ」参照
習《シー》近《チン》平《ピン》　265, 266, 275
ジェルジ、ルカーチ　81
ドローン攻撃　222, 223
下《しも》斗《と》米《まい》伸夫　261
新START　174, 186, 188
新植民地主義　123, 124, 127-129, 154, 155, 161
スウェーデン　59, 60
スヴォボダ　209, 210, 213
スターリン、ヨシフ　71, 135, 155, 200, 204-207, 231, 237
ズメイヌィ島の戦闘　34
スロヴァキア　66, 68, 203
セヴァストポリ　234, 235, 244
戦争研究所　271
戦略研究センター　45, 46
戦略兵器削減条約　186
全ロシア人民戦線　189-191
ソルジェニーツィン、アレクサンドル　154-156
ソ連崩壊(解体)　82-84, 129-131, 156, 167, 180, 185, 204, 208, 190, 210, 212, 217, 235, 250

【た行】

大国性　47, 48
第三次世界大戦　32, 150, 252
第三のローマ　93, 94
『隊長ブーリバ』　62
第二次世界大戦　68, 110, 135, 142, 165, 185, 186, 200, 206, 208, 210, 224, 231, 235, 237, 250
台湾　153, 275, 276
タタールのくびき　54, 198, 230
田《た》邊《なべ》元《はじめ》　162
タミル・イーラム解放の虎　74
チェコ　66, 102, 203
チェコスロヴァキア　65, 66, 68
チェーホフ、アントン　234
チャーチル、ウィンストン　50
中国　98, 123, 127, 166, 169, 173, 178, 191, 224, 265, 266, 275, 276
『帝国主義論』　143, 154
ドイツ(「ナチス・ドイツ」も参照)　66, 81, 98, 103, 104, 108, 135, 136, 168, 203, 204, 207-210, 241, 251, 255, 256
——統一　103
——東ドイツ　103, 104, 111, 135
ドゥーギン、アレクサンドル　97
東方典礼カトリック教会(「ユニエイト」も参照)　48, 49, 56, 66
トッド、エマニュエル　72, 150, 151, 178, 205, 217, 218
ドネツク(州)　24, 25, 74, 78, 98, 108, 109, 114, 119, 216, 236, 253
——独立(承認・宣言)　31, 49, 78, 108, 109, 120, 229, 236

171, 265
沿ドニエストル　122, 123, 240
欧州安全保障協力機構(OSCE)　100, 101, 108
オーストリア・ハンガリー帝国　61, 65, 68, 81, 200, 203
オスマン帝国　60, 61, 92, 230-232
オデーサ(オデッサ)　61, 88, 115, 122, 123
——労働組合会館放火事件　88

【か行】

核
——実験　187, 188
——戦争　19
——ドクトリン(ロシア)　23, 24, 188
——の使用　19, 23, 24
——兵器　24, 97, 98, 135, 186-188
核家族　72, 206, 218
カザコフ、アレクサンドル　272
片山杜秀《もりひで》　265
価値観戦争　144, 186
ガリツィア　53, 54, 60, 61, 63, 64, 76, 85, 86, 198, 203, 209, 211, 223, 238
ガリツィア史観　63
カルパチア・ルーシ　→「ルテニア」参照
韓国　85, 136, 250, 260, 261
管理された戦争　244, 253
キーウ　29, 62, 130, 195, 196, 214, 223, 252, 266
キエフ・ルーシ(「ルーシ」も参照)　66, 86, 196, 198, 204, 230
——キリスト教の受け入れ　196
岸田文雄　28, 29, 258, 261-267
北大西洋条約機構　→「NATO」参照
キャンセル・カルチャー　155, 158, 160
共同体家族　205, 206, 217
『巨匠とマルガリータ』　234
キリル総主教　48, 49, 94
クリミア(半島)　34, 60-62, 74, 85, 96, 119, 212, 222, 229-232, 234, 235, 243, 244, 253
——ウクライナ領へ移管　58, 237
——教育　213, 238
——タタール人　195, 230, 231, 240
——ナチス・ドイツ　231
——併合　48, 92, 96, 98, 102, 107, 128, 132, 219, 230, 253
クリミア大橋　243, 244
クリミア戦争　232, 235
クリム・ハン　230
グルジア(ジョージア)　101, 102, 128
『原初年代記(過ぎし年月の物語)』　196
『子犬を連れた貴婦人』　234
高坂正堯《こうさかまさたか》　257
権藤成卿《ごんどうせいけい》　191
高山《こうやま》岩男　162
「国民の僕《しもべ》」　60, 219
ゴーゴリ、ニコライ　61, 62
コサック　57, 59
黒海艦隊　235, 244
国家イデオロギー　46-48, 92
ゴルバチョフ、ミハイル　103, 111, 211, 251
コンスタンチノープル総主教庁　48, 92, 93

索　引

【あ行】

悪魔崇拝(サタニズム)　144, 150, 186
アジテーション(扇動)　34, 35
安倍晋三　262-264
アメリカ
　――ウクライナ支援　29, 254, 258
　――核(実験)　135, 186-188
　――ゼレンスキー議会演説　33, 34, 224, 225
　――ブダペスト覚書　98
　――ロシアとの関係　43
アンドルソヴォ条約　58
イギリス
　――クリミア戦争　232
　――国防省　271
　――ゼレンスキー演説　33, 34, 225
　――ブダペスト覚書　98
イスラエル　169, 224, 265
李承晩《イスンマン》　85
伊波普猷《いはふゆう》　241
今井尚哉《たかや》　264
ヴァルダイ会議　149, 151, 260, 261
ウヴァーロフ、セルゲイ　47
ウクライナ
　――アメリカの支援　29, 254, 258
　――カナダへの移民　211
　――国の発祥　53, 54, 198
　――経済　215, 217
　――言語の問題　73-75, 202, 203, 211, 213-215
　――国名の由来　58, 59, 195
　――穀物輸出問題　139, 245
　――とナチスドイツ　75-77, 207-211, 231, 239
　――日本の支援　29, 258, 267
　――非ナチ化　209, 253
　――民族の問題　84-86, 195, 202, 203, 240-243
　――ロシア・パスポートの発行　242, 243
ウクライナ人民共和国　63, 64, 81, 82, 204
ウクライナ正教会　48, 49, 91, 92, 94, 95, 198
ウクライナ戦争
　――ゼレンスキーの目標　33, 253
　――中立化　218
　――停戦(協定・交渉・条件)　108, 118, 224, 264-266, 268, 269
　――ロシアの目標(要求)　32, 119, 120, 150, 253
ウクライナ・ソヴィエト社会主義共和国　63, 68, 69
ウラジーミル一世　196
永遠平和条約　58
エカテリーナ二世　61, 121
エネルギー危機　140, 141, 153, 255
エルドアン、レジェップ・タイップ　170,

池上　彰（いけがみ・あきら）

1950年長野県生まれ。慶應義塾大学経済学部卒。1973年ＮＨＫに入局。1994年から11年間にわたって番組『週刊こどもニュース』でお父さん役を務める。わかりやすい解説が人気を博し、子どもから大人まで幅広い年齢層に支持される。2005年にＮＨＫを退社、作家、フリージャーナリストとして活躍。名城大学教授、東京工業大学特命教授、立教大学客員教授、東京大学客員教授などを務める。

主な著書に『伝える力』『世界を変えた10冊の本』『おとなの教養』『池上彰に聞く　どうなってるの？　ニッポンの新聞』、また人気シリーズに『知らないと恥をかく世界の大問題』『池上彰の世界の見方』ほか多数。佐藤優氏との共著に『新・戦争論』『希望の資本論』『大世界史』『僕らが毎日やっている最強の読み方』『ロシアを知る。』などがある。

佐藤　優（さとう・まさる）

1960年東京都生まれ。作家、元外務省主任分析官。同志社大学大学院神学研究科修了後、外務省に入省し、在ロシア連邦日本国大使館に勤務。その後、本省国際情報局分析第一課で、主任分析官として対ロシア外交の最前線で活躍する。2002年5月に背任と偽計業務妨害容疑で逮捕、起訴される。2009年6月有罪確定（懲役２年６ヵ月、執行猶予４年）。2013年６月に執行猶予期間を満了、刑の言い渡しが効力を失う。

代表的な著作に『国家の罠』『獄中記』『自壊する帝国』『私のマルクス』のほか、共著に『インテリジェンスの最強テキスト』（手嶋龍一氏と）、『読む力』（松岡正剛氏と）、『異端の人間学』（五木寛之氏と）など多数ある。また監訳に『宗教改革から明日へ』（Ｊ・Ｌ・フロマートカ）、『MI6対KGB　英露インテリジェンス抗争秘史』（Ｒ・クラシリニコフ）、『ウラジーミル・プーチンの大戦略』（Ａ・カザコフ）などがある。

プーチンの10年戦争

2023年5月30日　初版印刷
2023年6月10日　初版発行

著　　者　池上　彰・佐藤　優
発 行 者　郷田　孝之
発 行 所　株式会社 東京堂出版
〒101-0051　東京都千代田区神田神保町1-17
電　話　(03)3233-3741
http://www.tokyodoshuppan.com/
編集協力　島田　栄昭
翻訳協力　原口　房枝
地図制作　藤森　瑞樹
装　　丁　斉藤よしのぶ
D T P　株式会社 オノ・エーワン
印刷・製本　中央精版印刷株式会社

ISBN 978-4-490-21082-8 C0031

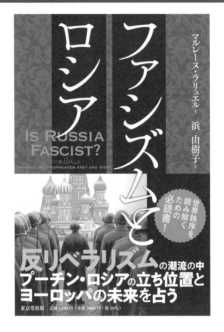